中華民族の多元一体構造

費孝通　編著
西澤治彦
塚田誠之
曽士才　共訳
菊池秀明
吉開将人

風響社

前書き

本書は、費孝通等著『中華民族多元一体格局』（中央民族学院出版社　一九八九年）の全訳である。巻頭に収められている費孝通の論文「中華民族多元一体格局」が最初に公表されたのは、一九八八年一一月に香港中文大学で行われた講演の場であった。そして翌一九八九年に、『中華民族多元一体格局』と題し、単行本として出版された。

この論文が書かれるに至った背景や、中国内外における評価などについては巻末の解題に譲るが、論文が公表されて以来、中国においても考古学・民族学・人類学・歴史学・政治学など、各分野から注目を集めることとなり、今日に至るまでさまざまな波紋を投げかけている。さらには、社会科学界に留まらず、「中華民族論」の新たなナショナリズムとも連動し、近年では中国における民族政策のバックボーン的な位置を占めるなど、社会的・政治的な影響すら及ぼしている。

ところで日本においては、その重要性や社会的な影響力にもかかわらず、本書はこれまで邦訳されることがなかった。公表から二〇年近くの時を経ているものの、本書の重要性は増大することはあっても、減少することはないと考え、ここに邦訳することとした。

なお、ここで邦訳のテキストについて触れておきたい。我々が底本とした原著には、費孝通の「中華民族多元一体格局」を巻頭論文として、九本の論文が収められている。その領域は考古学・民族学・歴史学にわたるが、いずれもそれぞれの立場から費孝通の議論を援護するような趣旨の論文となっている。といっても、これらの多くは費孝通が「中華民族多元一体格局」を執筆する以前に、学術雑誌において発表されてきたものであり、時間的にはむしろ費孝通の方がこれらの論文から刺激を得ているのであるが、こうして一冊に収録すると、一つの大きな学問的な流れとして、費孝通の議論を支える豊かな水流となっていることが理解できる。その意味でも、こうした関連論文をあわせて読む意義は大きい。

ところでこの原著は、出版から一〇年後の一九九九年に、費孝通主編『中華民族多元一体格局（修訂本）』と題して、増補改訂版が中央民族大学出版社から刊行された。本来なら、邦訳は修訂本の方を底本とすべきであるが、熟慮の末、初版本を底本とした。最大の理由は、修訂本は初版本と比べ、単に誤植や表記を改めただけにとどまらず、各論文を新しい構成のもとに大胆に組み替え、それにあわせて大量に加筆もされており、初版の執筆者名を明記した論文集という形式とは全く異なる本になっているからである。こうした理由に加え、邦訳出版に際しての紙面の制約もあり、原著者や出版社の了解を得た上で、初版本を底本とすることにした。

但し、費孝通が一九九六年に日本でのシンポジウムに寄稿した「簡述我的民族研究経歴與思考」（修訂本でも「代序」として再録）は、費孝通の議論が生成されていく過程を理解する上でも重要なエッセーであるため、邦訳本でも「エスニシティの探究」と題して、巻末に収録することとした。

邦訳に際しては、各人が初版本と修訂本の両方を入手し、初版の誤植の訂正などを確認しながら作業を進めた。また、修訂本になって新たに各節の小見出しがつけられたものもあり、読者の便を考えて修訂本の小見出しを流用することとした。原著自体が複数の著者による論文集であるため、強いて訳文の文体の統一は行わなかったが、同じ著者はなるべく同じ訳者が担当するようにした。

（訳者一同）

●目次

装丁＝ポッドデザイン・佐藤一典

凡例

・「格局」の訳語について。費孝通の論文、および原著のタイトルとなっている原文は「中華民族多元一体格局」である。この「格局」は、費孝通の民族モデルを理解する上でも、鍵となる概念であるため、ここで簡単に触れておきたい。中国語の「格局」とは「格」と「布局」とが合わさったもので、格とは縦横の線を意味し、この場合は三次元の立体的な枠組みを指す。そうした枠組みの中の随所に、あるものが配置された情況を、「格局」という。日本語の「構造」に相当する「結構」が物質的で静的な枠組みであるのに対して、「格局」は枠組みだけでなく、それが時間や人為的な要素で変化するという、よりダイナミックなニュアンスが加わる。しかしながら、中国語の「格局」に相当するぴったりの訳語がないため、やむを得ずもっとも近い「構造」と訳した。「格局」のままとすることも考えたが、これは中国語であり、翻訳したことにならない。

・各論文の邦訳は、共訳者が互いに訳稿を読み回し、用語の統一などをはかっているが、最終的にそれぞれの訳者の判断に任されている。また、邦訳に際して中国人研究者に確認をとったりしている場合があるが、そうした謝辞も各訳文別に掲載することとした。

・原書は脚注だが、邦訳に際しては、原註、訳註とも、一括して文末にまとめた。

・原註は（　）で、短い訳註は〔　〕で記した。長い訳註は文末に記した。

・読みにくい漢字にはルビをふっているが、ルビをふる基準は各訳者の判断に任せてある。

・原著は論文集の体裁をとっており、各論文末に掲載雑誌の情報が付されているが、邦訳に際しては、巻末に一括して、「初出一覧」を設け、そこで紹介した。また簡単な原著者の紹介も付した。

●中華民族の多元一体構造

中華民族の多元一体構造

費孝通（西澤治彦訳）

このたび香港中文大学がターナー講演にお招きくださったのを機に、私は、長年来、常に思案していた中華民族の多元一体構造[1]の問題について提案し、学者各位のご教示を賜りたい。率直に言って、私のこの構造に対する認識はまだ未熟で、このたびの講演は、この問題を研究するための出発点にすぎず、完成した見解ではないことを、ご容赦いただきたい。

基本概念の説明が煩雑になるのを避けるため、私は「中華民族」という語を、現在の中国の国境内にあって、民族としてのアイデンティティーをもつ一一億の人民を指すものとして使いたい。中華民族が内包する五〇余の各民族単位は多元的であるが、中華民族としては一体的なものである。両者はともに「民族」と称するが、次元が異なる。私が国家の境界でもって中華民族の範囲とするのは、決して適切とはいえない。というのは、国家と民族は、連携しながらも二つの異なる概念であるからである。私がこのように定義するのは、便利であるのと、現実的な政治的論争に引き込まれるのを避けるためである。と同時に、マクロ的に見れば、この二つの範囲は基本的に、あるいは大体において一致するといってよいからである。

自覚的な民族の実体としての中華民族は、この一〇〇年来、中国が西方列強と対抗していくなかで出現したものであるが、自然発生的な民族の実体としては、数千年の歴史過程によって形成されたものである。私はこの論文で、中華民族の多元一体構造の形成過程を振り返ってみたい。その主な流れは、多くの分散したり孤立して存在した民族単位が、接触や雑居、結合と融合、あるいは分裂と消滅という過程を経て、一方が来れば一方が退いたり、一方の中に他方を包み込むなど、それぞれ個性をもった多元的な統一体を形成してきた。これは恐らく、世界各地の民族が形成されていく上での共通の過程であろう。中華民族のこの多元一体構造の形成には、固有の特色がある。即ち、相当早い時期、今から三〇〇〇年前、黄河中流域に、民族集団の集まりが出現し、徐々に融合していって一つの核心となった。彼らは華夏と呼ばれ、雪だるま式に、周囲の異民族を吸収し、この核心に加えていった。彼らは、黄河と長江の中下流域の東アジア平原に拡大して以降、他の民族によって、漢族と称された。漢族は、その後も不断に他の民族を吸収し、日増しに拡大したばかりでなく、異民族の居住地域にも浸透して、集結と連携のためのネットワークを構成し、境域内の多くの民族が連合してできた、分割不可能な統一体の基礎を築いた。こうして自然発生的な民族実体が形成され、後に民族としての自覚を経て、中華民族と称されるようになった。

これは一幅の多彩な歴史絵巻であり、時間と空間の二つの座標が存在するが、文字でもって叙述する際、両者に等しく配慮するのは難しく、一方に気をとられると他方がおろそかになり、方位も錯乱し、時間も前後し、順序が倒置するという欠点が生じる。従って、この論文は、この学術領域における、一つの大胆な試論として位置づけられるものである。

一　中華民族の生存空間

どの民族でも生活や繁栄には、必ず具体的な生存空間がある。中華民族の郷里はアジア東部に位置し、西はパミール高原から、東は太平洋西岸諸島に至り、北は広い砂漠、東南は海、西南は山という、広大な大陸の上にある。この大陸の四隅は自然の障壁に囲まれ、内部には完成された構造体系が存在し、一つの地理単元を形成している。この地域は、古代の住民の概念においては、人類が生息しうる唯一の土地であり、このため、ここを天下と称し、また四隅を海で囲まれているため、四海の内とも称した。これらの概念はすでに時代遅れなものであるが、決して過去のものとなっていないのは、地理上のこの自立的な土地が、ずっと中華民族の生存空間となってきたからである。

民族の構造は、総じて地理的な生態構造を反映したものであり、中華民族も決して例外ではない。彼らが居住するこの大地は、西から東に向かって傾斜しており、徐々に高度が下がっている。西部は海抜四〇〇〇メートル以上の世界の屋根と称されるチベット高原があり、その東はいくつかの横断する山脈と接している。即ち、海抜一〇〇〇〜二〇〇〇メートルに降下する雲貴高原・黄土高原・内蒙古高原があり、その間にタリム盆地・四川盆地などがある。さらにその東は、海抜一〇〇〇メートル以下の丘陵地帯や、海抜二〇〇メートル以下の平原がある。

東西の落差はこのように明確に三段階に分かれ、南北の距離も緯度で三〇度も広がり、温度と湿度の差は、自ずと異なる生態環境を形成し、人文の発展に対し、厳しい桎梏《しっこく》と豊潤な機会とを与えている。中華民族は、まさにこうした自然の枠組みのなかで形成されてきた。

二　多元の起源

この土地に生存した人々の最初の状況はどうであったのか？　この問題は中華民族の来源と関わってくる。どの民族でも、民族の来源に関わる一群の伝説を持っているものであり、これらの伝説は、常に民族のアイデンティティーの感情を支えるものである。そのため、それは歴史上に存在した客観的事実と差違が生じることもある。中華民族の起源に関しては、昔から長期にわたって、多元論と一元論、本土説と外来説との論争が存在していたが、二〇世紀の五〇年代、とりわけ七〇年代以降、中国考古学の発展によって、我々は中華民族の早期の歴史に対して、比較的科学的な認識を持つことができるようになった。

中華の大地には、直立人（猿人）から、初期智人（古人）、後期智人（新人）と、人類の進化の各段階の人体の化石が陸続と発掘されており、ほぼ完全な過程を組み立てることができる。これは、中国の大陸が、人類の起源の中心の一つであることを証明している。

この時期の人体化石の分布はきわめて広く、最も古い年代の「元謀人《げんぼう》」（今から一七〇万年前）は、雲南で発掘されている。その他の猿人の化石は、すでに陝西省西藍田県・北京周口店・湖北省の鄖《うん》県および鄖西県・安徽省の和県などで発掘されている。一〇万年から四万年以前に生活していた古人の化石は、すでに陝西省大茘《だいれい》県・山西省襄汾県丁村・山西省陽高県許家窯《きょかよう》・遼寧省営口金牛山・湖北省長陽県・安徽省巣県、および広東省曲江県馬壩《ばは》などで発掘されている。四万年から一万年以前に生活していた新人の化石は、すでに北京の周口店山頂洞・山西省朔県峙峪・内蒙古烏审旗・遼寧省建平県・吉林省延辺州安図県・黒龍江省哈爾浜《ハルビン》市・広西柳江県・貴州省興義県・雲南省麗江県・台湾台南県左鎮などで発掘されている。ここで多くの地名を列挙したのは、人類が文化の初期段階に突入した際、中華の大地には、北は黒龍江省から西南は雲南、東は台湾まで、すでに初期の人類の活動が行われ、且つ、石器が残されていることを示すためである。このような原始時代に、四方八方に分居していた人々が同一の来源を持つというのは、とても考えにくい。長期間、各地に分散していた人々が、それぞれ異なる自然環境に適応しながら自らの文化を発展させてきたことは間違いない。これらの物的な証拠は、中華民族の来源に関する一元論と外来説を否定し、多元論と本土説を肯定するものである。

たとえ以上の論断にまだ説得力が足りないとしても、新石器時代に属する考古学上の豊富な資料は、中華の大地に、当時すでに多種の地域的な文化区域が出現していたことを、より雄弁に表明している。もし同一民族集団の人々が、大体において一定の文化的な共通性を持っているとするならば、早くも紀元前六〇〇〇年前には、中華の大地に、別々の地区に分かれて居住していた多くの集団が存在していたと推定することができる。新石器時代の各地の異なる文化区域は、我々が考える中華民族の多元一体構造の起点となるものである。

三　新石器文化の多元の融合と集合

近年来、我が国の各省区で発掘されてきた新石器時代の文化遺跡は、総計で七〇〇〇余箇所にのぼり、その年代も紀元前六〇〇〇年前から紀元前二〇〇〇年にまでおよぶ。考古学界の整理と研究により、個別の問題では少なからぬ論争があるものの、各文化区域が内包するもの、進化の過程、融合と集合に対しては、比較的明確な輪郭がすでに見えてきている。この方面の詳細な研究成果をここで紹介することはできないので、中原地区に関連する資料のみを選んで、簡単に述べてみたい。

新石器時代の黄河中流域と下流域には、東西に相対する二つの文化区域が存在した。黄河中流域の新石器文化の系統は、前仰韶《ぎょうしょう》文化（前六〇〇〇—前五四〇〇年）—仰韶文化（前五〇〇〇—前三〇〇〇年）—河南龍山文化（前二九〇〇—前二〇〇〇年）となっている。河南龍山文化を引き継いだのが、夏文化と考えられる。仰韶文化は彩絵陶器が有名なため、かつては彩陶文化とも呼ばれた。仰韶文化の分布は、渭河、汾河、洛河などの黄河支流域の中原地区が中心で、北は長城沿線に達し、南は湖北西北部に接し、東は河南東部に至り、西は甘粛と青海の境界まで達していた。しかし、仰韶文化は河南龍山文化が興る前に、黄河中流地区ですでに衰退していた。

黄河下流域には、黄河中流域の文化とは異なる、もう一つの系統の文化が存在した。それらは、青蓮崗文化（前五四〇〇—前四〇〇〇年）—大汶口文化（前四三〇〇—前二五〇〇年）—山東龍山文化（前二五〇〇—前二〇〇〇年）—岳石文化（前一九〇〇—前一五〇〇年）である。岳石文化を引き継いだのが商文化と考えられる。龍山文化は光沢のある黒陶が有名なため、かつては黒陶文化とも呼ばれた。

紀元前三〇〇〇年に、仰韶文化が黄河中流地区で突然衰退したとき、黄河下流の文化が西に向かって拡張し、仰韶文化を引き継いで出現したのが河南の龍山文化である。考古学者は河南の龍山文化と山東の龍山文化には地域的な区別があるとしているが、黄河の中流域の文化が、下流域の文化との集合や融合を受けていることは明らかである。

同様に長江中下流域にも、新石器時代、相対する二つの文化区域が存在した。長江下流の文化区域は太湖平原を中心として、南は杭州湾に達し、西は江蘇と安徽の境界まで至った。その文化の系統は、大体、河姆渡《かぼと》文化（前五〇〇〇—前四四〇〇年）—馬家浜・崧沢文化（前四三〇〇—前三〇〇〇年）—良渚文化（前三三〇〇—前二二〇〇年）となっている。良渚文化は、ほぼ河南龍山文化と年代が相当し、文化的な特徴も山東の龍山文化と密接な関係にある。

長江中流域の新石器文化は、江漢平原を中心に、南は洞庭湖平原を含み、西は三峡に至り、北は河南南部に達していた。その文化の系統に関しては意見の分かれるところであるが、大体において、大渓文化（前四四〇〇—前三三〇〇年）—屈家嶺文化（前三〇〇〇—前二〇〇〇年）—青龍泉文化（前二四〇〇年）となっており、青龍泉文化は中原の龍山文化の影響を受けているため、湖北龍山文化とも称される。長江中流域と下流域に共通しているのは、後期になって、それぞれ独自の文化に黄河下流域の龍山文化が浸透し、劣勢な立場におかれたことである。

新石器時代の北方の燕遼の文化区域、黄河上流の文化区域、および華南の文化区域に関しては、後にこの地域に言及する際に詳しく述べたい。

上述のごとく、新石器時代、黄河および長江の中下流域という、生態条件が基本的に一致する地域での考古学的な発掘は、中華民族の先人が文明の黎明期、即ち紀元前五〇〇〇年から紀元前二〇〇〇年までの三〇〇〇年の間に、すでに各地区に分散して居住し、それぞれ特色ある文化を創造していたことを物語っている。これが中華民族の多元一体構造の起源である。

この多元構造の中では、接触と同時に競争のメカニズムが出現し、元来の個性を失うことなく、相互に自己よりも優れた文化を吸収していった。例えば、黄河中流域に起こった仰韶文化は、かつて西に向かい、黄河上流の文化区に進入したことがあるが、それよりも優れた黄河下流の山東龍山文化と接触すると、仰韶文化に取って代わって、河南の龍山文化が出現した。考古学者は、龍山文化の頭に各地方の名称をつけて、それらが各地の固有の文化から発展してきたかのようにしているが、実際のところは、当時の各族団の間にあった文化交流の過程を示すものであり、多元的世界に一体的な構造をもたらしていたのである。

四　核心への集結と漢族の出現

中国最古の文字史料は、現在のところ、商代の甲骨文であることは間違いないが、孔子が編集したと伝えられる『尚書』には、夏商の若干の文化と上古伝説とが記載されている。早期の史書には、上古史を、三皇五帝の歴史系統に編成しているものがある。これらの文字史料はすでに、一部分、考古学的な資料によって裏付けられており、新石器時代末期から銅器時代までの歴史については、比較的信頼できる知識を我々に提供している。とりわけ八〇年代初期における、河南の登封王城崗夏代遺跡、即ち一般には夏王朝初期の「陽城」と考えられている遺跡の発掘は、夏代の歴史を、神話伝説の深い霧の中から形のあるものへとしていった。商代の歴史は甲骨文に依拠し、周代の歴史は鐘鼎文〔金文、殷周代の青銅器の銘文に刻された文字〕に依拠しているが、それらは相応する後世の文字記載によって全て考証することができる。[2] 夏商周三代はまさに、漢族の前身である華夏の民族集団が、多元的世界から一体構造へ向かう、歴史的な過程であった。

河南の夏代「陽城」遺跡で発掘された文物は、それが新石器時代の河南の龍山文化を継承して銅器時代に発展したことを明確に示している。黄河中下流域に残された文物からも、これらの地区が早くから農業生産を発展させていたことが分かるし、このことは、夏の禹の治水の伝説〔河南龍山文化の中晩期〕とも関連し、この地区の住民が当時持っていた高い生産力の水準を示している。我々は、河南の龍山文化が、まさに仰韶文化の基礎の上に、山東の龍山文化を吸収して興ったものであることを忘れてはならない。それ故、華夏文化というのは、黄河中下流域の異なる文化が結合して始まった、と言うことができる。

伝説が説く歴史には、禹の前にさらに堯、舜、そして神話的な始祖である黄帝が存在する。語り継がれた伝説の大部分は、彼らが周囲の「蛮《ばん》夷《い》戎《じゅう》狄《てき》」と呼ばれる族団[3]を征伐するというものである。黄帝はかつて、蚩尤《しゆう》〔諸侯の名、兵乱を好んだと伝えられる〕と炎帝を撃破したことがあるが、その場所は今の河北省境内と言われている。『史記』の記載によると、舜は自分の氏族の集落と敵対する者を「蛮夷戎狄」の中へ追いやり、後者の風俗を改めさせたとあるが、これは中原住民、およびその文化が拡散したと言えよう。禹の時代になると、『左伝』の記載の如く、「禹は涂山において諸侯とまみえたが、玉帛〔玉器と絹織物で、当時の国際間の贈答品〕を携える諸侯は万国におよんだ」とある。『禹貢』では、この時代の領域を総称して「九州」と呼んでいたが、これはほぼ黄河中下流域、および長江下流域を含む範囲で、日増しに拡大する華夏族の核心と成っていた。

夏を引き継いで興ったのが商である。商はもともと東夷人で、しかも遊牧から身を立てた。後に泰山に移り、さらに西に向かい河南東部に達し、農業を発展させ、役畜を用いて耕作を行った。農業と牧畜を結合させた経済は彼らを強大にし、初めは夏に臣として仕えていたが、後に九州を統治する権力を得、商朝を建立し、全国を中東南西北の五土に分けた。『詩経』の「商頌」に、「王都の四方千里は、殷の民の住むところ。四海に国境をおし開き」[4]とある。商代の国土は今日の河南・山東・河北・遼寧・山西・陝西・安徽および江蘇・浙江の一部分を含み、恐らく、江西・湖南、および内蒙古の一部も含んでいたと思われる。

商を引き継いだのが周である。周人は西方からやってきた人々で、伝説上の始祖は姜嫄《きょうげん》である。西戎の一部分であった姜人は、最初、渭水上流で活動していたが、商の封を受けて周と称したと考えられる。周は商の天下を継承し、さらにその勢力を長江中流域まで拡大した。『詩経』の「北山」には、「天の覆うところ、王土でないところはなく、領土内では、王の臣下でないものはない」とある。周は宗法制度を実行して、宗室を分けて封じ、属する地方を支配した。また、井田制を実行して、農業を改革し、生産力を高めた。西周において、緩やかな連盟的統一体が約三〇〇年間維持され、後に、列国諸侯が分裂や併合を繰り返し、東周の戦国時代に突入する。この時の統一体の内部では、各地区の文化は依然として固有の特徴を保持していた。戦国時期に至っても、荀子はまだ「楚に住めば楚人になり、越に住めば越人になり、夏に住めば夏人になる」と述べている。ここで言う夏は、中原一帯の中核を指しており、どの地方の人間であれ、越に至れば越に従い、楚に至れば楚に従うというように、楚と越と夏には依然として明確な差異が存在していたことがわかる。

否定しようのないことは、春秋戦国時代の五〇〇余年の間に、各地の人口は流動し、各民族の文化が混合し、各国が相互に雄を争う過程で、中国の歴史上、一つの文化的高潮が出現したことである。この五〇〇年はまた、漢族が一つの民族として、その実体を形成していった時期でもあり、秦が六国を滅ぼして天下を統一したことによって、新しい段階を迎えた。

一つの民族名としての漢は、漢代、およびその後の中原の人々と周辺の異民族との接触の中で生み出されたものである。民族名称の一般的な法則は、「他称」が「自称」に転じるというものである。ある共同コミュニティー内で生活する人々は、外界との接触がない限り、アイデンティティーの自覚は生まれない。民族とは、共通の生活様式を共有する人々の共同体で、「我が民族ではない」外部の人々との接触があって初めて、民族としてのアイデンティティーが生まれるものであり、いわゆる民族意識というのは、自然に存在する状態から、それを自覚していく過程であるといえる。秦人や漢人が、自ら秦人や漢人と自認するようになったのは、ともに他者が彼らに対して、秦人や漢人と称したことから始まる。重要なのは、民族が名称を得るには、民族としての実体の存在が必須であり、名称を得てから民族の実体が形成されるのでは決してない、ということである。

漢族という名称は、漢代より遡ることはあり得ないが、その実体の形成は漢代よりも古い。ある研究者は、族称としての漢人は南北朝の初期に始まると述べているが、恐らく事実であろう。というのは、魏晋の後、北方の諸族が次々と中原を支配し、一六国に分裂していたまさにその時期こそ、漢人と非漢諸族とが接触し混住した時期であり、漢人という名称も、中原に元からいた居民を指す呼称として、当時、流行したものであった。

当時、中原に元からいた居民は、外部の人間からみたら、一種の「エスニック・グループ」[5]をなしており、〔出身地がどこであれ、中原に住む限り、華夏という〕一つの名称で呼ばれていた。このことは、この時期、漢人は事実上すでに一つの民族実体を形成していたことを物語る。これまで、華夏人から始めて二〇〇〇余年の歴史を振り返ってきたが、これは〔漢族という〕民族が誕生する直前の、まさに揺籃の過程であった。

漢族の形成は、中華民族の形成において重要な一段階であり、多元一体の構造の中において、一つの凝集的な核心が形成されたことを意味する。

五　地域的な多元の統一

秦の始皇帝が戦国時代の地方割拠の局面を終結させたことは、中国史上、画期的な事件であった。というのは、これ以降、統一的な構造が歴史の主流をなすようになったからである。当然、統一された範囲は、秦代ではまだ中原、即ち黄河と長江の中下流の平原の農業地帯に限られていたし、この統一構造も、長い時間を経て徐々に形成されたものである。春秋戦国時代、各地方の経済はいずれも発展し、道路の修築が行われ、交易も盛んになった。戦国時期、列国は覇権争いを通して、事実上、中原一帯は四方八方に交通できる、一つの統合体を形成していた。秦の始皇帝はこの基礎の上に、いくつかの重要な事業を行った。即ち、車軌や文字を統一し、郡県をおき、度量衡の標準を確立するなど、経済、政治、文化の面において、統一体に求められる制度化の規範を設けた。

車軌や度量衡の標準化は、経済の統合にとって必要な措置である。伝統的な方塊字〔漢字〕には、視覚符号〔象形文字〕的な特徴があり、これによって発音〔口語〕と文字〔書面語〕とを分離することができた[6]。文字の統一とは、各国で用いられていた符号を標準化し、これによって通信系統の統一を促し、多元的な言語世界を共通の文字で覆うことであった。この情報の道具は、今に至るまで生命力を維持している。封建を廃し、郡県をおき、中央集権の政治形態を確立したが、この形態は今日まで二〇〇〇余年の歴史を生き延びてきた。中原地区の統一に関しては、改めて多くを語る必要はなかろう。ここで指摘しておくべき事は、これは中華民族の多元一体構造が形成される上での新たな一歩であるということである。第一歩は華夏族団の形成、第二歩は漢族の形成であり、華夏の核心が拡大して漢族の核心となった、と言うことができよう。

私は、秦代の統一は、中華民族という民族実体が形成される上での一段階に過ぎないと述べた。なぜなら、当時、秦が統一した地域は、中華民族の生存空間の中で一部分を占めるに過ぎないからである。即ち、西から三段階に低くなっている中国の地形の中で、海抜の最も低い地域でしかなく、しかもその全てではない。中原の周囲には依然として多くの異なる族団が、それぞれの区域ごとに一歩一歩、分離から統合への道を邁進していた。先ず、北方の情況から述べてみよう。

今日まで、我が国の考古学の研究は、中原地区に集中してきたため、中原の周辺地域の上古史については、相対的に言って僅かしか分かっていない。陳連開教授は注目に値する観点を提起されてきたが、私のもう一人の同僚である谷苞教授も、数十年来の西北における実地調査を通して、同様の観点を提起している。即ち、両人とも、秦漢時代、中原で統一が実現した同時期に、北方の遊牧地区でも匈奴人の統治下で大統一の局面が出現したと考えている。彼らはさらに、南北の二つの統一体が合体してはじめて、一つの民族実体としての中華民族の完成に近づく、とも主張している。私もこの観点に賛成である。

南北の両大地区がそれぞれ別に統一されたのは、生態上の差違に基づいている。最初に統一を成し遂げた中原地区は、黄河と長江の中下流域の平原地区で、新石器時代から農業文化が発生していた。黄河中下流域の新石器遺跡からは、粟の遺物が発見されているし、長江中下流域の新石器遺跡からは、稲の遺物が発見されている。夏代以降、水利事業は統治者の主要な事業であり、このことは灌漑が農業において重要な地位を占めていたことを物語っている。小農経済は現在までずっと、漢族の生活の基礎をなしており、今でも漢族の伝説的な祖先である、神農氏[7]の影から抜け出せないでいる。

この農業に適した一片の平原は、北方では蒙古高原の草地およびゴビ砂漠と隣接し、西方では黄土高原およびチベット高原と連なっている。これらの高原は一部の黄土地帯と盆地を除いて、耕作には適さず、牧業に適している。農業と牧業の区別は、それぞれ生態に適した文化を発生させてきた。これが、中原と北方が別々に二つの統一体を形成することとなった生態的な条件である。

農牧の両区を地理的に分けている境界線は、大体、戦国時代から建築が始まり現在も存在する長城と一致する。戦国秦漢時代に建築が始まった長城は、農業民族が牧畜民族の侵入を防ぐための防御線であった。農民は守勢にまわり、牧民は攻勢の立場だった。これも二つの経済の異なる性質による。農業は土地と不可分のものである。とりわけ灌漑農業が発展すると、水利建設への投資が、農民の土地から離れられないという粘着性をいっそう強める。農民は人口が増加すると僻地を開墾し、一点から徐々に拡大していく。家から故郷まで、農地をしっかりと守り、離郷することはない。天災や人禍が起こってはじめて、遠方への移動が生じる。

牧畜はこれと反対である。遊牧経済においては、家畜は地面に自然に成長する草を食料とし、草地の上を移動する。牧民は家畜から皮・毛・肉・乳などの生活資料を得るため、家畜と一緒に草地を移動しなければならない。故に「水や草を追って居を構える」と呼ばれている。もちろん、遊牧経済においても、家畜と人の移動には一定の規律があるが、一般に牧民は一カ所に長期間定住することができない。季節の変化に伴い、広大な草原上を転々とする。牧民は馬を移動の手段としているため、彼らの行動は迅速で集散も比較的容易である。ひとたび自然災害に遭えば、北方の草原上の牧民は集結して隊をなし、南下して農区で生計を立てた。しかし、双方の経済や人口の発展が一定程度に達すると、農牧の矛盾が先鋭化し、当時農区で生活していた人々にとって、牧民は大きな脅威となった。この脅威に対し、個別の農民では抵抗するすべがないので、自分らを防衛してくれる武力や、集団を動員して組織し、防衛線を建築しうる権力に、依存せざるを得なかった。これが中央集権体制の確立を促した一つの歴史的な要因である。長城はこうした歴史過程を具現化したものなのである。

牧区経済の発展にも、同様に権力によって牧場の矛盾を調停したり、武力を組織し自衛や外にでて糧食や財産、人間などを略奪しうる権力が必要であった。北方の草原上の民族の初期の歴史については、少ししか解明されていない。漢代の史書にみえる、匈奴人に関する比較的詳細な記述を読むと、彼らは北方ですでに強大な勢力となり、長城外の、東は大興安嶺から、西は祁連《きれん》山および天山に至る広大な地区を擁していたが、これこそがここで言う北方の統一体であり、漢代の初めまでには「南には大漢があり、北には強胡がある」という局面が形成されていた。

実際の歴史過程は、このように単純なものではない。考古学者は三〇年代から陸続と、長城外の内蒙古の赤峰（昭烏達盟）にて、新石器時代の紅山文化を発掘している。この地区の先住民はすでに定住し、農業を主とし、牧畜と狩猟や漁労もするという経済生活を送っていた。近年、さらに五〇〇〇年前の祭壇と「女神廟」が発掘され、出土した玉器は殷商玉器と同一系統のものであった。銅器の発掘は、我々がいかに東北地区の早期の文化に対して知識不足であったかを、改めて思い知らせることとなった。しかもこの東北平原、および大興安嶺と燕山山脈とが接する地帯は、中国史において、後に中原を支配することとなる多くの民族を育んだところなのである。この方面の状況については、後に再度触れたい。

中原と北方の二大区域の対峙は、歴史上は不断に略奪や戦争が行われたと記載されてはいるが、実際上は決して対立するものではない。もちろん略奪や戦争は事実ではあるが、記載にもれている日常的な相互依存の交流と交易もまた、それ以上に重要な一面である。遊牧民族を、牧畜だけに依拠して生存していると考えるのは一面的である。牧民は決して乳や肉だけを食し、毛皮だけを衣服としているわけではない。彼らは遊牧経済ゆえに定住することができず、必要とする糧食・紡績品・金属工具・酒茶などの飲料は、大小のオアシスで営まれている農業基地や手工業の拠点を除けば、主に農区から調達している。一つのルートは中原の政権による贈与と交易であり、もう一つは民間貿易である。

貿易は双方向で行われ、相互補完的なものである。農区では、耕作や運輸に際し大量の役畜が必要で、軍隊でも馬を必要とするが、これらは農区では絶対に自給できない。同時に、農民には牛肉・羊肉や毛皮の原料も必要である。農区から牧区へ供給する物の中では、絹織物と茶が常に重要な項目であった。それ故、後に農牧間の貿易は「馬絹互市」や「茶馬貿易」などと簡称された。北方牧区の戦国後期および漢代の墓からは、中原地区からもたらされた産品が多く発見され、中には貨幣まであった。

日増しに密接になる相互依存や往来の接触のなかで、農区に近い一部分の匈奴の牧民は、紀元一世紀には、徐々に付近の漢族農民との雑居を始め、半農半牧の経済に入っていた。紀元前一世紀中葉、これらの匈奴は、漢の光武帝の強大な圧力により南北に分裂した。その後、南匈奴と呼ばれた人々は、北匈奴と共に中央アジアに逃走することはせず、その場、即ち今の内蒙古境内に留まり、さらには徐々に関内〔山海関以南の土地〕に進入し、漢人と雑居するようになった。

戦国から秦に至る歴史において、農牧の二大統一体の争いは、長城という巨大な建造物を残したが、これは初期における、牧が攻め農が守るという形勢を示すものであった。しかし、農業区に出現した統一体が拡大した後、漢の武帝から、守りから転じて攻めるという戦略を採用した。この戦略上の変化は、漢族を西に向かって大きく拡張させることとなった。即ち、甘粛西部に敦煌・酒泉・武威・張掖の河西四郡を設け、二八万人を移住させたが、その主体は漢族であった。

河西四郡は、黄土高原を経て天山南北に向かう回廊であった。この地区の平原地帯の降水量は非常に少ないが、祁連山の山区の降水量は比較的多く、さらに積雪も融けて流れるため、水の供給も十分で、農地の灌漑ができた。これこそが漢族が大量に移住し、開墾して農業を行い得る経済的な基礎であった。この回廊は元来、烏孫と月氏の遊牧地であったが、匈奴は彼らが撤退した後、この地を占領し、さらに羌人と連合して西方にいる漢族を包囲した。漢の武帝は紀元前一二一年に、力ずくでこの回廊の匈奴を支配下におき、四郡を設けて、辺境を漢人で満たした。そして匈奴による包囲網に一つの突破口を切り開いたが、これがいわゆる「羌と胡の隔絶」であった。

この回廊は漢代、西域を開墾するための幹線道路となった。漢代ではその後、再びこの道路を利用し、天山以南の盆地で匈奴に虐待や略奪を受けていた農業小国、および匈奴によって中央アジアに駆逐されていた烏孫らと連合し、匈奴に対する反包囲網を形成し、ついには匈奴を撃退した。

蒙古高原から天山北路を経て、中央アジアへ至る一帯は大草原で、遊牧民族にとっては、縦横無尽に駆けめぐることのできる広場である。馬に乗り飄々《ひょうひょう》と行ったり来たりする。牧草地をめぐって争い、占領されれば逃げ、いなくなれば戻るというように、この地区の民族は集まったり散らばったりする。強大になった集落がその他の集落を統治し、その名によって広大な大草原の牧民が称される。故に、史書には、匈奴の後の鮮卑・柔前・突厥・鉄勒《てつろく》・回鶻《かいこつ》など、北方草原上で興起した一連の民族名がみえる。彼らは大草原全体を占領することもあれば、一部を占領するだけのこともあった。最後に登場したのは蒙古人で、その勢力は西アジアまで達した。

かつてこの草原上で勃興した諸民族は、その後裔の多くがこの地区に留まっている。しかしその多くは他の民族と合体し、その混合や分離は、非常に複雑な歴史過程を経ており、ここで詳述する必要はなかろう。大ざっぱに言えば、新疆に現存する民族のうち、突厥語派[8]に属す言語を話している少数民族は、ウイグル・カザフ・ウズベキ・タタール・キルギスの五つとなっている。彼らはいずれも、早期にこの大草原上で活動した民族の後裔である。

六　中原地域の民族の大雑居、大融合

漢族が形成されるや、それは凝集力を備えた一つの核心となり、四方を囲む各民族に向かって放射をはじめ、彼らを漢族の一部分として吸収していった。漢魏に続いて西晋末年、黄河流域および巴蜀盆地に「十六国」が出

現するが、実際は二〇余の地方政権で、大多数は非漢民族が建立したものであった。およそ一世紀半（三〇四―四三九年）の間は、この地区において、明らかに民族の大雑居、大融合が起こった時期であり、漢族が多元から一体を形成してゆく一幕の前段階であった。しかもこの舞台の準備は早くも漢代から始まっており、匈奴人の「帰順」はその中の一幕であった。

これらの地方政権のうち、匈奴が建てたものが三つ、氐《てい》人が建てたものが四つ、羯《かつ》人が建てたものが一つ、鮮卑人が建てたものが七つ、羌人が建てたものが一つ、漢人が建てたものが三つあった。それらが占める領域は、今日の陝西・山西・河北・河南・甘粛・寧夏、および四川・山東・江蘇・安徽・遼寧・青海・内蒙古などの一部分に及び、事実上、中原地区の全てに波及していた。

北方および西方の非漢民族が上述の地域で地方政権を建てたことは、大量の非漢人がこの地域に進入したことを表している。だが、雑居しても融合はしなかったため、この時期、民族表記の名称として「漢」が流行し、しかも漢人の政治的地位が比較的低かったため、「漢人」は差別を帯びた呼称となった。しかし華北地域に進入した非漢人も、ひとたび牧畜から農業に改めると、経済的な実力がついには社会的地位に影響を与えるようになった。即ち、この時期、「胡人を漢姓に改める」ということが史書に記載されるようになり、華北を統一した北魏になると、さらに複姓（欧陽など二文字以上からなる姓）から単姓へ改めるように詔書が発せられ、胡人を漢姓に改めさせた。ある人の統計によると、『魏書』の「官氏表」に記されている一二六の胡姓のうち、六〇の姓が官書では見られなくなっているという。雑居する民族間の通婚はかなり普遍的で、社会の上層でも見られた。非漢族の社会的地位も維持しがたく、誰かが上がれば誰かが下がるというように、結果的には皆それぞれ漢人の中に吸収されていった。漢族の拡大は、単なる人口の自然増加によるものでは決してなく、より重要なのは、農業地区に進入してきた非漢人を吸収したことによる。これが、雪だるま式に徐々に拡大していった、と言われる所以である。

南北朝の分裂の局面を経て、拡大した中原地域は、隋唐両代になって再び統一された。唐代の統治階級の中には、各族の混血が少なからず存在した。建国に際しては、漢化した鮮卑貴族の支持が大きな役割を果たし、このため、彼らは統治集団の中でずっと重要な地位を占めることとなった。ある人の統計によると、唐朝の宰相三六九人中、胡人出身者は三六人で、一〇分の一を占める。『唐書』は特に頁をさき、蕃将のために列伝をたてている。沙陀人は唐末にすこぶる跋扈《ばっこ》し、唐を引き継いだ五代のうち、後唐・後晋・後漢の三朝は、いずれも沙陀人が建てたものであった。唐朝を中興して名を成した庄宗自身も、沙陀人の出であった。それ故、唐代というのは、名義上は漢族が統治していたが、実際上は各民族が参与した政権であった。唐から宋代に至る、五〇〇年ほどの期間中、中原地域は実際上、漢族を核とする各民族の溶鉱炉であった。多くの非漢族が当地の漢人と融合し、漢人となっていった。当然、融合の過程は複雑であったが、結果的には、歴史上多くの記載がなされていた鮮卑・氐・羯などの族名は、徐々に現実生活の中で消滅していった。

唐代は中華文化の一つの高潮であったことは言うまでもない。その特色はおそらくその開放性と開拓性にあろう。このことが、民族成分の大雑居や大融合と密接に関係しているのである。

七　北方民族による漢族への、新たな血液の絶え間ない流入

五代の分裂の局面を経て、北宋によって中原が再び統一されたと考えても、その力量は結局のところ、微弱なものであった。その北方、今の内蒙古の巴林左旗では、紀元九一六年、強大な民族である契丹が勃興し、中国の王朝名としては遼と称した。その境界は、黒龍江が海に出るところから今のモンゴル国[9]の中部まで、南側は今の天津から河北の覇県を経て山西の雁門関を結ぶ線を境に、北宋と対峙した。遼は二一〇年間この地を統治した後、

北方のもう一つの民族である女真に源を発する女真人は、紀元一一一五年に国を建て金と称した。一一二五年に遼を滅ぼし、続いて北宋を滅ぼし、前後して今の北京と開封に都を建てた。国土は遼の故地のほか、西は陝西や甘粛に拡がり、西夏と国境を接し、南は秦嶺に達し、淮河を南宋との国境とした。北宋と南宋は合わせて三二〇年の歴史があり、この期間を通じ、中原の北部地域に雑居した多くの民族成分に合体と融合の段階を提供し、さらに漢族には、南に向かって拡張するための力量を蓄積する機会を与えた。これは後の話である。

ここで大興安嶺以東の松遼平原について触れておかねばならない。この平原と広大な草原との間には、大興安嶺という障壁が存在し、広大な森林が遊牧民族の東進を遮っていたと考えられる。いくつかの遊牧民族は、おそらくこの森林の狩猟民族に起源を遡ることができる。

最近、私は大興安嶺の林区で実地調査を行い、呼盟阿里河鎮の西北一〇キロにある林区内の、嘎仙《かっせん》洞と呼ばれている洞窟を訪ねた。洞窟内には紀元四四三年に北魏の太武帝、拓跋燾《たくばつとう》が彼の祖先を記念するために建てさせた石刻の祝文が保存されている。このことは、鮮卑族がその初期に大興安嶺の森林に居住していたことを示している。鮮卑族は後に山区から西南の呼倫池の草原に移動し、さらに西南に向かい、陰山と河套《かとう》の間[10]に住居を変え、鮮卑拓跋部を形成した。その一部分は青海に進入したが、大部分は四世紀初め、今の内蒙古および山西の大同地区で活動した。紀元三八六年、魏国を建て、四三九年に中原北部地域を統一した。

遼国を建てた契丹人は、もともと遼河上流で活動していた遊牧民族で、かつて唐に服従していたが、九一六年に阿保機が帝と称した。建国前後、大量の漢人が移入し、農業と手工業が発展したが、金に滅ぼされた後、契丹人の多くは漢人や女真人と融合していった。

金国を建てた女真人もまた松遼平原で出現したが、彼らも契丹人同様、弱者から強者となり、強者から滅亡への道を歩んだ。彼らが中原北部の地域を占領すると、征服された地域の住民は、漢人・燕人・南人などの名称で呼ばれ、女真人と区別された。しかし、後に多くの女真人が漢姓に改めはじめ、『金史』には三一の〔漢〕姓が記されている。彼らの改姓は決して詔令によるものではなく、民間が自ら望んだものであったが、漢姓への改姓は、彼らが完全に漢人になったことを示すものではなく、漢化に対してもはや抵抗しないという姿勢を表明するに過ぎなかった。

契丹人であろうと女真人であろうと、中原北部では政治上優位を保っても、決して中国を統一することはなかった。北方民族が中国全土をおおう統一政権を樹立したのは、蒙古人が建てた元朝からはじまる。その後、女真人の後裔である満人が清朝を建てた。元朝の統治は九七年（一二七一―一三六八年）、清朝の統治は二六〇年近く（一六四四―一九一一年）に及んだ。蒙古人も満人も非漢民族であり、しかも今に至るまで人口一〇〇万を越える少数民族にすぎない。彼らが統治していた時代も、漢族は膨大な数であったが、王朝が滅亡すると、大量の蒙古人や満人が漢族の中に融合していった。

元代、蒙古人は統治下の人々を、蒙古・色目・漢人・南人の四等に分けた。この際、女真人・契丹人・高麗人などはみな漢人の中に含まれ、漢人と待遇も一緒であった。『元史』の記載によると、「女直（即ち女真）、契丹は漢人と同じである。女真、契丹でも西北で生まれ、漢語の通じない者は、蒙古人と同じである。女真（その下に契丹の二文字が抜けている）でも漢地で生まれた者は、漢人と同じである」[1]とある。どうやら、女真人および契丹人の中は、すでに分化や、漢族や蒙古族との融合が起こっていたようである。元代、漢族は漢人と南人の二種に分類されたが、それは金と南宋の境界線で分けられていた。蒙古人によって先に征服された金の領土内の漢人は、そのまま漢人と称された。後に南宋を征服すると、南宋に属していた人は、南人、あるいは宋人・新附人・蛮子などと称された。その中には、長江以南の非漢民族も含まれていたようである。このようにして、これらの非漢民族と漢族との融合が強化されていった。

蒙古人に続いて中国を統治したのは漢族で、明朝と称した。初期には「唐代の衣冠」の恢復を命じ、胡服・胡語・胡姓を禁止した。行政命令で民族の風俗習慣や言語を改めさせることは、ことごとく徒労に終わった。『明実録』が引用している、紀元一四四二年の上奏文の中には、当時「韃装《だつそう》」が唐服よりも盛んに着られていたという話がみえる。しかし民間の交流が、変化をもたらした。[11] 明末清初の顧炎武は、『日知録』の中で、当時の民族雑居の情況を次のように述べている。「漢族の名門貴族と氈裘《せんきゅう》[12]の種は相乱れ、惜しいことに君子の『夏を用いて夷を変じる』という号令を口先だけで唱え、民族を分別する方法もない」「今の山東の氏族は、金や元の後裔から出た者が多い」と。このことは、当時の社会の上層では、各民族の通婚がすでに進み、多くの人々が漢化したことを物語っている。

蒙古人が漢族と融合した具体的な例は、梁漱溟氏が最近出版された『問答録』にみることができる。彼は、以下のように述べている。「我が家の祖先は、元朝皇帝と同じ宗室で、『也先帖木耳』という姓で蒙古族である。元末、末代皇帝の順帝が皇室の親族を携えて北方、即ち現在の蒙古に帰ったが、我が一家は同行せず、河南の汝陽に留まり、漢姓の梁に改めた。……種族の血統について言えば、元が亡びてから明清両代を経て五〇〇年の歴史が過ぎた。我々が蒙古族であることは、周りの人がとっくに忘れているだけでなく、家の人間でさえも、家譜の記載がなければ知る由もなかった。だが数百年の漢族との通婚を通して、不断に両者の異なる血統が融合し、自然と中間的な気質が備わるようになった[2]」。この話を読むまで、私は梁氏の祖先が蒙古族であるということは知らなかった。彼自身も蒙古族であると申告しなかったし、自分でも他人からも漢族とみなされることに安んじていた。ここで興味深いのは、彼がこの五〇〇余年前の血統の源を、今でも自分の「中間的気質」の根源と見なしていることである。民族意識がいかに深いものであるかが分かる。解放後、漢族と申告したものの、後に蒙古族と申告し直した人の数は少なくない。

ここで指摘しておくべきは、蒙古人は先に北方地区を統一し、後に西に向かい中央アジアを征服し、続いて軍隊を甘粛から戻し、四川を経て雲南に入り、長江に沿って南下し、南宋を滅亡させたことである。この一連の戦争は、中華民族の構造に一つの重要な少数民族、即ち回族を加えることとなった。回族は、一九八二年の全国人口調査時で七二二万人に達し、少数民族の中では壮族に次ぐ規模で、その分布は少数民族の中でも最も広範囲に広がっている。主要な集住地は寧夏および甘粛で、他に青海・河南・山東・雲南などの各省と、全国の大都市に大小の集居区がある。

およそ七世紀中葉、海路からやってきた大量のアラブやペルシアのムスリム商人が、広州・泉州・杭州・揚州などの沿海の埠頭に定住し、当時は蕃客と称されていた。一三世紀初め、蒙古人が西へ攻め、中央アジアのイスラム教諸国を征服すると、大量の商人や工匠が遠征軍として送り込まれたが、彼らは「探馬赤軍」〔偵察の為の騎兵〕と称された。後に軍に同行して中国に進入し南宋を征伐すると、その中の一部は漢人によって「回回軍」と称された。回族は、蕃客とこの回回軍を基礎とし、漢族との大量の通婚を経て形成されたもので、その中には中国各省の全てのイスラム教徒も含まれる。蒙古軍に同行して、大都市に定住した中央アジアの商人や工匠のほかにも、大量の中央アジアの軍人が各防区に分駐した。その主要な場所は甘粛と雲南で、命を受けて屯田を行い、まさに「馬に乗れば戦闘に備え、馬から下りれば屯田し放牧する」[3]という状態であった。定住すると、彼らは元代を通して色目人に分類され、比較的高い政治的・社会的な地位を享受した。明代でも彼らは、政府や軍隊の中で比較的高い地位を保持していた。当時、甘粛・青海・寧夏一帯の回族人口は非常に多く、「回が七割、漢が三割」とも言われていた。雲南の大理一帯でもその数は非常に多かった。しかし、後の清代になると、民族間の殺戮により、西北および雲南の回族人口は大幅に減少した。[13]

この民族は商業の伝統があったため、唐代からシルクロードを往来していた商人の中で、蕃客は早くから重要な地位を確立していた。回族が形成されると、黄土高原の北は蒙古と、西はチベットの牧区と境を接する地域、即ち甘粛・青海・寧夏の黄河上流域の回廊地帯において、農牧産品の交易、即ちいわゆる「茶馬貿易」に従事し、商業に長けた回族は大いに発展した。それ故、現在でも回族の最も大きな集居地が、寧夏回族自治区および甘粛の臨夏回族自治州となっている。

回族は現在、漢語を用いている。海上や中央アジアから移住してきたムスリムが、いつ、どのようにして彼らの母語を失っていったかは、今では分からない。研究者の中には、商人と軍隊の中には女性が少なく、種族を発展させるために当地の婦女と通婚せざるを得ず、母から子へ、民族の言語が漢語に変わっていったと考える人もいる。商売をしていたというのも、彼らが当地の言語を学ばねばならぬ一つの原因で、ましてや回回は一般に「小聚居、大分散」の形で漢人と雑居していたため、言語や生活の各方面で、漢族と同じ方向に向かうのは、ごく自然な社会的結果であった。しかし彼らはイスラムの信仰を堅持し、漢族の果てしない大海の中で自己の民族意識を保持し、強化していった。彼らの一般の習慣では、回族は漢族の婦女を娶ることができるが、結婚後、嫁はイスラム教を信仰しなければならない。回族の婦人は漢人には嫁がない。漢人はイスラム教に改宗しない限り、回族の成員とはならない。

清代の満族もまた、中原の北方民族がかつて歩んだ道から、逃れることはできなかった。このことは皆が最近の歴史として記憶しているので、ここで多くを語る必要はなかろう。私は解放前、言語学者の羅常培や文学者の老舎が満族であるとは知らなかったし、彼らはいずれも解放後になって自らの民族成分を公表した。だからと言って、我々漢人が彼らと付き合う上で、両者間に何らかの民族差別があるとは決して思わない。彼らが民族成分を公表する以前でも、彼らは自分が満族であるということを知っていた。このことはまた、一体構造のなかで、多元が依然として頑強に存在していることを示している。北方の非漢民族は歴史の大河の中で、繰り返し大規模に中原の農業地域に進入し、漢族に絶えることなく新たな血液を移入し、漢族を拡大させた。同時にまた、後の中華民族に対し、新たな多元の要素を付け加えた。これらは中華民族の多元一体構造の形成に対し、重要な作用をもたらした。本文では、このことを簡単に叙述し、その概観を指摘したにすぎない。

八　漢族同様に、他の民族も異民族を同化

我が国の古代民族中、成員の大部分あるいは一部が国外に移住していった月氏・烏孫・匈奴・突厥などの民族を除くと、絶大多数の民族は長期に渡って中華の大地に居住し、民族間の交流と融合も常に行われてきた。前節において私は、漢族が長年に渡って多くの非漢民族の成分を融合、吸収してきたことを重点的に述べた。本節では、漢族が他の民族のなかに融合、吸収されていった状況を簡単に述べたい。

漢族が他の民族に融合されていった情況には、主に以下の二つがある。一つは、強制的なもので、例えば、匈奴や西羌、突厥に略奪された場合や、中原の統治者によって辺区の屯田に派遣された兵士や、貧民、犯罪者などがそうである。もう一つは、天災人禍によって自らの意志で流出していった人々である。これら両者の数は非常に多く、ある人は、「匈奴には奴隷が約三〇万人あり、匈奴の全人口の七分の一から五分の一を占めていた[4]」とし、これまたある人は「匈奴には奴隷が五〇万人以上あり、匈奴の人口の三分の一を占めていた[5]」と推測している。これらの奴隷の多くは漢族で、ほかに西胡や丁零などの民族も含まれていた。永初四年（一一〇年）、南匈奴によって、「捕虜にされた漢族の男女、および羌族によって捕らえられ匈奴に売られた者は、合わせて百余万に達した[6]」という。

前漢の時代、侯応はかつて、辺境の要塞を放棄し長城を壊すことに反対する十条の理由を列挙したことがある。その中の第七条は、「辺境の奴婢は愁苦で、逃亡を欲する者多く……時に、要塞から逃亡する者がある」というも

ので、当時、漢人の中に自ら望んで要塞から匈奴の遊牧区に逃亡する者がいたことを示している。後漢末年、烏桓地区に逃亡した漢人だけでも、一〇万余戸に達した。西晋滅亡後、中原が混乱し、漢族人民で遼西・河西・西域、および南方に逃亡したものは非常に多かった。『晋書』の「慕容廆伝」によると、「二つの都が倒れ、幽冀《ゆうき》〔河北・山西一帯〕の二地域が陥落した際、慕容廆は法律と政治を立て直し、懐を広くして受け入れたため、流入してきた兵士や庶民の多くが、家族を連れて帰順した。慕容廆はこのため、郡を設立して流民を統治することにし、冀州人の流入した地を冀陽郡と、豫州人の地を周郡と、青州人の地を営丘郡と、併州人の地を唐国郡とした」とある。流人がいかに多かったか、これによって窺い知ることが出来る。

他民族の地域[14]に移入していった漢人の多くは、当地の民族と通婚し、さらに社会生活や自然環境に適応するため、生活方式や風俗習慣などの面において変化が起こり、数世代後には、当地の民族と融合していった。例えば、西暦三九九年にトルファン盆地およびその近郊に建立された麹氏高昌国は、もと漢人を主体として建立された国家である。これらの漢人は、漢代や魏の時代に屯田兵として、および晋代にこの地区に逃亡した漢人の後裔である。正に、『魏書』の「高昌伝」が、「かの地の流民は、漢魏の遺民で、晋代からは一族が流刑者であったため、[15]よその地に移ることも難しく、家を成し国を建て、世代を重ねて久しい」と伝える如くであった。当時、この高昌国の人々の胡人への同化は進んでいて、例えば、『北史』の「西域伝」「高昌伝」によると、「服装は、成人男子は胡方に従い、婦人も裙襦〔スカートと短い上着〕を着、頭にはたぶさ〔両側に結ったまげ〕を作っていた。その風俗と政令は華夏とほぼ同じであった。……文字もまた、華夏と同じで、胡書も兼用し、『毛詩』『論語』『孝経』などがあり、……これを音読するものの、全て胡語で読んでいた」。麹氏高昌国は一四一年間存在し、前後して北方の遊牧民である柔然や高車、突厥などに従属していた。西暦六四〇年、唐朝に征服され、西州が設置された。西暦八六六年、回鶻によって西州が占領され、以来、長期に渡って回鶻の統治を受け、当地の漢人の末裔はウイグル族に融合していった。同時に、天山山脈以南の各地のオアシスに生活していた、焉耆《えんき》―亀茲語[16]（別名トハラ語）や、於闐《おてん》語など、印欧語族に属する言語を操る諸民族も、前後してウイグル族に融合していった。

また、例えば、戦国時代、楚国の荘蹻はかつて数千の農民を率いて雲南の滇池《てんち》地区に移住し、自ら滇王と称した。その後、漢晋時期にも漢人が雲南に進入していったが、明朝以前に雲南に移住した漢人の大部分は、当地の各民族に融合していった。大理の洱海《じかい》地区に移住した漢人は、白族の重要な構成部分となった。

我々はこれまで、歴史上の民族間の相互浸透や融合に関する研究が不十分であった。とりわけ、漢人がその他の民族に融合してきた事実に対しては、注意が足りず、その結果、漢族は比較的混血が進み、その他の民族は比較的純血であるといった、偏った印象を持つようになってしまった。実際の所、全ての民族は、不断にその他の民族に吸収されたり、その他の民族を吸収したりしてきた。経済や文化水準が比較的低い民族は、それらが高い民族に必然的に融合されるものだ、と考える人もいるが、これも一面的である。なぜなら、歴史上、経済や文化水準が比較的高い漢人が、周辺のそれらが低い民族に融合していった事例が確かに存在するからである。民族間の相互浸透と融合の過程は、今後、事実に基づいた具体的な分析が待たれる。私はここで特に本節を加えたわけであるが、その目的は、漢族が形成され発展する過程で大量の異民族を吸収してきたことを論ずる際、漢族もまた不断に新しい血液を異民族に提供してきたことを軽視してはならないと、提起することにある。生物学的にも、あるいはいわゆる「血統」の上からも、中華民族という実体は、常に混合や交雑が繰り返されており、血統上、「純血」といえる民族などは存在しない。

九　漢族の南方への拡大

早くも春秋戦国時代、漢族の前身である華夏族は、その勢力を、東は沿海まで、南は長江中下流域まで、西は黄土高原まで広げていた。この華夏の中核は拡大していく過程で、周辺の異民族、即ち当時の所謂「夷蛮戎狄」に対して、二種の策略を講じた。一つは、彼らを包囲して「夷を夏に変じる」こと、もう一つは、彼らを駆逐し、さらに遠方まで追い払うことである。匈奴は南北に分断され、北匈奴が逃走し、南匈奴が漢化したのはその具体例である。北匈奴は中央アジアと東欧とをつなぐ大草原にそって、後に中華民族の国土となる領域から逃走したが、その他の民族でこの範囲を超えて逃走したものは多くない。早期に山東半島に居住していた「東夷」の一部は、海を渡って脱出し、あるいは東北地方を迂回して、今の朝鮮半島と日本列島に進入した可能性が高い。しかし大多数の融合されることのなかった非漢民族は、漢族が移住を望まないような地方に逃走するしかなく、その大部分は農業に適さない草原や山区であった。彼らの中には、中華民族の一体化の中で、今日までずっと自らの民族の特徴を保持し、多元構造の一翼をになっている民族もある。

この過程を歴史的に回顧するならば、三皇五帝の伝説時代まで一気に遡ることになろう。漢族の祖先とされる黄帝は、かつて黄河の北岸で、炎帝および蚩尤《しゆう》と戦いを交えた。炎帝は後に漢族の祖先の中に加わったため、現在では通常、中華民族は「炎黄の子孫」とされている。蚩尤は、伝説上もずっと、「我々の民族に非ず」と排斥されている。但し、彼が率いた「三苗」は、後に名前が同じだからと、現在の苗族と誤って関連づけてしまった人がいる。これはこじつけの推測かも知れないが、蚩尤の末裔の一部が、漢族の外側にとどまってきたこともまた事実であろう。

考古学の資料からみても、上述のように、長江中下流域は新石器時代において、黄河中下流域同様に、東西に異なる文化区が存在した。山東中南部から徐淮平原に至る青蓮崗—大汶口《だいぶんこう》文化[17]（前五四〇〇—前二四〇〇年）は、三〇〇〇年近い間、相当に発達した農業文化を有しており、このことは史書にみえる東夷を想起させる。東夷の内部は、疑いなく異なる族団を含んでいた。東夷は殷商の先人で、彼らが西方からきた羌人や周人によって撃破された後、一部分は周人と融合して華夏の族団に入り、一部分は地方に駆逐された。この中には、先述した海を渡った者と、東北地方を経由して朝鮮半島と日本列島に渡った者とが含まれていようが、大部分は南方に向かったと思われる。

私のこの仮説の根拠は、私が三〇年代に行った朝鮮族の体型類型の分析にある。私は修士論文において、朝鮮人の体型資料のなかに、江蘇沿岸の居民と同じB型、即ち円頭体矮類型が大量にみられることを論じた。この類型は、広西大瑶山の瑶族の体型測量の資料にもみられる。もしこれらの資料の分析が信頼できるものであるならば、この三カ所の地方の人々が歴史上、関連があると推論することができる。私自身の体型類型の分析の作業は長らく中断しているし、資料も散逸してしまったため、記憶にたよって以上の提起を行った。

私のこの推論は、私の恩師である潘光旦先生の支持を得たことがある。先生は文字資料と福建畲《シェ》民の地区の実地調査に基づいて、一つの見解を示された。以下、それを私の記憶に基づいて、簡潔に述べてみたい。

我々は、徐・舒・畲などの一系列の地方や民族名から、民族の移動の経路を推測することができる。春秋戦国時代、東夷の中の西南よりの一派の族名が徐であった可能性が極めて高い。彼らは黄河と淮河の間で生活していたため、現在、徐州という地名が残されている。『新中国的考古発現和研究』によると、徐国は西周時期、比較的強大な国家で、それは春秋時代になっても衰えることはなかったが、紀元前五一二年、楚によって滅ぼされた。近年、江西西北部で春秋中期の徐国の銅器が相次いで出土しているが、これは偶然ではなく、徐人の移動と関連があるかもしれない。[7] この時期の文献から、この一帯の住民は舒と称されていた。潘先生は、畲の字と徐の字が同音であることから、徐人と舒人は畲人の先人である可能性があると考えられた。先生はまた、瑶畲ともに槃瓠《ばんこ》伝説[18]を持っていることから、この伝説を徐国の偃《えん》王の記載と関連づけ、過山榜には歴史的な根拠があり、後になって神話化が行われただけである、と考えられた。これらの人々は後に長江流域に移動し、南嶺山脈の一角に進入した集団が今日の瑶《ヤオ》族であろう。南嶺山脈から東に向かい、江西・福建・浙江の山区で漢族と融合した一集団が畲族に、洞庭湖一帯に居住した後、湖南西部と貴州の山区に進入した一集団が苗《ミャオ》族になったと考えられる。潘先生が苗族と瑶族とを関連づけたのは、彼らが言語上、苗瑶語派と称されるように、同一の系統に属しており、彼らが同一の集団から分化していった可能性があるからである。

東夷のなかの西よりの集団が、二〇〇〇年の流動を経て、現在もなおその後裔が存在し、瑶や苗・畲としてその民族の特徴を維持しているとするならば、東夷のなかの東よりの集団はどうなったのであろうか？ この集団は、蘇北の青蓮崗文化から長江下流域の河姆渡—良渚文化に至る地域と関連があると考えられるが、そこはまさに春秋戦国時期の呉人と越人の活動した地域である。この地域は三国時代、山区の至る所に越人がいることが、統治者であった孫氏政権の頭痛の種であった。このことから、これらの一連の新石器文化は呉越文化の基礎をなしていたと考えざるをえない。

浙江南部から広東に至る沿海部の考古資料はまだ完全ではない。だが、広東石峡文化の発掘は、考古学者に一つの見解をもたらした。即ち、峡文化は、贛《かん》江流域および長江中下流域、さらには遠く山東沿海にいたる様々な原始文化と、絶えることなく直接・間接的な交流と相互影響を繰り返し、しかも時代が下るに従って関係は拡大していることから、沿海地域は終始、緊密な相互交流が存在したと断定できると。(8) これらの手がかりから、私は以下のような想定をしてみたい。即ち、これらの相互関係は単に民族間の交流だけでなく、近接する種族の基礎ともなるものである。つまり、山東から広東にいたるすべての沿海地帯は、かつて古代越人、あるいは粤《えつ》人の活動範囲であった。三国時代、呉国には山越がいたし、歴史を遡れば浙江南部には甌《おう》越が、福建には閩《びん》越がいた。広東では漢代に南越（粤）国が建てられたし、その西の広西には駱越がいたというように、全て越または粤を名乗っており、彼らが同じ系列の人々であると考えてよかろう。

多くの民族学者は、古代の越人が、現在、西南各省に分布し、東南アジアまで至っている、壮侗語派の諸民族、即ち広西の壮《チワン》族、貴州の布依《プイ》族・侗《トン》族・水《スイ》族、雲南の傣《タイ》族などと関連があると考えている。もしこの歴史的な関連が真実ならば、彼らを歴史上の沿海の越人と結びつけることができる。現在、沿海の越人はすでに、すべて融合して漢族となっているが、この越人の系統は、今日に至るまで西南地域の一隅に存続している。その多くは山区の盆地に居住し、農業を営んでいるが、これらの地区の中腹や山頂には苗瑶およびその他の山地少数民族が住んでいる。このように分布も広範囲に渡り、人口も多い越人の系統が、一体どのように形成されていったのか、我々はその歴史を説明しうる、具体的な資料を未だに持ち合わせていない。

以上が、長江下流域、沿海部および西南辺境での情況である。次いで長江中流域の情況について見てみたい。新石器時代の漢江平原における、大渓―屈家嶺―青龍泉文化以降、地域的に言えば、これを引き継いだのは楚の文化であった。春秋戦国時代の楚の国は、相当濃厚な地方色を保持していた。著名な屈原の『楚辞』は「楚語で書かれ、楚音で読まれ、楚の地名を記し、楚の物産を伝えている」という情況であった。楚は中原の人から見たら、依然として南蛮に属し、楚の建国後、五代目の孫熊渠ですら自ら「我は蛮夷ゆえに、中国式の諡《おくりな》はいらない」と述べている。楚の国の統治下には多数の小国があり、ある人の計算では六〇もの数に達し、楚自体がかつて、中原の華夏と対峙する多元統一体であったことを物語っている。その地域は非常に広範囲であった。『淮南子』の中の言葉に「昔、楚人の地は、南は沅湘を巻き込み、北は潁泗《えいし》を回り込み、西は巴蜀を含み、東は郯邳《たんひ》を包む、潁汝は洫《きょく》でもって、江漢は池でもって……天下を分けている」とある。楚はさらに人を西に派遣し雲南に入り、滇池地区を占領した。

楚は農業経済の発達した、高度な文化を有する諸侯であった。秦が楚を滅ぼした後も、楚文化の影響は事実上存続し続けた。楚と漢の争いの結末は、項羽が四面楚歌のなか、江東の父兄に合わせる顔がなく、自害して終わった。[19]楚と漢の合併は、統一体の形成史において相当長期の過程を占めるものであった。

早くも秦代に漢人は南嶺を越え、珠江流域に進入した。広西の桂林には今も秦代の渠の跡が残され、その証となっている。しかし、漢族の文化が南嶺を越えて粤に入ったのは漢代になってからであり、当時の南越王は事実上、強大な地方政権であった。また南嶺山脈以南の地区に漢人の主要な居住区が形成されるまでには、さらに千年近い時間を必要とした。海南島の民族構成から、この地区の歴史的な堆積を読みとることが出来る。この島に最も古くから居住していたのは黎人であった。その言語は壮侗語派に属するが、自ら一つの言語を形成し、同一語族のその他の言語との分離を早くから示していた。このことから、沿海部に越人が居住していた時代、その一部分が海を越えてこの島に移り住んだことが推測できる。黎人に次いで移住してきたのが、壮侗語派を話す他の集団で、島の北部に居住し、臨高人と称した。その言語は現在の壮族と同一だが、今に至るまで彼らは漢人を自認している。その後、宋元代になってやっと大量の漢人が移住し、主に島の沿海地区に居住した。およそ明代に、さらに瑶語を話す人々が移入し、彼らは人々に苗人と称され、彼らも今に至るまで苗人を自称している。私の上述の推測に従えば、彼らは南に向かった中で最も遠くまで達した瑶人ということになる。

一〇　中国西部の民族の流動

中華大地の西部に目を向けよう。そこは今に至るまで少数民族が集居しているところ、即ち青蔵高原・雲貴高原、そして天山山脈南北の新疆である。この広大な地域の考古資料は中原や沿海地区に比べて少なく、太古の歴史には不明な点が多い。しかしすでに明らかにされていることは、中国で最古の猿人の遺骨の化石は雲貴高原（雲南元謀県）で発見されており、さらに上述の旧石器および新石器の遺品から、これらの西部高原には早くから人類が居住していたと断定することが出来る。

史書の文字による記載では、中原の西に早くから居住していた人々をまとめて戎《じゅう》と称した。中原に接近し、今の寧夏・甘粛にまたがる黄河上流域の回廊地帯は、まさに農業と牧畜の二大地域の中間にあたる。この一帯に早くから居住していた人々を羌人と称した。これは羊を放牧する人の意味である。羌人はおそらく、中原の人が西方の遊牧民を呼んだ総称で、百の部族を含んでいた。他にも多くの異称があり、古書にはよく羌氏と並び称されている。彼らが同一の来源かどうかを確定するのは難しいが、言語上はおそらく同一の系統に属そう。『後漢書』は彼らを「三苗から出る」と記しているが、これこそが黄帝によって華北から西北に駆逐され、たどり着いた集落である。商代の甲骨文には羌の字がみえ、当時、彼らは今の甘粛や陝西一帯で活動していた。羌人と周人の部落間には姻戚関係があり、それ故に、周人は羌嫄（周王朝の祖先后稷の母の名）から出た、と自ら言っている。周代の統治集団中、夷人は重要な地位を占め、後に華夏族の重要な構成部分となった。

歴史上からみて、民族の特徴を保持している集団として、羌人は中原と密接な関係をずっと維持しており、甘粛陝西一帯の夷夏のなかでは強大な集団であった。そのなかの党項羌は、一〇三八―一二二七年間に、かつて西夏国を建国し、最盛期には今の寧夏・陝西北部・甘粛・青海・内蒙古の一部にまたがり、遼、金と前後して宋代の鼎立する地方政権の一つを成していた。彼らは農牧業に従事し、漢文に似た独自の方塊文字を有していた。西夏政権が蒙古人によって撃破されて以降、羌人の行方については、漢文の史料にはあまり記されていない。おそらく、大多数は当地の漢人やその他の民族と融合したと考えられる。今に至るまで、羌人と自認する人は約一〇〇万人（一九六四年の全国調査時では五〇万人に過ぎなかった）に達している。彼らは四川北部に集居しており、四川省阿壩《アバ》チベット族羌族自治州内に、羌族自治県が一つ設けられている。

羌人が中華民族の形成過程において果たした作用は、どうも漢人のとは全く相反するものであった。漢族が主に受け入れることによって日に日に拡大していったのに対し、羌族は主に提供することによって、他の民族を拡大してきた。漢族を含む多くの民族の中には、羌人からもたらされた血液が存在する。

西端のチベット族から説き起こそう。漢文の記載によると、チベット族は前漢・後漢時代、西羌人の一支派に属していた。チベットの「発羌」という語は、古音ではbodと読み、これは今のチベット族の自称となっている。発羌は、当時チベット高原上に多数存在した集落の一つで、しかも甘粛や青海の羌人集落とも往来があった。チベット語族には三つの支派、即ち、チベット語・嘉戎語・門巴語がある。言語学者によっては、羌語・普米語・珞巴語をチベット語の支派に分類する人もいれば、嘉戎語を羌語の支派に分類する人もいる。一説には、西夏語は実質的には嘉戎語、即ち羌語とも言われている。これは、チベット語と羌語との間に密接な関係が存在することを示している。嘉戎語の主要分布地域は四川省の阿垻チベット族〔羌族〕自治州で、嘉戎語を話す人々はチベット族とみなされているという。

チベット語そのものは、さらに互いに差違の大きい三つの方言に分かれる。衛蔵方言の主要分布地域はチベット自治区の大部分、康方言の主要分布地域は四川省の甘孜《かんし》・雲南省の迪慶《てきけい》および青海省の玉樹などのチベット族自治州、安多方言の分布地域は甘粛省の甘南・青海省のいくつかのチベット族自治州となっている。チベット族の複雑性は、この民族の多元的な構造の反映でもある。即ち、羌人をチベット族の主要な来源としないにしても、羌人が、チベット族の形成過程において重要な役割を果たしたことは疑いない。

チベット族は歴史上、強大な民族の一つで、彼らは青蔵高原を統一したばかりでなく、北方ではパミール高原に達し、新疆南部を占領し、東方では唐代の首都である長安と四川の成都平原に達し、南方では雲南の北に達し、当時の南詔国と対峙した。チベット族の全盛期には、これらの各民族は彼らの支配下におかれた。そうした人々もチベット人と呼ばれた。現在、阿壩地区に、「白馬蔵（チベット）族」と呼ばれている人々が住んでいるが、彼らはすでにチベット語を話さず、ラマ教も信仰せず、解放前は「黒番人」と呼ばれ、学者の中には彼らを古代氐《てい》人の後裔と考えている人もいる。六江流域の回廊では、未だに、家の外ではチベット語を話し、家に帰ると他の言語を話す人々がいる。これらは明らかに、融合はしているがまだ合体まではいっていない事例である。

もし言語の系統が、民族間の歴史的な関係に何らかの手がかりを与えてくれるとすれば、漢語とチベット語の近親関係は、私が先に提示した、羌人が漢族とチベット族との連結役を果たしたとする仮説を支持することになる。この手がかりから一歩進んで、次ぎにチベット語と近い関係にある彝《イ》語についてみてみたい。彝語の来源について、多くの学者は羌人であると考えている。胡慶鈞教授は『中国大百科全書』の彝族の項目において、次のように述べている。「およそ四〇〇〇―五〇〇〇年以前、羌人のうち早期に南下した支系が当地に土着の集落と融合し、僰《ばく》（濮）となった。僰とは「羌の別種」である、……紀元四世紀初め、羌人は無弋爰剣《ウーイユエンジエン》[20]の後、甘粛・寧夏・青海一帯の河湟地区から南下し、岷山以東に達し、金沙江のほとりに至り、武都・広漢・越嶲《えつすい》（四川省の県名、現在の越西県）などの諸羌を発展させた……これは羌人の南下のなかでも比較的遅いほうの支系である」

彝族は一九八二年の全国人口調査時で、五四五万人おり、もし彝語系統の哈尼《ハニ》・納西《ナシ》・傈僳《リス》・拉祜《ラフ》・基諾《チノー》などの諸民族を加えると、七五五万人になり、少数民族の中では壮族に次ぎ、回族を上回る数になる。[21]彝族が居住しているところは、山脈が横断し、山谷が縦断するなど、高山に隔てられた無数の小地区から構成されている。その間の交通は不便で、実際上は、同一のエスニック・グループからなる多くの小集団となっており、それぞれの自称をもち、他の民族からみてもそれぞれ異なる民族単位となっている。現在、上述の彝語系統の言語を話す諸民族は、彝族とは異なる名称を与えられ、五つの民族として認定されている。〔その一方で〕たとえ彝族の範囲内に入っている人でも、諾蘇《ノース》・納蘇《ナス》・羅武《ロウ》・米撒潑《ミーチェポー》・撒尼《チェニ》・阿西《アシー》など、異なる自称を持つ人々がいる。[22]

蒙古軍が南宋に進攻し、四川や雲南・貴州に進出したとき、[23]彝語系統の各集団は大挙して連合し、これに抵抗した。この結果、羅羅《ロロ》という統一的な名称が生まれた。この名称は民間の間では、解放時までそのまま用いられた。しかし、これは一種の差別的な蔑称と考えられたため、廃止され、代わって彝という名称が採用された。

彝族は雲貴高原において、長期に渡って各地を掌握した地方権力である。元明両代を通じ、彝族自身の統治者を中央政権に臣属する土司として利用したが、これは一種の間接統治方式であった。清代には「改土帰流[24]」を通して、直接統治を行い、交通の便のよい一部分には、大量の漢族が移住し、一七四六年には、ある人の記載によると、東川、烏蒙などの地はすでに「漢人も土民も夷も、軒を並べて居住し……内地と情況に差はない」状態となっていたという。

彝族の社会発展は非常に不均衡なもので、開放前夜、城鎮に住み、彝族社会の中での上層部を自認し、漢人との往来において表面上は何ら見分けのつかない人々が、地方の政治や経済の実権を握っていた。一方、四川の涼山など辺鄙な山区では、依然として特有の奴隷制度を保持し、独立した「小王国」を形成し、外部の権力の支配を受けなかった。

観客的に見て、雲貴高原の民族構成には、実際のところ六種の民族集団が存在した。一つは、南部、および西南の辺境にあって、多く壮侗語派に属する民族で、主要なのは傣《タイ》族である。彼らは早くからこの地に土着していたのか、それとも東方の沿海地区からこの山区に移住してきたのかは、現在では何とも言えない。二つ目は、北方から移住してきた彝語系統の民族である。三つ目は、早くからこの地区に居住していた土着の民族である。考古学上の遺物からみると、ここは一群の人類の発祥地で、その子孫が残っていないことは想像しにくい。但し、現在の知識では、彼らと現在の民族との間に、どのような関係があるかを明確にすることは出来ない。おそらく多くはすでに淘汰されたか、外来の移民と同化したものと考えられる。現在、貴州や広西一帯に散居し、かつて僚人と呼ばれた人々の後裔である、仡佬《コーラオ》族や仫佬《ムーラオ》族が、この地区の比較的早い時期からの居民であると考える人もいる。四つ目は、早くも春秋戦国時代に中原からの移住を始めた人々で、楚国の荘蹻が兵を伴って滇池地区に進入した例が歴史上、最も古い。漢代になると、四川から雲南高原に入る交通も切り開かれた。『史記』の著者である司馬遷はここを通って雲南に入り、また滇池付近では漢代の金印も発見されている。明代、およびそれ以降、大量の漢人が雲貴両省に移住したことは、史書で確かめることができる。五つ目は、以上の各種の人々の混血である。白《ペー》族はおそらくその一つであろう。六つ目は、越境してきた、佤《ワ》族、徳昂《ドゥアン》族、布朗《プーラン》族など、南アジア語族の民族で、境外から移住してきた可能性が高い。

西南部分をさらに完成された様相にするために、ここで簡単に、青蔵高原と黄土高原および雲貴高原の間にある、四川盆地について触れておきたい。この盆地は農業に適し、早くから蜀人と巴人とがこの地に生活していた。現在の歴史知識によると、早くも商代の甲骨文の中にすでに「蜀」の字がみえ、それは四川盆地の古国を指していた。周人が商を征伐する戦において、すでに蜀人の参与があった。蜀人の主要な活動地区は四川西部で、地方政権を確立したが、後に秦に滅ぼされた。秦による蜀郡の設置後、中原から大量の移民が蜀に入り、蜀人もまた漢族に吸収されていったようである。

巴人の来源については、歴史上明確な記載がない。伝説によると、廩《りん》君の後、「武落鐘離山」に起源を発するが、ある人の考証によると、それは今の湖北省内にあるという。彼らの活動区域は、四川東部・陝西南部・湖北および湖南西部であった。西周の初期に、漢水流域に巴国を建国したが、秦に滅ぼされて以降、巴人は一つの民族集団としては、歴史から消えていった。五〇年代に、潘光旦教授が湖南西部の土家《トウチャ》族を調査した際、教授は彼らを巴人の後裔と考えた。土家族は中華人民共和国の初期において、漢族の一部分とみなされ、少数民族としては分類されなかった。彼らは生活や言語において、すでに漢人とほとんど差がない。しかし、一つの民族単位として承認されて以降、湖南・湖北・貴州などの境界地帯では、過去に漢族と自己申告した人々の多くが、土家族であると改めて申請し直している。一九六四年の全国人口調査時では、土家族と申告した人は五二万人しかいなかったが、一九八二年の全国調査時には二八〇万人に達し、一八年間に五倍も増加した。このことは、これまで長期に渡って漢族に吸収されてきた非漢民族のなかの多くが、同化しても合体はせずという意識を、未だに留めていることの痕跡といえる。

二　中華民族の構造形成におけるいくつかの特徴

以上、私は中華民族の多元一体構造の形成過程について、一つの見取り図の輪郭を描いてみた。中華民族というのは、この百年の間に、西方列強と対抗するなかで、民族実体として自覚されるようになったものであるが、一つの自然発生的な民族実体としては、上述のような歴史過程を経て、徐々に形成されたものである。ここで私は、この多元一体構造にみられる、注目すべきいくつかの特徴について簡単に述べてみたい。

一、中華民族の多元一体構造には、凝集する一つの核心がある。文明の曙の時期、即ち新石器時代から青銅器時代に発展する時期において、すでに黄河中流域において、核心の前身となる華夏の族団が形成され、その後、夏商周の三代に、東方や西方の新たな成分を吸収し、春秋戦国時代における融合を経て、秦による黄河と長江の両大河流域の平原地帯の統一に至る。漢は秦の事業を継承し、多元的な基礎の上に漢族を統一した。漢族という名称は、その後の南北朝の時代になって普及するようになったと、一般に考えられている。二〇〇〇余年の時間を経て、漢族は四方に拡大し、多くの他民族を融合吸収し、目下、その人口は九億三四〇〇万人（一九八二年）を越え、中華民族の総人口の九三・三%を占めるに至った。漢族以外の五五の少数民族の総人口は六七二〇万人で、総人口の六・七%を占める。

漢族は主に農業地域に集居し、西北と西南を除いて、およそ耕作に適した平原は、ほとんどすべて漢族の居住地域といってよい。同時に、少数民族地区の交通の要所と商業の拠点は、一般に漢人が長期に渡って定住している。このように、漢人は大量に少数民族の居住地域に進入し、点と線によるネットワークを形成している。それは東部で密、西部で疎となっているが、このネットワークこそ、多元一体構造の骨格をなしている。

二、同時に重視すべきは、少数民族の居住地域が全国の面積の半分以上を占めるが、それらは主に高原・山地・草地などで、少数民族の中の大部分は牧畜に従事し、主に農業に従事している漢族とは、異なる経済類型を形成していることである。中国の五大牧区はいずれも少数民族地域にあり、遊牧業に従事している人は皆少数民族である。

中国の、いわゆる少数民族の居住地域という概念は、域内に少数民族が居住している地域を指すもので、その域内での漢族の居住を排斥するものではない。それどころか、漢族は人口の多数を占めている。少数民族が地域人口の一〇%以上を占めている省や自治区は八つある。即ち、内蒙古（一五・五%）・貴州（二六%）・雲南（三一・七%）・寧夏（三一・九%）・広西（三八・三%）・青海（三九・四%）・新疆（五九・六%）・チベット（九五・一%）で、このうち、過半数を占めるのは二つの民族自治区のみである。これらの地域では、漢族の大小の居住区と少数民族の集居とが、モザイク状に入り組んで分布しているところもあれば、漢人が谷地を、少数民族が山地を占めているところもある。また、漢人が郷鎮を、少数民族が村落を占めているところもある。少数民族の村落内でも、常に漢人戸が雑居しているのがみられる。それ故、県級の行政レベルでも、チベットと新疆を除き、純粋に少数民族だけが集居しているところを探すのは非常に難しいし、その下の郷級の行政レベルでもめったにない。このような緊密に雑居している状況下では、漢族もまた、当地の民族に吸収されていくこともあるが、全体としては、漢族は各少数民族地区に深く入りこんでいるこれらの漢人に依拠しつつ、その凝集力を発揮し、各民族の団結を強固なものにし、一体構造を形成している。

三、言語の面から言うと、回族の如く、漢語を自民族の共通の言語として用いているごく僅かな民族を除き、少数民族はいずれも自己の言語を有している。民族の中には、例えば満族のように、日常生活において満語で会話をする人は非常に少なく、満文の読める一般庶民となるとさらに少ない、という場合もある。彼らは漢語や漢文でもって自己の思想を表現しているが、傑出した例としては、前述した言語学者の羅常培や、文学者の老舎がこれに当たる。また、畲族のように、自己の言語を有すると称するものの、研究の結果、漢語の一方言に属していたという場合もある。自己の言語を有する少数民族中、一〇の民族が独自の文字を有しているが、民衆の間でそれが用いられているのは、チベット文字、モンゴル文字、ウイグル文字、タイ文字、朝鮮文字など、いくつかの民族に限られる。文字があっても、それを知る人が非常に少ないという場合もある。少数民族のなかで漢人との接触が多い人は、大部分が漢語を習得している。私が五〇年代初めに、広西と貴州の少数民族を訪問した際、当地の各族の男子のほとんどは、私と当地の漢語方言によって会話をすることが出来た。しかし彼らが同族の人間と話す際には、自己の言語を用いていた。私が八〇年代に内蒙古を訪問した際には、漢語の話せない蒙古族に会うこともあれば、蒙古語が出来ず漢語しか話せない蒙古族に会うこともあった。異なる少数民族間で会話がなされる際の、媒介となる言語も多種多様で、漢語でもって会話をする場合もあれば、それぞれ自己の言語を用いて会話をする場合もある。また、相手の言語で会話をすることもあれば、その地で通用している第三の少数民族言語で会話をすることもある。この方面については、具体的な調査が欠けているが、一般的に言って、漢語が徐々に共同の通用言語となっているようである。解放後、人民政府の政策は、各民族がいずれも自己の言語と文字とを使用する権利があるとしており、このことは憲法にも記されている。

四、民族の融合を導く具体的な条件は、複雑である。見たところ、主要なものは社会的、経済的な需要であるが、政治的な原因も無視してはならない。数十年前の民国時代、貴州において、苗族に対して強制的に服装や髪型を改めさせるという事件が発生した。だが、この種の直接政治が干渉するというのは、効果も大きくないし、また好ましいものではない。なぜなら、政治上の差別や圧迫は、返って被差別者の反抗心と民族意識を増強させ、民族間の距離を広げてしまうからである。歴史的にみて、歴代王朝は、地方政権に至るまで、それぞれ民族関係に対処する思想と政策を擁していた。もちろん、北魏の鮮卑族のように、少数民族の統治者の中には、漢族地区を支配した後、自己の民族と漢族との同化を奨励したり、さらには行政手段でもって命令した場合もあるが、大多数の少数民族王朝は、できるだけ漢族の地位を低く抑え、自己の民族の特徴を保持しようとした。その結果は、彼らの願望と相反するものであった。政治的な優位は、決してその民族が社会的、経済的に優位に立つというものではない。最近では、満族がその明瞭な例である。

歴史上、秦以降の中国において、政治上の統一が保たれた時期が三分の二を、分裂した時期が三分の一を占める。だが、民族の側面からみると、漢族は全ての時期において、雪だるまのように徐々に拡大していった。国家が分裂していた時期においても、民族間の雑居や混合、融合は進み、漢族に対して常に新たな血液を供給し、拡大させていった。

この漢族の凝集力の来源を探すとすれば、私は漢族の農業経済が一つの主要な要素であると考えている。どんな遊牧民族も、平原に入り、精緻な耕作を行っている農業社会の中に落ち着くと、遅かれ早かれ、従順にそして自発的に、漢族の中に融合していってしまう。

重ねて提起すれば、現在、少数民族が集居する地方は、大部分が漢人に馴染みのない高原や、好まれない草原・山間や乾燥地帯、および簡単には行けぬ遠方な土地で、これらは即ち、「農業を以て本業とする」漢族がその優位性を発揮できない土地である。これらの地域は、農業を営んでいた時代の漢族にとっては、吸引力を発することがなかった。農業の発展の機会がある地方は、漢族がほとんど占有し、甚だしきは、後に農業に適さない草原にまで開墾を進め、牧場を破壊し、農業と牧畜の矛盾や民族間の矛盾を引き起こした。これらのことは、漢族が拡大していく上で、その農業経済が主要な条件である、ということの根拠にならないであろうか。思うに、漢族の両足は深々と泥土の中に浸っているが、時代が変わり、人類が工業文明に進入しようとするとき、漢族が泥土からこの両足を引き抜くのは、見ての通り多大な苦労を伴う。

五、中華民族を構成している成員の数は非常に多く、それ故一つの多元構造といわれている。成員間の大小の差は大きく、漢族は二〇〇〇年を経て膨大になり、すでに九億三四〇〇万人に達するが、これは世界でも人口が最も多い民族である。その他の五五の民族の総人口は、まだ「未識別」の約八〇万人を含め、六七二〇万で、それ故、彼らは少数民族と称される。そのうち一〇〇万人を越える民族は一五あり、その最大は壮族（一三〇〇万人）である。人口が五〇～一〇〇万未満の民族は三、一〇～五〇万未満の民族は一〇、一～一〇万未満の民族は一五、五〇〇〇～一万未満の民族は一五〇〇〇以下の民族は七あり、そのうち二〇〇〇人以下の民族は三ある。[25]人口の最も少ない民族は珞巴《ルオバ》族（一〇六六人）である。高山族は台湾部分の統計がないため、計算に加えていない。

各民族の人口は、一九六四年の全国人口調査から一九八二年の全国人口調査の間に、いずれも増大しており、少数民族の総人口の増加率は六八・四二％、年平均にすると二・九％で、漢族のそれ（それぞれ四三・八二％、二・〇％）よりも高い。増加率が最も高いのは土家族で、一八年の間に四・四倍のびた。これは明らかに、自然増加によるものではなく、この数十年の間に、以前は漢族と申請していた人々の多くが土家族と再申請したからである。このような情況は、他の少数民族にも同様に発生している。漢族はもともと、多くの非漢民族が融合、加入してきたものである。もし祖先が属していた民族によって自己の民族を決定するなら、大量の人口が漢族から出ていくことになろう。そこで、「所属する民族」の基準を、どのように決定するかが問題となる。

同様の難題は、まだ「未識別」の民族においても出現する。即ち、未だにその成分が不明確な人々が存在するのである。こうした人々の総数は約八〇万に達する。彼らは二種類に大別できる。一つは、漢人であるかないかを確定することが出来ない人々、もう一つは、どの少数民族に属するかを確定できない人々である。こうした識別作業を我々は「民族識別」と呼んできた。これは決して個人を指して言っているのではなく、以下のような例を指す。即ち、ある集団は、漢族ではないと自称しているが、歴史的な史料から彼らが早期に辺地に移住した漢族であると証明されても、さまざまな理由で漢族に帰すことを望んでいない[26]。また、ある集団は、ある少数民族から分離したが、もとの民族名で扱われることを望んでいない。これらの人々も「未識別民族」の中に含まれる。このことは、民族は、決して長期に渡って安定した人々の共同体ではなく、歴史の過程において常に変動しうる民族実体である、ということを示している。この問題について、ここではこれ以上、理論的な考察をすることを控えたい。

六、中華民族が一体となっていく過程は、徐々に完成したものである。即ち、先に各地域にそれぞれ凝集の中心が生まれ、それぞれが初期の統一体を形成していった。例えば、新石器時代、黄河の中下流域には異なる文化区域が存在していたが、これらの区域は徐々に融合し、漢族の前身である華夏という初期の統一体を出現させた。当時、長城外の遊牧地には匈奴を中心とする一つの統一体が存在し、華夏、およびそれ以降の漢族と対峙した。何度かの北方民族の中原地区への進入や、中原地区の漢族の四方への拡散を経て、徐々に、長城内外の農業区と牧畜区とが合体し、大統一体が形成された。さらに各民族の流動、混同、分離と融合の過程を経て、漢族はきわめて大きな核心を形成したが、その主要な居住地は、依然として平原や盆地など農業の発展に適した地域であった。同時に、漢族は屯田移民や通商を通して、各地の少数民族地域で点と線によるネットワークを形成し、東アジアの地に居住する各民族を一つに繋げ、中華民族という自然発生的な民族実体を形成し、さらには大統一の構造を獲得した。この自然発生的な民族実体は、共同で西方列強の圧力に抵抗するなかで、苦楽をともにする自覚的な民族実体へと変化していった。この民族実体の構造は、多元的な統一体を内包するものであり、故に中華民族には五〇余の民族が含まれる。中華民族と、その中に含まれる五〇余の民族も共に「民族」と称されるものの、そのレベルは同じではない。しかも、現在認定されている五〇余の民族の中にも、自身の内部にさらに下位の「民族集団」を抱えている場合が多い。従って、中華民族の統一体の内部には、多層的な多元構造が存在すると言える。そして各層における多元間の関係には、合体分離の動態のほか、分かれても分離せず、融合しても合体しないなど、さまざまな情況が存在する。このことは民族学の研究者に、大いに魅力的な研究対象と課題を提供するものである。

一二　未来への展望

未来に目を向けよう。中華民族の構造は今後、変化するであろうか？　中華民族が内包するものは変化するであろうか？　これらの問題はあくまで推測するしかない。

最初に指摘すべきは、中華民族は二一世紀に入る以前から、すでに二つの大きな質的な変化を遂げていることである。第一に、過去数千年におよぶ民族間の不平等な関係は、すでに法律上でも否定され、実際にも大きな変化が生じている。一九四九年の新中国成立以降、民族の平等は根本的な政策となり、憲法にも明瞭に記されている。民族の平等を実現するため、民族区域自治法が制定された。およそ少数民族が集居する地方では、区域内での自治が実行されている。それらの地域では自治機関が設立され、各少数民族は自己の民族の事務を自己管理している。少数民族の言語や風俗習慣も他の民族に尊重されるようになり、改革を行うか否かも各民族が自ら決定することが出来る。少数民族は歴史的な原因から、概してこれまで経済や文化を発展させる機会に欠けていたため、国家は一連の少数民族に対する優遇政策を制定した。これらの政策が実行された結果、これまで自己の出身民族を隠していた多くの人々が、勇気と希望をもって自分たちが少数民族であることの承認を公に求めるようになった。

第二に、中国はすでに工業化、現代化への道のりを歩み始めた。開放と改革が基本国策となり、門を閉ざし鎖国していた情況はすでに過ぎ去り、もう元に戻ることはない。「農業を以て国を立てる」から工業化への過程で、各民族の発展に新たな問題が発生している。もし私のこれまでの叙述と分析が歴史的な事実と符合するならば、農業における優位に依存して発展してきた漢族は、その経済構造を変革せねばならぬという挑戦に、まず遭遇することになる。漢族が集居している地域の多くは、もともと農業の発展に適したところであり、これらの地域では、工業が必要とする原材料が比較的乏しい。一方、これまで漢族にとって魅力的ではなかった、少数民族の居住する地域こそ、工業の原材料の豊富なところである。同時に、工業の発展には科学技術と文化知識とを必要とするが、この分野において、少数民族は一般に漢族よりも低い水準にある。少数民族が自らの地域の資源を利用して、地域の工業を自力で発展させるには、多くの困難がともなう。こうした具体的な情況は、民族の構造にどのような影響を与えるであろうか？

もし我々が中華民族内における、各民族の平等と共同の繁栄の原則を堅持していくなら、民族間の相互団結を促す具体的な措置が必要である。これは我々が当面、探求しなければならない課題である。

もし我々が各民族が異なるスタート地点からの自由競争を放任するなら、その結果は目に見えている。即ち、水準の低い民族は途中で淘汰、滅亡への道を歩み、その結果、多元一体構造のなかの多元の部分が徐々に萎縮してしまう。我々はこの道を歩むことには反対する。それ故、「先に進んだ者が遅れた者を助ける」という原則に従って事を進め、先行する民族は、経済や文化などの面から後続の各民族の発展を支援する必要がある。国家は少数民族地域に対して、優遇政策をとっているばかりでなく、適切な支援をも行っている。これは我々が現在、まさに実行していることである。

第三に、もう一つの問題を提起したい。即ち、少数民族の現代化は、彼らのさらなる漢化を意味するのか？もしそうなら、各民族が共に繁栄するというのは、さらなる大きな趨勢となるのかもしれないが、これも同様に、多元一体構造のなかの多元の部分を弱体化させてしまうのではないか？　これはもとより可能性の一つであるが、私は以下のように考えたい。一つの社会が裕福になればなるほど、社会の中の成員は個性を発展させる機会も増えるが、反対に貧しくなればなるほど、その成員が選択できる生存方法も限定されてくる。もしこの法則が民族の領域にも同様に当てはまるなら、経済が発展するほど、即ち現代化が進むほど、各民族は各々が得意とするものを伸ばし、自民族の特徴を発展させる機会もより増えることになる。工業化の過程の中で、各民族人民の生活において共有するものも益々増えてくる。例えば、情報交換のためには、共通の言語が必要である。但し、このことは各民族が自己の言語や文字を用いた民族色豊かな文学の発展を、決して妨げるものではない。共通の言語は各民族の相互学習を助け、互いに影響しあい自己の文学の発展を促進する。また、例えば、各民族はそれぞれが適応した生態条件がある。チベット族は海抜の高い高原で労働や生活ができ、彼らはこの特徴を発揮させながらこの地区の発展の主力となりうるし、さらにその他の地区の他の民族と相互に補完しあい、各民族の経済的水準を引き上げることができる。こうした情況を考慮し、私は、この問題に我々が早くから注意を払うことができれば、この挑戦を受け入れる方策があると確信している。現代化の過程において、各民族が団結と互助の精神でもって共に繁栄するという目標に到達するなら、多元一体構造の中で、さらに高い次元へと継続して発展することができる。その次元は、比喩を用いて言うならば、中華民族は百花が咲き競う一つの大園圃となろう。私はこうした未来を描くことによって自らを鼓舞し、この論文を締めくくりたい。(一九八八年八月二二日)

原注

(1)『元史』「世祖紀十」。
(2)『問答録』二二頁。
(3)『元史』「兵志」。
(4)『匈奴史論文選集』、一二二頁。
(5)前掲書　第一〇頁。
(6)『後漢書』「南匈奴伝」。
(7)『新中国的考古発現和研究』、三一七頁。
(8)前掲書　一六六頁。

参考文献

中国社会科学研究院考古研究所
　一九八四　『新中国的考古発現和研究』文物出版社。
陳連開
　一九八三　『我国少数民族対祖国歴史的貢献』北京書目文献出版社。
　一九八七　「関於中華民族的含義和起源的初歩探討」『民族論壇』一九八七年第三期。

徐傑舜
　一九八八　「中華新石器文化的多元区域性発展及其滙聚與輻射」『北方民族』一九八八年第一期。
賈敬顔
　一九八五　『漢民族歴史和文化新探』広西人民出版社。
　一九八五　「漢人考」『中国社会科学』一九八五年第六期。
谷　苞
　一九八四　「論西漢政府設置河西四郡的歴史意義」『新疆社会科学』一九八四年第二期。
　一九八五　「論正確闡明古代匈奴遊牧社会的歴史地位」『民族学研究』一九八五年第三期（一九八六年第八輯か）。
　一九八五　「論中華民族的共同性」『新疆社会科学』一九八五年第六期。
　一九八六　「再論中華民族的共同性」『新疆社会科学』一九八六年第一期。
国家民委民族問題五種叢書編委会『中国少数民族』編写組
　一九八一　『中国少数民族』人民出版社。
国家民委財経司
　一九八七　『民族工作統計提要（一九四九―一九八六）』。
『中国大百科全書・民族巻』
　一九八六　中国大百科全書出版社。
費孝通
　一九八八　『民族研究文集』民族出版社。

訳注

【1】原文は「中華民族多元一体格局」で、中国語の「格局」に相当するぴったりの訳語がないため、やむを得ずもっとも近い「構造」と訳した。日本語の「構造」を意味する中国語は「結構」で、これは「格局」とは多少ニュアンスが異なる。「格局」とは「格」と「布局」とが合わさったもので、格とは縦横の線を意味し、三次元の立体的な枠組みを指す。そうした枠組みの中の随所に、あるものが配置された情況を、「格局」という。「結構」が物質的で静的な枠組みであるのに対して、「格局」は枠組みだけでなく、それが時間や人為的な要素で変化するという、よりダイナミックなニュアンスが加わる。

【2】原文は「……可得而考」で、考は考証の意味。「可得考証」に、「而」が入ることによって、すでに考証された、というニュ

アンスになるが、この場合は四文字にするために「而」を入れた可能性もあるし、研究というのは常に進展していくものであることを考え、訳文のようにした。

【3】族団は原文のままとした。「族団」というのは、費孝通独特の概念で、意味としては、ほぼ民族集団、エスニック・グループに相当する。これに相当する中国語としては、「族類」「族群」（これについては、訳注5を参照）などがあるが、費孝通がここでこうした単語を使わず、敢えて「族団」としたのは、「民族」という概念は近代国民国家が形成される以前には存在しない、という考えに従って、その前段階的なニュアンスのある「族団」を使ったものと考えられる。また、「族団」は、本節の用例の如く、「族類」「族群」よりはマクロな概念でもあり、その区別の意味もあったと思う。「族団」の語は、五節、九節、一一節にもみえるが、原語のままとした。

【4】原文は「邦幾千里、維民所止、肇域彼四海」で、「商頌」の「玄鳥」にみえる句。ここでは目加田誠の解釈（平凡社『中国古典文学大系』）に従い、石川忠久の語釈（明治書院『中国古典文学大系』）を参考にしながら邦訳した。

【5】原文は「族類」。これは民国期に、etnic group の訳語として当てられた中国語で、日本語からの輸入ではなく、全く新しい造語でもない。麻国慶氏のご教示によると、この語源は昔からある「非我族類、其心必異」という表現から来ているという。もっとも、近年では、主に台湾の学者がetnic group の訳語として「族群」というのを使いはじめ、それが大陸でも若い世代によって使われだしている。費孝通などの世代は、この訳語に難色を示しているという。いずれにせよ、二つの語が併用されているのが現状である。「族類」の語は一〇節にもみえる。

【6】原文は「伝統的方塊字採用視覚符号把語和文分離」で、伝統的方塊字とは象形文字や漢字一般を指し、視覚符号も象形文字を指すことから、矛盾があり、この文章も難解である。当初は「語」と「文」の分離を、象形字から複合文字が誕生したことを意味しているのかとも考えたが、それでも意味が通じない。麻国慶氏のご教示によると、「語」は発音、さらには「口頭語」の意味で、「文」とは文字、さらには「書面語」の意味であるという。原文を言い換えれば、「伝統的方塊字具有視覚符号的特徴、這種特徴把口頭語和書面語分離」となるという。これだと意味が通るので、これに従って邦訳した。要するに費孝通の言わんとしていることは、秦の始皇帝以前は、地方ごとに様々な文字とその発音が存在したが、始皇帝による文字の統一の結果、各地の発音はそのままでも良いが、少なくとも書かれる漢字は統一がはかられた。この際に、漢字のもつ、視覚的な符号という特徴がいかされた、というわけである（これがアルファベットのような表音文字だと、それぞれの地方が異なる発音を記すだけで、表面上の文字の統一はできても、書面語全体を統一したことにはならない）。これは現在の漢語方言における、文字は統一されているが発音が異なる、という状況にそのまま通じている。

【7】伝説中の古帝王の名。別名炎帝。農耕を広め、薬草を発見したとされ、農業や薬の神と崇められている。なお、修訂本では

「伝説的」を「伝統的」と直しているが、これは事実に反するので、初版本に従った。

【8】 語族と語系について。中国の言語学の学術用語では、「印欧語系」「漢蔵語系」の如く、「系」の方が上位の概念で「突厥語族」、「壮侗語族」「蔵緬語族」の如く、「語族」の方が下位の概念となっている。これに従い、八節では、「印欧語系」、一〇節では「南亜語系」となっている。しかし、語系に関しては初版本において、混同がみられる。九節では「壮侗語族」「壮侗語系」「苗瑶語族」、一〇節では「壮侗語族」となっている。修訂本では九節のをそのままとし、一〇節のを逆に「壮侗語系」と誤って直している。もっとも、日本では「インド―ヨーロッパ語族」の如く、上位概念は「語族」を使い、その下位の概念は「語派」を使うので、邦訳に際してはこれに従った。

なお、修訂本では、一〇節において「彝語支」の語が加えられているが（訳注【22】参照）、これは語族のさらに下位の概念で、日本では「語群」と呼んでいる。

【9】 初版本では、モンゴル人民共和国となっていたが、修訂本ではモンゴル国と訂正されている。これは、一九九六年の国名の改称に対応したもの。

【10】 河套には、普通名詞として河辺、三方が河に囲まれた地域の意味もあるが、この場合は、オルドス、即ち黄河がコの字型に湾曲した部分をさす。河套がオルドス（鄂爾多斯）とも呼ばれるのは、明代中葉、この地がモンゴル族のオルドス部の遊牧地になったためである。この地は、古くから漢族と北方遊牧民との争奪地であった。

【11】 原文は「但是民間交流却起作用」で、短い上に曖昧な表現で、前後の文章との関係が分かりにくいが、これは政府の唐服（漢族の服装）を着るようにとの政策は失敗したものの、民間レベルでは徐々に着られるようになったことを意味している。また曖昧な表現にしたのは、続く『日知録』の引用で述べられている、少数民族と漢族との混血が進行した、という変化をも含ませているからであろう。

【12】 原文は「華宗上姓與毡裘之種」で、「華宗」は貴族、転じて一族、一門を意味し、「上姓」は尊名を意味する。ここでは文脈から判断して、漢族の子孫である、上層の支配階級の意味に解した。「毡裘」は毛織りの服を意味しているが、これを着るのは北方の異民族であるため、転じて夷狄の意味にもなる。匈奴の君主を「毡裘之君」とも呼んだ。このように、この表現には軽蔑の意味が込められており、「毛織物の服なんぞを着ている夷狄の連中」といったニュアンスであろうか。

【13】 回民起義とその弾圧をさす。明代中期以降、回民と漢族との摩擦が発生したが、清代になると大規模な反乱が相次いだ。雲南では一八二一（道光一）・三三・三九・四五―四八年の四回に渡る起義のほか、杜文秀に率いられたパンゼーの乱（一八五四―七二）と呼ばれる大規模な反乱があった。陝西では、一七八一―八五（乾隆四六―五〇）年に回民の反乱があり、一八六二年の武力衝突は甘粛、新疆に波及し、一八七七年まで、ドゥンガン回民の反乱が続いた。

【14】初版本では「其他民族地区」となっていたものが、修訂本では「民族地区」と直されている。「民族地区」は、「少数民族地区」一般を指すことばで、これだと中国の全ての少数民族が居住する地域となってしまうこと、当時「少数民族地区」という概念が存在したとは考えられないこと、八節のなかでしばしば「漢族以外の民族」という意味で「其他民族」が使われていることから、邦訳に際しては、初版本に従った。

【15】原文は「自晋氏不綱」で、「綱」を法律と解し、それに従わないことから、犯罪者、流刑者と解した。「氏」を、当時は流刑になるものは個人だけではなかったため、ここでは一族と解した。このように解釈すると、続く「場所を移動することが困難である」という文章とも意味が通じる。

【16】焉耆（えんき）は現在の地名。新疆ウイグル自治区内にあり、焉耆県は回族自治県となっている。亀茲はその古代の名称。但し言語名としては、焉耆語とは言わず、亀茲語と言う。両者をハイフンでつないだのは、言語名だけだと分かりにくいので、現代の地名を付けたと考えられる。

【17】原文は、前五三〇〇年～となっているが、前の頁では、前五四〇〇年～となっているほか、中国考古学の専門書にも、前五四〇〇年～となっているので、邦訳に際しては訂正して訳した。

【18】槃瓠伝説とは、竜犬が討伐に戦功をあげ漢族の皇女と夫婦になり、六男六女が生まれて瑶《ヤオ》族の一二姓の祖となったという犬祖伝説。槃瓠伝説を漢語で記した、山中耕作許可書を過山榜（別に評皇券牒）といい、移動性の高い過山瑶によって保持されていた。

【19】この項羽の最後を描いた話は、『史記』の「項羽本紀」にみえる。漢軍に追われた項羽が烏江に至ると、船を艤装して待っていた亭長に長江を渡って江東へ逃れるよう促される。項羽は、かつて江東の子弟八千人を引き連れて西進したのに、生還するものが一人もいない状態では江東の父兄に面目が立たないと告げ、追ってきた漢軍の前で自害する。

【20】無弋爰剣は人名で、羌人のリーダーとしては歴史に記載された最初の人物である。爰剣はかつて秦の奴隷となったことがあったため、羌語で奴隷の意味の「無弋《ウーイ》」を名前に冠して呼んだ。

【21】一九八二年の全国人口調査時では、壮族が一三三八万人、回族が七二二万人となっている。ちなみに、一九九〇年の全国人口調査時では、壮族が一五五五万人、回族が八六一万人、彝族が六五七万人となっている。

【22】初版本の原文は「現在説彝語的人巳被認為是属於不同名称的五個名族。即是包括在彝族範囲之内的人……」で、修訂本では「現在上述説彝語支語言的民族於被認定為與彝族属巳不同名称的五個名族。即使是包括在彝族範囲之内的人……」と直されている。これだと、前半部分は的確な表現に直っている。ただ、前後の文章のつながりがしっくり来ないので邦訳では〔その一方で〕を補った。またここではじめて「彝語支」という語句が出てくるが、この段落の頭の部分では「彝語系統」として「彝語支」

とはしていないため、「彝語群」とは訳さず、敢えて前述の用語にあわせて「彝語系統」と訳した。

【23】 原文は「道出四川……」で、ここでは文脈から判断して「進出する」の意味に解した。

【24】 雍正年間、内地に近い地方で土司を廃して、正式の官吏である流官を派遣し、州建制をしいて内地同様に統治しようとしたこと。その結果、漢族の圧力が強まり、諸民族の反乱を招いたが、この政策は中華民国まで引き継がれた。

【25】 これらを合計しても五一で、高山族を除いた五四に満たない。これは講演なので記憶から話しこうなったものと思われる。ちなみに、一九八二年当時の人口統計で計算し直してみると、一〜一〇万未満の民族を一五としているのが一八の誤りであった。

【26】 これは少数民族としての再申請の増加と同じ理由で、少数民族に対する優遇政策を指していよう。

［テキストと翻訳について］

邦訳に際しては、中央民族学院出版社から一九八九年に出版された、『中華民族多元一体格局』の巻頭論文として掲載された、「中華民族多元一体格局」をもとに行っていたが、意味不明な箇所がいくつかあり、誤植の疑いを持っていた。その後、本書の修訂本が、一九九九年に中央民族大学出版社から出ていることを知った。

下訳を終えた段階で、この修訂本を入手し、訂正箇所をチェックしながら、邦訳を一新した。初版と修訂本の間には、この論文だけでも、語句の訂正だけで五〇カ所ほどあり、漢数字からアラビア数字への変更や、句読点の訂正も加えると、一〇〇カ所以上もあった。これで意味不明な箇所の問題はほぼ解決した。なお、確認のため、『北京大学学報』に掲載された論文もとりよせ、照合作業をしてみた。内容は基本的に単行本初版の『中華民族多元一体格局』に掲載された論文と同じであったが、こちらの方が古いバージョンであると考えられる。というのは、単行本初版にて、『北京大学学報』版の訂正がなされているからである。（例えば巻頭の第二段落目にみえる語句で言うと、十億人民（『北京大学学報』版）→十一億人民（単行本初版）→一一億人民（修訂版）のように訂正がなされている。）

私は入手していないが、おそらくターナー記念講演の際のペーパーも、『北京大学学報』版と同じものと考えられる。これも含めると、この論文には四つの「版本」が存在することになる。通常は修正本のほうがより正しくなっていくものだが、これが必ずしもそうとは言い切れない。

というのは、修訂本の訂正には疑問に思う点が数カ所あったからである。これについては多少の説明が必要であろう。中国では、著者よりも編集者の権限がつよい。これは中国の出版文化の長い伝統で、かの毛沢東ですら例外ではなく、『毛沢東選集』

には人民出版社の編集者の手が入っていることはよく知られている。(この辺の事情については、例えば「座談中国・第四回著作者の権利」『中国図書』内山書店、一九九四年一月号を参照)修訂に際しては、高齢で多忙を極める費孝通自身が手直ししたというよりは、編集者が手を加えたと考える方が現実的であろう。この点については費孝通に親しい複数の関係者からも、そのような話を聞いている。従って、初版本の方が正しいと思われる箇所は、初版本に従った。その場合は訳注にて触れている。

原著の注は脚注であるが、邦訳に際しては、訳注を付けた関係で、文末に一括することとした。また、初版本にはある参考文献リストが、修訂本ではなぜか消えている。邦訳に際しては、必要な情報と考え、これも訳出した。

費孝通の文章は現代中国の知識人を代表する名文と言われているが、この論文には難解な部分が多い。一つには彼が民国期に学んだ老学者で文語を多用すること、辞書に載っていないような独自の造語や、独自の意味で単語を用いたりしていること、複雑に展開していく内容を極めて短い文章で表現するなどの特徴がみられるからである。そこで、邦訳に際しては、費孝通の意図をくみ取って、原文の語感を残しつつも分かりやすい日本語にするように心がけた。そのための訳者の補足、および語句の説明などの短いものは、〔 〕でくくって本文にいれた。長い訳注は文末に付した。

正史などからの直接引用は、書き下しただけでは意味が分かりずらいものもあるので、思い切って全て現代日本語に訳した。

なお、修訂本の入手に関しては、吉開将人・麻国慶両氏を煩わせ、中国語の疑問点に関しては、武蔵大学講師の王建新(現在は中山大学)・劉正愛(現在は中国社会科学院)両氏にご教示いただだいた。記して感謝する次第である。

中華民族の共同性を論ずる

谷　苞（曽士才訳）

一　中華民族という共通の民族名

現在、中国の領域内には五六の民族が存在し、各民族にはそれぞれの民族名がある。しかし、同時に、五六の民族には中華民族という共通の民族名がある。中国の近代史においては多数の矛盾が存在してきたが、中国に対する帝国主義の侵略と中国の各族人民の侵略に反対する闘争は、これらの矛盾のなかで最も主要な矛盾であった。家族や国家を守るため、亡国の輩にならないため、黒龍江流域からモンゴル高原、新疆、チベット、雲南、広東、広西、台湾および沿海部各地に至るまで、わが国の各族人民は一致して外国からの侵略者に対して、頑強にして英雄的な戦いを行ない、鮮血で祖国の大地を染め、祖先の残してくれた神聖な領土を守った。外部からの侵略に反抗する闘争のなかで、中国の各民族は同じ空気を吸い、命運を共にする親密な関係を築いてきた。中華民族という共通の民族名が登場し、人心に浸透したことは、国内の各族人民が団結して外敵や強権に立ち向かう上で、巨大な歴史的機能を果たした。

現代史において、中国共産党が中国各族人民を指導し、長期の闘争を行ない、ついに中国各族人民の頭上にのしかかっていた三つの山（帝国主義、封建主義、官僚資本主義のこと）を取り除き、中華人民共和国を建設し、平等、団結、互助を特徴とする社会主義的な民族関係を発展させ、社会主義の民族大家庭を築いた。この新たな歴史的条件のもと、中国の各族人民は今昔を思い比べて、各族共通の族名である――中華民族という名称に自ずと特別な親しみと誇りを抱いている。

中華民族という名称が提示され、全国の各民族に喜んで受け入れられるようになったのは近代以降のことであるが、この名称の淵源は古い。秦漢以来、中国は統一された多民族の国であり、秦、漢という二つの中央集権の封建国家は、いずれも多民族によって構成されていた。漢の統治下にあった民族には漢、匈奴《きょうど》、東胡《とうこ》、烏桓《うがん》、鮮卑《せんび》、丁零《ていれい》、西胡《せいこ》、小月氏《しょうげっし》、羌《きょう》、氐《てい》および西南夷の諸民族や百越の諸民族がいた。〔1〕私の知るところでは、「中国人民」という名称が最初に登場するのは、司馬遷が著した『史記』「貨殖列伝」である。『史記』が著されたのは紀元前一世紀であるから、中国人民という名称が登場してすでに二千年余りになる。「貨殖列伝」に言うところの中国人民は、実際には漢が設置した郡県内の各民族を指していた。後に登場する中華民族という名称は司馬遷のいう中国人民という名称を継承し、発展させたものだと言ってもよい。

長い歴史のなかで、中国領土内で暮らしている漢族や各少数民族は、独自の明確な民族的特色と長所を持っているとともに、多くの民族は共通点も持っている。つまり中華民族としての共同性である。毛沢東同志は「中国革命と中国共産党」という論著のなかで、「中国は多民族が結合してできた巨大な人口を擁する国家であり」、「中華民族は努力して苦労に耐えてきた民族として知られているが、同時に、自由を愛し、革命の伝統に富んだ民族でもある」(1)と指摘している。中華民族は勤勉で勇敢な美徳を有していることで知られ、歴史の風雲がどのように変幻しようと、われわれの多民族の祖国は厳しい試練に耐え忍び、世界の東方に聳え立っているのである。

二　中華民族の共同性の形成と発展

中華民族の共同性が形成され、発展するまでには長い歴史を要してきた。中華民族の共同性が形成され、発展したのには二つの主要な原因があった。一つは、中国が世界における古代文明の地であり、秦漢以来、二千数百年の歴史のなかで、統一された多民族の国家となり、領域内の各民族の間には政治、経済、文化面の密接な繋がりと交流が続いてきており、相互に依存し、相互に促進し、共同で発展するという関係が生まれていることである。だから、漢族と少数民族とは物質文化や精神文化面においてたくさんの共通点を有しているのである。もう一つは、移民や民族融合によって、経済、文化面の交流が促進され、相互に学び、相互に補い合うという機能が発揮されたことである。費孝通教授の次のことばは端的にこのことを語っている。教授は「われわれは民族というものを固定的に捉えてはならない。このように長い中国の歴史においては、民族は多岐に変化し、あなたが私に変化し、私があなたに変化する。私のなかにあなたがあり、あなたのなかに私がいる。しかも、合してもいまだ化せずで、〔合する前の〕本来のものをたくさん留めている」。また、「だから、我々は高い視点に立って、中華民族全体の変化を見なければならない。中華民族は不可分の総体である。中華民族というこの総体はたくさんの相互に分離できない民族から構成されている。構成する各部分どうしの関係は密接であり、分裂もあれば合体もあり、分裂したといえどもいまだ断絶せず、状況は複雑である。この変化過程こそがわれわれが研究せねばならない民族の歴史なのである(2)」と述べている。

この費孝通のことばは中華民族にみられる共通点の現状をよく説明していると思うが、私はこのような共通点がみられる主要な原因の一つは、早い段階から存在していた移民と民族融合によって作り出されたものだと思っている。歴史上大規模な移民は三種類あった。一つは大量の少数民族が漢族の集住地域に移住したもの。二つめは大量の漢族が少数民族の集住地域に移住したもの。もう一つはある少数民族が別の少数民族の集住地域に大量に移住したものである。歴史上の民族融合についても三種類あった。一つはさまざまな少数民族が漢族と融合したもの。二つめは大量の漢族がさまざまな少数民族と融合したもの。もう一つはある少数民族が大量に別の少数民族に、または別のいくつかの少数民族に融合したものである。

歴史上、少数民族が大量に漢族集住地域に移住した回数と人数はとても多く、後にほとんどは漢族と融合した。たとえば、前漢時代には新疆の少数民族が現在の陝西省内に大量に移住したため、当時の上郡に亀茲《くじ》県を設けたり、雍州醴泉《らいせん》県の北には温宿嶺という場所があった〔亀茲、温宿はいずれも元は西域にあった地名〕。元来は河西地区で遊牧生活を営んでいた匈奴の昆邪王、休屠王の率いる約四万人は隴西、北地、上郡、朔方、雲中に安堵され、五属国と称された。十六国と南北朝時代には、匈奴、鮮卑、羯《けつ》〔山西にいた農耕民族。かつては匈奴に属していた〕、羌、氐などの民族が大量にわが国の北方に進入し、それぞれの政権を樹立した。以後、隋、唐、五代、宋、遼、金、西夏、特に元、清の時代には、少数民族がさらに大量に漢族集住地域に移住した。この分野に関する論述はすでに多数あるので、これ以上は詳しく述べない。長い歴史のなかで、幾たびも大量の少数民族が漢族と融合してきたので、血統的にも文化的にも、各時代の漢族は同じではない。秦漢時代の漢族は南北朝時代の漢族と同じではないし、南北朝時代の漢族は隋、唐時代の漢族と同じではない。隋、唐時代の漢族も元、清時代の漢族とは異なる。民族というものはいつも変化の法則に支配されており、漢族の発展はこの法則に符合している。

同時に、歴史上において、多数の漢族が各少数民族地域に移住し、かれらの全部または大部分が各少数民族のなかに融合したことも事実である。漢族が各少数民族地域に移住した原因は多々あるが、開拓のための屯田兵として残留した者、捕虜として連れて行かれた者、難民として逃れた者、当時の政府が組織した移民として、投降した将兵としてなど、さまざまである。たとえば、漢代の匈奴遊牧地域内にいた漢族というのは、大多数は捕虜として連行され、奴隷となった者たちで、一部分は自ら活路を求めて移住した貧民や投降した将兵たちである。西暦三九〇年から四四〇年まで、新疆のトルファン盆地に建国した麹《きく》氏高昌国〔トルファン〕は、漢族を主体とした地方政権であったが、彼らの祖先は漢魏時代に屯田のために移住した漢族の兵士や晋代にこの地に避難してきた難民たちであった。しかし、この時期にはこれらの漢族はすでに現地の少数民族と融合しており、かれらの服装や言語はすっかり変わっており、漢籍をまだ読むことはできたが、「これ〔漢籍〕を読むことは習っていても、みな胡語になっている」(3)状態であった。また、『大唐西域記』と『長春真人西遊記』などの書物に記載されている新疆領域内にいた多数の漢族も現地の少数民族と融合していた。

また、雲南省についていうと、歴代王朝において大量の漢族が移住している。最初に文献に記録が残っているものとしては、戦国時代末期に楚の国の荘蹻《そうきょう》が数千人の楚の人たちを連れて滇池附近に定住した。以後の歴代王朝において多くの漢族の雲南への移住があったが、特に元、明、清代に移住した漢族が最も多い。「明代以前に雲南領域内にいた漢族はほとんどが少数民族に融合してしまっている」(4)。現在、雲南省にいる漢族は、みな明清代以降に移住した人々である。

漢族が少数民族に融合する状況は、大量の文献に記述されているばかりでなく、民族地域における社会調査でも私自身がしばしば目にしている。一九四六年、甘粛南部の洮河《とうが》流域で社会調査を行っていたとき、現地のチベット族の家庭では一子のみ残留して家事労働に従事し、他の息子たちはみな出家して、寺院のラマ僧となっていた。このため、家庭内においては女性の数が男性より多く、チベット族の娘は同じチベット族の若者と結婚することもあれば、生計を立てるために移住してきた漢族の青年と結婚する場合もあった。このような結婚を当時は「喫兵馬田」〔兵馬の田を食べる〕と呼んでいた。つまり、チベット族の娘と結婚した漢族青年は、土司の領地の一部を耕作することが許されるが、二種類の義務を負うことになる。一つは、土司が発する「鶏毛文書」（徴兵の召集令状。文書の上に鶏の毛が貼ってあり、火急の用事であることを表している）を受け取ると、必ず馬を引き連れ、武器を持って戦いに赴かねばならなかった。二つめは、土司に対して各種の年貢を納め、賦役の義務を負い、所属する寺院にも雨糧〔雨税〕（雨は仏様の庇護によってもたらされるものだと考えられているから）を納めなければならない。このような結婚によって生まれた子どもはチベット族とみなされている。彼らは嬰児のころからチベット語を話し、生活も完全にチベット族の風俗習慣に従っている。一九五〇年、私が天山山脈以南のウイグル族の農村で社会調査を行っていたころ、ある日、疏勒《そろく》県の町の茶館でお茶を飲んでいると、数人のウイグル族の青年たちが、ウイグル語で『三国演義』を語っていた。好奇心から私は彼らと話し始めたが、彼らの祖先の男性はみな清代の疏勒県にいた漢族の兵士で、女性はみなウイグル族だということがわかった。彼らは熱心に家に来るように誘ってくれ、家に行ってみると、家屋の作り、中庭の樹木や草花の配置、室内のインテリア、男女の服装、そしてミルク茶、ナン、瓜や果物で暖かく客をもてなす様子など、どれをとっても他のウイグル族の農民の家で見かける様子と全く同じであった。もしも、敢えて違いがあるとするなら、一軒の家で漢字で書かれた位牌を見かけたぐらいである。もっとも、これも歴史の痕跡を留めているにすぎないといえる。

民族間の移民や民族融合は、漢族と少数民族間にだけ起こるのではなく、少数民族間でも起こっている。私の四十年余りにわたる少数民族地域における社会調査での印象からいうと、このような状況のほうがもっと多いかもしれない。民族学者の向零氏が一九八三年六月に出版された『月亮山地区民族調査』の序文のなかで述べている箇所が実に的を射ている。彼は「民族間の融合は絶えず発生しており、漢族が苗《ミャオ》族に変わり、水《スイ》族が苗族に、そして侗《トン》族が苗族に変わる。変化の原因は、通婚によるものもあれば、避難によるものもある、個人レベルで変化することもあれば、一村あげて変化することもある。たとえば、計画公社の加去寨の韋姓は現在一五三戸あるが、伝承によれば、彼らの祖先は水族であり、この地に来てから苗族に変わった。現在は、生活習慣のなかに水族の習俗の痕跡を残すのみとなっている。孔明公社の漢族は公社の人口の八パーセントであるが、現在も苗族化が進行している。家庭内において漢語を話し、七月一五日に祖先祭祀を行う以外、すべての習俗は現地の苗族と同じである。……月亮山地区の民族間関係は、民族どうしが相互に吸収し、融合し合う具体的な事例であり、われわれが民族や民族問題に対する認識を深める上でとても役立つ」と述べている。

わが国の歴史においては、民族間の融合により新たに民族が誕生することがあった。例えば、白族《ペー》や回族はこのようにして誕生したのである。白族の誕生に関しては、『雲南各族古代史略』のなかに次のような記述がある。「唐、宋時代、雲南に移住した漢族人民はほとんどが少数民族と融合し、一般には白蛮と称せられ、今日の白族を形成していった(5)」。回族の誕生については、『中国少数民族』のなかに次のような記述がある。「回回民族は一三世紀初期に東遷してきた中央アジアの各民族やペルシャ人、アラビア人が主体となり、漢人、モンゴル人、ウイグル人や他の民族成分を吸収して融合し、発展して形成された民族である(6)」と。

歴史上、民族間の融合は自然に発生し、発展したもので、歴史発展の必然性によって決定されるもので、だれかの主観や願望に左右されるものでは決してない。各民族の歴史はみな不断に変化しており、各民族自身も不断に変化している。民族というものは変化の法則に支配されている。旧時代の歴史家はよく家譜をつなげるような方法で民族史を編纂したが、これはよくない。旧時代の歴史家たちは固定観念で民族を見ており、書物に埋没し、生き生きとした現実を見ることをせず、歴史上の各民族の発展と変化を無視している。今日に至っても、このような観点は完全にはなくなっていない。例えば、ある書物や論文では、湖南省には某民族がおり、彼らの祖先は元代に新疆から湖南省に移住したといっている。しかし、この民族は早くから回族に融合しており、イスラム教を信仰し、漢語と漢字に通じており、彼らを回族と呼ぶのがふさわしく、某民族などと呼ぶべきものではない。

また、いくつかの論文では、湖北省と河南省には数万人の某民族がおり、彼らの祖先は元代にモンゴル草原から湖北省、河南省に移住したと述べている。しかし、この民族は早くから漢族と融合しており、その経済生活、言語、風俗習慣などは漢族と基本的に変わらず、むしろ完全に同じだと言ってもよく、伝承のなかで往事の記憶を留めているにすぎない。もしも、彼らの遠祖の民族成分で彼らの今日の民族成分を判断しようとするなら、必ずしも適切とはいえない。また、歴史上の人物や伝説上の人物をある民族または複数の民族の共通の祖先だという言い方がなされ、現在でもこのような言説が一定の市場を持っている。しかし、これはまったく誤った言説であり、歴史的事実に反するばかりでなく、民族学の指導思想である唯物史観の基本理論からもかけ離れている。歴史上の人物や伝説上の人物が子どもを産むのはもちろんだが、彼らと同時代の人々やそれ以前の人々もみな子どもを産み、子孫を繁栄させていくことは明白な事実なのである。はっきりさせておこう、このような家譜をつなげていくような方法で民族史を書くのは、正に民族学における英雄史観の表れであり、民族と種族との境界を混同している。民族は歴史上形成された人間の共同体であり、種族は生物学的な概念である。民族はその発展過程において種族の境界をとっくに打ち破り、しかも打ち破り続けている。

三　歴史から見た各民族の特徴、長所と中華民族の共同性との関係

中国領域内の各民族は、みな固有の特徴と長所を持っている。歴史上もそうであったし、現在もそうである。社会主義時期はわが国の各民族が共同で繁栄し、共同で発展する時期であり、各民族の特徴と長所は今だかつてない発展を遂げるであろう。このことは疑問の余地のないことである。建国以来の事実がこのことを証明しており、今後の発展によってこの点は一層実証されるであろう。

各民族の長所の粋を集めたものが燦然と耀く中国文化なのである。中国文化の創造に対して、各民族はいずれも貢献をしてきた。各民族の特徴、長所の発展と中華民族の共同性の発展との間には、相補い、相互に促進し、共同で発展する関係がある。ある民族、またはある幾つかの民族の長所が、一旦全国の各民族または多くの民族に受容されると、共通の長所に変わり、中華民族の共同性になる。

今日、漢族文化のなかには実際上多くの少数民族の文化が含まれており、これは長い歴史のなかで次第に吸収されてきたものである。この点については後で要点をかいつまんで説明したい。このような意味からいうと、少数民族の文化は漢族の文化の発展に対して積極的な役割を果たしてきたといえる。しかし、漢族は全国の総人口の九三・三パーセントを占め〔八二年現在の比率。二〇〇〇年のセンサスでは九一・五%〕、漢族の集住地域の気温、雨量などの自然条件や地理的条件のほうが比較的勝っているので、漢族の経済・文化の発展レベルはかなり高い。漢族文化のほうが各少数民族の経済・文化の発展により積極的な役割を果たしてきた。各民族間の経済・文化面の相互影響については、上述したように、われわれは二点論の立場を堅持し、一点論には反対する。つまり、少数民族文化の漢族文化に対する積極的役割に着目するだけでなく、漢族文化の少数民族文化に対するより積極的な役割にも着目すべきなのである。一点論の見方は一面的な認識であり、歴史的事実に符合しないだけでなく、民族団結にもよくない。

各民族の特徴、長所と中華民族の共同性との関係について、言語文字、経済生活、音楽舞踊、神話昔話、民間伝説、節日などの分野だけではあるが、それぞれの分野における事例を簡潔に述べてみたい。

まず言語文字から話を始めたい。

言語文字はコミュニケーションの道具である。わが国では、いくつかの民族が共通して一種類の言語文字を使用していたり、主に自民族の言語文字を使用する民族もいれば、〔自民族の〕文字がなく、自民族の言語を使用するが、他の民族の文字を使用する民族もいる。この場合、最も多く使用されるのは漢字である。また、自民族の言語を使用するとともに、他民族の言語を一種類または数種類使用する民族もいる。回族、満族、土家《トウチャ》族などは特殊な語彙を残している以外は、みな漢語、漢字を使用している。白《ペー》族、羌《チャン》族、畲《ショオ》族、京《キン》族、東郷《トンシャン》族、保安《ボウナン》族、撒拉《サラ》族などは、全部またはほとんど全部が民族語と漢語の両方を使用し、漢字が通用している。布依《プイ》族、仡佬《コーラオ》族、侗《トン》族、毛南《マオナン》族、黎《リー》族、畲《シェー》族、赫哲《ホジェン》族、鄂倫春《オロチョン》族、納西《ナシ》族、布朗《プーラン》族、阿昌《アチャン》族、普米《プミ》族、怒《ヌー》族、徳昂《ドアン》族なども漢字を使用し、通用している。壮《チワン》族、モンゴル族、ウイグル族、苗《ミャオ》族、彝《イ》族、哈尼《ハニ》族、高山《こうざん》族、達斡爾《ダウォール》族、烏孜別克《ウズベク》族、塔塔爾《タタール》族、鄂倫春《オロチョン》族、鄂温克《エヴェンキ》族などは、自民族の言語が通用しているほかに、かなりの人が漢語を話せる。民族によっては、自民族語を使用する以外に、他の民族語を一種類または数種類使用できる。たとえば土《トゥー》族は漢語とチベット語を使用し、達斡爾語にはモンゴル語成分がたくさん含まれており、大部分の人は漢語とモンゴル語を使用できる。瑶《ヤオ》族の五分の二の人はそれぞれ苗語、水語、侗語そして漢語を使用する。毛南族の間では漢語、壮語が通じ、拉《ラ》祜《フ》族の間では傣《タイ》語、漢語が通じ、布朗族の間では佤《ワ》語、傣語、漢語が通じ、阿昌族の間では傣語、漢語が通じる。また、錫伯《シボ》族の知識分子で漢字を使用できる人数は錫伯《シボ》文字を使用できる人数よりも多い。漢族でも漢語を話すだけでなく、何世代にもわたって東北、西北、西南の少数民族地域に雑居してきた漢族は、漢語以外にもモンゴル語、ウイグル語、哈尼語、彝語、苗語、壮語、傣語などの民族の言語を話すことができる。

　わが国では、民族間の語彙の借用はごく普通に見られる現象である。借用には三つの状況がある。一つは少数民族が漢族の語彙を借用する状況、二つ目は漢族が少数民族の語彙を借用する状況、三つ目はある少数民族が別の少数民族または複数の少数民族の語彙を借用する状況である。このうち数量的に一番多いのは第一の状況である。たとえば、ウイグル族が借用する漢族の語彙としては、饅頭《マントウ》、ジャガイモ、ニラ、山椒、涼麺《リャンメン》〔冷麺〕、酢〔阿其克蘇《アチクス》ともいう〕、畝《ムー》、斤、両、通事〔通訳〕など、および共産党、解放軍などの大量の政治用語である。新疆および西北の漢族もたくさんのウイグル族の語彙を借用している。たとえば、海納《ハイナ》（鳳仙花）、饢《ナン》（ウイグル族の焼きパン）、皮亜孜《ピヤズ》（タマネギ）などである。漢族とウイグル族および他の少数民族間における相互の語彙借用は枚挙にいとまがない。

わが国では各民族は自民族の言語以外にも他の民族の言語を話す。これは生活上の必要から起こったことであり、経済・文化交流を行う必要から起こったことである。特に少数民族にみられる小聚居、大分散という民族分布によって起こったことであり、いかなる人物の主観的な願望によって左右されたものでもない。言語の使用状況については二つの特徴がある。一つは全国的な特徴である。それは、少数民族の多くで、かなりの人が漢語や漢字を使用でき、さらに、一部の少数民族では漢語や漢字があまねく使用されているという特徴である。もう一つは地域的な特徴である。たとえば、五つの自治区や甘粛、青海、雲南、貴州など多民族が居住する省における、より人口の少ない民族は、それぞれモンゴル語、ウイグル語、チベット語、壮語、苗語、彝語などの言語を使用することができる。このように、わが国における言語の使用状況においては、多民族的な特徴とともに中華民族としての共通性も見られる。

解放後、各民族が自民族の言語、文字を使用し、発展させる自由は、これまでになく尊重されるようになり、憲法によって保障されるようになった。同時に、少数民族で、漢語を書いたり、話したりできる人も日増しに増加している。

経済生活についていうと、少数民族は衣食や技術、道具などの分野で多大な貢献をしてきた。斉思和教授が書いた「中国文化に対する少数民族の偉大な貢献(7)」という文章は、このことについて明確に述べており、一読に値する。わが国古代の主要な穀物は五穀である。『周礼《しゅらい》』「夏官職方氏」によると、「その穀物は五種をよしとする」（五種とは黍《しょ》〔モチキビ〕、稷《しょく》〔ウルチキビ〕、菽《しゅく》〔マメ〕、麦、稲）とあるが、その後、いくつかの穀物が少数民族地域から漢族地域に伝わった。たとえば、ソラマメ（胡豆）、ゴマは漢代以降に西域から内地に伝来したものである。高粱、別名を蜀黍《しょくしょ》、蜀秫《しょくじゅ》というが、恐らくこれは先ず西南少数民族が栽培し、晋代以降になって全国的に栽培が広まったのであろう。考証によると、九経（古代史や儒家の思想を記した経書類。『易経』、『書経』、『詩経』、『周礼』、『儀礼《ぎらい》』、『礼記』、『春秋』、『論語』、『孝経』の九書）には「麺」や「糕《カオ》」（小麦粉を原料とする蒸菓子）の字がない。ムギを粉にする方法は秦漢以降になって初めて西域の少数民族から内地に伝来したものである。当時わが国の北方では、主要な穀物は黍と稷であった。『漢書』「食貨志」には、当時の富者は「食は必ず粱や肉」であり、「貧者は糟糠を食す」とある。粱は精製した小米（つまり黍）であり、糟糠とは酒粕や穀物の外皮のことであり、広く粗製の穀物を指している。当時、小麦は粗製の穀物とされ、麦飯は「野人農夫」の食べ物と見なされていた。『急就篇《きゅうしゅうへん》』には、「餅餌麦飯甘穀羹」とある。唐代の顔師古の注によれば、「麦飯とは、麦を臼で引いて、皮と一緒に炊いたものである。……麦飯、豆羹はみな野人農夫の食べ物にすぎない」とある。また、『後漢書』「馮異伝」によると、光武帝も困難な境遇にあった頃は、麦飯を食べていたという。当時の麦飯はくず麦の御飯であり、のちの精製された小麦粉で作った加工食品とは違う。当時、西域の少数民族を胡人と呼んだが、王国維氏の考証によれば、胡人ということばは胡鬚《ひげ》が多い人を指していたらしい。『説文解字《せつもんかいじ》』では、「麺とは、麦の粉屑である」とあり、晋代の束晰《そくせき》の『餅賦』では、「しかし、麦を食べるといっても、餅《ビン》（小麦粉加工食品の総称）はまだなかった。餅《ビン》の作り方については、その伝来は最近のことである。……この名前は町なかから起こったかもしれないし、その製法は異郷の地から出たものかもしれない[8]」とある。後漢では、烤《カオ》餅（小麦粉をこねて、蒸し焼き釜で焼いた食品）のことを胡餅と呼んだが、これは胡人の餅《ビン》という意味であった。麺類、肉まん、餃子、饅頭《マントウ》などもすべて餅《ビン》と呼ばれた。後になって、漢族は粉食の製法を他の少数民族に伝えた。たとえば、ウイグル族は肉まんを饅頭《マントウ》と呼び（上海人もこういう。また、『水滸伝』でも肉まんを饅頭《マントウ》と書いている）、冷麺のことを漢語を用いて涼麺《リャンメン》と呼んでいることなどからこのことが窺える。

古代、新疆の少数民族を通じて、西域からたくさんの種類の瓜類、果物や野菜も内地に伝来し、全国の人々の欠かすことのできない副食品となっている。例えば、キュウリ（胡瓜）、香菜（胡荽）、タマネギ（胡蒜）、ニンジン、ホーレンソウ（波斯菜）、ザクロ（安石榴）、クルミ（胡桃）、ブドウなどである。スイカも少数民族が内地に伝えたものである。ブドウ酒、アルコール度数の高い酒（焼酎）、製糖技術も西域から内地に伝わったものである。従来のわが国の酒といえば、みなアルコール度数の低いものであった。

多様な穀物や搾油用の作物が少数民族地域から中原地域に伝わったり、臼による製粉技術、小麦粉食品の製作技術、そして、たくさんの種類の瓜類、果物や野菜が内地に伝来したことにより、全国の各民族の人々の食物のバリエーションを豊富にし、栄養状態を改善し、中華民族の発展に積極的な役割を果たした。

衣服についてみると、少数民族は大きな貢献を果たしている。元来、漢族の服は、主に絹、麻、羊毛などの素材を用いて、絹織物、麻布、羊毛の粗布にしたものであったが、漢代には、新疆ですでに綿布が使用されていた。南北朝時代には天山山脈以南の各オアシス都市では綿花が広く栽培されていた。綿花の栽培と織物技術は天山南道と北道の両方から内地に伝わり、元代と明代になって内地でも広く栽培されるようになった。最初は、内地の人たちは綿花に対する理解に欠けており、綿花の繊維が羊毛のそれに似ているので、畑に植えた羊から毛が生えてきたと誤解したため、綿花栽培のことを「骨の羊を植える」と呼んだ。元代の耶律楚材が詠んだ詩の興味深い一節「衣服がなくて、畝に羊を植える」は、正にこのことを言っている。綿花栽培と綿織物の技術が内地に伝来したことにより、各民族の衣服は大いに改善した。黄道婆が綿織物の技術を広めた物語は、人々がよく知っている話であるが、実は黄道婆は黎《リー》族の人々から技術を学んだのである。

古代漢族の服装は、上が衣、下が裳で、襟が長く、袖巾が広く、身動きするのにとても不便であった。平時の労働もそうであったが、戦時にはさらに不便であった。春秋時代に趙の武霊王は匈奴にならって、「胡服騎射」を採用したが、これが漢族における服装改革の始まりである。また、漢族が着る旗袍《チーパオ》〔チャイナドレス〕、馬掛《マーグア》〔丈の短い上着〕は満族から学んだものである。

　古代のわが国では、席〔ムシロ〕の上に平座したが、二種類のすわり方があった。一つは「正襟《せいきん》危坐《きざ》」である。すなわち跪坐《きざ》であり、膝を地面につけ、ふくらはぎを後ろ側に向け、臀部をかかとの上に乗せるすわり方である。今日でも、新疆のウイグル族、哈薩克《カザフ》族、柯爾克孜《キルギス》族などはこのすわり方を行っている。もう一つは「箕踞《ききょ》」〔尻を地面につけ、両膝をのばし、両足を投げ出して座る座法〕である。つまり礼法にこだわらないすわり方で、現在でも新疆の兄弟民族のなかで見うけられる。西北地域の漢族が「炕桌《カンジュオ》」〔炕〔オンドル〕の上に置く脚の短い食台〕で食事をとる時にもこのすわり方をする。平座する場合、席次が決まっており、哈薩克族のテントで私が見た席次は、唐代の漢族の「郷飲酒」〔科挙における郷試を受験しようとする者を地方官が招いて開く宴のこと〕の席順に少し似ていた。上述の二種類のすわり方と席次の決まりは、漢族が少数民族から学んだのか、それとも少数民族が漢族から学んだのか、私にはこの分野の知識がないので、むやみに判断することはできない。

　平座からイスや腰掛けにすわるようになったのは一種の進歩である。このような改善は健康によく、日常生活がとても便利になるからである。漢の霊帝が胡床〔馬札子〕〔折りたたみ式のイス〕や胡坐を好んだのは、当時としては例外的な現象である。『後漢書』「五行志」には、「霊帝は胡服、胡帳、胡床、胡坐、胡飯、胡箜篌〔二十三弦の竪琴〕、胡笛、胡舞を好む。都にいる天子の親族はみな競って行う」とあるが、保守派には「服妖」〔怪しげな気風に慣れている〕と見られ、不祥の兆しと見られた。唐代になり、漢族のなかでイスや腰掛けにすわる人が次第に増え、元代以降普及しだした。宋代でも女性がイスにすわると、社会の非難を浴びた。陸游の『老学庵筆記』には「往事、士大夫家の婦女が椅子、凳子《テン》〔背もたれのない腰掛け〕にすわると、人はみなその規範の無さを笑う」とある。

　各民族は歌や踊りに長けており、各民族の音楽や舞踊にはそれぞれの特徴があるが、また、多くの共通点もある。

楽器についてだけ述べると、ある楽器は特定の民族あるいは複数の民族に固有のものである。たとえば、モンゴル族の馬頭琴、ウイグル族のルワーブ、ドゥタール、ダプ、傣族や景頗《チンポー》族の象脚鼓、壮族、苗族およびその他の多くの西南少数民族の銅鼓、蘆笙、哈薩克族のトンブラー、塔吉克《タジク》族の鷹骨笛などである。しかし、いくつかの楽器は多数の民族が共有している。たとえば、胡琴、哨吶、簫（尺八）、笛、管子（篳篥）、銅鈸、琵琶、月琴、銅号（古代の匈奴、羌人の「角」や高昌の銅角を起源とする）などである。今日、内地でよく演奏される民族楽器の大規模な合奏をみると、使われている楽器が非常に多彩であることがわかる。編鐘、筝、七弦琴、簫などは漢族固有の楽器であり、笛は古代羌人が発明したものであり、管子は古代亀茲（現在の新疆の庫車）人が発明したものである。ダプはウイグル族の楽器であり、笙は元々わが国南方の壮族、苗族などの楽器である（以前、私は本来漢族の楽器だと思っていたのだが、今後の研究結果を待ちたい）。箜篌、琵琶、銅鈸、哨吶、胡琴などは古代新疆の各民族を通じて国外から伝来したものである。このことからわかるように、早い時期から漢族の音楽文化は多くの少数民族の音楽文化を内包している。また、多くの兄弟民族も漢族の楽器である簫や月琴などを受容し、漢族を通じて古代西域から伝来したいろいろな楽器を受容した。

わが国の少数民族はみな歌や踊りに長けており、各民族の音楽や舞踊にはそれぞれの特徴があるが、解放以前は、各少数民族の歌舞は自民族あるいは当該地域のごく限られた範囲でしか演じられることはなかった。解放以後、党の民族政策のもと、各少数民族が得意とする歌や踊りはこれまでにない発展を遂げ、ラジオ、映画、テレビそして国内各地の舞台での上演を通じて、すでに全国の人びとに歓迎されるようになった。全国各地の文芸団体が少数民族の歌舞を演じるだけでなく、首都北京でも中央民族歌舞団と東方歌舞団が設立され、少数民族の歌舞を頻繁に演じている。いくつかの中央や地方の文芸団体は、よく外国公演を行っており、各民族の歌舞を上演し、各国の人びとの好評を博している。また、多数の少数民族のすばらしい歌曲を多くの人びとが口ずさむようになっている。このように、元々一民族のものであった歌舞が、中華民族の精神的共有財産になっている。

古代神話において、中華民族共通の話が数多くある。例えば、盤古《ばんこ》による天地開闢の話、洪水によって大地が水没した話、伏羲《ふっき》・女媧《じょか》の兄妹婚の話、女媧による天地補修の話、羿《げい》の射日神話などは、多くの民族の間で広く伝承されている。また、龍に対する崇拝や十二支で生年や年を表すことは、わが国ではたくさんの民族の間に広まっている。

昔から、漢族の間では盤古による天地開闢の話および洪水氾濫、伏羲と女媧の兄妹婚の神話が伝承され、これらの神話が多くの漢籍資料に記録されている。南方の少数民族にもこれらの話と類似した神話があり、主に民間で代々伝承されており、ごく僅かだけ文字に記録されている。漢族、苗族、侗族、白族の神話では、いずれも盤古を天地開闢の始祖としている。各民族で盤古の天地開闢の具体的なプロットの叙述は異なるが、神話の基本的な内容は一致している。布依族、彝族、納西族、拉祜族、瑶族などにも類似した説話がある。これらの神話の内容に関しては、王美逢氏の「漢族と西南少数民族の神話伝説の関係を探る」(9)を参照されたい。瑶族には盤古を記念する伝統行事が伝承されており、数年ごとまたは数十年ごとに一度行われる。畲族には『盤瓠王歌』（長編詩『盤古歌』の抄本である）があり、七言体の詩が、三千行余りにも達している(10)。盤古の天地開闢の神話は、実質的には各民族の祖先が太古の昔に大自然を改造し、労働が世界を創造してきたという根本的な内容を反映している。漢族に伝承されている洪水氾濫の話と伏羲・女媧の兄妹婚の神話は、南方少数民族の間では結びついて一体化された神話として語られている。馬学良教授は「少数民族民間文学と言語学、民族学の関係を論ず」という論著で次のように述べている。「洪水説話は世界のたくさんの民族に共通した太古を語る物語である。しかし、伏羲・女媧の兄妹が洪水のさなか、雷公と闘うという題材は、聞一多の『伏羲考』によれば、北は長江流域一帯から、南は南洋諸島にいたるまで、二十あまりの民族の間で似た話が伝承されているそうだ。『布伯《ブボ》』の物語に登場する伏依《フーイ》、且咪《チェーミ》は実際は漢語の伏羲・女媧の兄妹のことである」[11]と。『布伯』は壮族の神話物語で、布伯には一男一女がいたが、息子の名は伏依、娘の名は且咪であった。洪水が治まってから、大地には彼ら二人の兄妹しかおらず、やむを得ず兄と妹とで結婚し、人類が繁栄したという内容である。苗族、彝族、布依族、黎族、水族、納西族、拉祜族、侗族、瑶族などの民族にも洪水の後、兄妹が結婚する物語がある。兄妹婚の物語は、現代の習俗からみると、荒唐無稽にみえるが、如実に人類の婚姻発展史における血族婚の段階の状況を述べており、人類史の発展の法則に符合している。

南方の少数民族では、女媧の天地補修の話や羿の射日神話に似た物語が広く伝承されている。多くの民族が同じ神話を共有していることは、各民族間の長期にわたる親密な関係を物語っている。これらの神話は、基本的な内容が同じという多くの民族に共通した点があるとともに、具体的なプロットでは各民族の特徴が出ている。

また、わが国の多くの民族は龍を崇拝する習俗がある。龍は古代の伝承において、変化に富み、雲を起こし、雨を降らすことのできる霊獣であった。漢族には龍に関するたくさんの伝説があり、昔は都市や村には龍王廟があり、人を埋葬するのにも龍脈、風水を見て埋葬地点を決めねばならなかった。満族、モンゴル族、チベット族、壮族、彝族、苗族、布依族、水族にも龍に関する伝説がある。雲南省では龍が淵を崇拝する習俗があり、場所によっては龍が淵が地名になっているところがある。例えば、黒龍潭、白龍潭などである。広西の少数民族では龍脈を祭る習俗がある。

わが国の多くの民族では十二支で生年を表す伝統習俗がある。漢族、満族、モンゴル族、チベット族、哈薩克族、柯爾克孜族、苗族、彝族、水族、白族などみなこの習俗を持っている。イスラム教を信仰している哈薩克族、柯爾克孜族では、十二支の龍と猪を魚、狐に変えてはいるが、やはり十二支で生年を表している。

いくつかの民族は望夫山、望夫雲、望夫石に関する伝説を持っている。現在の湖北省安陸県に望夫山があるが、

『輿地紀勝《よちきしょう》』「江洲」によると、「望夫山は徳安県の西北十五里にあり、高さ百丈である。『方輿記』によると、夫が労役について、まだ戻ってこないので、その妻が山に登って望んだ。山を登るたびに、藤製の箱を用いて土を盛り、手間と日にちが積み重なって、次第に峻厳な山となったので、この名がついた」と書かれている。今日の遼寧省錦州市の領域内に望夫山があるが、秦の時代の孟姜女が夫を望んだところだといわれており、山上には孟姜女が化したという人の形をした石像がある。安徽省当涂《とうと》県西北と山西省黎城県西北にも望夫山があり、山上に人の石像がある。雲南省白族の民間伝説には望夫雲の話がある。南詔国の王女が狩人と愛し合うようになったが、南詔王に反対され、源法師が狩人を洱海に沈めて、石のほら貝に変えてしまった。王女は夫の帰りを待っていたが、帰ってこないので、心労が高じて亡くなり、白雲と化したと伝えられている。寧夏自治区の隆徳県西南、江西省分宜県西昌の山峡、貴州省貴陽市谷頂壩、広東省清遠県や〔湖北省〕武昌の北山県などにも望夫石があり、夫の帰りを待ち望んでいたが、帰ってこないので、情念にかられて石となってしまったと伝えられている。新疆自治区の柯爾克孜族、雲南省の彝族や広西自治区の壮族にも望夫石に関する伝説があり、いずれも妻が朝な夕なに夫の帰りを待ち望んだが、失望のあまり、気がふさぎ、石と化したと伝えている。これらの石像は新疆自治区烏什県の山中に、雲南省路南彝族自治県の石林のなかに、そして広西自治区桂林から陽朔にいたる漓江の河畔にそれぞれ聳え立っている。唐代の詩人王建は有名な詩「望夫石」を書いているが、「夫を望む処、江悠々たり。化して石となり、頭を回らせず。山は日々風と雨、行人は帰来して石応じて語る」と詠んでいる。唐代の詩人元稹の詩には、「更に人を悩まし腸断つ処あり、詞を選んで望夫の歌をよく唱ずる」という一節がある。李白の「長干行」もこの分野の有名な詩である。望夫山、望夫雲、望夫石の伝説は、具体的な内容には違いがあるが、二つの基本的な共通点を含んでいる。一点目は、歴史上の各民族労働人民の、特に女性の受けてきた同じ苦難を生き生きと表現していること。もう一点は、各民族の女性の愛情に対する忠誠と二心のなさを如実に描いていることである。

年中行事についていうと､各民族にはそれぞれ独自の伝統行事がある。しかし､多くの民族に共通の行事もある。たとえば、春節は漢族だけでなく、満族、モンゴル族、壮族、苗族、布依族、侗族、水族、仡佬族、瑶族、朝鮮族、普米族、錫伯族、達斡爾族、毛南族、土家族、畲族、黎族なども過ごしている。これらの民族の大多数は、さらに清明節、端午節、中秋節も行っている。苗族は春節のことを「客家の正月を過ごす」と称しており、漢族の影響を受けたことを物語っている。

中華民族の共同性については、当然さらにたくさんの事例を挙げることができるが、これまでに挙げてきた事例から、十分に説明できたと思うので、これ以上は挙げないでおく。

かつて、ある人が詠んだ詩で言っていたことは、あなたと私の二人を泥人形に喩え、二つの泥人形を壊したあと、その同じ泥を使ってもう一度人形を作ると、私のなかにあなたがあり、あなたのなかに私がいるようになるということであった。このような喩えでわが国の歴史的な民族関係を述べることは極めて適切である。これまで述べてきたとおり、長い歴史のなかで、わが国の各民族間には長期にわたり、大規模に融合しあってきたという事実が存在しており、各民族集団自身についていうと、あなたの泥のなかに私があり、私の泥のなかにあなたがいるという客観的事実が存在している。また、各民族の文化面についていうと、長期にわたる各民族間の経済的・文化的交流があったために、それぞれの民族文化についても、あなたの泥のなかに私があり、私の泥のなかにあなたがいるという客観的状況が存在している。喜んで他の民族の長所を受け入れ、自民族のものにしていくことは、自民族の経済・文化の発展に有利であるが、閉鎖的で、視野が狭く、独りよがりで、自らの民族文化のいわゆる純潔性を追い求める幻想を抱くことは、保守的で、改良を知らない、立ち遅れた状態に甘んじることになる。このことは歴史上の経験から十分に証明されている。

四　社会主義時期における各民族の特徴、長所と中華民族の共同性

中華人民共和国の成立によって、中国における民族関係は新たな時代を迎えた。平等、団結、互助を特徴とする社会主義民族関係が打ち立てられ、絶えず発展している。わが国の社会主義時期は各民族がともに繁栄し、ともに発展する時期である。社会主義制度の優越性により、わが国の各民族が繁栄し、発展することは、未曽有の頼り甲斐のある担保を得た。各民族の経済・文化の発展レベルに不均衡があるため、目下のところ民族間には事実上の不平等があるが、これは長期にわたって形成されてきたものである。四つの現代化建設の新時期において、共産党中央は少数民族地域の経済・文化を加速度的に発展させる戦略的決定を英明にも下し、すでにこのことを新憲法に明記している。四つの現代化建設が順調に進行するなかで、少数民族の経済・文化を加速度的に発展させるという戦略的決定が貫徹されることにより、各民族間の経済・文化の発展レベルの格差が次第に縮まり、将来は完全に取り除かれ、民族間の事実上の不平等が完全に消滅するものと固く信じている。社会主義時期において各民族がともに繁栄し、発展するということは、必然的に二つの事柄を含んでいる。一つは、各民族の経済的、文化的特徴と長所が絶えず発展するということであり、もう一つは中華民族としての共同性、すなわち各民族の経済的、文化的共通点も絶えず発展するということである。この二つの事柄は相互補完的であり、相互に促進しあうものである。社会主義時期において、各民族は自己の伝統文化に対し、批判的に継承するという共通の任務がある。つまり、〔物質文明と精神文明という〕二つの文明建設に有利で優良な伝統を発揚するとともに、二つの文明建設に不利な立ち後れた伝統を破棄しなければならない。ここでいう破棄すべき立ち後れた伝統には、古い観念の破棄や古い風俗習慣の改革などを含んでいるが、これは当然ながら自民族の幹部と民衆が、思想認識を高める

という前提のもと、自発的に行われねばならない。他人には代わりに行う権利はない。このことはわが国の憲法に明確に規定されている。このように、二つの文明を建設する過程において、各民族の特徴と長所や、各民族の民族文化は十分に発展することができ、自民族の文化が保存され、発展できるかどうか心配する根拠は何もない。

人びとは世界を創造するが、勝手気ままに世界を創造することなどできず、伝統の力が絶えず人びとの思想と行動に影響を与えている。目下、各族人民は二つの伝統を持っているが、一つは歴史上長期にわたって残ってきた古い伝統であり、これは批判的に継承する必要がある。もう一つは中国共産党の指導のもとで革命と建設が行われてきたことによって、打ち立てられた新伝統であり、これは絶えず拡大強化せねばならない。本質的にいうと、この問題は社会主義精神文明を建設する問題である。わが国の社会主義精神文明建設の過程において、各民族の特徴と長所は必然的に絶えず拡大強化されるが、同時に、各民族の共通点、つまり中華民族の共同性も必然的に絶えず拡大強化される。

旧中国では、階級圧迫と民族圧迫があり、当時の統治思想が各族人民の根本的な利益に反する支配階級の思想であったため、各族人民は権力のない地位にいた。このことは各民族の特徴と長所を発展させることに対して消極的な影響を与えてきたし、中華民族の共同性を発展させることに対しても消極的な影響を与えてきた。新中国では、われわれの事業を指導する核心勢力が中国共産党であるため、われわれの思想を指導する理論的基礎はマルクス・レーニン主義であり、各族人民が主人となり、各級の人民政府は人民のために服務する。これは古今にわたってない歴史的な大変化である。この新しい歴史的条件のもと、中国共産党を熱愛し、社会主義を熱愛し、祖国を熱愛し、そして、民族平等と民族団結を守ろうとする思想は、すでに各族人民の共通した思想となっている。国内の各民族が共同で発展し、共同で繁栄した新時代によって、各民族の特徴と長所を発展させるうえで、これまでにない広大な天地を与えられており、同時に中華民族の共同性を発展させるため、これまでにない広大な天地を提供されているのである。

原注

（1）『毛沢東選集』合訂本、四八五―四八六頁。
（2）「在国家民委民族問題五種叢書工作会議上的講話」『民族研究動態』一九八四年第二期。
（3）『北史』「西域伝」・「高昌伝」。
（4）『雲南各族古代史略』一二頁、雲南人民出版社、一九九七年版。
（5）『雲南各族古代史略』一二頁、雲南人民出版社、一九九七年版。
（6）『中国少数民族』一二四頁、人民出版社、一九八一年版。
（7）『歴史教学』一九五三年第七期。
（8）『太平御覧』巻八六〇。
（9）『少数民族文芸研究』一九八二年第一期、中央民族学院少数民族文学芸術研究所編印。
（10）蔣炳釗「従盤古歌探討畲族来源和遷徙」『民族学研究』第二期。
（11）『少数民族文芸研究』一九八二年第一期、中央民族学院少数民族文学芸術研究所編印。

訳注

【1】匈奴はモンゴル高原にいた遊牧騎馬民族、東胡は匈奴の東部にいた狩猟遊牧民族、烏桓、鮮卑は東胡の後身、丁零はバイカル湖以南にいたが後漢時代に陝西、山西に移住したトルコ系遊牧民族、西胡は匈奴の西部つまり西域にいた諸民族の総称、小月氏は甘粛祁連山にいたトルコ系またはイラン系の民族、羌、氐は西北地域にいたチベット系民族、西南夷は西南地域にいた諸民族の総称、百越は長江中下流域に居住するタイ系民族の総称。

中華民族の共同性を再び論ずる

谷　苞（曽士才訳）

一　神話に登場する漢族先民と少数民族先民

中国の大地において、はるか昔の太古の時代、すなわち原始共産制社会の段階から、人々は火や石器、陶器、弓矢を使用し、狩猟、漁労、農業そして家畜の飼育を行い、食べ物に火を通し、家屋を建造することを覚え、氏族や部族の組織、家族と婚姻の制度を作り、さらに音楽や舞踊などを編み出してきた。これらすべてのことは、人類が長期にわたる生産の戦いと社会生活の実践のなかから獲得した偉大な功績であり、これら文化事象の創造と発展は幾世代もの人々の実践を通して次第に実現されてきた。そして、人々は古代からこれらの偉大な功績を神格化した人や神の功績にし、たくさんの神話を生み出してきた。わが国の古典のなかでは、戦国時代から前漢時代初期に完成した『山海経《せんがいきょう》』に豊富な古代神話が記録されている。また、『離騒《りそう》』、『荘子《そうじ》』など秦代の書物にも神話がたくさん記録されている。神話に登場する人物で多いのは漢族の先民であるが、少数民族の先民もいる。文字による記録がない時から、これらの人物はすでに各民族の間で広く語られており、口頭伝承となっていた。後世、とても多くの神話人物が、古代の学者の手によって意識的に分化させられ、一部分は神話本来の姿を依然として留め、一部分は歴史人物に転化してしまった。前者の例としては、盤古《ばんこ》の天地開闢、女媧《じょか》の天地補修、夸父《こほ》が車に乗って太陽を追いかける話、有巣氏《ゆうそう》が木を組んで家屋を作る話、羿《げい》が九つの太陽を射落とす話、共工氏が頭を不周山にぶつける話などがある。後者の例としては三皇[1]（伏羲《ふっき》─人皇《じんこう》、神農《しんのう》─地皇《ちこう》、燧人《すいじん》─天皇《てんこう》）、五帝（黄帝、顓頊《せんぎょく》、帝嚳《こく》、帝堯《ぎょう》、帝舜《しゅん》）がある。三皇五帝の説は『呂氏春秋』「禁塞」に「上は三皇、五帝の事績を讃えて、その関心を引き寄せ」とあるのが初出である。

司馬遷が著した『史記』の最初の一篇が「五帝本紀」であるが、そこでは五人の神話人物を歴史上の人物として書いている。司馬遷が文章を書くとき、すでにいくつかの「典雅でもなく、理にかなってもいない」ところ、つまり明らかに荒唐無稽な部分を省いているが、それでも依然として多くの神話的色彩を残しており、多くの神を残している。司馬遷は「五帝本紀」の末尾で次のように述べている。「学者が多く五帝を称揚してからすでに久しい。しかし、『尚書』《しょうしょ》（書経）はただ堯以後のことを記載している。黄帝についてしるしてあるのは百家の書であるが、その文章は典雅でもなく、理にかなってもいない。よって、高位高官にあるものや知識人は、それを口にすることをはばかっている。……私は、かつて西のかた空桐（今の甘粛省平涼県西部）に至り、北のかた涿鹿《たくろく》（今の河北省境域内）を過ぎ、東のかた海にいたり、南のかた江淮《こうわい》に舟で浮かんだことがあるが、（各地で出会った）長老が往々にして黄帝、堯、舜を称揚するところに行ってみると、風俗・教化が他の地方とちがって非常にすぐれていた。要するに（長老の言は）聖人の説に近いと解するのが正しい。……私は、これらを併せて検討し、そのうちでもっとも典雅なものを選んで、ことさらに記して本紀のはじめとしたのである」と。このことから分かるように、「五帝本紀」の内容は民間に伝承されていた神話故事を採用した。しかし、司馬遷は三皇を歴史人物として描いてはいない。

司馬遷は『史記』を著したが、三皇に触れていないのは、恐らく三皇の事績がいっそう「典雅でもなく、理にかなってもいない」からであろう。後漢の応劭《おうしょう》が著した『風俗通義』の「皇覇」の篇には三皇のためにわざわざ章を設けており、燧人、伏羲、神農を三皇とみなしている。後漢の班固らが著した『白虎通義』の「号」の篇では、「三皇とは何ぞや。伏羲、神農、燧人のことである。あるいは伏羲、神農、祝融《しゅくゆう》のことを言う」とある。

三皇、五帝の歴史的功績に関しては、書物によって記述が一致していない。『風俗通義』「皇覇」は『礼記謚号』を引用して三皇の主な功績を次のように述べている。「伏羲が初めて八卦を作り、天下を変化させ、天下のきまりや道理にことごとく従いながら力をつくしたので、伏羲という。燧人は木を錐状のものでこすって火をとり、生ものをあぶって火を通し、人々が二度とお腹の病気にかからないようにし、禽獣と異なるようにし、天の意志にかなうようにしたので、遂〔燧〕人という。神農は、……初めて農具を作り、民に農業を教え、その衣食を豊かにし、神のように徳が厚かったので、神農という」と。また、『易繋辞』を引用して、「古には伏羲氏が天下の王となり、天を仰いでは観象し、地に伏しては観法し、初めて八卦を作り、神明の徳に通じ、万物の状況を分類した。縄を結んで網を作り、狩をしたり魚を獲ったりした。伏羲氏が没すると、神農氏が王となり、木を切って鋤の先とし、木を曲げて鋤の柄とし、鋤の利便によって天下の民に教え、昼間に市をなし、天下の民に広めた。創意工夫に長け、民を疲れさせず、神となって、民に祭らせた」と述べている。

五帝の歴史的功績については、「五帝本紀」の記述が比較的詳しい。五帝のうち後世への影響が最も大きいのは黄帝なので、黄帝の業績だけを紹介する。「軒轅《けんえん》の時代、神農氏が衰え、諸侯が互いに侵伐し合い、人民を痛めつけたが、神農氏はそれを征伐することができなかった。そこで、軒轅は実戦の習練をして、天子に朝貢しない諸侯を征伐した。諸侯はみな軒轅の徳になついて服従したが、蚩尤《しゆう》だけはきわめて暴虐で、征伐できなかった。ときに炎帝〔神農氏〕の子孫が諸侯を侵略しようとしたので、諸侯はみな軒轅に帰服した。かくして、軒轅は徳を修め、兵力を整え、五気〔五行の気〕を治め、五穀〔『周礼《しゅらい》』鄭玄注によると、黍、稷、菽、麦、稲〕を植え、万民を鎮撫して、四方の安定をはかった。熊、羆《ひぐま》、貔《ひ》〔虎または豹に似た猛獣〕、貅《きゅう》〔同前〕、貙《ちゅ》〔虎の属〕、虎に戦闘を教え込んで[2]、炎帝の子孫と阪泉の野（河北省涿鹿《たくろく》県東南部）に戦い、三度戦ってのち志を遂げた。また、蚩尤が天下を乱して命を聞かなかったので、黄帝〔軒轅のこと〕は軍隊を諸侯から徴集して、蚩尤と涿鹿の野に戦い、ついに蚩尤を殺した。諸侯はみな軒轅を尊んで天子とし、神農氏の子孫に代らせた。これが黄帝である。黄帝は、天下に従わないものがあるとそのたびに征伐し、平定すると立ち去った。山を開いて道を通じ、一度も安んじて生活したことはなかった」。

ほかにも、舟車、音律、医学、算術、文字などたくさんの発明はみな黄帝の時代に始まったものだと伝えられており、養蚕も黄帝の妻嫘祖《るいそ》が発明した。

これら三つの引用文を熟読すると、他の文献記述にも思いが至り、考えさせられることが多いが、ここでは個人的に最も重要だと思われる点だけを述べたい。

(1) 原始共産制社会における、幾百、幾千もの世代の人々が生産闘争と社会実践のなかで勝ち取った偉大な業績を三皇五帝のような神話上の人物に帰するのは、明らかに英雄史観によるものである。このことに対し、私たちは古の人たちを責めようとは思わない。彼らの歴史観は当時の歴史の制約を受けているからである。今日のわれわれが古人と異なる観点を持てるのは、幸いにもわれわれが解放後の新中国に生まれ、マルクス・レーニン主義を学んだからである。

(2) 夏代以前の中国はまだ原始共産制社会の段階にあり、階級もなければ、国家もなく、ましてや広大な中原地域を統括する統一された国家など存在しなかった。原始社会後期になってはじめて部族の連合体が生まれ、国家と民族を形成するための条件が作られた。黄帝、炎帝、蚩尤はいずれも部族の連合体の首長にすぎない。そうだとするなら、古人がなぜ三皇、五帝の時代を統一された国家として描かねばならないのだろうか。これは太古の歴史の姿というよりも、後に登場した統一国家のために歴史的根拠を提供していると理解したほうがよい。すなわち、後になって中国の各民族の間に出現した大一統〔天下統一のこと。諸侯が天子によって統一された周の春秋時代を理想として肯定することから大の字が加わっている〕の思想が歴史上早期にすでに出現していたとしている。太古の歴史については、「確固たる根拠となる典芸の文章がないのであれば、現在の状況から推測して太古を見る」しかいない（『風俗通義』巻二）。唯物史観がまだなかったもとでは、「現在の状況から推測して太古を見る」結果、いにしえを今に置き換える現象が容易に起こった。

（3）三皇、五帝などの神話伝説上の人物は、時間的には原始共産制社会の時代に属する。階級社会の時代に入るのは夏代以降であり、夏、商そして西周が奴隷制社会の時代、東周以降が封建社会の時代に入る。中国の歴史において中央集権の統一された多民族国家が形成されたのは秦漢時代になってからである。しかし、夏、商、周の三代にはすでに緩やかに統一された多民族国家の雛形が生まれていた。『春秋左伝正義』巻五八に「禹が涂山で諸侯を糾合したが、贈り物の宝石や絹布を持参したのは万国にのぼる」とある。万国という言い方は多すぎ、必ずしも本当に一万の国だったわけではない。その後、長期にわたる併呑合併により、国の数は次第に減少し、『後漢書』「郡国志」によると、商の湯王や周の武王の時代には三千余か国あり、西周の時代には千七百七十三か国あり、春秋時代には千二百か国、戦国時代には十余か国となっていた。戦国時代以前にあったたくさんの国のなかには少数民族が建国した国も多かった。夏、商、周代の天子はその傘下にある諸侯たちの盟主である。まさにこの時代に大一統の思想が中国に生まれた。例えば、『詩経』「小雅・北山《ほくざん》」に「天が下、王しろしめし、地のかぎり、王が臣《たみ》なれ」という句がある。そして、孔子が提示した修身、斉家、治国、平天下の思想もみな大一統の思想である。三皇、五帝の神話伝説時代においては、大一統のような政治的局面は出現するはずがなく、中央集権の大一統の政治思想も生まれるはずがない。大一統の思想の出現にはとても深い経済的、歴史的、地理的、政治的な原因があり、そのことについて私はすでに「古代匈奴の遊牧社会の歴史的な位置付け」という論文（本書の二六一頁～二八六頁を参照）のなかで論述しているが、今後別稿であらためて述べたい。ここではこれ以上は触れないでおく。

（4）『山海経《せんがいきょう》』などの漢籍資料に記載されている神話伝説は、漢族先民の神話もあれば、少数民族先民の神話もある。あるものは漢族先民と少数民族先民の共通の神話もある。例えば、盤古、伏羲は漢族、羌《チャン》族や雲南に居住するたくさんの少数民族に共通した神話である。このことについて私はすでに「中華民族の共同性を論ずる」という論文（本書六五頁～八六頁参照）のなかで述べている。また、炎帝（あるいは神農、あるいは烈山氏ともいう）は南方の神であり、『漢書』「魏相伝」に「南方の神炎帝」とある。そして、蚩尤は九黎の部族の首長である。炎帝と蚩尤に関する神話は当初百越《ひゃくえつ》と苗《ミャオ》族の神話であった可能性が高い。伏羲、女媧の神話は中国南方の諸民族の間で最も広く伝承されている話であり、この話も当初は南方の諸民族の神話だった可能性が高い。黄帝は古代神話に登場する五人の天帝の一人である。『晋書』「天文志上」に「黄帝は太微のなかに坐して、かなめとなる神である」とあるが、五人の天帝のうち、東西南北の四方にそれぞれ天帝が一人ずつおり、黄帝が中央にいる。しかし、歴史学者の顧頡剛《こけつごう》氏の研究によると、黄帝の神話は中国の西北から生まれたという。氏は「黄帝」という論文のなかで以下のように述べている。

今日見ることのできる神話の多くが『山海経』にまとまっており、黄帝伝説の原像を知りたいなら、やはりこの書物を見るしかない。〔『山海経』の〕「西次三経《せいじさんけい》」には「黄帝はそこで涂山の玉を取り、それを鍾山の南に投げた」とあるが、涂山のことを『穆天子伝』は密山としており、昆侖の東にあるとしているが、昆侖の西には軒轅の丘がある。これが黄帝のことを軒轅とよぶ理由である。そして、「西次三経」に「昆侖の丘こそ実は帝の下都」とある。つまり、黄帝は上においては天に住み、下においては昆侖に住んだ。『荘子』「至楽」に「昆侖の墟はすなわち黄帝が休んでいるところ」とある。『穆天子伝』に「吉日の辛酉《かのととり》の日、天子は昆侖の丘に登り、黄帝の宮殿を観覧した」とあり、黄帝が昆侖に住む上帝であることがわかる。五行説から判断すると、黄帝は中央に住むはずであるが、神話の発祥地からみると、西北にあるべきである。だから『晋語』には黄帝が姫水で成長し、『荘子』「在宥」には空同〔空洞山のこと〕（今の甘粛省平涼）で〔老子に〕至道を問うたとあり、『封禅書』には墓が橋山（今の陝西省黄陵県、原注では中部県とある）にあり、荊山（今の河南省閿郷《ぶんきょう》県）で鼎《かなえ》を鋳造したとある。また、『水経注』「渭水篇」に黄帝は天水に生れたが、すべて西北の地である。

顧頡剛氏は以上のように述べている。地名からみると、黄帝の神話伝説に登場する地域は主に羌族と漢族とが集居する地域であり、黄帝の神話は当初羌族と漢族が共有したものだったと考えられる。

二　漢族と少数民族とに共有された祖先

中国の多くの民族には一つの共通した伝統がある。それは神話上の人物を歴史上の人物に作り変え、これらの歴史上の人物をさらに自民族の祖先にしてしまうという伝統である。また、民族によっては神話上の人物をそのまま自民族の祖先にしてしまう例もある。各民族の支配階級にも共通の伝説がある。つまり、自分たち一族を輝かしい神話上の人物の直系子孫だとする伝説であり、このことにより自分たちの身分や価値を高め、当該民族ないしは全国を支配する権利があるという政治的資本にしている。彼ら支配者にとって、彼らの支配権力は彼らの祖先が彼らに残してくれた紛れもない政治的遺産なのである。

先ず漢族の状況から述べることにする。

五帝のうち黄帝が他の四帝の祖先だとみなされている。夏、商、周の三代の王朝はいずれも自分たちを黄帝の子孫だとみなしている。「五帝本紀」に「黄帝から舜、禹に至るまではみな同姓である。国号を異にしているのは、そうすることによってそれぞれの明徳をあきらかにし、区別したのである。故に、黄帝は有熊《ゆうゆう》、帝顓頊《せんぎょく》は高陽、帝嚳《こく》は高辛、帝堯《ぎょう》は陶唐、帝舜《しゅん》は有虞《ゆうぐ》、帝禹は夏后《かこう》であり、これを氏として区別したが、姓はすべて姒《じ》氏である。契《せつ》は商の祖であり、姓は子《し》氏である。弃《き》は周の祖で、姓は姫《き》氏である」とある。『五帝本紀』によると、帝顓頊は黄帝の孫で、帝嚳は黄帝の曽孫で、帝堯は黄帝の玄孫で、帝舜は黄帝の第八代の孫である。そして『史記』「夏本紀」に殷（商）代の第一代君主は契で、帝嚳の次妃の後裔とある。『史記』「周本紀」に周代の第一代君主は后稷《こうしょく》（弃）で、帝嚳の正妃の後裔とある。

戦国時代になると、七国の君主たちもみな黄帝の後裔を標榜した。『史記』「楚世家」は「楚の祖先は帝顓頊から出た」としており、韓、燕、魏の三国の君主も周と同姓なので、帝嚳の後裔ということになる。秦国と趙国の君主は同姓で、『史記』「秦本紀」は「秦の祖先は帝顓頊の後裔」としている。『史記』「趙世家」は「趙の祖先は秦と同じ祖先である」としている。斉国も顓頊の後裔である。[3]

秦の後を継いで中国を統一した漢代の第一代皇帝劉邦は、本来は基層政権の小役人、亭長であり、なんら誇れるような輝かしい身分ではなかったが、自らを黒帝に封じ、それによって自らに全国を支配する権利を有することを証明した。すなわち劉邦が函谷関《かんこくかん》を入ると、臣下に「前の秦のときには、上帝として何帝をまつったのか」とたずねた。臣下が「四帝で、白、青、黄、赤の帝の祠がございます」と答えると、高祖は「私の聞くところでは、天には五帝いますという。しかし、四つの祠しかないとは、どうしたことか」と言ったが、そのいわれを知っている者がいなかった。そこで高祖が「私にはそのわけがわかっているのだ。これこそ、この私のおかげで五つがそろうというものだ」と言った。「そこで黒帝の祠を建てて、それを北と命名した」(『史記』「封禅書」より)。

こんどは少数民族の状況について述べるが、少数民族の支配階級においてもよく自分の一族が輝かしい神話上の人物の直系子孫であるとしている。

「匈奴の祖先は夏后氏の後裔である」。これは司馬遷が「匈奴列伝」の冒頭で最初に述べたことばである。後に匈奴が建てた大夏国もこのような認識を持っていた。

西晋末期、各民族の上層階級の人たちが次々に挙兵し、わが国の北方と巴蜀においてたくさんの地方政権を建てた。西暦三〇四年劉淵が王の称号を名乗ってから、西暦四三九年に北魏が中国北方を統一するまで一三五年間だったが、この時期は十六国時代（実際には十六か国にとどまらないが）と呼ばれている。この時期に匈奴人が建てた政権は三つあり、漢（前趙）、夏と北涼である。氐《てい》人が建てた政権は四つあり、成漢、前秦、後涼と仇池である。羯《けつ》人が建てた政権は一つで、後趙である。鮮卑人が建てた政権は七つで、前燕、後燕、西燕、西秦、南涼、南燕、代である。羌《きょう》人が建てた政権は一つで、後秦である。その他漢族が建てた政権が三つあり、前涼、冉魏《ぜんぎ》と北燕である。

匈奴の人赫連勃勃《かくれんぼつぼつ》は夏政権（四〇七年～四三一年）を建てたが、「自ら匈奴は夏后氏の末裔と思っており、国号を大夏と称した」。赫連勃勃はかつて「朕は大禹の後裔であり、……今まさに天運により国を起さんとし、大禹のなした偉業を復活させんとし、……」、「朕の皇祖は北方から幽朔に移り、姓を姒《じ》氏に改めたが、言語が異なるので、母親の氏である劉を名乗った。……今は姓を赫連に改めており、……」(『晋書』「赫連勃勃記」)。赫連勃勃は彼の樹立した政権を夏と名乗ったが、これは夏禹の王統を継承するということであり、このことは彼が都の城外に樹立した長編の碑文に詳細に記されている。

匈奴の人劉淵が漢政権（三〇四年～三二九年）を樹立したが、劉淵が姓を劉と名乗った理由は、「初め、漢の高祖は宗族の女性を姫として、冒頓《ぼくとつ》の妻とし、兄弟の盟を結んだので、その子孫の遂冒は劉氏を名乗った」からである。劉淵が漢王と称してのち、命令を下し、「昔、わが太祖高皇帝（漢高祖劉邦）は非常にすぐれた武勇で時勢に応じ、天下統一の大業を広げた。……朕は今群公に推戴され、三祖の業績を受け継がん」と語った。劉淵が樹立した政権を漢というが、これは漢代の王統を継承するという意図からである。彼が漢王を名乗ってから、「劉禅（劉備の子阿斗）に孝懐皇帝の尊号を贈り、漢高祖以下の三祖五宗の位牌を作ってこれを祭った」（『晋書』「劉元海載記」）。

氏の人苻洪《ふこう》は前秦政権（三五〇年～三九四年）を樹立したが、苻洪は略陽臨渭（今の甘粛省秦安県東南部）の氏人である。『晋書』「苻洪載記」に「思うにその祖先は扈《こ》氏の末裔で、代々西戎の酋長」とある。『三国志』「烏丸鮮卑伝」は魚豢《ぎょかん》の『魏略』を引いて「『西戎伝』に氏人に王あり、従い来るところ久しいかなとある。……その種類は一つではなく、盤瓠の後裔だと称し、各々に王侯がおり、多くは中国の封拝を受けている。……その習俗、言語は中国（漢族）と同じでなく、……各自に姓があり、姓は中国（漢族）の姓と同じであり、……多くは中国（漢族）語を知っているが、これは中国（漢族）と雑居しているからである」とある。

鮮卑の人慕容皝《ぼようこう》は前燕政権（三三七年～三七〇年）を樹立したが、『晋書』「慕容廆《ぼようかい》載記」に「その祖先は有熊（黄帝）の末裔であり、代々北夷に住み、邑は紫蒙の野にあり、東胡と呼ばれた」とある。慕容皝は慕容廆の第三子である。その後、この一族のなかから慕容垂が後燕（三八四年～四〇七年）を建て、慕容泓《ぼようおう》が西燕（三八四年～三九四年）を建て、慕容徳が南燕（三九四年～四一〇年）を建てている。当然、彼らも自らを有熊氏の後裔であると思っている。『晋書』「沮渠蒙遜《そきょもうそん》載記」に「姚氏は舜の後裔で、軒轅の末裔である」とある。また、鮮卑の人拓跋猗盧《たくばついいる》が建てた代国（三一五年～三七六年）は自らを神農氏の後裔と思っていた。

鮮卑の人禿発烏孤《とくはつうこ》は南涼政権（三九四年～四一四年）を樹立したが、『晋書』「禿発烏孤載記」に「その祖先は後魏と同じ出である」とあり、つまりその遠祖は黄帝ということになる。

西暦四三九年鮮卑の人拓跋珪は中国北方を統一し、北魏を建てたが、北魏の皇室は自らを黄帝の後裔であると認めていた。『魏書』「序記第一」には以下のように記されている。「昔、黄帝には二十五人の子があり、ある者は内で諸華に列せられ、ある者は外で荒服に分けられた。昌意は子が少なく、北土に封ぜられたが、国には大鮮卑山があったので、この名を号した。その後、代々君主となり、幽都の北、広漠とした野を統一し、遊牧をし、狩猟を生業とした。風俗は純朴で、教化の程度はおおまかで、文字を持たず、木を刻んで取り決めを記すのみで、世間の出来事は、史官の記録の如く、人が相伝える。黄帝は土徳によって王となったが、北方のならわしでは土のことを拓といい、後〔裔〕のことを跋というので、氏となった（すなわち拓跋氏である）。

西暦五五七年鮮卑の人宇文泰の子宇文覚は西魏に代わって帝位につき、北周を建てたが、宇文泰は自らを炎帝の後裔と思っていた。『周書』「帝紀第一」に宇文泰の「祖先は炎帝神農氏から出ており、黄帝に滅ぼされ、子孫たちは朔野〔北方の野〕に落ち延びた」とある。

このように漢族とわが国北方少数民族の支配階級が建てたたくさんの王朝およびその支配階級の大部分が自らを黄帝の後裔であると認識しており、個別の例として盤瓠〔原文のまま。本来は槃瓠または盤古とすべき〕や炎帝の後裔だと認識している状況にある。わが国の南方諸民族に関しては、漢籍資料にその祖先に関する記載があることは少ない。しかし、これら諸民族の間には広く伝承されている極めて豊富な神話伝説があり、その中で盤瓠《ママ》、伏義と女媧を自分たちの遠祖としている。南方少数民族のうち、苗《ミャオ》、侗《トン》、白《ペー》、布依《プイ》、彝《イ》、納西《ナシ》、拉祜《ラフ》、瑶《ヤオ》族の間で盤古の天地開闢の神話物語が伝承されている。壮《チワン》、苗、彝、布依、黎《リー》、水《スイ》、納西、拉祜、侗、瑶族の間には洪水氾濫の神話物語があり、洪水の後、大地には伏羲と女媧の兄妹（二人の名前は各民族で異なるが）しか残らず、仕方なく兄妹で結婚し、人類が栄えたと伝えられている。例えば、壮族の神話『布伯《ブボ》』では、布伯には一男一女がおり、息子は伏依（すなわち伏羲のこと）、娘は且咪という名で、洪水の後、世界には兄妹しか生き残っておらず、やむなく結婚し、人類が途絶えなかったと語られている。畲《ショオ》族は自らの祖先が盤瓠と高辛氏（帝嚳）の娘およびその結婚後に生れた子孫だと信じている。

畲族の間で広く伝承されている「盤瓠王歌」はこの神話物語を詳細に語っている。『後漢書』「南蛮西南夷伝」の冒頭にこの神話の概要が記されている。浙江省景寧県敕木山の畲族は、祖図の題詞のなかで祖先たちを次のようにならべている。「一、盤古開山氏、二、伏羲氏、三、神農氏、四、天皇氏、五、地皇氏、六、人皇氏、七、高辛氏。……二〇、皇帝の命令で第三皇女を盤瓠に嫁がせ[4]、三男一女が生れ、それぞれ盤、雷、藍、鐘の姓に分かれた。実際に畲族の人たちはすべてこの四姓のいずれかに属している。

漢族と少数民族の間に、とても多くの共通した神話伝説が伝承されていることをどう見るのかは、重要な問題であり、真剣に研究する必要がある。以下は個人的な浅い認識からではあるが特に重要だと思われる点である。

（1）上述の漢族と少数民族とに共有された様々な神話は漢族と少数民族との共有の文化的遺産であり、中華民族が共有する精神的富であり、中華民族が持ち合わせる強い精神的凝集力なのである。漢族と多くの少数民族が共通して盤古、伏羲、女媧、黄帝、炎帝などを自分の祖先だとしていることは、とりもなおさず中華民族としての共同性を表している。我々は無神論者であるが、神と神話伝説が古代各族人民の哲学思想や政治思想に巨大な影響を持っていたことを認める。特に、各民族の間に広く伝承されていた神話伝説があたかも史実として見なされると、さらに比べようもない精神的力となり、決して過小評価してはならないものとなった。人心に深く浸透した大一統思想の機能は千軍万馬よりも一層強大である。

（2）漢族と少数民族の支配階級は自らを輝かしい神話人物の直系子孫と見なしている。その歴史的真実には問題点が多いが、畢竟この点は二次的な問題であり、重要なことは彼らがこれらのいわば「神の系譜」を自分たち一族の頭上に載せたことで、強大な政治的糾合力を持ち、自らの正当性を示し、自己の政治勢力と支配基盤を拡大するのに有利であるという点である。なぜなら盤古、伏羲、黄帝、炎帝（神農氏あるいは列山氏）のような神話人物は古代において各族人民に強大な影響を持っており、人々はこれらの神話人物に対して崇敬の念を抱いていた。とりわけ黄帝、炎帝は歴史上の人物に転化し、後世に対する影響は極めて大きい。黄帝、炎帝はわが国の多くの民族によって祖先と見なされ、中華民族を創造した偉大な功績のある最も早期の、そして最も卓越した人物と見なされ、大一統思想の象徴であり旗頭と見なされている。

（3）神話伝説のなかには、一見すると推敲に耐えない矛盾した箇所が見られる。例えば、氐族について、あるところでは盤瓠の後裔だと言い、あるところでは黄帝の後裔であると言っている。鮮卑族についても、あるところでは自ら黄帝の後裔だと任じ（例えば北魏）、あるところでは炎帝の後裔である任じている（北周）。漢族についても、盤古、伏羲、神農（炎帝）、黄帝などをすべて自分の祖先としているが、炎帝と黄帝とは多くの神話伝説で水と油のように相容れない関係にある。しかし、詳細に見ると、これらの矛盾も統一できる。先ず、神話そのものがたくさんの矛盾に満ちたものなのである。ある神話では炎帝を元々は黄帝の臣下だと言っている。もっと重要なことは秦漢時代以前にすでに各民族間には相互融合の状況が存在していたという点である。ある民族の人が別の民族のなかに融合するのと同様に、ある民族の神話も別の民族のなかに持ち込まれることが多い。漢族のなかに他の多くの民族が融合すると、他の多くの民族の神話伝説や神も漢族の神話伝説や神になるのである。

三　大一統がわが国の歴史の主流

秦漢以来、中国は統一された多民族国家である。この二千年余りの間に、統一された時代は約三分の二を占め、分裂した時代が約三分の一を占めている。だから統一が中国の歴史の主流なのである。分裂の局面は漢族の支配階級が各地に割拠（例えば三国時代）するか、少数民族の支配階級が各地に割拠（例えば十六国時代）してできたかのいずれかである。分裂割拠の時代においては、戦争が頻繁に起こったため、各族人民は大きな災難を蒙った。この歴史的体験は全国の各族人民の心に非常に深く刻まれたので、人々は分裂を忌み嫌い、統一を擁護するようになった。全国の統一は大勢の赴くところであり、人々が願うところである。全国の統一は厳しい歴史的試練を経験したが、一貫して各族人民があこがれ、追究してきたことであり、この上もなく強大な歴史の潮流であり、いかなる力もこれを妨げることはできない。

　司馬遷の『史記』は「五帝本紀」から始まるが、続いて夏、殷、周本紀が書かれ、さらに秦が六国を併合し、中国を統一する時代が書かれている。司馬遷は五帝および夏、殷、周三代すべてを大一統の政権として描いている。例えば、黄帝が巡視した地域について、「東は海辺にいたり、……西は空桐（今の甘粛省平涼県）にいたり、……南は長江にいたり、熊山、湘山（今の湖南省長沙市）に登った。……北は葷粥《くんいく》（匈奴の別名）を追い払い、釜山《ふさん》（嬀州《ぎしゅう》懐戎県）〔今の河北省懐来県〕に諸侯を集め、割符を符合させて違命なきを確かめた」とある。また、「万国を監督させたので、万国は和同した」とある。また、帝顓頊が管轄する地域について、「北は幽陵《ゆうりょう》にいたり、南は交阯《こうし》にいたり、西は流沙《りゅうさ》にいたり、東は蟠木《はんぼく》にいたる」[5]、「日月の照らす範囲で、彼の徳になついて砥属（服属）しないものはなかった」とある〔以上の出典は『史記』「五帝本紀」〕。ここでは後の秦漢の版図を黄帝や顓頊の管轄地域としている。実際には、五帝の時代はまだ原始共産制社会の段階であり、大一統の政権が出現するはずもない。また、夏、殷、周三代の王朝は統一の雛形が見られはしたが、まだ中央集権の統一国家ではなかった。司馬遷がこれらの時代を統一された国家として描いたのは、歴史の真実を反映したというよりも、大一統の政治思想を宣揚せんがためであるといったほうがよい。『史記』は編纂当時の近現代史を著した著作であり、彼が大一統の思想を宣揚する主な目的は漢代の大一統という政治的現実に奉仕するためである。この点は中国の後の政治思想に極めて大きな影響を与えた。

秦漢以来、大一統の思想は漢族人民および漢族の支配階級のなかに深く根付いた。漢族の哲学者、歴史学者、政治家、軍事家もみなその著作のなかで大一統の思想を宣揚している。このことに関する史料は極めて多く、ここでは取りあげないが、少数民族における大一統の思想についてだけ具体例をあげておきたい。十六国時代、匈奴の人赫連勃勃が建てた大夏国は、自らを夏禹の後裔と任じ、夏禹の統一の大業を回復させようとした。また、匈奴の人劉淵の建てた漢国は、自らを漢代の劉邦の後裔と任じ、漢王朝の正統を回復させようとした。この二つの王朝はいずれも僅か二十数年しか存在せず、その支配した地域もかなり限られた地域でしかなかったが、この二つの小国の支配階級が持っていた大一統の思想はとても明確なものであった。

十六国時代、氐人苻洪が建てた前秦が支配した地域は現在の河北、山西、山東、陝西、甘粛、河南、四川、貴州、遼寧、江蘇、安徽、湖北などを含んでおり、支配地域が広くないとはいえない。しかし、後秦の支配階級は一地方に割拠することに満足せず、全国を統一しようとした。苻堅が東晋に出兵して攻める前に、「堅は群臣を率いて会議を開き、われは統一の大業を継承しておよそ二十年になるが、……四方をほぼ平定したが、唯一東南の一隅のみが王化を受けないでいる。われは天下統一がならないことを思うたびに、食事が喉を通らない。今天下の兵を挙げてこれを討とうと思う。……と言うと」、臣下が何度も諫めたが、苻堅は「領土が少ないからではなく、六合を併合して（天下を統一して）民を助けるためである」と言った。このことがある前に苻堅はかつて呂光に七万の兵を指揮させて、西域に進軍させようとしたことがあったが、「苻融は中国を疲弊させ、兵を万里の外に遣っても、働く人も、耕す土地もないと考え、断固として諫めたが、堅は二漢〔前漢と後漢〕の力は匈奴を制することができなかったが、それでも西域に出兵した。今は匈奴はすでに平定されており、出兵は腐れた木をくだくほど容易である。骨が折れても遠征すれば、ふれぶみを回して平定し、王化が昆山〔中国の西方〕を覆い、その名声は永遠に伝えられる。なんと美しいことではないかと語った。部下たちはまたなんども諫めたが、ことごとく聞き入れられなかった」[6]。苻堅のこれらの言論は十分に彼の大一統の思想を表している。

鮮卑族の拓跋氏が中国北方を統一し、北魏を建てたが、拓跋氏は自らを黄帝の後裔とし、中国を統一する願望を抱いていた。拓跋珪が皇帝を名乗ってから、詔文のなかで、「そもそも劉（邦）は堯の偉業を継承して天下を統一し、長年にわたり徳を積み、……『春秋』に貫かれた精神は大一統の美であり、呉や楚は身分をわきまえず帝王の称号を用い、打ち滅ぼされた。君子は偽称を賤しみ、これを世の中のけがれになぞらえる」と言っているが、拓跋珪がいかに統一を主張し、分裂に反対したかがわかる。魏の文帝拓跋宏が在位中、その支配地位を固め、民族間の矛盾を緩和するため、鮮卑族の風俗習慣、服装、言語を改変するよう命じ、鮮卑族の貴族と漢族の士族が結婚することを奨励した。これらのことは民族融合と一部の地域の少数民族の封建化を促進する上で、積極的な影響を与えた。

南北朝以来、わが国の少数民族が辺境地域において建てた政権には、主に柔然汗国、突厥汗国、回鶻汗国、吐蕃、南詔などがある。また、少数民族が中原地域に建てた政権または主に中原地域に建てた政権には、後唐、遼、金、西夏などがある。特に重要な意義があるのはモンゴル人が建てた元代と満族の人が建てた清朝である。全国を統一したこの二つの王朝は漢唐代に匹敵する王朝であり、われわれ多民族の国家を固め、発展させるのに極めて重要な役割を果たした。

わが国の歴史上、少数民族は二度ほど全国を統一する王朝を建て、そして地域的な政権を樹立したことは数多い。いずれの支配階級が政権を取ろうと、中国の文化は継承され、発展しており、歴史の連続性が保たれてきた。この点は世界の古代文明のなかで類例をみないことであり、われわれが誇りにしてよいことである。少数民族の開国君主やその継承者の多くが漢籍に通暁しており、彼らの多くが例外なく漢族の文人を取り込んで国家の運営に当たらせたので、これらの王朝では、中華民族の哲学思想、政治思想、制度文物などが継承された。清の聖祖玄《げん》燁《よう》（康熙皇帝）は祭祖詩のなかで「世を占うことは周代から伝えられてきており、国の基礎は漢代が領域を開いたことによる」と書いている。(7) このことは清の王朝が周代や漢代の正統性を継承したことを表明している。少数民族の傑出した歴史人物たち、例えば、モンゴル族のチンギスハーン・テムジン、元世祖フビライ、満族のヌルハチ、玄燁、鮮卑族の魏孝文帝拓跋宏、吐蕃族のソンツェン・ガンポ、回鶻族のビルゲなどは、いずれも祖国を強固にし、発展させるうえで重要な貢献をした。

わが国の史学にはすばらしい伝統がある。つまり各時代の少数民族およびその樹立した政権について伝記の形式で記述していることである。そして、少数民族が樹立した影響力の大きな政権については正史が書かれている。二十四史のうち、『魏書』、『周書』、『北斉書』(8)、『遼史』、『金史』、『元史』はいずれも少数民族が建てた政権のために書かれたものである。これらの正史は後の王朝が前の王朝の歴史を書くという慣例にしたがって編纂されたものである。また、辛亥革命後、完成された清史はないが、すでに『清史稿』が世に出ている。上述の民族に関する伝記や正史の編纂はその時代の制約を受け、内容によっては適切でない記述もあるが、これらの伝記や正史において、少数民族の歴史的地位は尊重されている。少数民族が建てた地域的な政権や全国的な政権はいずれも中国の歴史の一部とみなされている。

わが国は統一された多民族国家であり、ここにいたるまでの形成と発展の過程があった。秦漢両王朝がわれわれの統一された多民族国家を創設したが、唐、元、清代にこの統一された多民族国家を強固にし、発展させた。各民族はこの統一された多民族国家の国造りに貢献してきた。大一統がわが国の歴史の主流になり得た理由はもとより多いが、重要な原因の一つは上で述べたように大一統の思想が各民族に共通の歴史的伝統だということである。

四　大一統の思想は中国各族人民の共通の伝統

解放前の百年間、資本主義列強は四方八方からわが国に対し狂暴な政治的、軍事的侵略を推し進めたが、同時に陰険な文化侵略を行い、ほしいままに中国の歴史を歪曲し、わが国の民族関係を挑発し、植民地開拓のための思想的武器とした。わが国国境の北、西、南の三方は主に少数民族の集住地域であり、海南島や台湾など国境の東部にも少数民族の集住地域があるので、資本主義列強の侵略によって、少数民族の集住地域が最初に影響を受け、甚大な被害を蒙った。家や故郷を守り、祖国を守るために少数民族の人民は漢族人民とともに、帝政ロシア、イギリス、フランス、日本などの国の侵略者と英雄的な闘争を繰り広げ、大きな犠牲を払った。祖国の神聖な領土を守るため、黒龍江流域から天山山脈の南北まで、チベット高原から雲南、広西の辺境まで、海南島から台湾まで、各族人民の幾百万、幾千万もの優秀な若者たちの鮮血が、そして幾世代もの尊い鮮血が祖国の広大な大地に流された。抗日戦争に勝利し、中華人民共和国が成立したことにより、最後には各族人民の百年余りの屈辱的な歴史が終わりを告げた。

百年余りにわたる反帝反封建の歴史により、各族人民は同じ空気を吸い、運命を共にする親密な関係になり、中華民族が共通の敵に立ち向かう何事にも恐れない精神を示した。各族人民が領土を守り、祖国の統一を守る英雄的な闘争のなかで、列強勢力による中国分割という夢は破れ、傀儡政権の足元を固めようとする小手先の試みは一つまた一つとついえ、日本帝国主義者が中国をその植民地にしようとした陰謀は恥ずべき失敗に終わった。秦漢以来、偉大な祖国は統一された多民族国家であった。解放前の百年余りにおいて、この統一された多民族国家は厳しい歴史の試練を受けた。祖国の統一が各民族の根本利益であり、祖国の統一を守ることによって各民族の根本利益が保障されるということが歴史によって証明されている。大一統の思想は中国各族人民の共通の伝統であり、この歴史的な伝統は新たな歴史的条件のもとで新たな発展を遂げ、質的に飛躍した。新中国では、階級圧迫と民族圧迫が消滅し、平等、団結、互助を特徴とする社会主義民族関係が樹立されたので、祖国統一を強固にし、民族団結を強化する思想は各族人民の間においてすでに共通の願望と硬い意志になっている。このことはこれまでのいかなる時代にもなかったことである。

原注

（1）『潜夫論』「五徳志」に「世間には三皇、五帝の事が伝承されているが、多くは伏羲、神農を二皇とし、もう一人を燧人と言ったり、祝融と言ったり、女媧といったりし、どれが正しいのかまだ分からない」とある。また、『風俗通義』「皇覇」に「燧人の功績は祝融、女媧よりも重く、文徳が大いに見え、『大伝』の意味はすなわちこれに近い」とある。

（2）「熊、羆、貔、貅、貙、虎に戦闘を教え込んで」とあるが、これらの野獣を駆使して戦ったとは考えられず、熊、羆、貔、貅、貙、虎をトーテムとする氏族を統率して戦ったと考えられる。黄帝は有熊氏を号しており、この推測の傍証となる。

（3）顧頡剛撰「顓頊」には「(司馬）遷は『帝系』、『世本』および『秦紀』に依拠して各国の出自を分析した。……陳について、陳胡公満は虞帝舜の後裔であると述べ、田斉について、陳完は陳厲公佗の子であると述べている。……これら八か国は虞、夏、秦から出ているが、すなわち顓頊から出ている」とある。顧頡剛『史林雑識』一八九頁、中華書局、一九七七年版を参照。

（4）『浙江景寧勅木山畲民調査記』五〇—五一頁、中南民族学院民族研究所編、刊行。

（5）蟠木はすなわち扶桑のこと。顧頡剛『史林雑識』一八四頁。

（6）上記引用文は『晋書』「苻堅載記下」を見よ。

（7）『康熙御制文』の一集第三六巻を見よ。

（8）鮮卑化した漢族の人高祥によって建てられた斉朝のこと。

［訳者注記］漢籍資料の日本語現代語訳については、明治書院の『新編漢文選　思想・歴史シリーズ』、集英社の『全訳漢文大系』（全三三巻）、平凡社の『中国古典文学全集』を参照した。

中国・華夷・蕃漢・中華・中華民族
——一つの内在的関係が発展して認識される過程

陳連開（塚田誠之訳）

この百年来、「中国」、「中華」、「漢人」等の呼称について、梁啓超・章太炎（炳麟）および幾多の著名人が詮議・解釈を行ってきた。そのなかで一九五〇年代以来、台湾海峡の両岸の学者が幾度もそれぞれに検討を行ったが、惜しむらくは台湾の研究者の大作はわずかに、そして偶然、引用からその一斑を窺うことができるのみである。この数年、顧頡剛・于省吾ら先輩の専門研究者が論文を執筆し、その他の学者も前後して専論を発表し、共同で討論を進めている。学術上のこうした状況は、中国が多くの民族によって形成され統一された国家であり、千年を以って数えるほど悠久の歴史を経てきたことによる。先述の呼称の意味は統一的な多民族中国の発展にともなって発展・変化してきたのである。しかしながら、往々にして新しい名称と意味が出現したものの、それまでの旧称も慣習的に踏襲され、同一の呼称で意味するところの内容がさまざまに食い違うという事態をも招いたのである。のみならず中国の各民族の内在的関係の発展に対する研究者のそれぞれの認識もすべて同じわけではない。このため各民族の相互の呼称に反映された進展・変化は、繰り返し討論する必要があり、そうしてはじめて史実に符合する解明が可能となるのである。

筆者は一九六〇年代以来、異なる数篇の論文と冊子において、上述のさまざまな呼称の起源と進展・変化についていささか検討を行ってきた。その中には筆者の独自の成果もあり、また諸説を集めて検討して自説のための啓発を得たものもある。それらが多く分散していることに鑑み、今、ここに集めて一篇とする。私見を系統化する過程において、いっそうの解明を得ることを願い、あわせて参考に資するよう希望するものである。

一 「中国」の名称の起源

于省吾教授の研究によると、「商代の甲骨文には或・國という二字はない」。周代初期に至って金文にはじめて「或」字が出現した。それは「國」と意味が相い通じ城邑〔城郭で囲まれた都市〕を指すという。[1]「中國」の名称が西周初期に出現したことは筆者が一九七八年に自著にて指摘した。[1] ここで、「中國」という言葉がなぜ西周初年に出現したのか、そしてその当初の意味は何かという点についていささか補充説明をする必要がある。

新中国における考古学的発見は、中華民族が中国の大地に起源することを証明した。すなわち、中華文化はその起源について言うと、今日の中国の域外のいかなるところからも決して来ていない。また黄河中下流域一ヶ所のみに起源を持ち、そこから拡散して四方に至ったわけでもない。それは多元的な区域からなる不均衡な発展を呈しているのであり、また〔多元的な区域の文化は〕互いに浸透しあったのである。すなわち、中華文明はまず黄河中下流域に発達し、黄河中下流域の二大区域の新石器文化があわせ集って核心となり、同時に四方の多元的な優秀な文化を吸収して溶け合った結果なのである。夏・商・周の三代は族源が異なるが、しかしともに黄河中下流域の東西の二大氏族集団が長期間の往来・闘争を経て融合に至ったその基礎の上に建てられた王朝である。一九三四年、著名な古代史研究者傅斯年教授が著した「夷夏東西説」によると、「現代、古地理を考察することを通じ、古代史の道筋を研究すると、三代および三代に近い時期に大体において東西の異なる二大体系があったことを証明するに足るようだ。この二大体系が対峙したことによって闘争が発生し、闘争によって混合が起き、混合したことによって文化が進展したのである。夷と商は東系に属し、夏と周は西系に属する」とある(2)[2]。

夏の来源について『史記』「六国年表」には、「禹は西羌より興った」と記されている。『〔史記〕集解』には『帝王世紀』を引いて、「皇甫謐《こうほひつ》曰く、孟子が言うには大禹は石紐に生まれた。西夷の人である」と記されている。孟子が引用したこの遠古の伝説については古今の学者が多く崇め信じてきた。しかし現在、夏の起源と夏文化を討論する際に諸説紛々である。その中で比較的通行している説は、夏が嵩山を中心とする潁水《えいすい》上流と伊洛平原において勃興し、晋南汾水《ふんすい》・涑水《そくすい》平原へ発展したとする説である。論者の中にはこの説とは逆に夏が晋南に起源し伊洛において栄えたとするものもいる。両者の説のいずれが是であるにせよ、夏朝および夏文化が伊洛および汾涑平原を中心としたことは肯定することができよう。年代は紀元前二一世紀から前一七世紀に当たる。夏の区域と商・周の両族が勃興した地域について言えば、夏は両者の中間にあると考えられる。孟子の言うところの「西夷」とは、おおむね商代の人の観念が伝えられて戦国時代に至ったと言えよう。

商の来源は、『詩経』の「商頌」の「玄鳥」によると、「天は玄鳥《つばめ》に命じて降って商〔の始祖契《せつ》〕を生ませた」とある。「商頌」の「長発」には「〔禹が天下の諸侯の土地を決めたとき〕有娀の国が広大になった。天帝は、有娀の国の娘の生んだ子〔契《せつ》〕を立てて商を創始した」とある。この鳥をトーテムとする頌詩は、すでに甲骨文献によって実証されている」(3)。それは商がもとは東夷に属する氏族集団中の一支であったことを物語っている。商族の起源地について一般には山東西部・河南東北部であり、その発展過程において活動範囲が今の河北省易県一帯にまで至ったとみなされている。先に引用した傅〔斯年〕先生の論文とその著作『東北史綱』[3]では、商が河北東北部に起源するという説をとっている。この説は紅山文化の一連の重要な考古学的発見によってさらに証明されるに至った。干志耿・李殿福と筆者が共同で著した「商先起源于幽燕説」および「商先起源于幽燕説再考察」(4)では、これにさらに検討を加えて、商は幽燕地区に起源し、上甲の代に衰退して以後、南下して河済泰山の間、すなわち今の河北・山東・河南の交界地域および泰山以西一帯に発展したことを論証している。南下して商朝を建てる以前においては、おそらく夏朝に対してある種の封貢関係にあったのかもしれない。ただし商人が往々、「西邑夏」という表現で夏朝を称していることからすると、両朝は東西にあい対峙する二大勢力であった。商が夏を滅ぼした後、両族の文化がさらに融合した。そのことが商代の文化をいっそう発展せしめたのである。

周人は自ら晋南から西遷した夏人の一支であり、戎狄の間に勃興したものとみなしている。『国語』「周語上」に、「昔わが先王〔棄〕が后稷《こうしょく》〔農事を掌る官〕の官職について虞・夏に仕えた。夏が衰退するに及んで、先王不窋〔棄の子〕がその官職を棄てて、自ら〔封地のある〕戎狄の地に逃れた」とある。ただし、『詩経』「大雅」のなかの「綿」「大明」「思斉」「皇矣《こうい》」「文王有声」「生民」、および「周頌」のなかの「天作」等の篇の記述によると、周族の始祖母は姜嫄《きょうげん》という。「姜」と「羌」とはあい通じ転ずることはすでに定説となっている。周人の祖先はおそらく羌人から分かれて出た一支なのであろう。その最初の父系祖先は棄という名で、后稷となり、涇水・渭水上流域において活動した。后稷の後裔が戎狄との闘争の過程において何度も移住し、その後はじめて渭水中下流の岐山周原一帯に定住した[5]。商末に商朝の諸侯となり、文王は「西伯」と称した。文王は西方諸侯の長であり、酆《ほう》〔豊〕邑を建設し商を滅ぼすための基礎を築いた。武王の時に至って、西の庸・蜀・羌・髳《ぼう》・微・盧・彭・濮《ぼく》等の族およびその他の多くの諸侯と連合して一挙に商を滅ぼし西周を建てた。ここにおいて黄河中流と下流の二大系統は周に統一されたのである。

現在、ある学者は夏・商・周の三族が三つの異なる民族であると主張している[4]。三族の祖先の来源は異なり、最初の発祥の地域もそれぞれ異なっている。しかし、三代の文化・制度は差異が小さく共通性が大きい。西周が「中国」と総称したのは「夏」人と同じく、華夏民族の雛型がすでに形成されたことを示している。夏・商・周の三支の主要来源を論ずるのは科学的なことである。しかしこの三支の来源は三つの異なる民族なのではない。その理由を次に挙げよう。

第一に、夏は豫西・晋南に勃興し、周が興起したのは渭水流域の関中一帯である。それらは仰韶《ぎょうしょう》文化の東西二大類型が発展して河南・陝西の龍山文化の地域になったものである。商が早期に活動したのは河済泰山一帯であるが、それはまさしく典型的な龍山文化が発達した地域である。このことからすると、夏・商・周が勃興し発展した地域はすべて龍山文化が発達を遂げた地域であり、その文化はすべて龍山文化が黄河中下流域を統一したその基礎の上に発展してきたものである。夏・商・周の先祖が黄河中下流域で活動した時にはすでに早期青銅器文化の共通性は地域的差異よりも大きかった。そして今のところは区別し難い夏文化と早商期・商代前期文化とにそれぞれなったのである。

第二に、先に引用した遠古の伝説によると、夏・商・周の三族の始祖とそれらの祖先崇拝はそれぞれ異なっているが、しかしすべて黄帝が創建した大規模な氏族連合のなかから発展してきたものである。それは第一段階としては異なる来源の祖先たちが集まって黄帝を始祖とする大系統となったものである。『国語』「魯語上」に、魯国の著名人展禽（柳下恵）の祭典に関する名言が記載されており、そのまとめの部分に「有虞氏は黄帝を禘《てい》にして祭り、顓頊《せんぎょく》を祖として祭り、堯を郊として祭り、舜を宗として祭った。夏后氏は黄帝を禘とし、顓頊を祖とし、鯀を郊とし、禹を宗とした。商人は嚳《こく》を禘とし、契を祖とし、冥を郊とし、湯を宗とした。周人は嚳を禘とし、稷を祖とし、文王を郊とし、武王を宗とした」とある。『礼記』「祭法」にもこれと基本的に同じ記載がある。禘・郊・祖・宗とはすべて祭典の名称である。[5]『国語』「晋語四」に、炎帝は姜姓で黄帝は姫姓で、ともに少典氏から出ていることが記されている。現代の学者は、炎帝・黄帝が涇水・渭水流域に起源をもつとしがちだが、そうとするとおそらくそれらは周人と密接な淵源関係があるのであり、商族とは明らかに同一の来源にはないことになる。ただし、商人が自ら黄帝の後裔であると認めているのであるから、彼らの祖先がすでに黄帝が創建した大氏族連合に組み入れられていたことの反映とすべきであろう。西周初に華夏の雛型が形成されるときに、夏・商・周の三支の主要な来源は決してすべてが炎黄氏族集団の末裔ではなかったことが見てとれる。異なる来源のそれぞれの支系がおしなべて黄帝を奉じて共同の祖先とした理由は、大氏族連合の創建者として奉じて共同の象徴としたのにほかならないのである。そのことは、三支の異なる来源の人々がすでに共同の民族意識を具有していたことを著わしている。今日に至るまで中華民族は、特に海外の華僑〔・華人〕とその子孫の中国系人はみな自分たちが炎黄の子孫であるとし、そのことを誇りに思っている。また炎黄を中華民族の創始・勃興と統一の象徴として、中華民族に共通する民族感情の紐帯として関係付けている。しかし、そのことは中華民族には異なる祖先の来源があるという事実を消し去るものではない。

第三に、夏の言語について、周人はおそらくその「雅」なる言語を尊んだらしいが、ただし今までに確認することのできる夏代文字は発見されていない。商・周の甲骨文字は同一の体系に属し、それらの言語の違いは大同小異であったはずである。

第四に、『礼記』「楽記」に、「武王が殷に戦勝して、まだ車を下りないうちに、黄帝の後裔を薊に封じ、帝堯の後裔を祝に封じ、帝舜の後裔を陳に封じ」、車を下りて以後も夏・商の後裔を封じた、と記されている。こうした〔黄帝等の後裔に対するのと夏商の後裔に対する〕区別は、戦国・秦漢時代の人が遡って遠古の伝説を述べる時に、周が黄帝・堯・舜の後裔を諸侯として封じたことの政治的な緊急性と尊崇の感情を強調しているのにほかならない。しかし、歴史的事実はそうではなく、西周が諸侯を分封するという基本的構造は少なくとも武王・成王・昭王・康王の四王の代を経てはじめて形成されたことを物語っているのである。『史記』「陳・杞世家」に、「周の武王が殷の紂王に勝つと、舜の後裔を探し求めて嬀満《きまん》を発見し、これを陳に封じて舜の祭祀を行わせ」、「禹の後裔を探し求めて東楼公を発見し、これを杞に封じ、夏の祭祀を行わせた」とある。このほか、周の武王がさらに紂の子武庚を封じて商の祭祀を行わせた。[6]〔武庚らが反乱を起こすと〕周公が東征して武庚を滅ぼし、また微子を宋に封じて商の祭祀を行わせた。西周が封じた諸侯は、大部分が周の宗族の姫姓諸侯であったが、一部の申・呂・斉・許等は姜姓の周から見て母系親族にあたる諸侯で、さらにごくわずかであるが黄帝・堯・舜・夏・商の後裔もいた。周の境内は鎬京〔今の陝西省西安県北の豊鎬村付近〕・洛邑〔今の河南省洛陽市東北〕を中心として、西は隴山以東、涇水・渭水上流、北は薊に至り、東は斉・魯に至り、南は長江・漢水に至った。この範囲は「夏」と称され、洛陽以東の以前に商朝の中心だった地域は「東夏」と称された。[7]ここでいう「夏」は地域名称でもあり、同時に族称としての含意を有している。

第五に、孔子が、「殷は夏の制度に基づきながら〔その時代に応じて〕加減したものとして理解し得る。〔同様に〕周は殷の制度に基づきながら、加減したものとして理解し得る」と指摘している。[8]三代の基本制度は大むね同じであるが、加減、すなわち廃止したり付け加えるという変更もあった。このことは近世の考古学・古代史の研究が実証している。

先述の五つの点から、夏・商・周が三つの民族なのではなく、形成中の華夏の雛型の三支の主要来源であることが証明される。彼らの起源と遠祖はそれぞれ東西の二大氏族集団に属していたが、夏・商・周はみな東西二大氏族集団から異化し、また同化して同一の「族類」[6]となったそれぞれの主要構成部分なのである。西周においてこの三つの部分が同一の民族共同体の雛型を形成し、かつ「夏」を族称とした。地域について言えば、夏の発達が最も早期で、商・周の中間に位置した。それが周人から「中国」と称されたのももっともなことである。『説文』に、「夏は中国の人なり」とあるが、「中国」の名称の起源段階における族称がすこぶる真理を含んでいたのである。

商代にはまだ「中国」の名称が出現していないが、しかし「中商」・「大邑商」が中心に位置し、「土中」とか「中土」と称した。四方の諸侯は、東「土」・西「土」・南「土」・北「土」という制度的・地理的区分であり、それらの周囲の各族に対しては「方」と称した。文献に見える商代の各族、たとえば羌・鬼方・昆夷・狄・葷粥《くんいく》・東夷等等のうち、東夷・羌はそれぞれ指すところの集団もしくは総称としての意味をも含んでいたのかもしれない。ただ商代の西方も夷と称することもできたし、東方でも戎と称することができたのであって、方位（と対応する呼び方）が固定していたわけではない。甲骨文字に見える族称に至っては百を以って計えるし、そのうち羌方・人（夷）方に対して（商は）長期間征伐と掠奪を行い、捕らえて奴隷にしたり、はなはだしい場合には人を供犠としたので、記録は目にふれるものみな心を痛ましめる。『詩経』「商頌」の「殷武」に、「兵威の神速で武徳のある殷王の武は、奮って楚国を征伐し（版図に収めた）、……これ汝、荊楚よ。荊楚は我が殷の南方の地に居る。昔湯王の有りし時、彼の遠き西方の氐《てい》・羌より、皆来たって我が殷に貢を献じ、代々来朝しないことはなかった。氐・羌の君長が言うに殷は我が常に服事すべきものである」とある。「来享」「来王」（貢を献じて来朝する）した各族に対しては、商はあるいは用いて官員としたり、あるいは封じて諸侯とした。周は商がかつて西夷とみなして征伐の対象としたものにほかならない。鬼方も商朝に対しては叛服常ならざる状況であった。ただ商朝の晩年には周侯・鬼侯がともに三公に列せられている。

文献には西周の武王・成王のとき「中国」という名称が出現したと記されている。その確かな証拠は一九六三年に陝西省宝鶏市賈村で出土した何尊である。この尊（「尊」は青銅の酒器）には銘文がある。すなわち「成王がはじめ成周の都を造営して遷るときに武王の礼に照らして天に対する『福』祭を行った。四月丙戌に成王は宗廟において宗族の子らに告文を発して言うには『……武王が大邑商に勝つや朝廷は天に向って告げる祭りを行った。武王が言うには、余は『中国』に建都しここから民を統治しよう、と』(9)【7】」。また『尚書』「梓材」に成王が過去を追想して「皇天は中国の人民とその土地とを先王（武王）にお与えになったのである」と述べたと記されている。先述の銘文とともに、「中国」が洛陽を中心とする地域を指していることが明らかである。この地域こそ夏代の中心地域にほかならない。

『漢書』「地理志」に、「昔、周公が洛邑を造営したが、そこは土中に位置し、諸侯が四方を守るので、そのゆえに洛邑を国都とした」とある。この「土中」は今の漢語とは違って修飾語と被修飾語が逆転しており、その意味は「中土」である。『詩経』「大雅」の「民労」に、「人民を安泰にするには、まず中国の人々に恩恵をかけて生活を安定させねばならない。その後に四方の国にも恩恵を及ぼして天下を安寧にせねばならない」とあり、また「人民を安泰にするには、まず京師の人々に恩恵をかけて生活を安定させねばならない。その後に四国〔四方の諸侯の国〕にも恩恵を及ぼして天下を安寧にせねばならない」とある。ここでは「中国」と「京師」が、「四方」と「四国」とが対応している。鄭玄の「箋」に、「中国は京師なり」とある。ここでは「国」と「邑」「都」が同義語でみな都城を指している。「中国」は天子の居る都城で、「京師」と称され、四方の諸侯と対置されている。ゆえに「中商」の「四土」に対する含意と相い通じるものがある。

『詩経』「大雅」の「蕩」に、「文王曰く、ああ、汝、殷王よ、汝は中国に君臨して咆哮して暴威を振るい虐政を行い、民衆の怨みを受けながら租税を取り立て、民衆の怨みを顧みずに反省する色もなかった」とあり、「殷紂王は内は中国に奰《いか》り〔威虐を振るい〕、外は鬼方の国にまで及んだ」とある。毛萇の「伝」では、「奰」は「怒」、「鬼方」は「遠方」であるとされている。鄭玄の「箋」には「時人が紂王の暴悪を憂えて、紂王が酔っていなくとも好んで怒ったと評した」とある。これは西周末の詩人が、殷紂王が酒に溺れて徳を失い「中国」を怨怒せしめ遠方の各族も怨怒するに至ったことに対する周の文王の戒めを引用して、周の厲《れい》王に警告したものである。「大雅」の「桑柔」に、「天は喪乱を降して、我らが立てた王を滅ぼそうとした。天はまた時に蝗の害を降して、穀物の収穫もことごとく損なわれた。痛ましいことに、中国の民は流亡離散して荒れ果ててしまった」とある。これらの詩句では、また商周の境内を「中国」とし、「遠方」と対置されている。よって、これらはまた商代の「中商」と四「方」各族の対置の含意と同じである。西周の時、周囲の各族との交流往来が商代よりも拡大した。たとえば、淮夷・徐夷・粛慎・荊蛮・犬戎・玁《けん》〔獫〕狁《いん》等等との交流往来である。先述の詩句も「鬼方」という表現で各族を代表している。しかし、西周の時には「夏」「中国」と遠方の各族との境界はさほど厳密でなかった。たとえば、周人は時には商を尊んで「大邑商」とし、時にはまた「戎殷」と称したのである。[10]

以上より、西周の初期に出現した「中国」には次のいくつかの含意があることがわかる。①天子の居るところの都城、すなわち京師。四方の諸侯と対置される。この意味は商代の「中商」「中土」をもって東西南北「土」に対せしめる制度と地理区分に起源をもつ。②周が商を滅ぼす前、豊鎬を中心とする周人の居住地域を「区夏」としているが、それはすなわち「夏区」である。[11]商に勝った後は、洛邑が「天下の中心」に位置しているので、そこを「中国」あるいは「土中」（すなわち「中土」）と称した。そこは夏代における中心的地域である。また商代の中心的地域を「東夏」とした。ここにおいて「中国」は豊鎬・洛邑を中心とする黄河中下流域、すなわち後世「中原」と称された地域を包括する呼称となった。そしてこの地域と遠方の各族とを対置して称したが、そのことは商代に「大邑商」と各「方」があい対して称された含意と共通している。③夏・商・周の三族は融合して一体となった民族であり、夏を族称とした。それはまた夏人の文化を包括している。周の領域観念について言えば、境内の内側にとどまらず、「王会」〔周代、諸侯が参朝し天子に拝謁したこと〕の各族地域を包含している。『左伝』「昭公九年条」に、周の景王が詹桓伯を派遣して晋国に対して言わせたという話が記載されているが、それが代表的なものである。すなわち、「武王が商に勝って後、蒲姑《ほこ》・商・奄はわが東の領地で、巴・濮・楚・鄧はわが南の領地で、粛慎・燕亳はわが北の領地である」と。周朝の領域観念が南北各族を包括していたことが見てとれる。

二　春秋戦国時代における「中国」と「華夷」の含意

西周の後期に、各族が内地へ移住してきた。とくに北方と西北の各族は続々と黄河中下流域に来住した。西周から東周への移行期と春秋時代において、中原では各族が入ってきて交錯して居住する局面になるに至った。一方、周室は東遷し天子の地位は急落した。「礼が崩れて楽も壊れた」のである。斉の桓公・管仲が「尊王攘夷」をはじめて唱え覇業を成し遂げた。その後、晋・楚があいついで覇業を成し、覇を争う政治が続いた。春秋末期に至って呉・越が興起し、それぞれ覇を争った。戦国時代には七雄が土地を併呑するに及んで、中国に統一の気運が出現した。しかるに先述のように争覇に加わり互いに併呑する諸侯のうち、あるものは春秋の時にはまだ「夷狄」であり、戦国に至って他と同様に諸夏と称されるようになった。このことは華夏がすでに安定的な民族を形成したことを物語るのみならず、華夷の統一という歴史的条件が作り出されたことを物語っている。中華民族の発展史の角度から概括すると、春秋戦国は中華民族の揺籃期であった。当時、一面では「中国」と「夷狄」の尊卑・貴賤観念が強く、「夏夷の防御」の境界線が比較的厳密であった。別の面では、また、闘争と交流往来の過程において共同性が発展し、文化と血統の面で相互に浸透しあい、次第に華夷が一統されて、「五方」(中国と四方の夷狄)が組み合わさってともに「天下」となるという全体的観念が形成されて行った。「中国」の含意と範囲とに、ともに顕著な発展が見られたのである。

第一に、『春秋』『左伝』『国語』等の書においては、春秋時代、斉・魯・晋・鄭・陳・蔡等の中原の諸侯が「中国」「諸夏」「諸華」「華夏」と称され、秦・楚等はまだ「夷狄」であった。戦国に至って、七雄がともに「諸夏」と称され「中国」と同列になった。

秦国公の族源は東夷にあり、その遠祖は西へ移住して隴山地域へと来て、戎狄のもとで成長した。周の平王が東遷すると、鎬京地域をもって秦を封じて諸侯とした。春秋時代、晋が〔秦の〕中原へ発展する勢いを抑えたので、秦は西方へ向って諸戎を征伐し、「遂に西戎の覇王となった」。その勢力は晋・楚と拮抗するのに十分であったが、春秋の時代が終わるまで「中国諸侯の会盟に参加せず、夷狄の待遇をされた」[12]。

楚は西周初、荊蛮地域に封を受け、西周の末期に興起した。熊渠は、「我が楚は蛮夷である。中国の爵号や謚〔おくり名〕とは無関係である」と称して、率先して王を自称した。武王の代に至っても、なお公然と「我が国は蛮夷である」と宣言したのである[13]。中原の諸侯は楚を「荊蛮」と称した。『春秋公羊伝』に、魯僖公四年〔前六五六〕、斉の桓公が楚の〔大夫〕屈完と召陵にて会盟し楚を服従させたことが記されており、「夷狄はまたしばしば中国の害となった。南夷と北狄とが中国に接近したが、中国は一本の線のように分断されなかった。桓公は中国を救い夷狄を征伐し、ついに楚を従えた。このゆえに王者としての事業をなした」とある。言うところの「しばしば中国の害とな」った「南夷」とは、楚が鄧・穀を滅ぼし蔡・鄭を攻撃したことを指している。「北狄」とは、邢《けい》・衛を滅ぼして温に至った狄人を指している。斉の桓公は北に狄を討伐して邢・衛を存続させ、南に楚を討伐して蔡・鄭を救ったが、言うところの「中国を救」ったのはこのことを指している。『公羊伝』に、斉の桓公の功が「王者」と等しいと記されている。孔子は管仲をきわめて称えて「仁」とし、感嘆した。「もし管仲がいなかったら、我々は夷狄のように髪を結わず左前に着物を着ることになっていたかもしれない」[14]と。

秦・楚が春秋の時に見下されて夷狄と称されたのみならず、甚だしい場合には周の同姓諸侯であるもの、すなわち召公の後裔たる燕侯すら戎狄の地に位置していたので、戎狄と大差がないとして自ら卑下した。斉思和教授は戦国七雄を評して、「秦・楚・燕の三国はみな辺境の民族であり、春秋の時の夷狄である」と指摘している[15]。呉・越が春秋末期に北上して覇を争ったときに中原が以前のようにこれを夷狄と称したことは、なおさら言うまでもない。たとえ〔呉のように〕中原の諸侯と連合して強大な楚をともに破ったとしても、また「夷狄もまた中国を憂える」[16]と記載されるに過ぎなかった。司馬遷は〔これを〕評して、「秦・楚・呉・越は夷狄である。強い覇者となった」と記している。[17]戦国に至って秦・楚・燕と三晋〔魏・趙・韓〕・斉は並び対した。「その後、秦は兵を興して六王を滅ぼし中国を統一し、外には四夷を打ち払った」[18]。秦の郡県の範囲は隴山以西、東は海に至り、東北は遼東に至り、南は珠江流域および巴・蜀・黔中に至った。「中国」の範囲は拡大し、「四夷」は郡県以外の辺境民族地域を指すようになった。

第二に、「中国」と「諸夏」「華夏」とは同義であり、「四夷」「夷狄」とあい対置して称された。春秋には「夏夷の防御」が強調されたが、戦国に至って「中国」と「四夷」との五方の民がともに「天下」をなし、ともに「四海」に住むという全体観念が形成されたのである。

各族の内地への移住に対して、諸夏は脅威と感じ、共同で攘夷をしようという思想が強く発展した。『左伝』の魯閔公元年〔前六六二〕の記載によると「狄人が邢を伐」った。管仲が斉の桓公に「戎狄は豺《やまいぬ》や狼ですから、味をしめさせてはなりません。中国の諸侯は親しいものゆえ見殺しにはできません」と申し上げた。また魯僖公十五年〔前六四五〕の条に、「楚人が徐を伐ったのは、徐が諸夏についたからである」とある。ここにおいて斉の桓公は諸夏とともに、「牡丘において会盟した。それは〔僖公九年に行われた〕葵丘の会盟をあたため、かつ徐を救うがためであった」。徐は当時なお東夷の大国で、「諸夏についた」ことによって楚がこれを伐ち諸夏が救おうとした。須句《しゅく》は風姓の国で、孔子はこれを「遠人」と称した。やはり東夷のなかの一つの小国であったが、「諸夏に服従した」。『左伝』魯僖公二一年〔前六三九〕条に、邾《ちゅ》が須句を滅ぼしたが、〔僖公の母〕成風が魯僖公に対して「蛮夷が夏をさわがすのは周の禍である」として、〔縁をたよって魯に〕逃げてきた須句の国君を収容してその祭祀を存続させるよう要求したと記されている。これらにより、諸夏が共同するのみならず、諸夏と利益・苦楽をともにする「夷狄」が諸夏から特別な待遇を受けていたことが見てとれる。

こうした歴史的条件の下、明らかに夏夷の境界と地位の尊卑をともなう民族観念が形成された。それは当時においては民族矛盾の産物であったが、後世においては封建統治者が民族圧迫制度を行うための理論的根拠となったのである。

『左伝』の魯定公十年（前五五〇）条に、斉と魯が和約を結ぶのに、双方の君が夾谷で会合した。斉は東夷の莱人が（武器をもって）魯侯を脅かすよう謀略をめぐらしたが、孔子が魯の宰相となって斉侯を責めて「両君が互いに誼を結ぼうとされているのに、辺地の夷の捕虜の分際で武器をもって乱暴を働くとは……辺地のものは夏のことを謀らず、夷は華のすることに手を出さず武器を和平の場に近づけない定めです」と言った。斉侯はこれを聞くと「礼」を失したことを認め（莱人を取り除い）た。孔穎達は「疏」において「中国には礼儀の大いなるものがある。ゆえに夏と称するのである。中国にはまた美しい服章（天子以下公侯の服に施した模様）がある。ゆえに華というのである」としている。ここでは他族を蔑視して「礼儀」を知らない「野人」であるとしており、華夷の貴賤尊卑の思想が非常に顕著である。

『左伝』の魯襄公四年（前五六九）条に、晋国の魏絳が戎に和を請うて、「晋侯が『戎狄は親しみの情が薄くて欲が深い。伐つべきである』と言ったが、魏絳が言うには『諸侯が親しみ従っておりますが、陳があらたに味方に参りこちらの出方を見ています……我々が兵力を戎に用いて疲れた時に楚が陳を伐てば、とても救うことはできません。これでは陳を見捨てることにもなり、そうすれば諸侯も必ず叛くでしょう。戎は禽獣（鳥やけだもの）の類です。戎を得て華を失ってもよろしいのでしょうか』と」。魯襄公一一年（前五六二）条に、魏絳の戎を和らげる策によって晋が再び覇業を振るうに至り、晋侯は女の楽人を魏絳に褒美として与えようとして言った。「お前の教えに従って戎を和らげ、諸華（諸侯）を導くことができた。八年の間に九度も諸侯を集めたが、美しい音楽が調和するようにみなの気がそろった。音楽の楽しみをお前と分け合おうではないか」と。しかし魏絳は辞退して答えた。「戎を和らげたのは神が国にめぐまれた福です。……私が願い申すことは、ご主人が今のお楽しみを失わず、いつまでも続くようにとお考えになることでございます」と。魏絳は春秋時代にあっては将来の見通しがあったが、戎狄を「禽獣」としてあたかも無実の人に罪を着せようとしたことは免れなかった。ここから一般の人の差別の深さが見てとれる。

夏夷関係の扱い方に対して、『詩経』「魯頌」の「閟宮」に、「北の戎狄はこれを撃ち払い、南の荊舒はこれを懲らした。敢えて我に抵抗する者はない」とある。鄭玄「箋」では、この詩は歌を通じて魯僖公と斉桓公が北に狄を討ち南に楚と群舒を伐ったことをたたえたものだとし、「中国の諸侯は親しいもの」で「天下に敢えて逆らいこばむものはなかった」と説明している。『左伝』魯僖公二五年（前六三五）、周の襄王が晋の文公の（功を立てて）隧《すい》[8]を願い出たことを批判した。それは「天子の礼」を用いようとしたのであり、僭越で非「礼」なことであった。しかし、やむをえず晋文公に国都の郊外の陽樊地方を賞として与えた。その結果、「陽樊は晋に服せぬので晋の軍がこれを囲むと、城内から蒼葛が叫んで『徳をもって中国を和らげ、刑をもって四夷を脅すものである。それをわきまえず（天子ゆかりの）陽樊を攻める者に対して服従を拒むのは当然である』と言った」。そこで晋文公は城中の民を他所に移してその土地を取るしかなかった。

先述の夏夷の境界は、戦国に至って各民族が大規模に融合する趨勢によって不明確なものになった。七雄もまた「尊王」のスローガンに置き換えて早期に領土を併呑するという現実の前に、「夏夷の防御」の観念はもはや強調されることはなかった。まさしく顧頡剛・王樹民の二人の研究者が指摘したように、「諸夏」「華夏」等の名称は春秋時代に多く用いられ、戦国の時に至って民族の融合によって、元来の「諸夏」と「夷狄」の対立は次第に消滅して行き、かくて「諸夏」「華夏」の名称が再び用いられることは非常に少なくなった。たまたま用いられるにしても地理名称として用いられるに過ぎなくなった[19]。この時には、華夷一統の観念が次第に醸成されつつあったのである。

戦国以前において、夷・蛮・戎・狄は東・南・西・北の四つの方位に厳密に対応するものではなかった。羌は西方に定着していたのものでも夷と称することが可能だったし、北方もまた蛮と称することが可能だった。春秋時代に「四夷」という名称が出現したのは確かであるが、それは大体において四方の夷を総称するものだった。戦国において、統一の条件が成熟するにともない、意識形態から地理区分に至るまですべて諸侯国の間の境界を打破し、少数民族を内に含む大一統の観念が形成された。『禹貢』によると、それぞれの諸侯の境界を打破し、統一的に全土を区分して「九州」とし、また各地の民族の遠近や社会の特徴に基づいて「五服」に分け、そして各地の土壌の良し悪しと物産の違いに基づいて賦税の等級を確定し、民族の特徴に基づいて統治政策を確定し、「声教が四海におよぶ」ような一種の地理学説と政治思想とが創立された[20]。『周礼』は商・周以来の官名とその職掌に関する歴史資料に基づいて説を立てている。後世には中国封建王朝が推し崇めるような統一的な政治理論となったが、それは戦国期に完成したのである。『周礼』「職方氏」条に、「職方氏の官は天下の版図・天下の土地を掌り、その邦国・都・鄙・四夷・八蛮・七閩《びん》・九貉《ばく》・五戎・六狄の人民を区分する」とある。それはまた、辺境民族を内に含む統一の政治学説でもある。言うところの四・八・七・九・五・六とは、みな数の多さを示しており、夷に四種類のものがあって蛮に八種類のものがあったということではない。『礼記』「王制」に次の記事がある。すなわち「中国の夷狄を含む五方の民にはそれぞれの習俗があって、これを改めさせるのは難しい。東方を夷と曰う。髪を結わず入れ墨をし、火で煮ないで食事をする者がある。南方を蛮と曰う。額に入れ墨をし足の指が交叉している。火で煮ないで食事をする者がある。西方を戎と曰う。髪を結わず皮を衣とする。五穀を食べない者がある。北方を狄と曰う。羽毛を衣とし、穴居す。

五穀を食べない者がある。中国・夷・蛮・戎・狄みなそれぞれに住居・美味・衣服・用品・器具がある。五方の民は言語が通じず、嗜好は同じでない」と。ここにおいて「五方」が整然と区別され、「天下」と「四海」の統一的な構造が形成された。『爾雅』はその成立年代がまだ確定していない史料であるが、戦国から前漢初に至るまでの比較的長い期間に多くの人が編集に加わって成った中国で初めての辞書であることは確かである。その『爾雅』「釈地」に「四海」に関する解釈があり、そこに「九夷・八狄・七戎・六蛮、これを四海という」とある。ここで言う九・八・七・六は先と同様に数の多さを言っているのであり、夷蛮にいくつの種類があったのかの具体的数値なのではない。戦国時代にはさらに鄒衍の「大四海」説があり、そこでは中国を「神州赤県」と称し、わずかに「大四海」と「大九州」の八一分の一であった。中国古代の伝統的地理観念では、「中国」と「夷蛮戎狄」「五方之民」をともに「天下」とし、ともに「四海」に居るというものだったが、それは中国の天子が支配することができる華夷統一の地理範囲であった。こうした「五方之民」の統一と組み合わせのモデルは春秋に萌芽し戦国に発展して完成したものなのである。[21]

第三に、「中国」はまた文化的概念でもある。『春秋』では「華夷の別」を明記しているが、「族類」と文化とがともに重く、文化的基準を上位に置いている。

春秋時代、「族類」区分の基本的要素は、言語・習俗・礼儀であった。経済面での相違もまた当然、「族類」を区分する重要な条件である。『左伝』に魯襄公十四年（前五五九）、戎子駒支《じゅうしくし》が晋国において弁論し自らの立場を主張した次の話が記されている。すなわち、「我々諸戎は飲食・衣服が華とは違います。礼儀の品のやり取りもせず、言語も通じません」と。それは衣食・習俗・言語・経済等の面を含めた区別である。先述した魏絳は「戎を和げることの五つの利」を列挙して、「戎狄は水と草を追って移動するのをならわしとし定住しません。物を大切がるかわりに土地を貴びません。だから土地を買い取ることができるのです」と述べている。冒頭の部分について服處の解釈があり、「狄人は水と草を追って移動するのをならわしとし定住しない」と指摘されている。ここではまた経済生活と観念の違いが提示されているのである。

族類の区別は『春秋』で「華夷の別」の面を明記した際に重視された。しかしその言論・行動が「礼」に合うかどうかということ、つまり文化の礼儀の面での基準が、族類の区別の主要基準よりも上位に置かれた。「華」「夷」は異なる場合において互いに置換して称することが可能だった。羅泌は『路史』「国名記」において総括して、「『春秋』は夏が夷に変われればこれを夷とし、夷でも中国に入ればこれを中国としてみなした」と述べている。

秦・楚は晋・鄭・斉・魯等の諸侯と交渉するのに言語の障害はなく、文字も地域的差異があるが同一種の文字の地方的変体である。経済は南北で異なるが、ともに農業を主としていた。族類が中原諸侯と実際には大同小異であった。彼らが「尊王」と「諸夏（中国の諸侯）」は親しい」という原則に違背したゆえに、排斥されて「蛮夷」とされたのである。別の面では楚にも同じことが言える。楚の武王（前七四〇〜前六九〇）は自ら「蛮夷」と称するのを忌まなかった。楚の荘王（前六一二〜前五九一）は中原に覇を称えた。彼は周に鼎の軽重を問うて「非礼」とみなされた。魯宣公一二年（前五九七）、晋と楚が邲《ひつ》で戦って楚が晋に大勝したが、孔子は『春秋』においては楚の「礼」をもって逆に晋を貶めている。董仲舒は『春秋繁露』「竹林」において孔子の説を評し、「『春秋』の常套的表記である。礼は夷狄にではなく中国に与えられているのに、邲の戦いに至って、かえってこれに反しているのはどうしてであろうか。『春秋』には首尾一貫した表記がなく、表記がころころ変わっている。今、晋が変じて夷狄となり、楚が変じて君子となっている。もっぱら言葉を変えているだけである」としている。

杞は夏の後裔で、「族類」は正統的な夏人であるはずである。しかるに魯僖公二三年（前六三七）に杞の成公が死ぬと、『春秋』では「杞子卒す」と記され、その杜預「注」に「杞は春秋に入って侯を称した。荘公二七年に絀《ちゅっ》が伯を称し、さらにここに至って夷礼を用い貶めて子と称した」とある。『左伝』は、「『春秋』の書に子と曰う。杞、夷なり」と記している。杜預「注」に「成公ははじめて夷礼を用い、終身それで通した。ゆえに死後貶められた」とある。魯僖公二七年〔前六二五〕、杞の桓公が魯に来朝したが、『春秋』の書に「杞子、来朝す」とある。『左伝』はこの記事を評して「夷の礼を用いたゆえに〔その爵位を下げて〕子と曰う」とする。杜「注」に、「杞は先代の後、東夷に迫られ、風俗が混ざり、だめになった。言語や衣服はあるときには夷のものであった」という。杞国はこのように風俗が変容し、魯国による討伐を受けた。『左伝』の記載では、杞の桓公が魯に来朝した当年、「秋、〔魯僖公が〕杞に入ったのは無礼を責めるためであった」という。魯文公一二年〔前六一五〕になって、杞桓公が魯に来朝した。『春秋』の書では、「杞伯来朝す」とあり、「注」には「また伯を称し夷礼を捨てた」という。夷礼を捨てたとはいっても、なお侯爵を称せず「絀が伯を称し」たのである。

邾は曹姓の国である。記載によると周の武王の弟振鐸《しんたく》の後裔である。先に魯僖公二一年〔前六三五〕に邾が須句を滅ぼし成風が「蛮夷が夏をさわがすのは周の禍」であると言ったことを引用した。須句は「諸夏に服従した」東夷の小国で、邾は周の宗室の後裔の出である。邾が「夏」に属するはずだが、ここでは夏夷の位置が完全に逆転してしまっている。杜預はこのことを注解する時に、「この邾が須句を滅ぼし蛮夷と言われた。昭公二三年叔孫豹がまた邾を夷であると言った。邾は曹姓の国であるが、諸戎に迫られて夷礼をまじえ用いるようになった。ゆえに〔成風が〕これを「夏をさわがす」と極言したのである」と述べている。

その他の類似の事例はいちいち列挙しない。『春秋公羊伝』は魯昭公二三年〔前五一九〕七月に、「戊辰、呉が頓・胡・沈・蔡・陳・許の軍を鶏父に破った」と記している。そしてなぜこうした記載があるのか評して、「夷狄に中国の主とさせないのである。それならばどうして中国をして主としないのか。それは中国も新たな夷狄だからである」としている。呉は周の同姓であるが、呉太伯の後裔であるのでそれにちなんで王を称した。かつ越人のように断髪〔ざんばら髪〕文身〔入れ墨〕をしており、ゆえに「夷狄」と称された。蔡・陳・許等の国は「中国」ではあるが、その「非礼」を行うところによって、「新しい夷狄」と称された。これにより「礼」が華夷を区別する最高の準則であったことがわかる。「中国」はここでは一種の文化的名称なのである。

それでは、「内に諸夏、外に夷狄」という言説はどう解釈すべきなのであろうか。『春秋公羊伝』では、孔子が記事の詳細さ・厚さについて「筆で書き加えたり削ったりした」原則を明示している。すなわち周の天子と魯の記事を詳しくして諸夏を簡略化し、諸夏を詳しくし夷狄を簡略化した。周の天子と魯を尊び記述を厚くし、ついで諸夏とし、夷狄はしりぞけて簡略化した。その主旨は、「『春秋』はその自国を内とし諸夏を外とし、諸夏を内とし夷狄を外としている。王者は天下を一つにしようとしているのに、どうして内外の区別をつけた言葉を用いて言うのであろうか。その意図は、自分に近いものから始めようと言っている」のである。(22)

諸子百家のなかでは、儒家の言う夏夷の境界がもっとも顕著である。ただ儒家にもまた各民族の親近性を包容し主張するような一面もある。孔子は一面では、「夷狄には君があって国家の秩序が立っていても、諸夏が乱れて君が無視されているのにも及ばない」(23)と言っているが、別の一面では「〔孔子が〕中国を捨てて九夷〔東方の蛮〕の地に住もうとした」(24)とあり、「遠国が服従しない時には〔討伐するかわりに〕礼楽を美しく整備して来朝するように仕向け、来朝すれば〔恩恵を与えて〕安心させる」ことを主張している。(25)孔子は教育に従事するのに、「どのような人にも等しく教育を与え」た。その弟子にも夷狄出身の子弟が含まれていた。孔子の高弟子夏は、「人に対して丁重に礼儀正しく振舞うならば、四海のうちはみな兄弟である」と言っている。(26)

さらに重視すべきなのは、春秋戦国の五世紀以上もの闘争・融合を経て、華夏は安定した民族共同体を形成し、中原に統一の大きな趨勢が出現した点である。辺境においては、各民族の発展が比較的早く、北方の遊牧民族のもとでは戦国末年に東胡・匈奴・月氏がそれぞれ一方に拠り、また互いに勝敗を決するという局面が出現した。西南夷は百をもって数えるほど氏族が多く、滇《てん》と夜郎が強大を号していた。百越は分散しており、諸夏と文化上次第に接近して行った。中華民族は、古代の第一次の大融合において、諸夏の統一に歴史的前提を創造したのみならず、また秦漢による統一的多民族国家の形成の開始にも堅実な基礎を定めたのである。

三　秦代以後における「中国」の含意の発展・変遷と確立

秦の始皇帝が中国を統一して清代に至るまで、中国は統一的な多民族国家を形成する古代の発展過程にあった。その期間は三つの主要段階に分けられる。すなわちまず秦・漢・魏・晋・南北朝。それは多民族中国を統一するための形成過程の発端段階と中華民族史上第二次の民族大移動・大融合の時代であった。ついで隋・唐・遼・宋・金・西夏。それは発展の段階であり中華民族史上第三次の大移動・大融合の時代であった。最後に元・明・清は確立の段階で、現在の中国の各民族がひとしく形成された段階でもある。この二一〇〇年以上もの長きにわたる歴史の進行過程において、「中国」とその各民族との全体的関係を示す呼称には、統一的多民族国家の形成と発展にともない重大な変化が発生した。これらの変化を論じ解釈する前に、若干の根本的な認識の問題について次に簡単な説明をしよう。

世界上のいかなる国家も中国のように歴史が長くなく、その文化伝統を断絶させずに維持してもこなかった。また、いかなる国家も、中国のように、統一帝国が分裂してから一時期南北の王朝が対峙したり、諸王・諸汗がそれぞれ独立して〔皇帝と〕対等に振舞った時期を経ながらも、あらためて一層高度な統一へと向うようなことはなかった。このような分裂、再統一の動きを二、三回繰り返してついには分割することのできない統一的多民族国家を確立したのである。こうした中国独特の歴史については、中国の数多くの民族の内在的関係がつねに発展してきたことから分析してはじめて科学的解釈が得られる。筆者はかつて『我国少数民族対祖国歴史的貢献』[27]およびその他の若干の論文のなかで解釈を加える試みを行った。

第一に、中華民族の置かれている地理的環境から、自ずと中国の民族と経済区域が南北の三つの発展区域と東西の二大部分とに分けられる。すなわち秦嶺—淮河を結ぶ線より以南は水田農耕民族と水田農業発展区域である。この線より以北の長城以南（遼東・遼西を含む）は旱地（畑作）農耕民族と旱地農業発展区域である。秦の長城の外は遊牧民族と狩猟民族の発展区域である。これらの三つの自然環境のうえからの区域はまた、自ずから互いに依存・補完しあう関係にあった。よって、世界のどの国家・地域にも類例がない、かつての中国南北を縦貫する大運河のような運河を穿つことが可能であったのである。世界では中国のように古代に農牧区域と農業区域とのそれぞれの区域間の商品交換が行われなかった。こうした互いに依存・補完しあうという内在的関係が、中国の多くの民族がますますしっかりと発展して統一国家になったことの重要な根源の一つなのである。中国の大統一は、実際上、これらの南北の三つの区域の民族の民族間関係の発展の偉大な結果なのである。東西の方向から見ると、天水を中心として北は大興安嶺北端以西、南は雲南の騰沖に至る線で中国は東西の二大地域に区分される。東部は気候が湿潤で農耕に適し、その東南は古代から中国で経済が発達し人口が集中した区域である。西部は、記録で調べることのできる歴史時代からずっと、乾燥し高地で寒い遊牧地区と一部の農業地区であり、面積は全国総面積の半分以上を占めるが、人口は全国総人口の一〇パーセントに満たない。ただ、その西北は東アジア・南アジア・西アジアの三つの最も古い文明が発達した区域があい接する地域で、ずっと中国と西方の交通の重要な地位を占めてきた。とくに唐代以前は、中西交通の主要な要衝だったと言える。このため、中国西部は人口が希少ではあったが、中国文化史上軽視することができない。ここには中国各民族と中西文化が集まり融合形成された貴重な宝物が埋蔵されているのであり、中華民族の多様多彩な文化史上でも、特別重要な地位を占めているのである。

第二に、中国の統一は、数多くの局地的統一がその前提を創造し、はじめて完成することができた点である。秦・楚等戦国の七雄は、それぞれの領域を統一し中国の統一のために条件を準備した。同様に匈奴は中国の北方遊牧区域をはじめて統一した。また吐蕃王朝ははじめてチベット高原を統一した。それらすべてが中国の大統一に不可欠な歴史的前提なのである。中国の分裂期において、辺境では現地の民族が建立した王朝・汗国がみなそれぞれの区域の統一と発展のために重要な貢献をなした。まさしく先述のようにそれぞれの王朝・汗国の境域が発展してはじめて中国の広大な境域が形成された。すなわち各民族の歴史がすべて集まってはじめて、中華民族の独特で、光芒が四方に輝く歴史が創造されたのである。歴史上、先述の王朝・汗国は中央王朝の藩属・敵国あるいは友好国であったが、しかし発展の結果から見ると、それらはすべて中国の歴史という連鎖の欠くべからざる一環であった。現在の中国の歴史と境域は、中国史上の各民族の建てたあらゆる王朝・辺境王朝・汗国を継承し発展させたものなのである。またそれら各民族の政権が共同で中国の境域と歴史を創造したのにほかならない。各民族の政権は自ずと中国の歴史の創造者であり中国の歴史の主人公であるはずなのである。

第三に、中華民族の経済と文化は、古代においてはずっと多元的区域の不均衡な発展の観を呈しており、また繰り返し中原に集まり、一つ、また一つと発展のピークを形成したのである。同時にまた、高度に発達した中原の経済・文化が辺境地域に向って輻射・拡散して、辺境がともに不均衡な発展の道を歩むことを促進した。多くの民族にはそれぞれの発展の歴史があるが、また相互に影響しあい、ますます緊密になって統一的な国家を結成してゆき、世界にあって中華民族の多元一体という偉大な奇観を創造したのである。

第四に、中国における異なる歴史時代の異なる性質の民族問題の限界を明確に区分せねばならない。このことは中国の民族間関係の発展規則を正確に解明するための基本的なキー・ポイントである。すなわちまず、秦漢から清代まで中国の歴史上において民族矛盾・民族戦争・民族圧迫・民族間の対立や隔たりがみられたが、それらは統一的多民族の中国の発展形成の過程における民族問題なのであって、中国の歴史の範囲を越えてはいない。中国の歴史発展の結果から見ると、それらは国内矛盾の性質に属するものである。次に、一八四〇年に列強が中国を侵略して以来百余年間、中国の民族問題は主には中華民族が外国の侵略と分割に反抗し、祖国の統一と領土の完備を保証し、中華民族の解放と独立を求めるものであった。これは中華民族の民族的革命であり、世界の植民地の民族問題のなかの一つの重要な構成部分である。それは別の面では、国内の民族圧迫制度に反対し、国内の各民族の平等を求めるものであった。これは中華民族の民主革命の総任務のうちの一つの重要な構成部分であり、国内の民族問題である。さらに、新中国の建国後、中華民族がすでに民族の独立と解放を実現し、国内の民族圧迫制度は撤廃され、各民族の平等・団結がすでに実現した歴史条件下において、主要なのは各民族が相互に支援し共同で発展し現代化発展を求めるという問題なのである。右の三つの時代における性質の異なる民族問題はたがいに一定の関係をもつが、ただ明確にそれらを区分してはじめて中国の民族関係の発展について科学的な認識を得ることができるのである。

以上に述べたいくつかの未成熟な見方は、筆者の近年来の中国の民族関係史を研究し解明する試みにおけるいささか皮相な体験と概括である。筆者はこうした基本的観点を応用して、「中国」および中国の民族関係の全体を反映する呼称の変化の面を研究するときに、伝統的観念の踏襲という点には注意を払っているし、新しい呼称や、古い呼称が得たところの新しい含意の出現にもいっそうの注意を払っている。固定的な観点から発展変化する新しい呼称・新しい含意を理解しようとしても、中華民族の内在的関係の発展の深い意義を理解することは困難である。

第一節・第二節で述べたように、「中国」という名称の最初の基本的含意の一つは京師〔国都〕を指した。清朝に至るまでずっとこの意味が用いられた。春秋戦国においてさえも、各諸侯は同様にその国都を「中国」と称した。

『国語』「呉語」に、越国〔の大夫種〕が呉王夫差が必ず敗れるであろうことを分析して、「呉の辺鄙で遠方の者は帰郷したばかりで、疲れていて召集してもまだ集まらないでしょう。呉王は我が国と戦わないのを恥じて、会盟を結んだ他国の兵を待たないで中国の軍だけを率いて我が越と戦おうとするでしょう」と述べたことが記されている。この場合の「中国」について、韋昭は「注」において、「中国とは国都である」と指摘している。つまり呉王はその国都〔姑蘇〕の兵力のみで越と戦ったということである。また『孟子』「公孫丑下」に斉の宣王の言として「孟先生のために中国に邸宅を与え弟子養成のため一万鍾の禄を与えてここに住まわせたい」とある。これは斉国の国都の城内に孟子に学問を教授する場所と俸禄とを与えるべく準備せんとしたものである。これにより春秋戦国の諸侯が同様にその王の居城を「中国」と称して辺鄙と対置させていたことが見てとれる。秦漢等の統一王朝が「中国」をもって国都を指し、「中外」として郡国と対置させていたことは事例を挙げて説明するまでもない。東晋十六国の時代に北方の少数民族の首領は王・帝を称したが、「両京」〔長安・洛陽〕に拠り自ら「中国皇帝」になった気分で、東晋をしりぞけて「呉人」「司馬家児」とした。北魏は同様に「中土」〔洛陽〕に都を建て、南朝を指して「南偽」「島夷」とした。これらはみな「京師」をもって「中国」とする含意を従来通り用いたものである。清朝に至って、ある種の場合に「中外」が使用されたが、それも朝廷・中央と地方・辺境とを対置させて称したものである。たとえば康熙六〇年〔一七二一〕、皇帝の宸筆になる碑文において「ここにこの文を記して西蔵に石碑を立てた。これは中外にダライ・ラマ等三代の恭順の誠心を知らしめて諸氏族に代代法教を崇奉するようにとの意である」とある。(28) 宣統二年〔一九一〇〕四月二八日、邢桐らが四川総督趙爾巽に復命した書簡において、「チベットはもともと中朝の土地で、蔵番たちは皆な我らの赤子なのです(29)」と記している。ここで言う「中朝」「中国」「中外」はみな朝廷を「中」とし、地方・辺境を「外」として対置させている。清末に「中外」が明確に中国と外国を指すような状況においてさえも、皇帝から「上諭」があり、大臣が皇帝に奏上するのに、伝統に沿って「中外に宣示する」「中外の臣工」という言い方がされた。この中外は中央・朝廷と地方・辺境を指している。この点について少しでも察しがつかなければ、誤解して中国と外国を指すとしてしまうかも知れない。

地理名称として、統一の時代には、「中国」は朝廷が直接統治するあらゆる地方を包括し、周辺の各民族地域に対しては「裔」とか「四夷」と総称した。分裂の時代には「両京」〔長安と洛陽〕の所在地である中原地域を「中国」と称する伝統を受け継いで、黄河中下流域に都を建てた王朝の統治地域が「中国」という称を得た。

秦の始皇帝の統一により、秦軍の矛先の及ぶところが一律に郡県となった。両漢の時、「およそ県で蛮夷が多いところは道と曰う」とある。「漢は秦の制度を受け継いだ」ので、いくつかの「道」は秦代にすでにあった。概ね民族地区の県が「道」というこの制度下にあったのであり、漢のときに新たに創られたわけではなかった。ただ、漢代には統一多民族国家の制度に対しては確かに重大な発展があった。漢は南北の民族地区に対して、その地の実情に応じて異なる統治政策・制度を制定したのであり、後世に与えた影響が極めて大きかった。漢の武帝は、全国を十三州の刺史の区域に分け、「内属」した各族に対しては属国都尉を設けて「蛮夷の投降した者を主《つかさど》らせた」。後漢に至って民族の雑居状況の進展にともない、属国都尉はもともとの職掌以外にまた「郡のように民を治めた[30]」。およそ先述の郡県や諸侯王の統治区域はみな「中国」と称され、辺境の民族地区は「裔」と称された。揚雄の『方言』に、「裔は夷狄の総称である」と記されている。その郭璞の「注」に、「辺地は裔となす。また四夷の通称となっている[31]」とある。これは郡国の範囲を根幹とし民族地区を辺境とする統一的な地理概念である。ここでは「中国」が後世の称するところの「内地」と共通の意味を持っている。しかし、漢代には辺境の民族地区を包括してすべて「中国」と称する観念もまた生まれた。たとえば王充の『論衡』「宣漢篇」に、漢代には郡国が統一されたのみならず胡・越も臣服し、「昔の戎狄は今は中国の人となっている」と記されている。国家の制度の面において、『礼記』「曲礼〔下〕」に「天下に君たるを天子となす〔と曰う〕」とある。鄭玄の「注」には「天下は四海に及ぶ範囲を謂う。今、漢は蛮夷においては天子と称し王侯においては皇帝と称する」とある。そこには、統一的多民族国家のその発足の時代において、すでに内地と辺境を含む統一的な国家の元首の称号が確定していたこと、それらの含意には区別があるものの〔元首という点では〕統一的でもあったことが反映されている。先秦にはすでに「区夏」「禹域」「『禹貢』九州」という言い方で中国を総称する地理名称が生まれていたが、漢代以後には「十三州」が全中国の通称となった。分裂の時代には往々、「十三州」を回復することが中国統一の目標とされた。清朝に至って康熙帝は瀋陽で祖先を祀る時に清朝が「漢のひらいた境域に国家を築いた」ことを認めた[32]。これは清朝の境域が漢唐以来の中国の伝統的境域を継承したことを指している。別の面では、清朝の乾隆末に至って完全に、中国のあらゆる地方が朝廷の直接派遣する官僚の統治下に置かれた。各地の統治制度には異なる特徴があったが、すべて朝廷の派遣する官員が統治を行った。このことは中国の統一的多民族国家としての完全な確立を示しており、古代発展過程が完成したことでもある。ゆえに列強が中国に侵入する以前に「中国」は地理概念として全中国のあらゆる民族地域を包括した。これは中国の含意の極めて明確な、かつ深い発展なのである。

分裂の時代には、地理概念として、黄河中下流域が「中国」と称された。たとえば、劉備は漢の皇叔と尊称され曹魏は「漢の簒奪者」の罪名を負ったが、それでも魏が「中国」を称し、蜀・呉は辺鄙・偏覇〔辺地の覇者〕とされた。五代十国は、実際には強い藩鎮が割拠した産物であったし、後唐・後晋・後漢の皇帝は沙陀突厥の出身であった。しかし五代は黄河中下流域に政権を立て帝を称し都を建てともに「中国」と称されたが、ほかの十国はそれぞれ一地方に割拠するものとして扱われた。こうした観念は当時や後世の評論を問わず例を挙げる必要もないくらい歴史文献に記事が多出する。

「中国」は当然、国家の名称でもある。明末以前、歴代の中原王朝あるいは南北に対峙した王朝はみなその王朝名を国号としたが、みなまた「中国」を通称とした。辺境の民族地域において現地の民族によって建てられた辺境王朝もまた往々、その国号・王号の上に「中国」の名称を冠した。たとえばカラハン朝〈あるいはその意を訳して黒韓王朝とされる〉は同時に存在した遼・宋との間に一定の政治・経済的関係をもったが、明確な臣属・宗藩関係があったという記録は見出していない。しかし、現在に残された史料には「黒韓の諸ハーンが当時自ら『中国の君』と認めていたのみならず」、「遠くバクダッドにいるカリフが封号を分賜するときに黒韓のハーンが『東方で中国とともにある君』であるとみなしていた」とある。これにより、当時のカラハン王朝が宗教面ではイスラームに帰依したものの、中国の一部としては変わらなかったことが見てとれる。[33]そのハーン国の学者マハム・カシュガーリーは『突厥〔チュルク〕語辞典』を編纂した。彼はその辞典の「桃花石」条の解釈において中国を三つの部分に分けている。すなわち「上秦」は中国東部で宋朝であり、「中秦」は契丹であり、「下秦」は中国西部でカラハン王朝の統治下のカシュガルである。とくに注目に値するのは、「その他のムスリム文献を参照したところ、マハム・カシュガーリーの全中国の概念に関して、実際には当時の中央アジア地域の人々の普遍的な認識が反映されていることが見てとれる」[34]ことである。金末元初の女真人蒲鮮万奴《ほせんまんど》は、東北の牡丹江と綏芬河地域に国を立てた。最初の国号が「大真」であったが、それは「大女真」を国名としたものである。以後、「東夏」と名を変え、「中国東部の王」であることを明確に表明した。

外国人の中国に対する称呼は中―西の交通の歴史と関係がある。その称呼は概ね南北の二大系統に分けられる。唐代以前は主に陸上交通だったので、外部の世界の中国に対する称呼はみな北方と西北の陸上交通と関係があった。中古のサンスクリット文にCina〔シーナ〕という単語があるが、それには古代の仏教経典に支那・至那・脂那という漢訳がある。現在のイラン・アラブ・イギリス・フランス・ドイツ・イタリア等の多種の文字の中国に対する呼称は多くはサンスクリット文のCinaから広がり発展してきた。一般にCinaの称の起源はCin、すなわち「秦」にあるとみなされている。それはただ秦王朝を指すのみならず、西戎に覇をとなえ山東六国に野心を抱いた諸侯国の秦をも指している。Cinaとほとんど同じくらい古いが、古代ギリシア・ローマの著作にSerice〔セリス〕という称がある。意味は「絹の国」である。「中国人」の称はSeresで、漢訳すると「賽里斯《サイリス》」となる。学者のなかには、秦は中国内地に対しての言い方でセレスは中国の新疆地区を指すという解釈をするものもいる。さらにセレスが疏勒〔カシュガル〕の訳名であると明確に指摘する学者もいる。[35] 中世の東ローマの歴史家は中国をTaugas〔タウガス〕と称した。この称の起源は、学者によって考証・説明が異なる。最古の漢訳は『長春真人西遊記』に「桃花石」と訳されており、中国内地と漢人を指す。一般にこの称は古代の突厥人が北魏王朝を拓跋氏と称したのが、のちに発展して中国王朝・内地・漢人を指す称呼となったとみなされている。[36] 蒙古と西北の若干の民族は、契丹〔遼〕が中国北部を統治したことにより、内地と漢人とを「契丹」と称するようになった。それが中央アジアからヨーロッパに伝わって、ある国家では中国を「契丹」と称した。今もロシア語では中国をКитай〔キターイ〕と称するが、その起源はここにあるのであろう。唐代は文明が栄え、それまでの時代をはるかに凌駕したが、それは周囲の各国からアラブに至るまで重大な影響を及ぼした。この時代、南方の海上交通が次第に陸上交通に取って代わって優勢になった。これにより国外ではまた中国を「唐」と、中国人を「唐人」と称した。事の起こりは宋人の記載にあり、今に至るまで伝えられている。

元明以来、唐宋を継承して海上交通が盛んになった。元・明・清の各朝は、隣国や東南アジア・アラブと往来交流するのに「中国」を自ら称した。明末清初の時代に西方の各国はまさに統一的なブルジョア階級の国民国家を形成する過程にあったが、一群のイエズス会の会士たちが西方から中国に到来して中国の士大夫や皇帝と接触した。中国の文献は往々、自ら中国と称し、西方各国を「泰西」「西国」と、あるいはその具体的な国名を称した。これにより、国家をもって「中・外」を区分する観念が次第に萌生して徐々に明確になっていった。西方のイエズス会士が中国に到来して以後、中国の歴史・地理・民族・文化等の諸方面において基礎的な研究を行い、若干の作品を著し西方へ伝えた。彼らは中国を「中華帝国」と称した。たとえば著名なマテオ・リッチ〔利瑪竇、Mathew Ricci〕は万暦二八年〔一六〇二〕一二月二〇日〔陽暦で〕一月二三日〕、明の神宗皇帝に上奏文を奉り、自ら「大西洋の陪臣」と称し、中国に来てから「中国の先聖の学を熟知し」、また西方の暦の算定が「中国の古法と符合」することを発見したことを記している[37]。『利瑪竇中国札記』には「今、私たちは通常この国家を中国〔Ciumquo〕あるいは中華〔Ciumhoa〕と呼んでいる」とある[38]。彼は考証を経て古代西方で称するところの「絹の国」とはまさしく彼が到達した中国であると認定した。またマルコ・ポーロ以来ヨーロッパ人の言うところの東方の大国契丹〔カタイオ、Cataio〕が中国の別名に過ぎないことも明らかにされた。彼は北京に居住する若干のムスリム商人の口から契丹と中国とが同一の国家であることを知りえた。さらに彼のイエズス会の修道士仲間であるベネデット・デ・ゴエス〔Bento [Benedetto] de Goes〕が率いて北京に到達したキャラバンの体験からも、「契丹と中国が同一の国家であることが証明された」[39]。当時の中国の士大夫は中国が「四海」「天下」であるという伝統的観念を墨守していたが、マテオ・リッチが描いた「世界地図」は明朝の士大夫に中国が世界の一部に過ぎないことを知らしめた。『明史』「外国伝七」には、「イタリアは大西洋にあって古より中国とは往来がなかった。万暦の時代にその国人マテオ・リッチが国都に至って『万国全図』を著した。それによると天下には五大洲があり、第一にアジア洲と曰う。およそ百余国あり、中国はその一つである」と記されている。

イエズス会士の東来とほとんど同時に、西方の植民地主義者も中国の辺境に侵入した。彼らが至ったところではみな中国の各族人民の抵抗に遭った。鄭成功が台湾を回復し、清初のロシア帝国の植民者を駆逐したヤクサ戦争〔黒龍江北岸のヤクサ城塞をめぐる攻防戦〕はその好例である。これらの自衛反撃戦争において、中国が一つの明確な境域をもつ主権国家であることが明示された。康熙二八年〔一六八九〕締結された中国とロシアの「ネルチンスク条約」は、中国が外国と辺界を画定したはじめての国際的法律水準をもつ条約である。この条約を締結した中国政府は清朝朝廷であるが、使用された国名は中国であった。中国側の首席代表索額図〔ソンゴトゥ〕の肩書きは「中国大聖皇帝欽差分界大臣・議政大臣・領侍衛内大臣」というものであったが、それはソンゴトゥが中国皇帝の欽差〔勅命により派遣されたもの〕であり、行使したのは中国の主権であることを表わしている。「ネルチンスク条約」の満文本・ラテン文字本はみな中国の欽差が提供した合法的な文本であり、そのことに関する中国・ロシア双方の験証は完全に一致している。その境界画定に関する内容は次のとおりである。

「一　北流して黒龍江に流入するチョルナ、すなわちウルム河付近のゴルビツァ河を境界とする。この河の源流から〔オホーツク〕海に至るまで延びている石山の大興安嶺を境界とする。大興安嶺の嶺南から黒龍江へ流入する河はすべて中国領とする。嶺北の河はみなロシア領とする」（以下、ウディ河の境界を画定しない地域については省略する）。「一　黒龍江に流入するアルグン河を境界とする。南岸は中国領とし北岸はロシア領とする。その南岸のメレルケ河口に現在あるロシアの建造物（草庵）は撤去して北岸のロシア領に移す」。両国の条約締結後は、締結以前に逃亡した者については探して送還するのを免除するという条文規定があった。「一　以前の一切の旧事を問題にしないほか、中国に現にいるロシア人およびロシアに現にいる中国人は互いに探して送還するのを免じ、その地に留まらせる(40)」。

以上の条文は清朝朝廷が中国を国名としていたことを如実に物語っており、清朝が中国に主権をもつ朝廷であることを表わしている。条約中の規定には中国人を探して送還するのを免除することが見えるが、概ねそれらは黒龍江の現地の少数民族居民であり、そのうち名が記録されて考証可能なのはソロン人ゲンタムールである。最初、清朝は同人を引き渡してもらい帰国させるよう決定していたが、条約締結の談判においてこの要求を放棄した。この条約のロシア文本と満文本とではいくつかの字句に違いがあるが、重要な基本的内容は完全に一致している。たとえば条約の規定では中国に属するべき領土を、ロシア文本では「みな大清国に属す」としており、中国朝廷の国号を使用している。ただロシア文本でソンゴトゥの肩書きがやはり「中国大聖皇帝欽差分界大臣」となっている。また、ロシア文本の第四条と満文本では同様に中国の名称を使用し、「両国が本条約を締結する以前に中国に逃亡したロシア人、およびロシアに逃亡した中国人は双方とも探して送還はしない」とあり、黒龍江沿岸の各民族人民が中国人であることを同様に肯定している。ロシア文本の「ネルチンスク条約」の中国の国家名称は中国と解釈する以外にはないのである。

清末に中国は次第に半植民地に陥っていき、帝国主義国家と清朝朝廷は一連の不平等条約を締結した。中国という名称は主権国家の名称として使用された。これらの不平等条約が侵略した地の主権は中国に属していた。

以上に述べたところをまとめると、中国は国家名称として、西方の国家が到来する以前に歴代王朝の通称であった。各王朝は別にその一家一姓の「社稷」「天下」を表わす王朝ごとの国号を有していた。西方の国家が中国に侵入して以後、中国の主権は侵略を受けたが、平等の地位・不平等の地位を問わず西方と交渉をする主権国家の名称として「中国」が中国に主権を有する国家の名称となったのである。このことは中国の国家名称としての含意の面で重要な発展である。

民族と文化の名称としての含意は、魏晋以前は「中国人」は「夏人」等の称と同義であった。東晋十六国から南北朝においてまた「中華」と「漢人」が民族名称の新しい呼称として派生し、中国は各民族の共有する名称となった。元来「中国」と「四夷」は対置して称されたが、この時代にまた「蕃漢」という新しい対置的呼称が派生した。これらの呼称の起源と発展については次節で検討しよう。

四　「漢人」と「蕃漢」の対置の意味とその範囲

「漢人」の族称としての起源と変遷に関して、陳述・賈敬顔の両教授はかつて資料を博捜し、繰り返し詳細な検討をし、同時に研究成果を世に公表した[41]。筆者もまた数年前にこの問題について調べたが、両先生が明らかにした部分は贅言を要しないので、ここでは「漢人」の族称の淵源とこの称の出現の原因について管見を述べていささか補足を加えたい。

両漢時代、匈奴と西域の各族は往々、漢朝の人民を「秦人」と称した。漢朝の人は自ら「中国人」と称した。諸侯王は先秦の「諸夏」あるいは「華夏」「中国諸侯」という旧称を踏襲した。当時、辺境の各民族はまた往々、郡県の民を称して「漢人」としたが、それは漢朝の人を指している。しかし「胡漢」「越漢」「夷漢」と並び称され、はじめて族称としての含意をもった。漢の天下が移り変わり曹氏・司馬氏が相い次いで魏晋を建てると、郡県の民は自ら「中国人」「晋人」と称したが、辺境の各民族は往々これを引き続き「漢人」と称した。朝代が変わったが「漢人」の族称の含意が以前よりもさらに発展した。現有の資料によると、「漢人」は疑いなく民族名称となったが、それは概ね北魏の孝文帝の改革の時期においてである。『南斉書』「王融伝」に、王融が南斉の世祖武帝の時に上奏して「虜〔北魏〕は使者を派遣する際には、漢人を用いず必ず間に匈奴を入れて、怪しいものを偵察したり捕らえたりできるようしています」と言っている。『南斉書』「魏虜伝」に、北魏について「もろもろの役所に倉庫があり、そこにはみな副官を置いていますが、皆、胡語と漢語とに通じ、伝え訳することができます」と言っている。王融は名門の出身で有名な文学者である。南斉武帝末年に北伐しようとして、王融が上書したこの時、まさに魏の孝文帝が漢化改革を推し進めており、洛陽に遷都したときだった。王融と同時期の北魏の地理学者酈《れき》道元《どうげん》はその『水経注』「河水注」において河水〔黄河〕が、「南流して土軍県の西を流れる」の一句について注釈し、「吐京郡の故城は土軍県の故地である。胡語と漢語で地名を訳する際に土軍《トゥージュン》が吐京《トゥージン》に誤り伝えられた」としている。この類の「漢人」と「匈奴」を対置させる言い方、「漢語」と「胡語」「虜語」とを同時に挙げる言い方は、当然、民族の呼称である。南北朝中期、漢人・漢語等の呼称がすでに慣習的に用いられ、王融のような名望のある貴族の出身の高官文筆家でさえ、また「漢人」という族称を避けなかったことが見てとれる。

なぜ「中国人」という呼称から「漢人」という族称が派生し得たのであろうか。この点について筆者は辺境の民族が「中国」の称号を共有することを求めた結果だと考えている。

両漢以来、郡県の内には多くの地方で民族が雑居しており、辺境地域もまた往々、「夷漢が相い交錯して居る」状況だった。内地に移住してきた各族は、経済・文化等の面で現地の漢人との区別が次第に縮小し、各族の指導的人物で士大夫・王公貴人のもとに出入りするものも少数ながら出現した。たとえば匈奴の劉淵は「幼少のころから学問を好み、昼夜を問わず学問に没頭した。上党の名士崔游に師事し、『毛詩』『京氏易』『馬氏尚書』を習い、もっとも『春秋左氏伝』を好んだ。孫・呉の『兵法』もこれをそらんじた。『史記』『漢書』『諸子』はすべて総覧した。かつ同門の朱紀・范隆に対して『私は書伝を見るつどに、漢の随〔何〕と陸〔賈〕が文学に長じて武勇がなく、絳〔侯・周勃〕と灌〔嬰〕は武勇があって文学がないことを見下げています』と言った」。劉淵は魏晋の交替期にあって「文学・武芸はならぶものがないほど巧みで絶妙」という秀でた才能の持ち主だった。司馬炎は帝を称して以後劉淵を謁見して「由余《ゆうよ》・〔金《きん》〕日磾《じってい》といえどもこれ以上加えるものがない」と感嘆した。そして劉淵に軍を率いて呉を討伐させようと考えたが、孔恂等が「我が族類でなければその心も必ずや異なるでしょう」として、武帝による重用を阻止したのである。劉宣も当時著名だった学者孫炎に師事したが、「炎はつねに感嘆して『宣がもし漢の武帝に出会っていたら日磾を越えたであろう』と言った」[42]。他に劉聡・劉曜もすこぶるこれらと似ている。氐・羌・鮮卑・羯等の各族は、匈奴ほど傑出した人物が多く出なかったが、大体現地の漢人の水準に近かった。たとえ辺境にあっても各民族が共同で推戴した首領が出現した。たとえば「孟獲は夷漢がみな服するところと」なった[43]。

晋朝の短期間の統一で、最高の統治集団は酒色におぼれて節度がなく贅沢の限りを尽くし、世間の気風は極度に腐敗し、果ては八王の乱に移り変わった。西北の匈奴・氐・羌と漢人は連合して晋に反抗し、ともに氐の首長斉万年を推戴して帝と称するに至った。この蜂起は晋朝に鎮圧されたが、晋の恵帝永安元年（三〇四）に至って、劉淵が「司馬氏が骨肉の間で相い争い四海が沸き立つ」機会に乗じて王を称し、建国して漢と号した。氐人李雄も成都にてまた王と称し成（成漢）を建国した。幾年もたたず西晋は瓦解し、北方の各族が蜂起して、中原に天下を争う歴史的舞台に登場した。その中、石勒・符堅が北部中国を統一し、「両京」に拠って「中国皇帝」を称した。これに継いで両京に帝となったものは当然「中国皇帝」を自認した。あるものは地方に割拠したが往々全国統一を己が任務とした。北魏に至って、拓跋珪が帝を称してまもなく天興三年（四〇〇）、詔を下して『春秋』の大義は天下統一の美である。呉・楚（南朝を指す）が帝号を僭称している。これを打ち滅ぼすべし[44]」とした。これは東晋が非法にも中国を統一する目標を打ち出したことを指している。

匈奴・鮮卑・羯・氐・羌等の民族はすでに郡県に居住して漢人と雑居し、統治民族となってからは統治者は「中国皇帝」を称した。ともに「中国」の称号を享受すべきなのは当然だが、しかし彼らは制度や文化等の面においてはみな固有の伝統を継承しようとつとめた。別の面において民族の呼称について論ずれば、旧来の慣習によって彼らは「中国人」の範囲に入ることはできなかった。こうした矛盾した状況は、五胡の統治者の頭を悩ませた。彼らは最初は統治民族を「国人」となし、編戸の民を「趙人」とした（石勒）。そして絶えざる変遷を経て次第に明確になり、元来「中国人」と称された人々を「漢人」と称し、彼らの言語が「漢語」と称されるようになった。ここにおいて「中国」の称号は各民族の共有するところとなった。これに対応して、各少数民族は次第に「蕃」と総称されるようになった。各民族の全体の関係を反映した新しい呼称――「蕃漢」が時勢に応じて生まれたのである。

これらの新しい民族の呼称が漢代以来、民族間関係が変遷してきたことの結果であり、また中国の幾多の民族によって形成される統一国家の制度のうえでのさらなる発展の産物でもあることは容易に見出すことができる。十六国の時代に少数民族から「中国皇帝」の玉座に上った人物は、伝統を継承して皇帝と天子を称したのみならず、農耕民族と遊牧民族との「胡漢分割統治」とともに皇帝が直轄統治する制度をも実行した。最初は皇帝がまた天子と称するほかに大単于の称号をも兼ねたが、後には大単于の称号は一般に皇太子が兼ねた。こうした制度は胡漢の二大系統の国家元首の称号が一つの王朝に集中したものである。隋唐が中央集権制度を発展させる面において、上代を受け継いで唐の太宗に至って北方・西北の各民族の推戴を受けて天可汗となった。太宗以後の唐代の各皇帝は皇帝・天子であるのみならず遊牧民族の諸汗のなかの天可汗でもあった。かくして農牧の二大系統の国家元首の称号が一身に集中したことは、統一多民族国家制度の発展を反映しているのである。

唐朝は辺境の民族地区に対しては都護府・都督府を辺境の藩鎮に設立し朝廷の統御を行使したほか、各民族においても「その氏族にもとづいて州県を置いた。大きなものは都督府とし、その首長を都督・刺史とし世襲させた。租税や戸籍は多くの場合戸部に登録されなかったが、政令と教化のおよぶところはすべて辺州の都督・都護が管轄し、そのことは令式に明文化されている」という状況であった。すなわち民族地区においても内地と同様に府・州・県といった地方行政区画を設置したが、異なるところは民族地区の府・州・県を各民族の首長が世襲し、旧俗を変えず旧俗によって統治し、これを「羈《き》縻《び》府州」と称したことである。唐代において全国の各民族地区にこの類の「府州が八百五十六[45]」あった。それらは内地の州県とは法律系統と統治方法とが異なっていたが、唐朝の領土としては同じである。

文化面において隋唐は実際に魏晋南北朝以来の民族大融合をさらに発展させ消化し、かつ常に各民族の新たな優秀な文化を集め吸収した。かくして独特の東方文明を創造し、中華文明をして繁栄・隆盛の一つの新たなピークに到達せしめたのである。ただ隋唐は儀礼の制度面では「漢魏の旧を復古」することを標榜した。「儀礼を正し」

「服色を変えて」自ら「中国」を任じ、郡県の民族を「華」「夏」と称した。統一的多民族国家だったので、朝廷には共同で仕事をする「蕃漢官」がいて、軍隊には「蕃漢」兵・将をあわせもった。地方には交錯して居住する「蕃漢」の民衆がいた。朝廷の内外ともに蕃漢を並べた呼称を廃することはできなかった。辺境の各民族はあまねく、内地を「漢地」とし、自ら「蕃」と称することを忌まなかった。唐朝と対等にふるまった吐蕃王朝さえもその他の民族と同様にこれらの称呼を使用した。そのため「蕃漢」の対置は唐朝ではあまねく使用されたのであり、そのことは詔や上奏文、さらには盟約誓約の文や碑銘にも見える。ここでこの問題をもっともよく物語っている例を挙げよう。

『新唐書』「郭虔瓘伝」に、開元年間、安西副都護郭虔瓘と平和裏に服従させた十姓可汗阿史那献との間で兵を募って軍を拡大させる問題について意見が分かれたことが記されている。その際に「それぞれ朝廷に訴え玄宗は左中郎将王恵斎を派遣して諭し調停させた。玄宗の言に『朕が聞くに、軍が勝つのは人数が多いためではない。西鎮を開いて以来諸軍を置き、それぞれの軍には定数がある。お前たちの統率する軍は蕃漢が[46][9]混じっている。問題はこれをうまく用いることにあるのであって、どうして新たに兵を募る必要があろうか』と」。

『冊封元亀』「外臣部」の「盟誓」条に、開元六年（七一八）一一月、吐蕃のツェンポ・チデツクツェンが唐に修好を請願した文書において、それまでの経過を回顧して「（中宗景龍三年（七〇九）に）漢の宰相等の官で誓約に参加した者は、僕射豆盧欽望・魏元忠、中書令李嶠、侍中紀処訥《とつ》・蕭至忠……等十一人。吐蕃の宰相等もまた盟約に参加して無事締結された。（金城）公主を迎えて吐蕃に入った。互いに平和であった」。また「再度盟約を立てるべきである。舅甥（唐を舅とし吐蕃を甥とする）が自ら署名し宰相が元のように誓約し、相互に信じ、また長く平和を保つように」要求した。さらに再度盟約を立てるために「使者論乞力徐・尚奔時・宋俄等が前後七回、入漢した」。

『冊封元亀』「奉使部」「称旨」条に、開元二一年（七三三）正月、玄宗が李暠《こう》を使者として派遣した。その経緯について「制〔勅命を伝える文書〕を下したがそこに、『……工部尚書李暠は態度がやわらかで優れておりまことに誠実であり王侯貴族の代表であり朝廷の模範である。金城公主は蕃中にあって、漢の朝廷の公卿に対しては必ず自ら応対するだろう。公主は遠方にあって懐かしみ、故地を忘れることはできないだろう。〔李暠を〕入吐蕃使に任命すべし……』と記されていた。〔李暠が唐に〕帰還するに及び金城公主が、今年九月一日に赤嶺に碑を立てて蕃漢の境界を定めるよう上言して願った[47]」とある。

『旧唐書』「吐蕃伝下」に建中四年（七八三）、唐が張鎰《いつ》を派遣して〔吐蕃の宰相〕シャンギュルツェンと清水にて会盟させたことについて、「はじめ盟約したときに〔牲獣として〕漢が牛を用い蕃が馬を用いることにした。張鎰はこれと盟約をすることを恥じ、礼をやめてシャンギュルツェンに言うには『漢は牛がなければ耕作することができず、蕃は馬がなければ行動することができない。牛馬ともに両者にとって重要だから、羊・豚・犬の三物をそれらに代えよう』と。そこでシャンギュルツェンは許諾した」。ここにおいて盟約を結んで「蕃漢の界」を画定した、と記されている。

著名な『甥舅会盟碑』〔現存の長慶三年の唐蕃会盟碑〕の記載によると、「舅甥の両国の主は一つの国家であるかのように親しく協議し、盟約を結び、ながく消滅しないようにした」という。その内容は「蕃漢両国」の境界を重ねて声明したほか、使者を派遣する際の駅伝の供応や人民が安んじて生活を楽しむことができるようにするといった事項をも規定し、「蕃をして蕃中に安楽を享受せしめ、漢もまた漢の国において安楽を享受する」というものであった[48]。

唐と吐蕃との往来の関係において称されているところの「蕃」はもとより国名でもあるが、先に引用した各条では「漢」と対置されており、その他の民族地区を指す用法と同様に民族の通称としても使用されたのである。唐代雲南の辺境王朝の南詔は、大暦元年（七七六）に立てられた「徳化碑」において、天宝年間に雲南郡太守の張虔陀から受けた恥辱と脅迫、後に節度使鮮于仲通が容赦しなかったのでやむをえず唐に背いた苦衷を唐朝に対して陳述している。道光『雲南通志』の記載によると、この碑文は張虔陀の罪状を列挙しているが、その第一項に「吐蕃は漢の積年の仇である。（張虔陀が）陰謀を企て我々を滅ぼそうとした」とある。また、「（鮮于）仲通の大軍がすでに曲静（靖）に到達すると、（南詔は）首領楊子芬と雲南録事参軍姜如之を派遣して書状をもたらし、『先に張虔陀卿が讒言して南詔を陥れ、そのため蕃漢の間に猜疑が生じた……』と辛酸を嘗めたことを述べた。仲通は承服せずただちに江口に至った……ここにおいて牲獣を供犠して壇を作り、頭を地に打ちつけて血を流し『我々は古より今に至るまで漢にとって侵略も叛乱もしない臣でした。今、節度使が友好関係に背いて貪欲に手柄を求め、主君をないがしろにしようと欲しています。このことを天地に告げて明らかにします』と言った」。

北方の契丹等の族が唐を漢と称し、内地の人民を漢人と称したことは史文によく見られ珍しいことではないので、いちいち例を挙げない。唐朝の宰相・将軍には少数民族出身の人物が輩出したが、とくに蕃兵・蕃将の比重が高かった。そのことは賈敬顔の「『漢人』考」（本書所収）で論証されているので、ここでは省略する。

五代は唐を継いで、唐のように「蕃漢官」「蕃漢兵」を有した。宋朝は「蕃兵」「蕃官」の組織・登用・抜擢・降級に一定の法令規定があった。遼金に至っても「蕃漢」官・兵の名称があり、「蕃漢」の礼儀を兼ね備えていたことは周知の通りであり、枚挙に暇がない。西夏は「蕃漢」官兵・「蕃漢礼」を有したのみならず、「蕃漢文」「蕃漢学」があった。宋朝の名臣范仲淹は西夏の（李）元昊への答礼の書に「この世に生を受けた民はみな我が赤子である。どうして番漢の境界があろうか[49]」と説き、宋朝の蕃漢を同様にみなす態度を表した。西夏文字と漢文を対照した辞典『番漢合時掌中珠』の原「序」に、「当代の人々は蕃漢の言語をともに備えている。蕃の言語を学ばねば蕃人と和せないし、漢語を学ばねば漢人の中には入れない。かりに蕃に智者がいて漢人が尊敬せず、漢に賢者がいて蕃人が崇めないとする。こういう事態は言語が通じないから生ずるのである」とある。元朝が天下を統一した後、「漢人」の称があった。「中国」は地域名・国名を問わず中国の辺境を含んでいた。明代に至って再び「華夷の区別」を強調したが、辺境はなおも内地を「漢」と称し、内地の人民を「漢人」と称した。明朝の群臣百官は民族問題を討論するときに「漢人」の称呼を使用し「蕃漢」を対置して称することをやめなかった。

『明経世文編』に徐階の「会議北虜求貢」の上奏文が収録されており、アルタン汗が朝貢を求めてきたが、「使者が入朝せず上奏文も奉じてこない。その文書は漢字なので、〔アルタン汗の〕真偽のほどはわからない。……もし罪を悔いて朝貢を求めるのであれば兵を率いて明の領内から出て、別に番字の上奏文を奉じるべきである[50]」と記されている。また胡宗憲「題為黠虜近辺甘言求貢事」の上奏文に、嘉靖二九年（一五五〇）十一月三〇日、辺境の最前線の屯所で、一人のタタール人が「漢語で叫んで『自分はアルタンが派遣した通訳です。この文書を下し大那顔〔皇帝〕陛下に対して入貢したく求めます』と言った[51]。西南においても類似の用法があった。たとえば楊一清「条処雲南土夷疏」に、雲南は土司の力を借りるべきで「漢兵は威勢をさかんにして根本〔である中国内地〕を固めるに越したことはない[52]」と記されている。

清代に至って、満漢・蒙漢・回漢等の対称については贅言するに及ばない。清代には統一多民族中国の古代発展過程がすでに完成し、「中国」は地域名称・国家名称を問わず中国の辺境民族地区を内に包括しており、そのゆえに「中国人」も中国のあらゆる民族を包括した。清人段玉裁の編纂した『説文解字注』には、彼の注釈に「夏は中国の人である」という一句があり「北方の狄・東方の貉・南方の蛮閩・西方の羌・西南の焦僥・東方の夷とを区別するものである」とある。ここでは先秦以来の古義に拠って、「中国」と「四夷」を対置させて注釈している。これに対して別の清代の学者王紹蘭は、先述の『〔説文解字〕注』は中国の含意の発展を反映していないと指摘している。彼の編纂した『説文段注訂補』においてこの条について正して「案ずるに、国都が首、諸侯が手、四裔が足で、ゆえに中国の人となるのである」と言い、「中国人」が各民族が一体となったものであり中国各民族を内に包括するものであることを説明している。このことは中国という多民族国家が人々の観念と語義の規範化においてともに確立したことを示している。ここに至って「漢人」はそれと少数民族とを区別する呼称となり、「華人」「中国人」が中国人と外国人を区別する呼称になったのである。

伝統の影響はなおも非常に深かった。西方の外国人が中国に到来するようになっても、「天朝の威儀」の観念はなおも中国の皇帝と群臣百官をして外国人を「夷狄」とみなさしめた。そして外国人は中国の辺境の民族と同じ呼称を受けるのに甘んじなかった。ここで「夷」「洋」の区別が生じた。最初にこの区別を提出したのは英国人リンゼイ（Hugh Hamltion〔Hamilton〕Lindasy〔Lindsay〕）である。彼は東インド会社の職員で、漢文に通じ、中国での活動の便のため中国人に類似した名字を名乗り「夏米朝」と称した。一九世紀の二〇〜三〇年代、中国のマカオと広東一帯に往来した。一八三二年春、彼は広州を発って六月に呉淞口に到達し、貿易を許可するよう上申文を送った。蘇松太〔分巡〕道呉其泰が回答し、「調べたところ夷船が上海において貿易をした先例はなく、慣例に沿わずに事情に応じて上報することはできない」として、夏米朝の上申文を送り返した。夏米朝は「夷」が英国に対する陵辱だとみなし、上書して抗議した。「大英は畢竟夷国ではなく、外国だ」と。以後の中外関係の発展において次第に外国人を「洋人」と称し中国の辺境民族の総称の「夷」と区別されるようになった。[53][10] 当然、「洋」と称することも「夷」と称することも民族が自ら尊大ぶることと封建的大民族主義の表現であり、これらは捨て去るべきである。しかし「夷」「洋」が中国と外国を明確に区別することは、近代中国と外国との国際関係が発展して明確になった中外の区別であり、中華には多くの民族がいても外国に対してはともに中国であったことを物語っている。

五　「中華」と「中華民族」の含意の変遷と発展

「中華」という単語は、王樹民先生の研究によると、魏晋に起源をもつ。最初は天文の方面に用いられた。「中国」と「華夏」の二つの名称からそれぞれ一字を取り、組み合わせて成った[54]。古人は「天人相関」を尊び信じ、天文の分野で、地理区域に応じた組み合わせ方をしていた。魏晋の時代に〔天体の現象を記述した〕天文星野〔に関する記事〕にはすでに「中華」の名称があった。おそらく当時地理と人文において、つとにこの観念があったのであろう。

筆者の考えでは、後漢以来、儒学の経書を研究する経学の学問は世襲の家業に変化していった。魏晋になって、貴族大姓が伝統的文化学術を掌握し、さらにその上、「九品中正」を独占した。人物を品評し、自らの官は上品にあり、位は高く勢いは隆盛であり、自ら「衣冠華族〔衣冠をつける貴族の家柄〕」を誇った。彼らは「四夷」を傲慢に見下したのみならず、「濁流」に分類された門地の低い人々をも見下した。魏晋の朝廷はこれらの門地の高い有力な姓を尊んで礼を尽した。少数民族の出身の皇帝でさえも往々高い官位と特別な礼を与えた。たとえば石勒のような「二人の胡人を一つの枷にはめて」奴隷として売られる苦労をした人さえも、王を称してから「禁令を重くして衣冠華族を軽蔑したり軽視することを禁じた[55]」。他の場合も推して知るべしである。「中華」という単語は最初はこれらの「衣冠華族」と対応していたかもしれないが、次第に伝統文化を指したり伝統文化をもつ人民にまで拡大されていった。

地域名称として「中華」と「中国」とは同じである。『晋書』「劉喬伝」の記載によると、晋恵帝の永興二年（三〇五）、東海王越が劉弘に命じて劉喬とともに出兵して范陽王虓・劉輿・劉琨兄弟を攻めようとした。劉弘は書を劉喬にあたえて「私怨を解き兵を解き、ともに王室を推戴しようではないか」と勧めた。喬はこれを容れなかった。弘は恵帝に上奏したが、その奏文において「今、辺陲〔辺境の地〕には蓄えがなく、中華にも機織の音さえ聞こえてこないほどです」という下りがある。「中華」と「辺陲」を対置させているが、これは内地と郡県をそれぞれ指している。

『晋書』「陳頵《きん》伝」によると、陳頵が東晋初に王導に上書して「中華が傾き疲れ、四海が瓦解したのは、まさしく人材を登用するのに失敗したからです」と言っている。『晋書』「桓温伝」によると、桓温が上奏して「強い胡が乱暴の限りを尽くして以来、中華は敗れ覆り、人々は狼狽して拠り所を失い、天子は揚越の地に寓居することになったのです」と言っている。これらはみな「中華」を郡県地区と中原を指す語として用いている。

南北朝に至って裴松之は『三国志』「蜀志」の「諸葛亮伝」の後評に、「もし〔亮が〕中華に出入りしていれば優れた子弟を招き、それらは必ずや曹操の幕下の謀士たち以上の器であったであろう」と言っている。ここで言う「中華」は明らかに中原地区を指している。

ゆえに「中華」は地理的名称としては、大体、郡県地区をも指し、辺陲と対置されていた。それは統一の時代には全国を指し、分裂の時代には中原を指した。しかし古代にあっては、中華は主にはやはり文化と民族の呼称であった。

『資治通鑑』巻一〇〇の記事によると、晋の穆帝升平二年〔三五八〕冬、晋将荀羨は前燕の泰山太守賈堅を攻めた。堅は少ない兵をもって死守しようとしたが、城が陥落して捕虜となった。しかし降伏せずに一死をもって燕に報いた。このとき「羨は堅に言った。『君は祖先は晋の臣だったのになぜ本道に背いて晋に降伏しないのか』と。堅が答えて言うには『晋は自ら中華を棄てたのであって、私が叛いたのではありません。民は主人がすでにいなくなったので、強いものに命を託したのです。すでに他人に仕えているからにはどうして節を曲げられましょうか』と」。ここで賈堅が「晋は自ら中華を棄てた」と非難したその中華には地理的含意があるが、さらに多いのは中原の「衣冠」〔貴族〕そのものを指す場合である。

『資治通鑑』巻一〇四の記事によると、晋の孝武帝の太元二年〔三八二〕に符堅が我意を張って晋を攻めた。このときひとり宗室の重臣符融のみが諫言したが止められなかった。最後に符融が言うには「我が国家はもとは戎狄です。正朔を与えられたわけではありません。江東〔東晋〕は微弱でわずかに命脈を保っているのみですが、しかし中華の正統であります。天は東晋をきっと滅ぼしません」と。ここでは中華は自然と民族の呼称になっている。

『資治通鑑』巻一一五の記事によると、晋の安帝の義熙五年〔四〇九〕、南燕の主慕容超は、東晋の劉裕が北伐軍を率いて攻めてきたとき、あえて〔要衝の地に拠って〕戦わず、また〔都の広固城からの〕撤退をも肯んじなかった。南燕の桂林王慕容鎮は「韓淖《しゃく》に対して『……今年中に国が滅び、私は必ず国のために死ぬでしょう。あなたは中華の士でしたが、また文身〔入れ墨〕の人々の仲間になるでしょう』と言った」。中原の漢人であってはじめて「中華」なのであって、東晋はかえって呉越の「断髪文身」の族と称された。この場合、伝統文化を指して文身と言ったのである。

『宋書』「張暢《ちょう》伝」によると、北魏の太武帝が宋の彭城を包囲したときに、張暢が命令を受けて北魏の軍営に至った。北魏の尚書李孝伯は、彭城の守将で劉宋の宗室諸王である劉義恭らに対して太武帝の話を『詔』と称した。張暢はこれに反駁して「君のこの言い方は、中華においては聞いたことがない。ましてや劉義恭様は貴い諸王ですぞ」と言った。ここではまた「中華」をもって南朝の「衣冠」を称しており、さらに伝統文化とその文化をもつ人民をも指している。

『資治通鑑』巻一二四の記事によると、劉宋の文帝の元嘉二三年〔四四六〕秋に杜坦を青州刺史に任命した。この前にさかのぼって、宋文帝が杜坦に対して今は金日磾のような人物がいないのを嘆いたところ、「坦が言うには『日磾がもし今の時代に生きていても馬飼いの仕事に忙しくどうして認められましょうか』と。文帝は顔色を変えて『卿はどうして朝廷の人材の貧弱さを考えるのか』と言った。坦が言うには『臣はもともと中華の貴族です。晋が乱のなかで滅びてから涼の地に移りましたが、世業を継いでおり昔の地位を失ったわけではありません。しかし江南の地に渡って間も無く秩序が荒廃し君主の命令がさえぎられるようになりました。日磾は胡人で、牛馬を飼う下僕から身を起こして宮中に仕え名臣賢臣の列にならぶことになりました。しかし身分の低い者ゆえ、聖朝がこのような人材を抜擢しようとしても、日磾のようには参りますまい』と」。杜坦は西晋の名将で著名な学者であった杜預の後裔であり、自ら「中華の貴族」であることを誇り、胡人の日磾と比較している。中華はここでは族称と文化の呼称であると言うべきである。

別の面で北魏は鮮卑が「黄帝の少子昌意の後裔」であることを強調し、また中土に居り伝統文化を発揚して中華の正統を自認した。北魏の太武帝拓跋燾は『仏を排斥する詔』において仏が「胡神」であり仏法が九州に固有のものではないことを唱え、それゆえ非法であると宣布し禁止した。孝文帝が漢化政策を推進するに至って、北魏が中華の正統の文化的特徴をもっていることを顕示した。『魏書』「韓顕宗伝」に、韓顕宗が孝文帝に上奏して言うには「南偽が前代のように淮北の地を勝手に領有し、中華の正統を自分のものにしようとしています」と。北魏は伝統文化の継承者で、かつ法的根拠の上でも洛陽に首都を置き、「土中」(中土)に居り「中華」であり、かえって南朝を「南偽」として退けたのである。

注意すべきなのは、南朝が北魏の文化上の発展に対してすこぶる肯定的であったことである。蕭梁の名将陳慶之は北魏末に、以前に梁に降伏した魏の北海王顥につきそって北魏に戻り、これを立てて帝とし一旦は洛陽に攻め入った。『洛陽伽藍記』巻二によると、陳慶之はその企てが失敗してから梁朝に逃げ帰ったが、すこぶる北方の文物の盛んなさまを尊び羨んだ。そして「北海王が誅殺された後、慶之は蕭衍のところ〔梁〕に帰参し、衍は慶之を司州刺史に任じた。慶之は北人を重んじ、その尊重の仕方が格別であったので、朱異がいぶかしく思ってわけを尋ねた。慶之が答えて言うには『晋宋以来、洛陽は荒れ地と呼ばれ、こちらでは長江以北はみな夷狄だと言っています。しかし自分は先に洛陽に至って衣冠の士族がすべて中原に集まっていることをはじめて知りました。その堂々たる威儀、雲のように居ならぶ人物は、目と耳で識ることはできても口では伝えることはできません。〔詩経に〕言うところの「帝京は厳然として整っており、四方の模範」です。たとえば泰山に登った者は小さな丘を見下し、江海を航海した者は湘水や沅水を小さなものと見なすようなものです。どうして北方の人間を重んぜずにおれましょう』と。慶之はこのため自分や供回りの服装はことごとく北魏の法式にのっとったので、江南の官人や庶民は競ってまねをし、ために裾の大きな衣に幅広の帯は秣稜〔梁都金陵〕にまで普及した」。

『資治通鑑』巻一九八の記事によると、貞観二一年〔六四七〕、唐の太宗はその成功の要領を「五事」に総括したが、その一つに「古からみな中華を貴び夷狄を卑しんできた。朕のみは中華も夷狄も一つであるよう愛したので、各種族がみな朕を父母のように慕った」とある。確かにこの言のように、太宗の開明な民族政策は唐代中国が繁栄した基本的原因の一つである。

杜佑『通典』「辺防典序」によると、「はるかに古の中華を思うに、多くは今の夷狄に似て樹上や洞穴を住居としていた」とある。

要するに、「中華」という名称は人事・文化・民族に用いられ、最初は「衣冠の整った貴族」から生じて拡大してゆき、「礼楽冠帯」という中原の伝統文化と伝統文化をもった人を指すようになった。北魏・鮮卑は、「中華」を自認したのみならず、甚だしい場合には南朝の官人・庶民から慕われた。北朝末に称されたところの「中華の朝士」は鮮卑や烏桓・匈奴等の族の出身の若干の人物さえも包括したのである。彼らはすべて中原に長く居住し伝統文化あるいは専門の学術を掌握した士大夫であり、もっぱら民族名称で言うならば「漢人」を指している。

「中華」は法律にも用いられた。最も早期の例は『唐律疏議』である。その巻三「名例」に「婦女の流刑になったものは留住〔流刑を杖刑（鞭打ち刑）と懲役刑との併科に置き換える法〕とする」とある。この箇所の長孫無忌等の「疏議」によると「婦人の法には慣例として単独で流刑とすることがない。流刑を犯しても流刑にせず、留住、杖刑、居作〔懲役刑の一種〕に処することになっている。しかし『造畜蠱《こ》毒[11]』犯については別格で、内地に留まることは許さず辺境に流してその根本を絶つことになっている。ゆえに婦人といっても放逐刑がある。たとえ中華に嫁入りした婦人でも『造畜蠱毒』が発覚すれば流刑に処し、配流の法に沿うこととする。三等級の流刑に加えて懲役刑一年とする。たとえ恩赦に逢っても原則として免ぜられない」。つまり、婦女は犯罪を犯して流罪になるべきものも一般に流刑にならず、元の地にとどまって杖刑に処して懲役に従事する。ただし、「造畜蠱毒」をしたものは妖術をもって他人を害したかどで流刑にせねばならない。たとえ中原内地に嫁いでいても辺境に放逐されねばならない。もし大赦の恩恵に逢っても赦免されない。巻六「名例」にはさらに一条の規定がある。「化外の人が同類同士で犯罪を犯したらそれぞれの慣習法により罰せられる。異類の間なら朝廷の法律を適用する」と。このことは州県の管轄下にない「諸蕃」がその同族人との間で犯罪を犯せば彼らの固有の慣習法によって処罰され、異なる民族の間、あるいは異なる蕃国の間の犯罪ならば「唐律」によって処罰するということである。巻八「禁衛」には、「疏議」の辺境の禁令に対する解釈として、まず「周縁部の関所や要塞が華夷を隔てている」ので勝手に関所・要塞の内外を出入りして国境を越えてはならないこと、ついで「また別格によると『諸蕃が漢婦を娶って妻とした場合、その夫婦は蕃内には帰ることができない』とある」と記されている。ここで言う「華」と「漢」とは同義であり、漢人を指している。『唐律』とその「疏議」は、唐代においてひとしく同等の法律的地位をもったが、「中華」は州県の管轄地域を指すとともに中原文化と漢人をも指した。このことは、統一的多民族国家において、異なる民族を異なる法律によって統治したことを示している。南宋の此山貫治子〔范遂良〕の『唐律釈文』は『宋刑統』とともに『唐律疏議』の解釈を助けるものであるが、同書は『唐律疏議』三「名例」の「中華」の意味に関して次のように指摘している。すなわち「中華なるものは中国である。聖王の教えを身に付け、自ら中国に属し、きちんとした衣冠や尊厳ある威儀で、習俗において親や兄によくつかえ、礼儀にそって振舞うものを中華という。夷狄の習俗のざんばら髪で左前に着物を着て体に入れ墨をするのと同じではない」と。ここでは「中華」は郡県の民と中原文化と漢人とを指している。

唐代のこのような異なる民族を異なる法律によって統治するという精神は、遼代に至って二元的な法律体制を形成した。それは契丹の固有の慣習法をもって契丹を代表とする遊牧民族を統治するのと、平行して『唐律』をもって漢人を代表とする農業民族を統治する体制である。(56) 遼代中・末期に至って、多く宋代の制度と法律を模倣するようになり、契丹人等の遊牧民族も次第に漢人と同じ法律で統治するようになった。洪皓『松漠紀聞』には、遼の道宗が他人が『論語』の講義をするのを聞いたという故事が記されている。すなわち「大遼の道宗朝に、漢人が『論語』を講義し『北極星が一定の場所に動かないでいても衆星がこれを中心として回転する』という段に至ったとき、道宗は『私は北極星の真下が中国だと聞いたことがあるが、今いるのは本当にその地なのか』と言った。また『夷狄に君長がいる』という段に至ったとき講義をする者をにらみつけて語らせず、『上世の獯鬻《くんいく》・猃狁《いんけん》は意のほしいままに行動し礼法がなかった。ゆえにこれを夷といったのだ。私は雅やかな文物を集めて中華となんら異なるところがない。どうして中華たることを嫌おうか』と言った。そして論語の講義を続けさせた」(57)。これは道宗が、遼朝もまた伝統的な中原文化を備えており、古代の北方遊牧民族とは異なり、「中国」「中華」の称号をもつことを恥じないと考えていたことを示している。遼代の二元的法律制度は中原の伝統の「礼楽」文化を正統とした。耶律楚材は『懐古一百韵寄張敏之』詩において、「遼朝は漢の制度にのっとり、漢の教えの儒教は孔子の教えをもととする」(58) と讃えている。このような農牧の二大系統の文化と制度が相い融合し結合し、中国の統一多民族国家の多元一体的な発展において、上は唐朝を受け継ぎ、下は金・元・清朝につながるものとして、遼の影響は深大なものがあった。しかし過去の歴史学界において遼代の制度に対する研究は多くは等閑視されている。

「中華」は政治行動にも用いられた。古代において概してその効力が最も顕著であったのは明の太祖朱元璋であろう。朱元璋が呉の元年（一三六七）一〇月、徐達らに命じて北伐させた後、中原の人民に発布・告諭した檄文において、「胡虜を駆逐して中華を恢復しよう」というスローガンを提示した。そこにはまた「我に従う者は永く中華に安居するのであり、我に背く者は塞外に逃げ隠れるのだ」[59]と記されている。「中華」は「胡虜」に対して自然に族称となっており、また「塞外」とも対置させて中原地区を指して使用している。洪武二年（一三六八）二月、また「詔を発して衣冠を元に戻して唐制のようにする」としたが[60]、これは当然、文化と礼俗に属する。しかし、一般の著作は右の檄文中に示された内容のみを引用しており、朱元璋がさらに次のように言ったことを見落としている。すなわち「宋が帝位を継いでから中国の勢力は傾き移った。元は北狄なのに中国を統治し、四海内外はみな臣服した。このことは人力ではなくして実は天が授けたものである」と。元が中国を統治したことが「天命」に符合したこと、したがってそれが合法であることを認めたのである。このほか、朱元璋は蒙古人・色目人が「華夏族類」ではないものの「よく礼儀を知り臣民となることを願う者は中夏の人とともに慈しみ育てる」ことを特に強調した。徐達が汴梁（開封）を攻め陥した後、朱元璋も直ちに到達した。朱元璋が南方に帰るときに徐達らが陳橋まで送っていった。そのとき朱元璋が諸将に諭して言うには「昔、元は砂漠に勃興した。その祖先は徳があったので、天命によって進軍して中国の主となった。それ以来百年になろうとしている。今その子孫は徳を失い荒廃し、人民の艱難を救済しなかったので、天は厭うてこれを棄てたのだ。君の側に罪があるのであって、どうして民に罪があろうか」と。そこで諸将に命じて、至るところで「（軍糧などは）公正な価格で買い入れ搾取しないようすれば人民の生活は安定するだろう。元の一族はこれを鄭重に待遇する」[61]ようにさせた。甚だしい場合には、元の大都がすでに陥落し順帝が北へ逃げた後、明太祖は各項目の措置を宣布した詔書において、最初の一条に「元主父子は遠く沙漠へ遁走した。……もしよく天命を知って恩に報いて降伏して来れば、特別な礼をもって賓客として待遇する」ことを示した。そして「北方の人民や蒙古人・色目人は、先年軍事行動のため連年軍糧を供給し、久しく悪い政治に困窮したので、明に帰附した後はそれぞれの生活を安んじ、耕作に精を出し、牛羊など繁殖した家畜を自由に放牧させよ。官は民の生活を救済せよ」と示した。[62] このことは、朱元璋は元朝を滅ぼしたが、彼が歴代の王朝の交替と同様に、すべて「天命」の帰趨の表現と見ていたことを物語っている。彼は「胡虜を駆逐して中華を恢復しよう」というスローガンで当時元朝による圧迫に苦しんでいた各民族を動員した。とくに「漢人」と「南人」（旧南宋領の漢人の称）がそれであるが、しかし民族としての怨恨を際立たせるようなことはしなかった。むしろ、蒙古人・色目人および元朝の宗室や順帝父子に対して寛容な政策をとった。この一面は、朱元璋の政治的深謀遠慮を物語っているし、また中国のもつ、多民族が共に居住するという悠久の歴史的伝統がもたらしたことを示している。

「中華」が再び政治的スローガンになるのは、清末の孫中山先生が代表的存在である。彼が同盟会の綱領の「民族主義」において、「韃虜を駆除し中華を恢復する」というスローガンを借用している。ただし、二〇世紀における中国の主要矛盾は中華民族と帝国主義との矛盾であった。当時の国内の主要任務は帝政を倒し共和制を創建することであった。孫中山先生は革命の実践のなかで、中国の各民族が一体となって専制帝政を倒し中華共和国を創立するために奮闘せねばならないということを認識した。同盟会を結成するとき、ある人が「対満同盟会」の名称を主張したが、孫先生は「それは必要ない。満洲が腐敗したのが我輩の革命を起こす所以である。たとえ満人でも我と心情を同じくするものならその入党を許すべきである」とした。[63] 彼はまた、「革命の主旨は専ら排満にあるのではなく、専制を排除し共和国を創造するとともに衝突しないことにある」ことを指摘した。[64] 孫先生のこれらの主張は単純に反満排満を目標とし「種族革命」を標榜する一派とは明確に異なっており、それゆえに各族人民の支持を得たのである。この点についてレーニンさえも「中国の民主主義とナロードニキ主義」という一文において、「孫中山の綱領の一行ごとに戦闘的な真正の民主主義がにじみ出ている。それは十分に『種族』革命の足らざるを認識したものである」と絶賛している。[65]

「民族」という単語は、古代の漢語にはなく、かわりに「人」「種人」「族類」「部落（氏族）」「種落」という単語で表示されていた。「民族」を用いて安定した民族共同体を表示するのは、一九世紀と二〇世紀との交において日本語から取り入れたものである。当時の用法はきわめて混乱しており、多くの場合、形質的特徴のちがいを意味する「種族」という単語と混同して用いられた。現在に至るまでそれぞれがこの単語を使用するとき含意はみな同じというわけではないが、一般には古から今に至るまで各種の異なる社会発展のレベルにおいて見られた、比較的安定した、族称をもつ民族共同体を指している。[66] 民族という単語が導入されて以後、間も無くして組み合わされて「中華民族」という単語が出現した。それは最初は一般に中国の主体民族である漢族を指した。

辛亥革命前後、著名な革命家であり学者であった章太炎は『中華民国解』において、「中国というのは中外をもって地域の遠近を分ける言葉で、中華というのは華夷をもって文化の高下を区別する言葉である」と解釈している。[67] このような解釈は古代の伝統的観念の型を脱していない。一九二二年になって梁啓超は「歴史上中国民族之研究」を著した。そのなかで「中華民族」は通常は漢族を指すことを指摘し、同時に「中華民族」が中国の各民族が同じ一体の存在だと認める特徴を包括していることをも指摘した。梁は「およそ他民族に遇ったときにすぐに『我が中国人』という観念が脳裏に浮かんできたら、そういう人こそが中華民族の一員なのである」と言っている。[68][12]

客観的に見て、中国には古代においてすでに二〇〇〇余年にもわたって統一的多民族国家を形成してきた歴史があるが、その内在的関係は絶えず発展し一体性は絶えず強化されてきたのである。ただ当時は本当の意味で各民族の共同の利益の脅威となるに足る外部世界の力がなく、中華の各民族はこのような内在的関係と一体性を自覚することはまだできなかった。帝国主義の陰謀が中国の辺境を分割するときになって、中華民族の利益の全体の不可分性は、帝国主義の侵略というこの外部世界の脅威を目のあたりにしたときに、次第に中華民族によって自覚的に明確に考えられるようになったのである。

当然、このような内在的関係が自覚され認識される程度は、中国の近代における民族の民主革命にともなって次第により深く明確になっていった。清朝晩年にあって、英国帝国主義が中国の西南辺境を蚕食しようと企図した際に、雲南の各族の人民は国境を守る運動に立ち上がり、明清両代がその地で統治権を行使していた事実をもって英国帝国主義侵略者に対して抗争し、祖国の西南の辺境を守ったのである。フランス帝国主義武装勢力がベトナムと境を接する中国境内に侵入してきた際には、現地の苗《ミャオ》族の愛国者項従周が苗族や現地の各族人民を率いて奮って反撃に立ち上がった。この闘争は前後三〇余年も続き、ついにはフランス帝国主義侵略者の我が国の辺境を侵食しようとする陰謀を挫折させた。チベットは一九〇四年に英国帝国主義侵略者に対して抗戦したが、それはチベット族人民の中華民族の主権を擁護するために共同の敵に立ち向かい犠牲を恐れない愛国主義精神を十分に体現した。同様の例はほかにも数限りがないのでここでは省略する。特に指摘すべきは、辛亥革命以後、帝政ロシアが当時の外蒙古のジェブツンダム〔・ホトクト〕等に「独立」を宣布するよう策動したことである。一九一二年一〇月と一九一三年一〇月にザリム盟十旗の王公が長春において二度、東蒙古王公会議を開催し、五族共和を賛助し中華民国を擁護し外蒙古の「独立」に反対することを討議した[69]。一九一三年初、帰綏〔今のフフホト〕においてまた西蒙古王公会議を開催した。内蒙古西部の二十二部三十四旗の王公が一致して「東蒙と連合してクーロン〔ウランバートル〕に反対する」ことを決議し電報を打って次の声明を発表した。「数百年来、漢蒙はながらく一家となってきた」のであり、「我が蒙古は同じく中華民族に連なるものである。そのゆえ一体となって力を尽くし中華民国を維持すべきである」と。[70] 筆者の浅い管見の限りでは、これは政治文書においてはじめて少数民族の代表人物が共同で中国少数民族がともに中華民族に属する一部分であることを決議宣告したものである。

中国各民族が反帝反封建闘争において次第に自覚的に全体を結成するにつれて、中華民族が実際上中国各民族の内在的関係を包括することがますます明示されてきた。孫中山先生は辛亥革命以後において中華民国を創建し「五族共和」を実行し、二度と昔日の中国封建王朝のような一家一姓の「天下社稷」の朝代国号を用いず、中国の主権が中国各民族にあることを表明した。彼は一九一二年元旦に大総統に就任し「中華民国臨時大総統宣言書」を発布して明確に指摘した。すなわち「国家の本は人民にある。漢・満・蒙・回・蔵の諸地方を合わせて一国とし、漢・満・蒙・回・蔵諸族を合わせて一つとする——これが民族の統一というものである」と。[71] 一九二四年一月二三日、孫先生は国民党第一次代表大会に提出して討議する予定の「中国国民党第一次全国代表大会宣言」においてあらためて「民族主義」を解釈し、「二つの方面の意義がある。一つは中国の民族が自ら解放を求めること、二つ目は境内の各民族が一律平等たるべきこと」と言っている。この文書にはさらに「少数民族」の概念が提起されている。[72] この後の革命実践において、中国共産党はマルクス・レーニン主義と中国の革命実践とをあい結合させ、中国の民族問題を正確に解決する道を探し出し、中国の近代社会の主要矛盾が帝国主義と中華民族との矛盾であり、広範に各族人民を団結させて帝国主義の侵略に反抗する必要があり、「対外的には中華民族の徹底した解放を求め、対内的には中国各民族間の平等を求める」[73] ことを表明した。このように中華各民族の根本利益の一致性と不可分性が明示され、合わせて中華民族の大連合の必要性が理論と革命綱領という高いレベルにまで昇華した。よって、中国共産党は中華民族の大連合の指導者・核心的勢力になったのである。それは中華民族をして自覚的な連合の基礎の上に共同で帝国主義を打ち破らしめ、中華民族の独立解放を実現し、中華民族の偉大な社会主義国家、中華人民共和国を建設せしめたのである。新中国の建設後、歴史的に残されてきた民族圧迫制度を徹底的に廃除し、民族区域自治を実行し、完璧に中華民族の多元一体構造を体現し、新中国をして五六の民族の平等・団結・互助友愛・互助支援・共同発展の民族大家庭ならしめたのである。

以上に述べたところを総括すると、中華民族の全ての含意は次のように帰納することができる。すなわち、中華民族は、中国の古今の各民族の総称であり、多くの民族が統一国家を形成していく長期的な歴史の発展において次第に形成されてきた民族の集合体である。多くの民族にはそれぞれに発展した歴史と文化があり、そのことは中華民族の多元性である。長期間、統一国家のなかに共住しその統一と不可分な関係を発展させ、最終的には自覚的に連合して不可分の全体となった。これが中華民族の一体性である。ゆえに、中華民族の多元性と一体性の弁証法的統一は、すでに二千年もの発展過程があるのである。ただ近代の反帝反封建闘争において、このような非常に深い内在的関係がはじめて認識され、上昇して中華民族の自覚的な意識と民族としての覚悟となった。自分の生命を大切にするように、祖国の統一と中華民族の大団結を大切にすることは、すでに中国各族人民の愛国主義の集中的な表現となっている。このような偉大な愛国主義の精神が、過去に中華民族を鼓舞して帝国主義の侵略を打ち破ったのであり、最も困難な歴史条件の下、祖国の統一と領土の保全を防衛したのである。今後、同様に中華民族を鼓舞して、社会主義の現代化の実現のために奮闘するなかで、中華民族の威風をあらためて振興し各民族の共同の発展を実現していこうではないか。（一九八八年一二月）

原注

（1）「釈中国」、（中華書局編輯部編）『中華学術論文集』（中華書局成立七〇周年紀念）、一九八一年、北京：中華書局。

（2）『慶祝蔡元培先生六十五歳論文集』（国立中央研究院歴史語言研究所集刊外編第一種）（下）、一九三五年、北平。

（3）胡厚宣「従甲骨文看商族鳥図騰的遺迹」『歴史研究』第一輯、一九六四年、中華書局。「甲骨文所見商族鳥図騰的新証拠」『文物』一九七七年第二期。

(4) 前者は『歴史研究』一九八五年第三期に、後者は『民族研究』一九八七年第二期に収録されている。
(5) 譚介〔戒〕甫〔遺著〕「先周族与周族的遷徙及其社会発展」『文史』第六輯、〔一九七九年〕。
(6) 『史記』「宋微子世家」。
(7) 『尚書』「微子之命」に、成王が微子に命じて、「そなたを上公の位につけ、東夏の地を治めさせる」と仰せられたとある。
(8) 『論語』「為政」。
(9) 前掲の于省吾「釈中国」を参照。
(10) 『尚書』「康誥」に、「〔天は文王に命じて〕戎殷を殪《たお》した」とある。偽古文『尚書』「武成」に、「一戎衣」とあるが、「衣」と「殷」とは通じ、また「夷」とも通じる。周人が商を蔑称して「戎夷」としたのである。
(11) 顧頡剛・王樹民「『夏』和『中国』――祖国古代的称号」『中国歴史地理論叢』第一輯、一九八一年、陝西人民出版社。
(12) 『史記』「秦本紀」。
(13) 『史記』「楚世家」。
(14) 『論語』「憲問」。
(15) 「戦国制度考」『中国史探研』、一九八一年、中華書局、一一五頁。
(16) 『春秋公羊伝』「定公四年」。
(17・18) 『史記』「天官書」「太史公曰」。
(19) 『中国歴史地理論叢』第一輯、一三頁を参照。
(20) 『禹貢』は戦国に成立した地理学の著作である。夏禹に名を託しているが、実は戦国時代の人の全国の統一と地理区分に関する観念が反映されている。この点は学界では定説になっている。
(21) 清人崔述は「戎狄与蛮夷之不同」で論じている。その論文は『崔東壁遺書』、一九八三年、上海古籍出版社、に収録されている。現代の学者童書業の著した「夷蛮戎狄与東南西北」では五方の構造の形成が非常に詳しく論じられている。この論文は『中国古代地理考証論文集』、一九六二年、中華書局。
(22) 『春秋公羊伝』「魯成公十五年」。
(23) 『論語』「八佾」。
(24) 『論語』「子罕」。
(25) 『論語』「季氏」。
(26) 『論語』「顔淵」。

(27) 一九八三年、書目文献出版社。
(28) 『西蔵地方是中国不可分割的一部分』(史料選輯)、一九八六年、西蔵人民出版社、一八八頁。
(29) 注28書、三〇八頁。
(30) 『後漢書』「百官志五」。
(31) 『方言箋疏』巻十二。
(32) 『康熙御制文』一集、巻三六。
(33) 張広達「関於馬合木・喀什噶里的『突厥語詞匯』与見於此書的図形地図」『中央民族学院学報』一九七八年第二期、四二頁。
(34) 注33論文、四一頁。
(35) 張星烺「支那名号考」『中西交通史料匯編』第一冊、中華書局一九七七年重版、銭伯泉「seres 考」『西域史論叢』第一輯、一九八五年、新疆人民出版社、およびその他の関係する訳文・論文を参照。
(36) 『馮家昇論著輯粋』、一九七八年、中華書局、三七七―三八四頁。白鳥庫吉(方壮猷訳)『東胡民族考』上編、一九三四年、商務書局、一三〇―一三二頁。
(37) 『増訂徐文定公集』巻首下附「利子奏疏」。
(38) 何高済・李申訳『利馬竇中国札記』、一九八三年、中華書局、六頁。
(39) 注38書、五四九―五五八頁。
(40) この条約文の満文本漢訳は西清『黒龍江外記』巻一。
(41) 陳述「漢児・漢子説」『社会科学戦線』一九八六年第一期。賈敬顔「『漢人』考」『本書』。
(42) 〔劉淵・劉宣の逸話に関しては〕ともに『晋書』「載記」本伝および『十六国春秋輯補』「前趙録」。由余は春秋時代の西戎の人で、秦穆公を輔佐して西戎に覇たらしめた。日磾は、漢武帝のとき深い信任を得た金日磾のことで、霍光とともに武帝が幼帝を託した大臣。
(43) 『三国志』「蜀志」「諸葛亮伝」の裴〔松之〕「注」に引く「漢晋春秋」。
(44) 『魏書』「太祖記」。
(45) ともに『新唐書』「地理志七下」を参照。
(46) 引用文献中の傍点は筆者が附した。
(47) 『西蔵地方是中国不可分割的一部分』(史料選輯)、一六頁。この条の史料の下に注があり『吐蕃文献選集』からの引用として、「鶏の年(癸酉、七三三年)、ツェンポは那準官に駐留したが、漢使李尚書(暠)および蛮〔南詔〕使〔皮〕邏〔羅〕閣等が吐蕃に来て朝貢した」とある。
(48)『西蔵地方是中国不可分割的一部分』(史料選輯)、二一一―二二頁。
(49)『范文正公集』「答元昊」。
(50)『明経世文編』二五六二頁。
(51)注50に同じ。二八〇八頁。
(52)注50に同じ。一一四〇頁。
(53)陳旭麓「辨『夷』『洋』」『光明日報』一九八二年一二月一五日、史学版、を参照。
(54)「中華名号溯源」『中国歴史地理論叢』第二輯。
(55)『晋書』「載記」本伝および『十六国春秋輯補』「後趙録」。
(56)『遼史』「刑法志上」。
(57)『長白叢書』本、二二頁。
(58)『湛然居士集』巻一二。
(59)『明太祖実録』巻二六、呉元年十月丙子条。
(60)『明太祖実録』巻三〇、洪武元年二月壬子条〔原文は「洪武二年」とするが誤り〕。
(61)『明太祖実録』巻三一、洪武元年七月辛卯条。
(62)『明太祖実録』巻三五、洪武元年九月戊寅条。
(63)田桐「同盟会成立記」『太平雑誌』第一巻第一期。
(64)馮自由『中華民国前革命史』中巻、二頁。
(65)『列寧選集』四巻本、第二巻、四二四頁。
(66)『中国大百科全書・民族巻』「民族」条の解説文。
(67)『章太炎文録初編』「別録」巻一。
(68)『飲氷室専集』之四一、および『梁任公近著』第一輯、商務印書館、一九二三年。
(69)『東方雑誌』第九巻第六号、一九一二年一二月。
(70)西盟王公会議招待所編『西盟会議始末記』四一―四五頁。
(71)『孫中山選集』、一九八一年一〇月版、人民出版社、九〇頁。
(72)注71書、五九一頁。

（73） 毛沢東「目前抗日統一戦線中的策略問題」、『毛沢東選集』第二巻。

訳注

【1】 筆者は一九七八年以来、このテーマに関する論文を執筆してきた。それらの中には「関於中華民族的含義和起源的初歩探討」（『民族論壇』一九八七年第三期）のように公表したものもあるが、比較的完備した内容になったのは本論文においてである。

【2】 傅斯年のこの論文は、同氏の著『民族与古代中国史』の第三章として一九三一年に書かれ、蔡元培記念論文集に寄稿するため一九三四年にそれに一部手を加えたものである。

【3】 初稿、第一巻は、一九三二年、北平国立中央研究院歴史語言研究所。

【4】 たとえば徐傑舜『漢民族歴史和文化新探』、一九八五年、広西人民出版社。

【5】 「禘」は皇天を円い丘にて祭ること、「祖」「宗」は五帝を明堂に祭ること、「郊」は上帝を南郊に祭ること。

【6】 「族類」については本書「中華民族の多元一体構造」の訳注5を参照。エスニック・グループないし古代においてはエスニック・カテゴリー、場合によっては同一血縁集団を指すように思われる。ここでは暫くこのまま使用し、その変遷を含む厳密な意味に関しては、後考に俟つこととする。

【7】 何尊の解釈については、唐蘭「何尊銘文解釈」『文物』一九七六年第一期、六〇―六三頁、馬承源「何尊銘文初釈」同、六四―六五頁。

【8】 地上から墓穴まで隧道を作って棺を納めるしかた。天子に限る。ふつうは穴の上から吊り下ろす。

【9】 傍点が筆者によるものであることは原文では一七三頁の最終の段落において記されているが、初出の際に注記する原則に従ってここに注を移した。

【10】 リンゼイの中国名について、原注53論文においては「胡夏米」としている。

【11】 「造畜蠱毒（畜蠱）」とは、毒性を持つ虫ないし小動物・植物を飲食物の中に混入して与え、一定の期間が経過すると、それらが犠牲者の腹中で再生しその人を殺すという方法。なお、これについてはエバーハルト（白鳥芳郎監訳）『古代中国の地方文化――華南・華東』（一九八七年、東京：六興出版）、澤田瑞穂『中国の呪法』（一九八四年、東京：平河出版社）を参照。

【12】 原注68の文献においては当該論文の表題は「中国歴史上民族之研究」となっている。

［訳出の際の参考図書］

『詩経・楚辞』〈中国古典文学全集第一巻〉、一九六〇、目加田誠訳、平凡社。

『詩経』下〈漢詩大系第二巻〉、一九六八、高田真治訳、集英社。

『書経・易経（抄）』〈中国古典文学大系第一巻〉、一九七〇、赤塚忠訳、平凡社。

『論語』〈鑑賞　中国の古典　第二巻〉、一九八七、加地伸行・宇佐美一博・湯浅邦弘、角川書店。

『春秋左氏伝』〈中国古典文学全集第三巻〉、一九五八、竹内照夫訳、平凡社。

律令研究会編『訳註日本律令五　唐律疏議訳註篇一』、滋賀秀三訳註、一九七九、東京堂出版。

律令研究会編『訳註日本律令六　唐律疏議訳註篇二』、滋賀秀三訳註、一九八四、東京堂出版。

『洛陽伽藍記』〈東洋文庫五一七〉、入矢義高訳注、一九九〇、平凡社。

中華新石器文化の多元的な地域発展およびその凝集と拡散[1]

陳連開（吉開将人訳）

教育および教材編纂の必要から、関係する政府機関と学界の先学より、私は中華文化の起源と中華民族の形成という課題について研究するように委嘱された。これは明らかに私の能力からすれば荷が重いものだった。しかしすでにこの仕事を引き受けたからには、微力ながら全力を出して、考古学の先学たちや各地で調査、発掘、研究を苦労して進めている研究仲間たちが発表している論著や報告の成果を消化するほかない。その結果わかったのは、第一に〔かつて信じられていた〕種々の「外来説[2]」が根本的に覆され、中華文化と中華民族が中華の大地に起源するもので、その発展過程において少なからずの外来の要素を吸収はしたが、起源について言えばこの地で生まれ育ったものであることが肯定されたという点である。第二に、中華民族とその文化が黄河中下流域に起源し、それから周囲に拡散したと考える伝統的な一源中心説が修正されたという点である。中華文化は多元的に地域性をもちながら均衡でない状態で発展したのであり、また〔それが周囲の各地域から〕中原に向かって凝集し、また〔反対に〕中原から周囲に輻射するように広がっていくという特徴を見せたのである。そしてこの二つ〔の構造的な特徴〕は、中華文化の発展過程全体にわたって一貫したということができ、その淵源は新石器時代にまで明確にさかのぼることができる。そうしたことが証明されたのである。近年、考古学界の先学が提唱し、学界が非常に重視しているものに、考古学上の文化の区・系・類型〔という三つのレベル〕についての研究[3]があり、私たちにとって参考となる多くの研究成果をもたらしている。また『中国大百科全書・考古巻』[4]は、一九八四年以前のおもな成果について全面的な総括をしており、私たちにかなり正確な総括と年代データを提供してくれる。(1) 今、吉林省民族研究所の学術誌の創刊にあたり、諸家の説を集めて、私見を交え、祝意を表すとともに、あわせて考古学界に広く指教を乞いたいと思う。

一　中華太古の人類とその文化は中華文化が中華の大地に起源することを証明した

中国の旧石器時代の考古学と古人類学の最も重要な成果の一つは、わが国における人類の進化に、直立人〔原人〕段階から古代型ホモ・サピエンス〔旧人〕・現代型ホモ・サピエンス〔新人〕までの各段階に欠けたものがなく、完全な進化の序列を組み立てられることを証明した点である。

目下、人類の歴史に関しては、一般的に三〇〇万年頃〔まで遡る〕とされている。『文匯報』一九八七年九月二六日の報道によれば、雲南省元謀県小河村蝴蝶梁において、最近、直立人の左股骨の一部と早期旧石器が発見され、暫定的に「蝴蝶《こちょう》人」と名付けられた。この遺跡から二〇〇〇メートルの地点では、一九八六年一二月にさらに「東方人」が発見されている。測定結果では、「蝴蝶人」が四〇〇万年前、「東方人」が二五〇万年前のものである。これらの発見が考古学と人類学の双方の学界において認められれば、人類の起源は四〇〇万年前を超えることが予見され、その手がかりを得たことになる。よく知られるように、一九五六年に元謀県那蚌《だほう》村で発見された「元《げん》謀《ぼう》人」が一七〇万年前のものであることは、すでに広く認められている。このほかに、雲南の緑豊県では、豊富なラマピテクスの化石が発見されている。これらの発見は、中国の西南部が人類起源の中心の一つであることを明らかにしている。

わが国の太古の人類の進化発展の各段階について概要を理解していただくために、ここでその要点を以下に整理しておく。

直立人：原人ともいい、人類進化の最古の段階であり、大体のところ〔その年代は〕人類の起源から一〇万年前〔までの時期〕である。目下、すでに認められたものとしては、元謀人が一七〇万年前、藍田人〔陝西省藍田県公王嶺〕が一一〇〜一一五万年前、北京人〔北京原人〕〔北京市周口店〕が七〇〜二〇万年前、鄖《うん》県人〔湖北省鄖県〕、鄖西人〔湖北省鄖西県〕、和県人〔安徽省和県〕はいずれも北京人と同じく原人の中後期段階に属し、年代も北京人相当であるが、おそらく鄖県人と鄖西人は年代的にはやや古めで、和県人は北京人よりも新しい。

古代型ホモ・サピエンス：旧人ともいう。わが国の資料から見ると、この段階の人類は、一〇万〜四万年前の年代を生きていた。そのうち重要な発見として、大茘《だいれい》人〔陝西省大茘県〕、丁村人〔山西省襄汾県丁村〕、許家窯《きょかよう》人[5]〔山西省陽高県許家窯〕、金牛山人〔遼寧省営口市金牛山〕、長陽人〔湖北省長陽県〕、巣県人〔安徽巣県〕、馬壩《ばは》人[6]〔広東省曲江県馬壩〕がある。

現代型ホモ・サピエンス：新人ともいう。これは、四万〜一万年前の年代を生きていた人類である。すでに発見されているものとして、山頂洞人〔北京市周口店山頂洞〕、峙峪《じよく》人〔山西省朔県峙峪〕、河套人〔内蒙古自治区烏審旗の黄河河畔〕、建平人〔遼寧省建平県〕、安図人〔吉林省延辺朝鮮族自治州安図県〕、哈爾浜《ハルビン》人〔黒龍江省哈爾浜市閻家崗〕、柳江人〔広西壮族自治区柳江県〕、興義人〔貴州省興義県〕、麗江人〔雲南省麗江県〕、左鎮人〔台湾台南県〕などがある。

上で述べた原人・旧人・新人の形質的特徴は、モンゴロイド〔蒙古人種〕との関連を段階的に示しており、モンゴロイドの起源と形成過程における各段階の形態と特徴とを示している。中国科学院の古脊椎動物・古人類研究所の『中国古人類画集』の編者たちは、この『画集』の「前言」部分において、「わが国の境域内においてすでに知られている各段階の人類化石と旧石器は数多くの共通点をもっており、〔伝統として〕はっきりとした連続性をもっている。それぞれの異なる段階の人類化石は、みなシャベル状の切歯をもっており、石器は片面加工のものが多数を占め、石器の器種構成では刮削器《かっさく》〔スクレーパー〕が主で、尖状器〔ポイント〕と砍砸器《かんそう》〔チョッパー〕などもあわせて認められる。これらの事実は反論の余地がなく、〔従来いわれてきた〕さまざまな「中国文化西来説」に対して有力な批判となる[2]」と指摘している。このほか、宋兆麟ほか著『中国原始社会史』が引くアメリカ人類学者のヘリチカ〔A. Hrdlička〕とドイツ人類学者のワイデンライヒ[7]〔F. Weidenreich〕の研究によれば、シャベル状切歯の特徴は、現代の中国人において目立って見られることが明らかである。女性を例とすれば、上の内側の切歯がシャベル状の人は、研究対象とした総人数の八二・七%を占め、シャベル状に近い人は一二・五%、ややシャベル状の人が一%を占め、シャベル状でない人は三・八%を占める。これと反対に、現代の白人女性では、上の内側の切歯がシャベル状の人は、研究対象の総数のうちでわずかに二・六%を占めるのみで、シャベル状でない人は七〇・四%を占めるのである。また、カーボネル[8]〔V. M. Carbonell〕による一九六三年の統計では、中国人・日本人でははっきりとしたシャベル状の特徴を確認できた人の中で、上の内側の切歯にそれが見られた人が九二・七%、上の外側の切歯は九一・三%あったのに対し、その他の人種においては、それをまったく持たない場合もあり、高くても五%止まりであった[3]。これにより、シャベル状の切歯がモンゴロイドの最もはっきりした特徴の一つであることが分かる。元謀人の上の内側の二本の切歯は、すでにシャベル状の特徴を示しており[4]、すでにモンゴロイドの形質的な特徴が現れていたということができる。旧人段階に至り、形質的な特徴はより多くが現代モンゴロイドと近いか同じになり、さらに〔中国大陸の〕南北で変異するという現象が現れた。中華の大地で発見される豊富な古人類化石とその形質的な特徴は、ここがモンゴロイド〔黄色人種〕のふるさとに違いないことを明らかにしている。彼らの一部はおそらく数百万年の長きにわたって発展する中で、すでに中華の大地の外側へと移動してしまっているのだが、彼らは中華の大地の最も早い居住者で、中華民族の最も古い祖先であり、こうした太古の時代から中華の大地に暮らしていた人類であるに違いない。彼らの生活した時代は、考古学的な時期区分に従うと、旧石器時代という。人類の歴史の九九％以上を占めるこの長い歳月の中で、人々は打製石器をおもな工具とし、採集・狩猟をする集団生活を送っていたのである。

　原人の文化を、前期旧石器文化という。わが国の目下すでに知られる最も古い文化は四ヶ所で見つかっている。山西省の西侯度《せいこうど》文化は一八〇万年前より年代が下ることはない。雲南省の元謀人文化は一七〇万年前のものである。河北の小長梁と東谷坨《とうこくだ》の旧石器もまた百万年前のものである。これらの四ヶ所は、雲貴〔雲南・貴州〕高原、黄土高原、および華北平原と蒙古高原との間の地域に、それぞれ分布している。これにより、わが国では南北ともに、早くも一八〇万年以前において人類の活動があったことが証明されたのである。北京人に相当する前期旧石器の中段と後段においては、分布範囲がそれより前と比較して明らかに拡大しており、黄河の中流とその重要な支流である渭河と汾河流域に発見地点が集中し、長江の中下流域においても比較的多くの発見がある。

　旧人と関連する文化は中期旧石器文化で、目下知られるところでは、分布範囲が大体のところやはり黄河中流域に比較的集中している。新人段階、つまり後期旧石器になると、すでに発見されている遺跡は、わが国の南北各省のほとんど全域にわたり、中でもとりわけ黄土高原に広く分布し、蒙古高原と華北平原でも次々と発見がなされており、中国東北部では黒龍江流域の漠河《ばくが》、呼瑪十八站《たん》、および嫩江《どんこう》流域の昂昂渓《こうこうけい》などにまで及ぶ。長江流域および華南・中国西南部での〔この後期旧石器段階の〕発見例もまた、それ以前の段階の発見例に比べてはるかに多い。特に注目すべきことは、青海・チベット高原でも霍霍西里《ククシリ》、申扎《シンザ》、定日《ディンリ》の三ヶ所の旧石器遺跡が発見されている点である。海抜四〇〇〇メートル以上の旧石器遺跡は、旧石器考古学の研究史上において記録となるものである。これにより、後期旧石器段階になると、わが国の各省〔自治区〕のすべてにおいて、すでに人類が生活をしていたことがわかる。前期旧石器において、わが国の南部と北部の旧石器文化は、共通の特徴とともに異なる様式と伝統を備えていた。後期旧石器になると、石器の加工技術にはっきりとした進歩が認められるようになり、各種の刮削器〔スクレーパー〕、尖状器〔ポイント〕、彫器〔ビュラン〕、錐、鋸など、器種も多様化し、一部には石鏃までもが出現した。細石器を主とする遺跡では、細石刃を組み合わせて作られた工具が非常に流行した。遼寧省海城県小孤山や、周口店山頂洞、四川省の資陽、貴州省の猫猫洞《びょうびょう》などの遺跡では、骨製の針、叉、錐、刀や、角製の掘り具までが出土している。このほか、周口店の山頂洞と遼寧の小孤山などでは、さらに獣歯、鳥骨、貝、小石などを利用して作った装飾品も出土している。元謀人と西侯度文化の遺跡においては火を使った痕跡がすでに発見されており、北京人においては、火を制御して保存し、それを使うことができた。これらはいずれも、中国の前期旧石器の人類がすでに火で調理していたこと、そして後期旧石器段階になると、道具の種類が増えただけでなく、技術的にも進歩し、精神生活面でも日増しに豊かとなり、すでに美的感覚を有し、またおそらく宗教的な意識ももっていたことを示している。前期・中期旧石器段階の人類が遊動的な集団生活を過ごしていたとするなら、後期旧石器段階になって、母系氏族社会はおそらくすでにある程度の発展をとげていたと推測される。

新石器時代に入ると、母系氏族社会から父系氏族社会へと展開し、〔母系制による原始〕社会は繁栄から衰退に向かい、人類は自然の恵みに頼る狩猟採集経済から自然に働きかける生産経済へと移行した。その基本となる指標は、農業および家畜飼養の始まりと、磨製石器、土器、織物の出現である。今日までに、わが国のすべての省においてすでに新石器文化の遺跡が発見されており、大まかな統計によると合計七〇〇〇余ヶ所を数え、年代は大体のところ紀元前六〇〇〇年余りの時期に始まり、一般的には紀元前二〇〇〇年頃まで継続したが、辺境地域ではその終わりの年代がやや遅れる。私見では、中華文化の多元的な地域性をもった発展は、中後期旧石器段階においてすでに一定の萌芽が認められると考える。旧石器から新石器へと向かう展開と変化は、〔二つの時代の中間に設定される〕中石器時代の考古学が近年においてようやく見通しがつき始めた状況であるため、その間の様相や文化の中身については、多くがいまだはっきりとは分からない。しかし、新石器時代になると、考古学の分野における各種の文化の中身、様相、分布、地層の上下関係による〔各文化の〕年代関係、文化的な変遷など〔についての理解〕に基づいて、比較的明確にその全体像を把握することができるようになるのである。

二　黄河中下流域の東西二つの文化区およびその交流・融合と凝集

黄河中流域と下流域には東西に相並んで二つの文化区が存在しているが、その年代と相互の関係が大体のところ確定したのは、近年の十数年における大きな成果である。黄河中流域で最も注目されるのは、およそ紀元前六〇〇〇年から五七〇〇年頃の前期新石器文化である磁山《じざん》・裴李崗《はいりこう》文化(5)の一九七〇年代半ばにおける発見である。磁山文化は、一九七三年に河北省武安県の磁山で初めて発見されたことによって名付けられ、おもに河北省の中部と南部に分布する。裴李崗文化は、一九七七年に河南省新鄭県の裴李崗で初めて発見されたことによって名付けられ、おもに河南省の中部一帯に分布し、河南省の北部と南部においても発見されている。この二つの文化の中身はかなり近いものである。この二つの前期新石器文化の研究成果により、一九五〇年代以来、渭水流域で発見されてきた前期新石器文化、すなわち老官台・大地湾文化の研究に、また新たな展開が生まれた。このほかに、秦嶺山脈の南側の漢水上流域における李家村文化は、その名称や分類の仕方にさまざまな意見があるものの、それが前期新石器文化であることは概ね肯定されている。

上述した前期新石器文化の地層面での先後関係とその文化的な中身は、それらがいずれも仰韶文化よりも古く、およそ紀元前六〇〇〇〜五四〇〇年に相当することを示している。李家村文化はおそらく〔これらに比べると〕年代的にやや遅れる。これらは〔その文化の中に〕残存する細石器からみて、河南省の霊井や陝西省の沙苑を代表とする、旧石器時代と新石器時代の間の過渡的段階に位置づけられる中石器時代の遺存と継承関係をもち、その聚落〔における遺構の〕分布や建築様式、墓葬習俗、土器の特徴、農耕などの文化要素からは、〔後に続いて現れる〕仰韶《ぎょうしょう》文化がこれらの文化の継承発展であることがわかる。とりわけ、土器の表面にみられる磨きや縄文、彩画、および器形は、明らかに仰韶文化の先駆的特徴を備えている。こうしたことから、これらの文化は往々にして「先仰韶」期の新石器文化と総称されるのである。

仰韶文化は、河南省澠池《めんち》県の仰韶村遺跡が、名前の由来になっている。その分布は、渭河、汾河、洛河などの黄河支流域の中原地域を中心に、北は長城地帯と〔オルドス方面の〕河套地域に及び、南は湖北省の西北部に連なり、東は河南省の東部一帯に及び、西は甘粛・青海省の交接地域に及び、分布は広く、すでに発見されている遺跡も一〇〇〇余りを数え、その内容はきわめて豊かであり、また他の地域に対する影響も強い。年代はおよそ紀元前五〇〇〇～三〇〇〇年ほどで、継続した期間も長い。彩画された土器を有していることから、かつては「彩陶文化」と呼ばれた。その彩陶も廟底溝《びょうていこう》二期文化(6)の段階になると、黄河中流域では衰退していった。

廟底溝は河南省西部の陝《せん》県に位置しており、一九五六～一九五七年に中国科学院考古研究所がここで発掘を行い、その文化層の堆積状況によって、廟底溝一期〔廟底溝遺跡の最下文化層によって設定された文化〕が仰韶文化であり、〔廟底溝〕二期が仰韶文化から河南龍山文化へと向かう過渡的な性質をもち、それに続くものが河南龍山文化であることが明らかとなった。こうした年代的な継承関係は、河南省の西部、山西省の南部、陝西省の関中地域でも証明されている。

以上をまとめると、黄河中流域の新石器文化の先後関係は、先仰韶文化〔紀元前六〇〇〇～五四〇〇年〕―仰韶文化〔紀元前五〇〇〇～三〇〇〇年〕―廟底溝二期文化・河南龍山文化〔紀元前二九〇〇～二〇〇〇年頃〕ということになる。

河南龍山文化の後を承けたのが夏文化ということになろう。

黄河下流域では、新中国の建国以前とその初期において龍山文化だけが知られており、表面がきれいに磨かれた黒色土器が有名で、「黒陶文化」と呼ばれ、「彩陶文化」と呼ばれた仰韶文化と東西に並びあうとされていた。かつての一時期に強い影響をもったこうした考え方は、現在ではすでに否定されている。現在では、龍山文化は一般的に山東龍山文化を専ら指し示し、典型龍山文化とも呼ばれる。それに対する河南龍山文化と陝西龍山文化は、仰韶文化を継いで発展した黄河中流域の新石器文化なのである。考古学研究のこうしたきわめて大きな進展は、一九五九年に山東省泰安県大汶口《だいぶんこう》で新石器時代の遺跡が発見されたことによる。後にそれは大汶口文化と名付けられるが、その分布は大体のところ山東龍山文化の範囲と同じで、年代と文化的な様相も明らかに山東龍山文化の前身としての特徴を示す。一九六〇年代から七〇年代にかけての時期には、山東省滕《とう》県北辛《ほくしん》荘および江蘇省淮安県青蓮崗で、大汶口文化よりも古くて大汶口文化の前身としての特徴をもつ北辛（下層）文化、あるいは総称して青蓮崗文化が発見された。さらに山東省平度県東岳石《がくせき》では、龍山文化に続く時期の岳石文化が発見された。これにより、黄河下流域の新石器文化はそれ自体として一つの体系をなすものであり、黄河中流域の新石器文化とは区別されるが、互いに交流し東西に並びあう（異なる）文化区であることが判明する。その分布範囲は、泰山を中心とする山東地域を主とし、南は淮河以北に達し、東は渤海湾を取り巻く地域に広がり、北は旅順・大連および遼東半島に及び、その年代関係は、青蓮崗文化（紀元前五四〇〇～四〇〇〇年）—大汶口文化（紀元前四三〇〇～二五〇〇年）—山東龍山文化（紀元前二五〇〇～二〇〇〇年）—岳石文化（紀元前一九〇〇～一五〇〇年）となる。岳石文化は山東龍山文化と殷代の文化との隙間を埋めるものである。

研究に値するのは、およそ紀元前三〇〇〇年頃、すなわち今から五〇〇〇年ほど前の時期に、仰韶文化が黄河中流域で突然衰退し、一方で黄河下流域の新石器文化が黄河中流域に対して〔強い影響を及ぼすという意味で〕統一の趨勢を見せるという点である。そのため、黄河中流域で仰韶文化の後に発展するのは河南龍山文化と陝西龍山文化であり、さらに〔龍山文化の〕影響が及んだ範囲は、長江流域から珠江流域、黄河上流域、長城の内外にまで広がっているのである。河南龍山文化、陝西龍山文化、山東龍山文化は、それぞれ異なる地域性をもった新石器文化として区別されるが、それらがほぼ並行して〔同時期に〕発展し、互いに影響しあったのは、文化の凝集と交流・融合の典型例である。こうした文化の凝集と交流・融合は、文化を生み出した二つの大氏族の部落集団が交流し、闘争し、融合していった過程を反映している。多くの事実は、〔後に〕黄河中下流域で最も早く発達する国家制度、文字制度、青銅文化が、黄河中下流域で東西に並びあった二つの文化区における〔相互の文化の〕凝集と交流・融合に主に由来することを明らかにしているのである。

三　長江中下流域の東西二つの文化区およびその交流・融合と凝集

長江流域の新石器文化については、新中国の建国以前においてはあまりよくわかっていなかった。二〇世紀の二〇年代において、浙江省で呉興県銭山漾《せんざんよう》遺跡が発見され、さらに杭州市余杭県の良渚《りょうしょ》遺跡に対しても発掘調査が行われたが、当時は良渚遺跡の新石器文化が長江下流域の最も古い新石器文化であるとされ、龍山文化の南への伝播によって生み出された変種〔の地方文化〕と考えられていた。こうした考え方は、一九五〇～六〇年代に至ってようやく変化し、良渚文化という〔独立した文化〕名称が提出されるに至った。そして一九七三年には、浙江省余姚県の河姆渡で新石器の遺跡が発見され、河姆渡文化と命名された。これにより、長江流域の新石器文化は黄河流域と並行発展したもので、長江流域も〔黄河流域と〕同じように新石器文化が生み出された地域であるということが、ようやく科学的な見地から肯定されたのである。さらに、〔湖北・湖南両省にまたがる〕江漢平原と長江下流域における発見例はその後ますます増え、長江中流域と下流域においても、〔黄河流域と〕同じように東西に並びあう二つの文化区が存在したことが、次第に明らかとなったのである。

長江下流域の新石器文化は、太湖平原を中心に、西は杭州湾地域、北は南京を中心に江蘇・安徽の境界地域まで含む範囲を分布域とし、その年代関係は大体のところ、前期河姆渡《かぼと》文化（紀元前五〇〇〇～四四〇〇年）―馬家《ばか》浜《ほう》・崧沢《すうたく》文化[7]（紀元前四三〇〇～三三〇〇年）―良渚文化（紀元前三三〇〇～二二〇〇年）というものである。今日の考古学では、河姆渡文化と馬家浜文化の関係、および河姆渡文化の前期と後期との関係とその後の展開について、まだ異なる見解があるが、全体的な特徴は、それらがやはりそれ自体で一つの体系を成す〔独自の〕文化区であることを示している。なかでも、良渚文化は大体のところ河南龍山文化の段階に相当し、文化的な特徴は山東龍山文化とより密接な関係をもっている。しかし〔この良渚文化は〕、龍山文化の南への伝播によって生み出された変種〔の地方文化〕では決してなく、〔この地においてそれに先行して展開した〕馬家浜・崧沢文化を受け継いで発展し、その上で黄河下流域の新石器文化の影響を受けた、長江下流域の新石器文化なのである。

長江中流域の新石器文化は、江漢平原を中心とし、南は洞庭湖平原を含み、西は三峡がある四川省東部に至り、北は河南省南部にまで達して黄河中流域の新石器文化と交錯して分布している。報道によれば、長江中流域の前期新石器文化が、湖南省の石門県皂市《そうし》、臨澧《りんれい》県、および湖北省の宜都県、秭帰《しき》県、天門県などで相次いで数多く発見されているようである。なかでも、石門皂市下層は、放射性炭素年代測定のデータによれば六九二〇±二〇〇年（年輪年代測定データによる補正を経ていない年代）で、紀元前五〇〇〇年頃に相当し、明らかに大渓《たいけい》文化と屈《くつ》家嶺《かれい》文化よりも古い[8]。

大渓文化は、四川省巫山県大渓遺跡が名前のもとになっている。その分布は、東が湖北省の中南部から、西は四川省東部まで、南は洞庭湖平原に至り、北は漢水中流域に達し、おもに長江中流域の西部沿岸部に集中する。年代は紀元前四四〇〇～三三〇〇年頃に相当する。大渓文化の後に発展したのは屈家嶺文化であり、一九五〇年代に初めて江漢平原の湖北省京山県屈家嶺で発見され、おもに江漢平原と河南省南部に分布し、大渓文化の上層に見られるが、河南省南部では仰韶文化の上層に見られるものもあり、年代は紀元前三〇〇〇～二〇〇〇〔二六〇〇?〕年である。屈家嶺文化は、江漢平原と河南省南部に見られ、ともに仰韶文化から影響を受けており、密接な関係があったことが分かる。

屈家嶺文化の後を受けて発展したのは、湖北龍山文化と呼ばれる青龍泉三期文化だが、中原龍山文化とはかなり大きな地域差があり、〔放射性炭素年代測定法によって得られた〕年代は補正を経たもので紀元前二四〇〇年頃に相当する。しかし〔これとは別に〕長江中流域には湖北省天門県石家河で初めて発見された石家河文化があり、年代・文化的様相ともに屈家嶺文化を継承し、分布域も基本的に〔屈家嶺文化のそれと〕重なりつつも、やや広がりを見せ、文化内容では漢水中上流域の青龍泉文化と大同小異であることから、屈家嶺文化を継承し、基本的には中原龍山文化と並行発展し、中原龍山文化の影響を受けた長江中流域の新石器文化と考えられる。

現在のところ、長江中流域の新石器文化の相互関係については、意見が一致しない点が多々あるが、長江下流域の新石器文化と同じく、淮河以北の黄河中下流域における粟作乾地農耕と区別される、長江流域の稲作水田農耕文化であることは疑う余地がない。長江流域の東西に並びあった二つの文化区は、黄河中下流域の東西に並びあった二つの文化区から、それぞれに影響を受けている。大まかにいえば、黄河中流域と長江中流域は漢水および汝河・潁河などの河流を通じて密接な交流をもち、黄河下流域と長江下流域は淮河・泗河などの河流を通じて密接な交流をもっていた。その中では明らかに黄河流域が文化的には優勢を占めたが、影響は相互に及んだのである。黄河と長江の二大大河の流域が、中華文化と中華民族の二大起源地域と考えられることは、〔以上のように〕新石器時代の考古学がすでに十分に証明しているのである。

四　燕遼文化区および黄河上流文化区

〔遼寧省方面の〕遼東・遼西および〔河北省北部の〕燕山南北の新石器文化は、一九七〇年代以来、重視されるようになった。

早くも一九三五年には、今の内蒙古自治区の赤峰市紅山後《こうざんこう》で新石器文化が発掘され、当時、赤峰第一期文化と名付けられている。一九五四年になって〔その文化は改めて〕紅山文化と名付けられるに至った。年代は紀元前三五〇〇年頃に相当する。しかし長い間、石器と土器しか発見されなかった。一九七〇年代になり、西拉木倫《シラムレン》河、老哈《ラオハ》河、大凌河流域のいくつかの地点において、紅山文化の遺構と墓葬が相次いで発見され、かなりの量の玉器が出土し、紅山文化と中華文明の起源をめぐる問題との関連が、学界の特別な関心を集め始めた。特に一九八三～八五年にかけて、遼寧省の建平県と遼源県の間に位置する牛河梁《ぎゅうかりょう》において、紅山文化の「積石冢〔墓〕」と「女神廟〔壇〕」が発見され、中華文明の北方の源流についての手がかりが現れたのである。なかには〔こうした発見を〕殷人の起源問題と結び付けて研究している者もいる。

遼東と旅順・大連地域では、新石器文化は大汶口・龍山文化の特徴がはっきりと認められ、その初期の段階では仰韶文化の影響も認められる。紅山文化はおもに遼西および赤峰地域に分布し、河北省北部の燕山地区に広がるが、それを仰韶文化から派生した文化と考える者がいる。しかしその土器には〔仰韶文化と共通する〕彩陶だけでなく、特徴的な「Z」字文をもつものがあり、細石器が存在することから、紅山文化は〔遼寧省〕瀋陽市の新楽遺跡の下層の新石器文化と特徴が共通し、年代的にも互いに連続する関係にあることが分かる。新楽〔下層〕文化は、「Z」字紋土器を基本的な特徴とするだけではなく、年代的にも紀元前五三〇〇～四八〇〇年頃に相当し、明らかに紅山文化よりも古い。こうしたことから、多くの学者は、紅山文化が仰韶文化の明らかな影響を受けているものの、〔河北省北部から遼寧方面にかけての〕燕遼地域において独自の発生および発展過程をもつ新石器文化であると考えている。〔紅山文化が〕仰韶文化と新楽文化との融合によって新たに生み出されたものであるという説もある。

以上をまとめるなら、この燕遼地域の新石器文化はそれ自体として一つの区域をなしており、その系譜と相互の関係についてはなおも研究の余地があるものの、遼東地域の新石器文化は明らかに山東地域の新石器文化の影響を受けており、遼西・燕山地域の新石器文化は黄河中流域の新石器文化の影響を多く受けているのである。このような山東─遼東、幽燕[9]─遼西の関係の強さは、後世における交通や人口移動および行政区画などの面で一貫して影響を及ぼしており、その淵源が古く遡ることがわかる。紅山文化に続いたのは、紀元前二〇〇〇～一五〇〇年頃に相当する夏家店下層文化で、早期の青銅器文化であり、〔中原の〕夏および〔殷王朝の創業に先立つ〕先商の時代にすでに入っている。

黄河中流域の彩陶は、紀元前三〇〇〇年以後には衰えるが、黄河上流域では、甘粛・青海・寧夏一帯の彩陶が、一種の美術〔的特徴を備えたもの〕として〔その後も〕さらに発展を遂げた。この地域の新石器文化としては、おもなものに馬家窯《ばかよう》文化と斉家《せいか》文化がある。

馬家窯文化は、甘粛省臨洮《りんとう》県の馬家窯遺跡が名前のもとになっている。おもに甘粛省に分布し、隴西《ろうせい》平原を中心に、東は隴山から、西は河西回廊および青海省北部に至り、北は寧夏南部に達し、南は四川省北部に及ぶ。〔遺跡での〕地層に見られる上下関係と、文化的な様相から、一般的には仰韶文化の一種の地方的な変異とされ、甘粛仰韶文化と呼ばれ、年代は紀元前三三〇〇〜二〇五〇年頃に相当し、黄河中流域の河南・陝西龍山文化と概ね並行発展したと考えられている。

斉家文化は、甘粛省広河県の斉家坪《せいかひょう》遺跡が名前のもとになっている。分布は馬家窯文化と大体重なり、年代の上限は紀元前二〇〇〇年頃で、下限はさらに少し下り、一般的には、黄河上流域で馬家窯文化の後を継いで発展した後期新石器文化および早期青銅器文化であると考えられている。また、その文化の様相が陝西龍山文化と非常によく似ていることから、陝西龍山文化が西に向かって発展する過程で馬家窯文化の影響を受けたのであり、年代的にも馬家窯文化よりも遅れ、そのために遺跡ではその文化層がしばしば馬家窯文化の上層に見られるのであると考える者もいる。

黄河上流域の新石器文化は、燕遼地域の新石器文化と同じように、新石器時代と早期の青銅器時代において、乾地農耕を主としつつも、狩猟と家畜の飼養が相当な比重を占めていた農耕文化であった。それを受け継ぎ、発展したものが遊牧文化であるが、その時代はすでに〔中原の〕夏と殷の王朝年代をもつ歴史時代に入っており、本論文の範囲ではない。

五　鄱陽湖——珠江三角洲を中心とする華南文化区(9)

華南地域は、広東、広西、福建、台湾、江西を含み、大部分の地域が山地と丘陵地で、大陸東南部の沿海地域に位置し、海洋性の季節風の影響を受ける、雨量の多い熱帯・亜熱帯地域である。この地の新石器文化は基本的に前後二つの時期に分けられる。

前期は地域的な色彩が強い。遺跡の多くは洞穴、貝塚、台地上に分布している。それらに共通する特徴は、大量の打製石器と磨製石器が並存し、骨角器がかなり発達し、さらに淡水貝製の蚌器《ほうき》があり、簡単な器形で表面に縄目の調整痕をもつ粗製の土器が広く認められ、農耕の痕跡はあまりはっきりせず、明確な家畜の遺存もなく、採集・漁撈が生業として重要な地位を占めていたという点である。〔この地域において〕土器は栽培穀物の農耕生産の始まり以前に出現していたが、手捏《づく》ねで〔轆轤《ろくろ》は使われておらず〕質的にも粗製のものだった。年代は全体としてやや古めで、江西省万年県の仙人洞遺跡の下層や、広西壮族自治区桂林市の甑皮岩《そうひがん》、広東省英徳県の青塘洞穴遺跡、広西壮族自治区南寧市の豹子頭《ひょうしとう》などの貝塚遺跡の年代は、放射性炭素年代測定によると今からおよそ八〇〇〇〜九五〇〇年ほど前であり、さらに補正を経て〔その年代が〕確定できれば、中国で最も古い新石器文化となる。〔これらの遺跡のうち、洞穴遺跡が形成された〕石灰岩の地質的条件は、放射性炭素年代測定の際のサンプルに影響を与えるので、往々にして誤差が比較的大きくなる。そのため、現在これらのデータについてはなおも議論がある。

華南の後期新石器段階においては、すでに比較的発達した農耕が存在していた。江西省修水県の山背遺跡と広東省曲江県の石峡遺跡[10]では、ともに稲の藁と籾が発見されている。土器についてもはっきりとした変化が現れ、やや後の時期になると九〇〇〜一一〇〇度もの高温で硬陶が生み出され、一部の遺跡ではさらに彩陶も発見されている。石器もまた大きな進歩があり、磨製石器が主で、種類も豊富となる。現在すでに命名されている考古学上の文化には、以下のようなものがある。江西省修水県山背村の跑馬嶺遺跡に代表される山背文化は、年代が紀元前二八〇〇年である。広東省曲江県の石峡遺跡に代表される石峡文化は、年代が紀元前二九〇〇〜二七〇〇年である。福建省閩侯《びんこう》県の曇石山《たんせきざん》遺跡に代表される曇石山文化は、年代データが遺跡ごとにかなり大きく異なり、さらなる確定を待つ必要があるが、文化的な性質は台湾省の鳳鼻頭《ほうびとう》文化[11]と同じ系統に属す。紀元前二〇〇〇〜一〇〇〇年よりも前において、中国大陸の東南沿海地域の人々がすでに台湾海峡を越えて同一の類型の文化を生み出していたことが分かる。以上の三つの文化は、時代差や地域差があるものの、互いにかなり多くの共通性が認められ、〔また同時に長江中流域の〕江漢地域の屈家嶺文化とも似ていて、長江下流域の良渚文化とも共通する少なからずの特徴をもち、さらに〔黄河流域の〕龍山文化に見られる若干の要素も認められる。

華南地域に広く分布し、幾何学文土器と石𥕢〔加工用の片刃横斧〕の存在に代表される遺存は、過去には往々にして「幾何印紋陶文化」と総称され、すべて後期新石器時代に位置づけられていた。しかし一九五〇年代の末以来、重点的な発掘調査によって、それぞれの文化的な様相が異なることが判明し、〔それぞれが〕考古学上の異なる文化として命名され、その結果、「幾何印紋陶文化」を一つの考古学上の文化として見なすことができないという点が明らかとなった。その独特な土器製作技法と文化的な特徴は、後期新石器時代に芽生え、殷周時代に大いに発達を遂げるが、戦国時代になると次第に衰えた。原初的な磁器の発明に道を切り開いたものとして、中国古代の文化史において重要な位置を占める。しかしこれを後期新石器文化としてまとめて呼ぶことはできないのである。

雲〔南〕貴〔州〕高原では、古人類の化石と旧石器文化の遺存については重要な発見が見られるが、新石器時代の遺存については今のところ知られている資料は比較的まばらで量的にも少ない。〔雲南省の〕洱海《じかい》と滇池《てんち》地域で若干の遺跡が発見され、稲作農耕がすでにある程度発展をみていたことが明らかとなっており、その中の賓川県白羊村遺跡は、年代が紀元前二一〇〇年頃に相当する。雲南省北部と四川省南部地域〔で発見される遺跡〕の文化的な特徴は比較的似ており、〔その一つである〕元謀県大墩子《だいとんし》遺跡〔の年代〕は大体のところ紀元前一四〇〇年に相当する。四川省北部の理県・汶川《ぶんせん》県一帯には〔黄河上流域の〕馬家窯文化が分布しており、いずれも後期新石器時代のものである。チベット地域は、細石器の伝統のほかに、チベット南部の林芝《リンチ》、墨脱《モトオ》などにおいて磨製石器と土器に代表される後期の遺存が発見されている。さらに昌都《チャムド》地域では卡若《カルオ》遺跡が発見されており、後期新石器の聚落があり、細石器のほかに磨製石器と土器が共存していた。年代は紀元前三三〇〇〜二一〇〇年頃に相当し、粟を主とした農耕文化である。

六　北方の遊牧・漁撈文化区

考古学上の文化の区分では、通常、紅山文化を北方の新石器文化区に組み入れ、黄河上流域の馬家窯文化を西部の文化区に組み入れる。地域および考古学上の文化の様相からすると、このような区分はみな十分な根拠をもつものである。〔しかしながら〕私たちはこの二つの地域を〔個別に独立した文化区として〕区分する。紅山文化に代表される燕遼文化区と、馬家窯文化に代表される黄河上流域の甘〔粛〕青〔海〕文化区である。それらの文化はともに仰韶文化の地方的な変異と見ることができ、また、先に農耕文化の発展があって、〔その上で〕青銅器時代に遊牧経済へと転化しているからである。〔この他、オルドス方面の〕河套地域と河北省の長城地帯は、仰韶文化の分布地域に直接組み入れる。〔燕遼文化区の〕西拉木倫河および〔甘海文化区の〕黄河上流一帯と同じように、後世においてかなり長くにわたり遊牧民族の歴史舞台となるが、〔そこでは〕農耕から牧畜へと生業が交替しているからである。上述した〔これらの〕三つの地域は、北方および西部の狩猟遊牧地域との間に明確な文化的な関係をもち、ともに細石器が存続するという特徴が認められ、農耕の発展の中において狩猟と牧畜が相当な比重を占めていた。

一方、中国東北部の北部、および蒙古高原、阿拉善《アラシャン》平原とタリム盆地の東縁などの地域では、細石器に代表される遺存が広く分布し、土器や磨製石器は十分な発展を見ない。黄河流域と長江流域では農耕と家畜の飼養がかなりの発展をみていた新石器時代において、細石刃に代表されるこれらの広大な地域ではなおも採集・狩猟が主であった。中国東北部の北寄りの細石器の分布域においては農耕の一定の発展があったが、それを除くと、それ以外の蒙古・新疆などの地域においては、乾燥し標高が高く寒冷な草原と砂漠であるために、農耕を発展させる条件はなく、以後の歴史的展開の中で、遊牧を生業とする地域や漁猟を生業とする地域となっていったのである。

かつて流行した考え方に、北方と西部の遊牧・漁猟地域における細石刃文化に代表される遺存を、すべて細石器文化と呼び、新石器時代における遊牧民族の文化的な遺存と見なす考え方があった。しかし実際には、前期旧石器時代の中期と後期段階において、華北の周口店―峙峪《じょく》系（の旧石器伝統）は、すでに石器の小型化の伝統に先鞭をつけており、後期旧石器時代には、山西省朔県の峙峪や河南省安陽市の小南海などの遺跡で、すでに細石器の初現的なものが出現しているのである。さらに少なくとも一万年以上前の後期旧石器時代の末には、すでに典型的な細石器が出現している。そして、黄河流域の山東省沂源県の鳳凰嶺、河南省許昌市の霊井、陝西省大茘県の沙苑、青海省共和県拉乙亥《ライハイ》、長城以北の内蒙古自治区における呼倫貝爾《フルンバイル》盟の札賚諾爾《ジャライノール》などの中石器時代の遺跡では、相当に細石器が発達していて、土器を伴っていないのである。こうした点からすれば、細石器が最も早く出現したのは華北であり、この伝統はおそらく黄河流域の旧石器文化に起源をもつと考えられるのである(10)。農耕の発展にともなって、黄河流域の細石器は突然衰え、ただ紅山文化と長城地帯などの農耕文化の遺跡においてのみ、その後も存続した。北方と西部の草原地域では、細石器は広く発展を遂げ、金属が使用されて以後も継続したのであり、細石器が遊牧地域と漁猟地域において盛んに用いられた期間がきわめて長く、しかも華北地域との間に淵源関係をもっていたことが分かる。蒙古高原と新疆などの地域では、細石器の多くは砂丘の表面で採集されており、年代判断が困難である。中国東北部の北部地域では、『黒龍江古代民族史綱』(12)の整理によると、黒龍江流域の新石器文化は、西部の銅鉢好賚《トンボハライ》文化、中部の昂昂渓文化、東部の新開流文化の三つの類型に分けられる。その中の新開流文化は、黒龍江省密山県の新開流遺跡に代表されるもので、年代は紀元前四一〇〇年に相当し、磨製石器をもち、篦文土器と細石器がともに見られ、文化的な様相から漁撈を主としていたことが分かる。その他の類型は、年代が新開流文化とほぼ同じで、また細石器が認められる。昂昂渓文化では農耕がある程度の発展をみていたが、銅鉢好賚文化は狩猟を主とした新石器文化であった。

中華新石器文化の多くの文化区とその系統は、いずれも土着文化を基礎とし、隣接地域の文化の影響を受けて形成されたものである。なかでも、黄河流域の仰韶文化と龍山文化は、継続した年代も長く、中身も豊富で、特に農耕が次第に発達し、聚落がますます密集度を高めたことが注目される。その分布範囲は広く、そこから広がった影響はその他の多くの新石器文化地域の中に痕跡として認められる。つまり黄河中流域の新石器文化は、中華の複数の文化区の中軸をなすのである。このように、中華新石器文化は、多元的で地域性をもった発展を示すと同時に、相互に影響しあっており、相対的には統一的な様相を見せている。とりわけ後期新石器時代にあっては、今からおよそ五〇〇〇~四〇〇〇年前の千年間において、それぞれの文化区の様相はすでに徐々に一体化していく趨勢を見せていたのである。

七　南北における農耕・狩猟文化の三つの地帯の並行発展

中華の農耕起源はそれ自体で一つの体系をなしており、世界の農耕起源の中心の一つである。その起源段階においては、農耕は家畜飼養と結び付いており、また南北の地域でそれぞれに特徴を備えていて、概ね淮河・秦嶺ラインを境として、北方は粟と黍に代表される乾地農耕を中心とし、家畜は、早い時期には豚、犬、鶏、〔それに続く〕仰韶文化と龍山文化の時期には黄牛、山羊、綿羊、馬の遺骸もすでに少数例だが発見されていて、それらの飼養開始時期は〔豚、犬、鶏よりも〕遅れたと考えられる。南方は、稲作に代表される水田農耕が中心であり、豚、犬、鶏、水牛などを飼育していた。しかしながら、南北の区分線は截然と分かれて越えられないというものではなかった。山東や河南の一部の新石器の遺跡においても稲が発見されており、さらに大汶口などの遺跡においては粟が発見されている。南北の農耕文化が互いに影響を与え合う現象が、すでに新石器時代において存在していたことが分かる。

粟は、今からおよそ八〇〇〇年前に相当する磁山・裴李崗遺跡においてすでに確認されている。また稲も、今から七〇〇〇年前の河姆渡遺跡において発見されている。これらはともに目下知られている栽培作物の品種として世界で最も古い標本であり、粟や稲を代表とする農耕起源のあり方は、西アジアが小麦と大麦、新大陸がトウモロコシであるのと対照的である。そして特に注目すべき点は、中華の農耕が南北それぞれに〔栽培作物が異なるという〕特徴をもち、中国大陸の東部と南部に偏りを見せることである。乾燥した西部および北部地域はおもに牧畜区であって、農耕が行われている地域は一部である。このように、南北に水田農耕、乾地農耕、遊牧という三つの帯状の地域があり、また同時に、乾燥した西北部と湿潤な東南部とが互いに並行して発展し、相互に依存しあうという特徴が、中華民族の起源の段階において、すでに萌芽として認められるのである。

このほか、土器製作や織物の発明とその特徴もまた、中華新石器文化において注目すべきものである。農耕の発展と関連して、建築と聚落もまた南北の地域ごとに特徴を備えていた。北方では、洞穴での生活から最古の半地下の竪穴式住居へと発展を遂げ、さらに発展して土木構造をもつ地上建築となった。南方では、樹上での暮らしから高床式の建築へと発展を遂げたのである。

新石器時代における農耕と牧畜の出現と発展により、社会的な生産力に突如として大きな変化が現れ、母系氏族社会から父系氏族社会への展開が促され、原始社会は繁栄から衰退へと向かった。後期新石器時代においては、明らかにすでに財産の分化と集中が見られ、氏族社会を超越した社会的権力が生じていた。原始社会が崩壊へと向かう中で、文明の夜明けを迎えたのである。

こうした変化は、聚落〔内における住居〕の分布や墓葬制度などの面に深い痕跡を残した。仰韶文化の時期においては、陝西省宝鶏市の北首嶺、西安市の半坡《はんぱ》、臨潼《りんどう》県の姜寨《きょうさい》、河南省洛陽市の王湾などの聚落遺跡のように、生活空間にはすでにはっきりとした区分が見られ、一般的に居住区、土器焼きの窯地区、墓地の三つに分けられていた。半坡遺跡は、今からおよそ六八〇〇～六三〇〇年前の母系社会の聚落遺跡で、東西の幅が二〇〇メートル近く、南北の最長部で三〇〇メートル余り、総面積はおよそ五万平方メートルあって、そのうち生活区がおよそ三万平方メートルを占める。居住区は二つの部分に分かれ、そのどちらにも大型の住居が一つずつあって、氏族構成員の集会場所と見られる。〔半坡遺跡では、この遺跡を指標に命名された仰韶文化〕半坡類型の墓葬がすでに一七四基発見されており、埋葬が集中して行われ、並び方にも規則性があり、氏族制の下で血縁的な紐帯が重要な役割を果たしていたことを反映している。二基の合葬墓は、それぞれ二人の男子と四人の女子の、同性の合葬である。〔黄河下流域の〕大汶口文化前期の遺跡にもこれと同様な同性の合葬墓があり、複数の人を一次葬としてそのまま埋葬した場合と、複数の人を〔埋葬後しばらくたって人骨だけを整理し改葬した〕二次葬として埋葬した場合がある。前者では墓ごとに二人、三人、五人と異なり、後者では二十数人に達するものもある。一般的には、こうした同性の合葬は母系氏族社会の埋葬習俗であると考えられている。半坡遺跡では、子供は一般に甕棺に埋葬されている。居住区においては、例外的に三基の幼児の土葬例も発見されているが、その中の女児の厚葬墓は、副葬品が豊富で作りが精巧だっただけではなく、半坡遺跡で発見された唯一の木製の埋葬具を備えた墓葬であり、おそらく宗教儀式において特殊な意義をもっていたと推測される。

この半坡遺跡は、中国における母系氏族共同体の社会生活を復元する上で豊富な資料を提供したことから、一九五七年にその地に博物館が建設され、一九六一年に〔中央政府の〕国務院の公布によって全国重点文物保護単位〔国定史跡〕となった。その他の姜寨、北首嶺などの遺跡は、いずれも面積が五～六万平方メートルで、居住区が二万平方メートル、そしてまた〔複数の〕小住居からなるグループごとに一つの大型住居が存在する。住居は中心の広場を囲んで配置されていて、大型住居は広場の方向を向き、小型住居群の中央に位置するものもある。これはわが国の新石器時代の遺跡が反映する母系氏族共同体の居住区に見られる典型的な配置である。

龍山文化期になると、聚落分布に明確な変化があった。この時期には仰韶文化期の聚落のような〔居住区の〕住居址と〔土器製作区の〕窯址という区分はすでになく、土器製作の窯の多くは居住区内に分布している。こうした配置はおそらく父系家族を単位とする生産様式の一種の反映であろう。陝西省の龍山文化の一部の遺跡においては、底部〔の土器を置く部分〕が広く、上部の開口部が小さい多数の貯蔵穴が発見されていて、父系家族が、蓄えて守る私有財産をすでに有していたことを意味しており、〔また同時にそうした遺跡では〕仰韶文化期の居住区に見られた中心の広場はもはや見られないのである。

龍山文化期においても、氏族の構成員は死後、共同墓地に埋葬された。仰韶文化および大汶口文化前期に見られた同性の合葬が、兄弟あるいは姉妹型の合葬であると推測しうるなら、大汶口文化後期や、龍山文化、斉家文化の時期には、合葬墓に埋葬されているのが多くの場合成年男女二人であることから、すでに比較的安定した婚姻が存在していたことが明らかとなる。さらに斉家文化の皇娘台遺跡における一男二女の成年合葬墓が、男性を中心にして、二人の女性が左右両側に体を曲げて付き従っていた状況からは、一部の氏族構成員が〔一夫〕多妻の生活を過ごしていたことが読み取れよう。

〔副葬品についていえば〕裴李崗文化期の段階ですでに、墓葬ごとに副葬品の種類と数量は異なっており、少数の墓葬にはまったく何の副葬品がなかった。仰韶文化の前期においてもこれと似た状況があった。〔しかしながらこの時期の〕こうした現象は、おそらく母系制氏族の構成員の中における特殊な宗教的なものの影響によるもので、必ずしも財産と富の分化が進んでいたことを意味しない。それに対し、大汶口文化後期、良渚文化、馬家窯文化において、厚葬が流行し、副葬品の多寡にもまたかなり大きな差が見られるのは、明らかに貧富が分化し、財産の集中があったことの一つの表れである。

大汶口文化では、前期は副葬品の数と質において差がほとんど見られないが、中期・後期になると、墓葬の規模、埋葬具、副葬品において、差がますます大きくなる。副葬品がごく僅かであるか、あるいはそれがまったくない小型の墓葬がある一方で、非常に大きな墓葬では、大汶口一〇号墓のように、複雑な構造の埋葬具を備え、死者が精巧な玉製の装飾品を帯び、さらに玉製の鏟《さん》〔大型の横斧〕や象牙製の製品や百点近い精製土器を副葬し、また獣骨や豚の骨、さらにはワニの鱗が認められるというように、貧富〔の差〕が著しい対照をなすに至ったのである。

良渚文化の各遺跡では、合わせて数十基の墓葬が発見されているが、その中では小型墓が多くを占め、〔そうした小型墓では〕副葬されている土器のほとんどが実用品であり、一部に大型の玉製の璧《へき》が副葬されているにすぎない。これに対して大型墓は規模が比較的大きいだけではなく、副葬品の量が多く、質も優れていて、〔江蘇省呉県〕草鞋《そうかい》山一九八号墓では、東西の長さが一七メートル、南北の幅が四メートルで、六〇点もの副葬品をもつ。そのうち、玉製の琮《そう》が五点、玉製の璧が二点で、さらに腕輪や管状製品、珠や、錐状の装飾品、有孔斧など、合計三〇数種もの玉器があった。〔上海市青埔県〕福泉山では七基の大型墓が発見されていて、そのすべてに精巧に作られた玉器や土器などが副葬されており、〔墓が〕人工的に築かれた土台の上に埋葬されていたことから、「土のピラミッド」と呼ばれている。そのうち六号墓は、すでに壊されていたにもかかわらず、なおも玉製品、石製品、象牙製品や土器が一一九点残っており、その中には玉琮五点、玉璧四点が含まれていた。〔江蘇省武進県〕寺墩《じとん》三号墓は、墓主が青年男子で、副葬されていた玉琮と玉璧は五七点に達した。〔江蘇省呉県〕張陵山遺跡の一基の墓葬にも、土器や玉製品、石製品が合計四〇点余り副葬されていて、なかでも獣面紋を〔装飾として〕もつ玉琮、玉瑗《えん》、玉蟬《せん》などが目立つ。墓主の足元には副葬土器といっしょに三人の人間の頭骨が発見されており、その身分が奴隷であったと推論する人もいる。

玉器は中国古代文明の重要な構成要素の一つで、その源は明らかに新石器時代にある。目下発見されている最も古い玉器は今から七〇〇〇年前頃のもので、新石器時代中期と後期になると、玉器製作はおそらくすでに独立した手工業分野として発展を遂げていたと思われる。河姆渡文化、大汶口文化、良渚文化、紅山文化、龍山文化の遺跡においては、精巧に美しく加工された玉器が出土している。なかでも、玉製の斧、玉製の鏟、玉製の武器などは、ある程度の実用価値があったはずである。後漢時代の袁康が著した『越絶書』では、人類が使用した工具を、石・玉・銅・鉄の四段階に区分しているが、おそらくある程度において実際の発展順序を反映していると思われる。現在においては、紅山文化の遺跡での発見例にもとづいて、「玉器時代」を問題提起した人もいる。玉簪《しん》、玉環、玉璜《こう》、玉玦《けつ》の類が装飾用のものであるのは、論ずるまでもない。玉製の龍や鳥などは、おそらくトーテム神を象ったものであろうし、玉琮や玉璧などは儀礼用の礼器に属し、宗教あるいは権力の象徴としての意義を備えていたと思われる。『周礼〔春官・大宗伯〕』には「蒼璧は天を祀り、黄琮は地を祀る」という記述があるが、こうした祭礼の制度は、より古い伝統の中から受け継がれてきたものであるに違いない。先にとりあげた良渚文化の遺跡において、玉璧や玉琮などの礼器を副葬していた墓主は、特殊な地位の人物であったはずである。新石器後期において、原始社会段階の氏族部落は解体へと向かい、すでに氏族の構成員を超越した権力が生まれており、父系家族の中においてもすでに家内奴隷の兆候が現れていたことを示している。

このほか、新石器後期においては小型の城址、荘厳な祭壇や廟堂などの建築にも、文明の兆しが現れた。

仰韶文化期においても、半坡や姜寨の聚落遺跡の外周には、比較的簡便な防御施設として、すでに堀が掘り込まれていた。龍山文化の段階になると、土を積み固めた版築あるいは石を積み上げた囲壁が新たに現れ、形状もかなり整っており、工事の規模もそれ以前より大いに拡大した。河南龍山文化の〔河南省〕登封県の王城崗城址は、版築の土壁の長さが〔城の一辺で〕およそ九〇メートル余りある。〔河南省〕淮陽市の平糧台城址は、長さと幅がそれぞれ一八五メートル、城壁の残存高が三メートル余りで、南北両辺の城壁の中位に相当する位置にそれぞれ城門を一ヶ所ずつ設けている。山東龍山文化の〔山東省〕寿光県の辺線王城址は概ね隅丸の台形を呈し、城内の面積は四万平方メートル余りで、版築土壁の下の基礎工事の部分からは子供、犬、豚などの骨が発見され、基礎工事の際に供犠されたものと考えられる。このほか、内蒙古自治区包頭市の阿善、涼城、老虎山などの遺跡では、石壁が見られる。これらの小型の城址は、氏族社会が解体する過程で、私有財産の増加に伴い、戦争が頻繁化して生まれた防御手段である。

新華社の一九八六年八月七日の報道によれば、甘粛省秦安県の大地湾遺跡において、今から五〇〇〇年前の、総面積四二〇平方メートルの大型建築遺構が確認されたという。それはしっかりと組み立てられた複合建築であり、主室、左右の側室、後室、前門の付属建築の、四つの部分に分かれる。主室は中央に位置し、主室の正面入口は南向きで、主室の形は長方形を呈し、面積は一三〇平方メートルに達し、八柱九間で、正面入口は中央の第五間に設けられている。主室の東西それぞれの辺には側室に通じる入口があり、北側には後室があって、周囲には黄土を版築した土壁が断片的に残っていた。主室大庁全体の地面は、見た目が現代のセメントとよく似ていて、平らで光沢もあり、鉄の道具で叩くと現代のコンクリート舗装の地面と同じような、澄んでよく響く音がした。〔主室〕大庁の中に対称に配されて屋根を支えた二本の主柱については、柱を保護するためのその周りの盛り土を考古学者が測った結果、主柱の直径が五七センチ、一周の長さが一・七九メートルであることが明らかとなった。一九八六年八月初めに開かれた蘇秉琦、安志敏などの考古学の専門家による会議によって、それが原始社会の人々の普通の住居ではなく、氏族あるいは部族が連盟して公的な活動を行う場所であろうとする認識が示された。この大型建築において、柱の間隔が奇数分になるように柱が配され、その中央正面に入口が設けられ、建物が全体として長方形をなし、長辺を正面とし、左右対称で、前後に呼応する部屋の配置が見られ、木造の基礎構造が重い上部構造を支え、壁は間仕切りの役割でしかないという点は、その後数千年にわたって続く中国の伝統的な土木建築の特徴である。これにより、原始社会において芸術的な建築が生み出されていたこと、そしてそれが以後数千年続く中国式の殿堂建築の一つの雛形となったことが明らかとなったのである。[11]

さらに注目されるのは、遼寧省の考古学者たちが、一九七九年に遼寧省西部の山間部の喀喇沁《カラチン》左翼蒙古族自治旗の東山嘴《とうざんし》村で一基の紅山文化の大型の祭壇を発見したのに続いて、一九八三〜一九八五年にかけてまた、この祭壇遺跡から五〇キロ離れた建平県と凌源県の間に位置する牛河梁で、紅山文化期の女神廟、積石墓群、小型の城址遺跡を発見したことである。放射性炭素年代測定と年輪年代補正によると、これらの遺跡は今から五〇〇〇年余りも前のものである。出土した文物は、まさに原始社会末期の一大宝庫というべき内容であり、なかでも特に珍しいものとしては、東山嘴の祭壇遺構で発見された、頭の部分を欠いた妊婦の土製裸体像二点がある。残存する部分の身の丈は五センチと五・八センチで、腹部が張り出し、尻が大きく、左腕が曲がり、その手は腹の上部に置かれ、陰部には三角形の符号があり、典型的な妊婦の姿である。このほか、頭の部分を欠いた、等身大のほぼ二分の一の大きさの女性坐像が二点発見されている。牛河梁遺跡では、さらに女神像の頭部一点がほぼ完全な形で発見されており、その大きさは等身大に近く、典型的なモンゴロイドで、現在の華北人と顔の形が似ている。女神の眼球は、青緑色に輝く丸い玉製の珠をはめ込んで作られていて、いかにも両眼がきらきら輝き、顔もつやつや輝いていた感じである。注目すべきことは、出土したその他の塑像の破片には、年齢が異なるために発育も異なる乳房や、丸みのある肩があり、ふっくらとして長く伸びた手の指から見て、牛河梁遺跡には複数の女神像を祀る大きな殿堂があったに違いないという点である。かつてこれらの女神を「母系氏族社会のシンボルであった」と考えた人もいた。蘇秉琦先生は、いにしえの「郊」、「燎」、「禘」[13]などの祭祀活動と類似することに注目して〔これらの紅山文化の遺構群について〕考察を深めるべきであるとしたが、それは実際状況と合っている。東山嘴の祭壇は、南が丸く北が四角で、まさに文献の記述における〔天子が天地を祀る〕郊祀の礼の制度と符合している。文献中の最も古い郊祀の儀礼の記述はおそらく、殷の人々の祖先が天を祀って世継ぎを求めたという、「〔殷の始祖である〕契《せつ》の母の簡狄《かんてき》は〔仲春の〕玄鳥が至った日に高禖《こうばい》の祭祀をして〔後に〕契を生んだ」[14]というものであろう。以後、殷周以下の歴代において、天を祭って世継ぎを求めることは盛んな祭祀儀礼となった。東山嘴、牛河梁の郊祀で、女神だけを祀っているのは、最も原初的で最も典型的な高禖の証拠であると考えられる。

東山嘴、牛河梁の紅山文化の遺跡の全体の配置もまた注目に値する。壇・廟・墓が、約五〇平方キロの範囲において、三つが一体としての規則性をもつことは、北京の天壇、太廟、明の十三陵〔の関係〕と似ている。積石墓群はいずれも山頂あるいは小山の上にあり、〔その墓域内では〕中心に大型墓、周囲に多くの小型墓があり、副葬品がごくわずかあるいはまったく見られない墓と、大型の優れた玉器が副葬されている墓がある。これにより、氏族構成員の階層分化がきわめて厳格であり、すでに〔後世に体系化される〕「礼」制の雛形を備えていたことが認められる。そうしたことから、〔その遺跡を〕見学した専門家たちは、これらのすべて〔の考古学的発見〕から「当時ここで暮らしていた人々が、すでにアニミズムやトーテミズムという低い段階を離れ、一段高い段階の〔奴隷制社会段階の〕文明社会に突入していたのであり、このように大規模な建造物は、部落を超越した連盟組織に属していたに違いない」と考えたのである。[12]

『光明日報』一九八七年五月一八日第一面の報道によれば、遼寧省の考古学者たちは遼寧省西部の女神廟に続いて、遼東半島黄海沿岸の丹東地区の後洼《こうわ》新石器遺跡で、今から六〇〇〇年前の四〇点余りの珍しい石製彫刻や土製の塑像を発掘した。特に注目に値するのは、人と獣が複合したこれらの石製彫刻と土製の塑像の中に、龍や虎や鳥などが見られることで、トーテム芸術の観点から言えば、これらはみな中華文明の伝統観念と合致している。しかし報道によると、それ以上の推論はまだできないようである。かつては、東山嘴、牛河梁遺跡において発見された玉製の龍が、最古の龍の遺物と考えられていたが、丹東後洼の玉製の龍はおそらくさらに古く、注目される遺物である。

中華民族の最も古い国家は夏、殷〔王朝〕で、ともに黄河中下流域に存在した。しかし、甘粛秦安大地湾における仰韶文化の殿堂建築や、遼西の紅山文化の祭壇などの文化要素から見ると、いずれも殷周以後の中華の古代制度と淵源としての関係をもち、紅山文化の玉器群もまた殷文化の玉器と淵源としての関係をもつと考えられる⑬。

紅山文化に見られる動物形の玉器には、龍・鳥・虎・亀・蝉・犬・蚕・魚などがあり、いずれも殷代の玉器のおもなモチーフと同じだが、良渚文化の玉器〔の種類〕が、玉璧・玉琮・玉璜・玉玦などであるのとは、明らかに系統として異なっている。しかし良渚文化の玉器もまた、同様に殷周に受け継がれて発展したのであり、先に挙げたように玉璧と玉琮などは、殷周時代においては天と地を祀る儀礼用の礼器であったのである。さらに、殷周の甲骨文字の淵源が、おそらく大汶口文化、仰韶文化、紅山文化、馬家窯文化において繰り返し現れる一部の符号や文字らしきものにあるということ、また殷周青銅器の器形や文様についても、黄河中下流域の二つの文化区を主とする同時期のさまざまな新石器文化の中にそれらの原型があるということを考えるなら、以下のような説明が可能である。中華文明はまず黄河中下流域に発達し、中華最古の国家制度、青銅器文化と文字制度を生み出した。そこで主たる役割を果たしたのは黄河中下流域の二大系統の新石器文化であるが、同時にそれはまたそのほかの新石器文化が内側に向かって凝集し、融合した結晶でもある。黄河中上流域の秦安大地湾の仰韶文化後期の殿堂式建築、燕遼地域の紅山文化の祭壇と「女神廟」、さらに良渚文化の「土のピラミッド」的墓群はいずれも、中華新石器文化の多元的な地域性をもった発展のあり方、すなわち小さな火がまたたくようであったものが、次々と中原に凝集していき、あかあかと燃え盛る火となり、それによって中華文明が眼を奪うほどの輝きを放つようになり、中国が世界最古の文明国の一つになったことを示すものである。源流がかくも豊かで多元であるために、その後の数千年において、多くの民族と文化が華やかな彩りを見せ、またそれらが次第に結び付いて統一的な多民族国家と重層的で奥行きのある偉大なる中華文明が形作られたのであり、それは何ら不思議なことではないのである〔15〕。

原注

（1）以下の旧・新石器時代文化に関する年代データは、補足説明のない限り、基本的にすべて『中国大百科全書・考古巻』における関連項目中に記された、放射性炭素年代測定法による補正年代のデータに依拠している。

（2）〔中国科学院古脊椎動物与古人類研究所『中国古人類画集』編制組〕『中国古人類画集』科学出版社〔北京〕、一九八〇年、第二頁。

（3）宋兆麟・黎家芳・杜耀西『中国原始社会史』文物出版社〔北京〕、一九八三年、一一三頁。

（4）胡承志「雲南元謀発現的猿人牙歯化石」『地質学報』一九七三年第一期。

（5）考古学界では、一般に裴李崗文化と磁山文化を区分し、二つの種類の新石器時代前期の考古学的文化としている。ここでは、夏鼐先生の『中国文明起源』〔正しくは『中国文明的起源』文物出版社〔北京〕、一九八五年。原著は日本で刊行された小南一郎訳『中国文明の起源』ＮＨＫブックス、日本放送出版協会〔東京〕、一九八四年〕の記述方法に従う。

（6）廟底溝文化は、仰韶文化の数ある類型の一つに過ぎない。本論文は〔各文化の〕区系だけに言及し、各文化のさまざまな類型〔の詳細〕については言及しない。そのため、異なる区系の変遷過程に触れる際に限り、一部の類型に言及する。以下、皆これに倣う。

（7）馬家浜文化と崧沢遺跡の新石器文化については、考古学界になおも二つの意見がある。一つは、どちらも馬家浜文化で前期と後期の二つの時期に他ならないという考え方であり、もう一つは、前後に連続する二つの異なる新石器文化であるとするものである。馬家浜文化の最も古い年代はおそらく河姆渡早期に概ね相当しているが、一般的にはやはり河姆渡文化を受け継いで発展した〔独立した〕新石器文化であると考えられている。

（8）何介鈞「洞庭湖区新石器時代文化」『考古学報』一九八六年第四期〔科学出版社、北京〕。

（9）蘇秉琦教授の「関於考古学文化的区、系、類型問題」〔『文物』一九八一年第五期、文物出版社〔北京〕、および『蘇秉琦考古学論述選集』文物出版社〔北京〕、一九八四年所収〕の〔文化区の〕分類方式、範囲および内容に従えば、蘇先生の科学的な区分を体現しているとは言いにくいが、〔本論文ではあえて〕西南中国の新石器文化についても本節で大まかに説明を加えておく。

（10）賈蘭坡「中国細石器的特徴和它的伝統、起源與分布」『古脊椎動物與古人類』一九八七年第一六巻第二期〔科学出版社、北京〕を参照。

（11）『光明日報』一九八六年八月六日第一面、『人民日報』一九八六年八月七日第一面を参照。

（12）『光明日報』一九八六年七月二五日第一面の報道内容、および孫守道・郭大順「論遼河流域原始文明與龍的源」〔『文物』一九八四年第六期〔文物出版社、北京〕〕、蘇秉琦「遼西古文化古城古国――試論当前考古工作的重大課題」〔『遼海文物学刊』一九八六年創刊号〔遼寧省博物館、瀋陽〕〕などの論文を参照。

（13）兪偉超・厳文明ほか「座談東山嘴遺址」『文物』一九八四年第一一期〔文物出版社、北京〕。

訳注

【1】原題は、「中華新石器文化的多元区域性発展及其匯集與輻射」である。本論文では、この題名も含め、以下、各所で「中華文化」「中華民族」など、「中華」がキーワードとして用いられている。「中華新石器文化」「中華文化」ともに日本語では馴染みがなく、むしろ「中国」に訳し換えると受け入れやすい。しかし、本書における「中華民族」の議論の性質を考えると、本論文中に現れる「中華民族」を「中国民族」と訳すことはできない。したがって、ここでは日本語における不自然さを残しつつも、あえて「中華」はそのまま「中華」として訳すことにしておく。

【2】外来説とは、中国の民族的な起源と文化的な起源地を、中国版図の外側に求め、民族移動と文化の伝播によって説明しようとする、さまざまな議論を指す。その歴史的背景には、一九世紀における欧州人主導の進化論と近代考古学の世界的展開という動きがある。中国考古学の領域では、文中でも登場する仰韶文化の発見者として学史に名を残す、スウェーデン人のアンダーソンによる「彩陶文化」西方起源説が有名である。列強の圧力の下で、民族と国家の自立を目指して国家建設が模索された時代に花開いた中国考古学にとっての最大の課題は、この「外来説」に替わって「自生説」を考古学的な知見と古代史研究によって、自民族および世界に提示することであった〔量博満「新石器時代研究の展開」『中国歴史学界の新動向』刀水書房〔東京〕、

一九八二年、および陳星燦『中国史前考古学史研究 一八九五―一九四九』三聯書店（北京）、一九九七年）。

【3】 先学とは蘇秉琦のことを指す。「区系類型」などの氏の考古学的議論の特質については、岡村秀典「区系類型論とマルクス主義考古学」『展望考古学』、考古学研究会（岡山）、一九九五年、および大貫静夫「中国における土器型式の研究史」『考古学雑誌』第八二巻第四号、日本考古学会（東京）、一九九七年を参照。

【4】 中国大百科全書総編輯委員会《考古学》編輯委員会ほか編『中国大百科全書・考古学』中国大百科全書出版社（北京）、一九八六年。

【5】 原文は「窖」。「窯」に訂正する。

【6】 原文は「広西」。「広東」に訂正する。

【7】 原文は「海徳路加」および「魏登瑞」だが、Mizoguchi, Yuji, (1985) *Shovelling : A Statistical Analysis of Its Morphology*, The University Museum, The University of Tokyo, Bulletin, No.26, Tokyo の文献リストを参照し、それぞれ A. Hrdlička と F. Weidenreich と判断した。

【8】 原文は「卡包奈爾」だが、前掲訳注（7）文献によって、同様に、V. M. Carbonell と判断した。

【9】 今日の河北省北部から遼寧省南辺部にまたがる範囲の古名。

【10】 原文は「硤」。「峡」に訂正する。

【11】 原文通り。

【12】 干志耿・孫秀仁『黒龍江古代民族史綱』黒龍江人民出版社（哈爾浜）、一九八六年。

【13】「郊」は天子が天と地を祀る儀礼のこと、「燎」は火で天を祀る儀礼のこと、「禘」は天子が上帝と祖先を祀る儀礼のこと。

【14】 本文での引用文は「契母簡狄以玄鳥至之日祀于的高禖而生契」である。後漢の蔡邕が、『礼記』月令篇に対して著した『月令章句』の佚文の引用と見られるが、晋の司馬彪『続漢書』礼儀志・高禖に付された梁の劉昭注、および唐の杜佑『通典』礼・高禖に付された杜佑原注の引用文は、「契母簡狄、蓋以玄鳥至日有事高禖而生契焉」で、文字にやや出入りがある。

【15】 原著者が自ら指摘するように（原注9参照）、本論文が扱った範囲のうち、黒龍江省方面や、西部地域、雲貴高原などは、本論文に強い影響を及ぼしたと見られる蘇秉琦の「区系類型」論文の対象範囲には含まれておらず、両者の間には構造的枠組みにおいて質的に大きな相違がある。

「漢人」をめぐる考察

賈敬顔（菊池秀明訳）

中国は古くから一つの多民族国家であった。異なる民族間の長期にわたる交流は、互いに吸収、融合し合いながら、数千年の発展と変化を経て、現在の団結と友愛に満ちた民族の大家庭を築くに至った。今日の漢民族は、こうした歴史的過程の中で多くの民族が合流して成立したのである。本文は「漢人」の呼称に含まれた意味の歴史的変化から、この合流の過程について考察することにしたい。

一　「漢人」という呼称の起源

その名の通り、漢人という名称は漢王朝に由来する。ただし漢の人々は決して漢人とは呼ばれておらず、秦人と呼ばれていた。その証拠として以下の四つがある。

第一に『史記』の大宛《だいえん》〔フェルガナ〕列伝を見ると、貳師《にし》は趙始成、李哆《りし》らとはかりごとをめぐらし、「聞くところでは、大宛城内に新しく来た秦人は、井戸の掘り方を知っており、城内には食べるものが多いということだ」と述べた。筆者の考証によれば、『漢書』李広利伝はこの部分を抄録するとき、「秦人」を「漢人」に改めただけで、その他は元のままであった。秦人と漢人が同じだったことがわかり、ここでの漢人とは漢王朝の人であった。

第二に『漢書』匈奴伝には、「ここに律為単于《りつりぜんう》を守る計画をたて、井戸を掘り城を築き、櫓を立てて谷に隠し、秦人と共に守った」とある。顔師古《がんしこ》は註釈を施して、「秦代には匈奴に投じる者がおり、その子孫は秦人を名のった」とした。こうした可能性はあると考えられる。匈奴が秦人の後裔を名のって秦人となったのであれば、その影響で漢の人々が秦人と呼ばれたとしても、話は通じる。

第三に『漢書』西域伝によると、武帝は征和四年〔紀元前八九年〕に輪台の詔を下して自らに罪を与えたが、軍候弘の上書を引用して、「匈奴は馬の足を縛り、城下に置いて、急いで言った『秦人よ、わが乞い求めること馬の如しだ』」とある。これに顔師古は「中国人を秦人と呼ぶのは、いにしえの言い方に習ったのである」と註をつけた。考証によると、宋代の馬永卿が書いた『嬾《らん》真子』巻一、「中国は漢たり」の条は、この伝を根拠に一説を唱え、敷衍して「ゆえに今夷狄が中国を漢と呼ぶのは、またこれによる」と述べている。また胡三省は『資治通鑑』の註をつける中で、この年のこの記事の後に展開して、「漢代に匈奴が中国人を秦人と言い、唐代及び国朝〔宋をさす〕になると中国を漢と呼び、漢児、漢人などと呼ぶようになったのは、皆古きに従って言ったのである」としている。

第四に、永寿八年[1]に刻まれた『劉平国の□谷関を治するの頌』は、「亀茲 Qiuci〔クチャ〕の左将軍である劉平国は、七月二十六日に家を出発し、秦人の孟伯山、狄虎賁、趙当卑、万□羌、石当卑、程阿羌ら六人と共に来たりて、□□□□谷関に作した」とある。王国維はこの石刻を考証し、先に挙げた大宛、匈奴、西域の三つの伝を引用して、秦人が即ち漢人であることの証拠とした[1]。

秦朝の強大さと威信は遠方にまで轟いていたので、秦の隣国の人々は秦の滅亡後も長いあいだ漢王朝の人を「秦人」と呼んだ。後に、「秦人」という呼称は、「漢人」という呼称に取って替わられたが、それは国外で依然として影響を残した。長い時間がたつうちにインドなどの国は、中国を「支那《ジーナー》」「脂那」「至那」などと呼ぶようになったのである。これは今日ヨーロッパ人が中国をChinaと呼ぶ由来であり、そのルーツを推し量るに、「秦〔Qin〕」の字から来たものと考えられる[2]。

しかし注意すべきは、後漢時代にすでに「漢人」という呼称があり、その意味が「漢王朝の人」であったことである。『後漢書』耿恭《こうきょう》伝は車師王国の後王夫人について「祖先は漢人」と述べており、西域伝には漢人の韓融が出てくる。南匈奴伝では漢人の郭衡が登場するばかりでなく、「永初三年〔紀元一〇九年〕夏に漢人の韓琮は南単于に従って入朝した」とある。烏桓《うかん》鮮卑伝によると、漢人が罪を得て、逃げて鮮卑の謀主となり、兵の強さと馬の速さは匈奴を凌いだという。この蔡邕の上奏文は、『資治通鑑』巻五十七を参照されたい。同伝の建安十一年〔二〇六年〕の記録には、「幽州、冀州の吏民で烏桓に逃げた者十万余戸におよぶ」とある。『資治通鑑』巻六十五はこの部分を変えて、「烏桓は天下の大乱に乗じて、漢民十余万戸を連れ去った」とした。この多くの箇所の「漢人」または「漢民」というのは、すべて漢王朝の人のことである。

二　「漢人」という民族呼称の形成

李慈銘『桃華聖解庵日記』辛集、第二集の光緒四年〔一八七八年〕二月二十日の下には「漢人」という名前の由来について述べたまとまった記載がある。それは史料が比較的集中しており、論理も割合一貫しているので、ここに引用することにしたい。

中国人を漢人と呼ぶようになったのは魏の末期に始まった。北斉を建てた高氏は渤海蓨の人と言われるが、〔高〕歓の祖先が懐朔鎮に移住し、すでに胡俗に同化していた。このため『北史』神武紀は「神武〔高歓をさす〕

は代々北辺に住んでいたため、その習俗にならって、ついに鮮卑と同じになった」とある。魏の政治を握るにあたって、その姻戚で共に台頭した婁昭、尉景、劉貴らはみな中国の種族ではなかったため、ついに中原の人を漢人と呼ぶようになった。

例えば文宣皇后李氏伝には「〔文宣〕帝が中宮を建てようとすると、高隆之、高徳正は漢の女性は天下の母となるべきではないと言った」とあり、李氏を趙郡の李希宗の娘だったとしている。楊愔《よういん》伝は「太皇太后は言った、どうしてわが親子が漢の老婦人の指図を受けることが出来ようか……」とあるが、楊愔らがしばしば議論して婁后を北宮へ移し、李后に権力を持たせようとしたために、婁后はこうした発言をしたのである。

廃帝紀には「文宣はいつも皇太子〔廃帝をさす〕が漢家の性質を得たと言った」とあり、廃帝を李后の生んだ子供としている。楊愔伝には「廃帝は『天子であっても叔父を惜しまないのに、どうしてこの漢の輩を惜しむことがあろうか……』と言った」とあり、ここで指しているのは楊愔や燕子献、宋欽道、鄭子黙らである。斛律金《こくりつきん》伝は「神武はその古い人質を重んじ、いつも文襄〔即ち高澄、文宣帝の兄弟〕に戒めて『おまえが用いている多くの漢人を謗《そし》る者がいても信用してはならぬ』と言った」と述べている。また『北斉書』高昂伝は「高祖は『都督の高純は、漢兵は役に立たないのではないかと恐れ、今まさに鮮卑兵千余人を割いて互いに混ぜ合わせた……』と言った」という。

高徳政伝には「顕祖は臣下たちに『高徳政は常々漢人を用いて〔考証によれば『北史』では「人」の文字は使われていない〕、鮮卑を除くべきだと言っているが、これは即ち死に値する……』と言った」という記載がある。また『北史』高昂伝には「劉貴と高昂が座った。外では白治河の役夫が多く溺死しており、劉貴は『一銭価漢〔一銭の価値しかない漢〕よ、これに従って死ね』と言った。高昂は怒り、刀を抜いて劉貴をたたき斬った」とある。さらに薛修義伝〔『北斉書』では「循義」となっている〕には「斛律金は『漢の奴らに防衛を任せ、その家族を人質にせよ……』と言った」とある。こういった例は大変多く、漢人を区別することの始まりを示している。『北斉書』杜弼伝には「顕祖はかつて杜弼に尋ねて『国を治めるには何人を用いるとよいか』と言った。すると杜弼は答えて『鮮卑は車馬の客のようなものであり、中国人を用いるべきである』と言った。顕祖はこの言葉が自分を嘲ったものだと思い込んだ」とある。けだし高歓は当時爾朱《じしゅ》を異民族と考えたが、実際には自らその仲間となった。このため彼の任命した人々、例えば庫狄干、賀抜允、万俟普と万俟洛親子、可朱渾道元、破六韓常、莫多娄貸文、庫狄回洛、庫狄盛、斛律羌挙、斛律金、侯莫陳相、叱列殺鬼、歩大汗薩、薛孤延、呼延族、乞伏貴和と乞伏令和の兄弟、賀抜仁、尉標と尉相貴親子、尉長命、綦連猛らはみな匈奴の部族であり、中国にあった氏姓ではなかった。[3]

近代に陳垣が作った『通鑑《つがん》胡《こ》注表微《ちゅうひょうび》』は、再び司馬光の書中と胡三省の注釈の関係を漢人の名称から数カ所取り上げ、解説を加えているが、それは詳細を究めた点で李氏の日記に匹敵する。高敖曹〔高昂をさす〕と劉貴が争った件での「一銭価漢」については、『北史』の原文では「頭銭価漢」となっていた。だが『資治通鑑』は「一銭漢」へ改め、胡三省の注釈には「一銭漢とは漢人の価値がないことを言っている」とある。『通鑑胡注表微』は「一銭漢とは温公〔司馬光のこと〕がこれを言いかえたもので、漢人は値打ちがないことを言っている」と述べている。劉貴と石勒[2]が勢力を伸ばしてからは、漢人で異民族に投じる者が多かったので、彼らが蔑視されたのはもとより当然であった。

『輟耕《てつこう》録』巻八には、今の人々は賤しい官吏を漢子と呼ぶとある。例えば北斉の魏愷《ぎがい》は散騎常侍から青州長史となったが、それを固辞した。文宣帝は激怒して「何様のつもりだ、官職を与えたのに就かないとは〔何物漢子、與官不就〕」と言ったという。この『輟耕録』の記載は『北史』魏愷伝から引用しており、『老学庵筆記』[3]巻三に見える。北斉が漢人を蔑視した史料は他の史書に比べて特に多く、ひどい場合は「狗漢〔犬のような漢人〕」「賊漢〔盗賊のような漢人〕」と罵ったことが韓鳳伝に記されている。

しかも罵られたのは漢人ばかりではなかった。例えば和士開は元々西域の商胡〔異民族商人〕であった。琅琊王《ろうやおう》儼伝《げんでん》によると、儼が士開を殺した時に、斛律光《こくりつこう》は「天子が一人の漢人を殺めたからといって、何を困ることがあろうか」と言ったという。ここでは異民族〔胡〕を漢としている。源師も元々鮮卑の出身だったが、高阿那肱伝《こうあなこうでん》は彼を「漢児」として斥け、鮮卑が漢とされている。恐らく「漢」という文字は、初め漢族を罵るために使われたが、やがて人を罵る意味に広げられ、必ずしも漢人を指すとは限らなくなったのである。

高洋〔即ち文宣帝〕がかつて皇太子が漢人の性質を持っていることを嫌った点について、胡三省は「鮮卑は中国人を漢と呼んでいた」と註をつけている。また『通鑑胡注表微』は「皇太子の母である李太后は漢人であり、それゆえ『漢家の性質をもっている』と言ったのである。二つの民族が婚姻によって融合することは最も容易であり、通婚が広まることによって夏夷《かい》はもはや区別出来なくなった。このため隋、唐以後の鮮卑は、ことごとく中国人となったのである」と記している。

李氏は高歓が任用した二二名を列挙しているが、胡姓〔異民族の姓〕は一三に過ぎなかった。近年姚薇元《ようびげん》が書いた『北朝胡姓考』という本では、全部で一九三の胡姓があった。これを『魏書』官氏志と照らし合わせると、載っている胡姓は王室が一〇、功績ある家臣が八、内入の姓が六八、四方の姓が三四であった。また『魏書』官氏志に見えない胡姓は、東胡の姓が一三、東夷の姓が三、匈奴の姓が一三、高車の姓が九、西羌の姓が一三、氐《てい》族の姓が五、賨《そう》族の姓が一、羯族の姓が六、西域の姓が一三であった。

北朝期に北方各民族の皇室や貴族はみな漢人と結婚し、北魏の太和年間〔四七七―四九九〕には、北方各民族の複姓《ふくせい》〔二文字以上から成る姓〕を単姓《たんせい》〔一文字の姓〕に改めよとの詔《みことのり》があった。これは民族が同化する速度を大幅に速めることになった。右に挙げた一九三の胡姓は本来「中国固有の姓氏ではなかった」が、民族同化の歩みに従って、これらの胡人はついに漢人の中に消えてゆき、漢人に新たな血を注入することになった。しかし胡姓が漢姓〔漢民族の姓〕に改められた歴史はとても長く、ある胡姓が漢姓に変わった時期は比較的早かった。例えば阿史那《あしな》が史氏と改め、烏石蘭《うせきらん》が石氏となったのはみな唐代のことであった。またある胡姓は明代初期に至ってようやく漢姓へ改めることを強いられた。呼延《こえん》が呼姓に、乞伏《こふく》が乞姓になったのはその例である。[4]

十六国と北朝の二七〇年にわたる歴史を見渡すと、北方及び西方の少数民族が大量に黄河流域に進入した。彼らは漢人と雑居し、互いに交流して、民族間の大いなる吸収と融合を生みだしたが、その趨勢は文明化の度合いが比較的強い漢族への同化にあった。姓氏の変化はこの過程を反映しており、姓氏の変化は民族同化の重要なメルクマールであったと言うことが出来る。結局、十六国と北朝を経た後、漢人の内容は複雑になって数も増え、この人々の共同体は雪だるま式に大きくなった。

当然もう一つの情況として漢人の異民族化があり、大量の漢人が少数民族地区へ流入し、自発的にせよ、そうでなかったにせよ、次第に変化して少数民族になった事実が含まれる。この問題は別の機会に論じることにしたい。

鮮卑の拓跋氏は中国を二〇〇年近くにわたって統治したため、国力が強大で名声と威厳は天下に轟き、殆んど秦漢帝国と同じであった。このため七世紀の突厥碑文にはTabghacという名称があり、Theophylacte Simocattaの著作では早くからTaughastと記され、唐代の中央アジア人は広く中国人をこう呼んだ。元代初めの一二二一年に丘処機《きゅうしょき》が西域へ赴いた時に、イリ河東のアルマリク（Alimaliq）では「桃花石《タオフォアシー》は何事につけ巧みである。桃花石とは漢人のことだ」という賞賛を耳にした。[5] その源をたどると、「拓跋」という言葉に由来することがわかる。[6] こうした呼称はその後もチャガタイ・ハーン国の時代に至るまで用いられた。[7]

隋、唐は統一、発展を大いに遂げた時代であり、また十六国、北朝以来の民族が大いに雑居し、引き続き融合を続けた時代でもあった。異民族の漢化、漢人の異民族化、異民族と漢人の相互同化など、様々なケースが生まれた。唐の高祖は隋末に「落ちぶれて戦乱を避け、亡命した者は大変多い。異民族の地に逃亡した知識人も少なくなく、中国の礼が異民族の間に見られる」[8]と言った。これは漢文化が遠方に伝わったものである。

この他に同化を強制することもあった。隋末に黄河流域の人口は大幅に減少し、唐初にはわざわざ長城以北の異民族を内地に入植させ、彼らに耕作させて土地税や兵役を負担させた。その後これらの人々は次第に漢人と融合した。『旧唐書』温彦博《おんげんはく》伝は、朝廷の士が突厥の降伏者の処置を議論し、多くが「彼らは帰順したのだから、その部族を分け、これを河南へ連れて行って州県に分散させ、それぞれ田を耕させ、その習慣を変えれば、百万に及ぶ異民族の投降者は同化して漢人にすることができる。中国には戸数が増える利点があり、長城以北は常に空となる」と主張したと記している。太宗はついに温彦博の提案を聞き入れ、漢の光武帝が降伏した匈奴を五原の塞下に置き、属国を置いたやり方を用いた。そして「その部落を保全して防衛に役立てたので、本来の習慣を失わずに済んだ。ついに降伏した人々を華北の内地に住まわせ、長安に居住した者は万戸に及んだ」という。突厥人の漢化は唐代の北方民族における漢化の一つの代表であった。

この時代それぞれの民族には区別があったとはいえ、境目と隔たりは殆んど存在しなかった。これは隋、唐代の民族関係におけるきわだった特徴であった。例えば唐の太宗の嫡男だった常山王承乾《じょうざんおうしょうけん》〔4〕の突厥文化に対する傾倒ぶりは殆んど狂気じみていた[9]。貴族でさえこの有様だったのだから、一般人は推して知るべしである。

隋、唐の皇室の血縁関係は複雑であった[10]。また隋、唐の多くの政治、軍事活動には、異民族や漢化した異民族が参画していた。隋の建国と政権固めの過程において、漢化した鮮卑出身の貴族による支持が決定的な役割を果たした。彼らは建国の功臣またはその子弟として次々と統治者集団に入り、上は三公、三師〔それぞれ政治、軍事のトップ〕から下は刺史、総管に至るまで、いずれもそうであった。そのうち中枢機構で王命を伝える職にあった者は二七人、十二衛で大将軍となった者は一三人いた[11]。唐代の宰相三六九人のうち、異民族出身者は二〇姓、三六人（疑わしい者は数に入れていない）おり、全体の十分の一を占めた。

唐政権はかなりの程度まで蕃将《ばんしょう》（異民族出身の軍人）に頼ることで維持されており、『唐書』がわざわざ蕃将のために専門の伝を設けたのは、その地位の重要さを物語っている。蕃将は唐代三百年の政治において、一貫して軍事力の中堅であった。安禄山と史思明は蕃将として河北に割拠し、胡化（異民族化）政策を取って部族に基づく軍隊制度、即ち義児制を復活させた。安禄山、史思明の残党である薛嵩《せつすう》、田承嗣《でんしょうし》らは漢人であったが、実際には蕃将と同じであった。その軍隊はどんな民族であろうと、実際は異民族の部族と同じだった。唐が安史の乱や淮蔡の反乱を平定したのは、実に異民族の兵を主力としており、龐勛《ほうくん》との戦いや黄巣《こうそう》との大会戦などは、沙陀《さだ》部族[12]と極めて大きな関係を持っていた[13]。

沙陀部族が唐末の戦乱に参加したことは、五代の局面を形成することになった。五代のうち後唐、後晋、後漢の三王朝はみな沙陀人が建てたものだった。薛居正《せつきょせい》らが編纂した『旧五代史』唐荘宗紀の賛詞は「荘宗は雄図をもって河汾《かふん》に起ち、力戦をもって汴洛《べんらく》を平らげた。家の仇はすでに雪がれ、国に中興の幸せをもたらした。少康（夏を中興させた王）のように夏を嗣いで天や祖先を祭り、光武（帝）のように天命を受ける資格を得たが、また加えるものはなかった」と述べている。ここでは沙陀人である唐の荘宗が中興の主であり、唐朝の偉大な事業の合法的な継承者であるとみなしている。ここからは沙陀人が徹底して漢化していたことが窺える。

三　「漢人」の範囲拡大と「漢族」という呼称の出現

遼王朝は契丹《きったん》を主要民族としていたが、その建国は漢人の援助に負っていた。『五代史』四夷附録一は耶律阿保《やりつあほ》機《き》の建国過程において、漢人（彼らの住んでいた「漢城」も含めて）が果たした役割を生き生きとユーモアを交えて描いており、彼は漢人の生産力と技術によって台頭したと言っても過言ではないと述べている。じじつ遼は契丹と漢人という二大民族をまとめるために、一切の法令制度を異民族、漢人の二通りで行なった。

一方こうした歴史的段階にあって、私たちは二種類の生活、文化の衝突を見ることが出来る。例えば『旧五代史』張砺《ちょうれい》伝によると、張砺は初め契丹に落ち入り、南へ帰るところを追っ手に捕らえられた。契丹の主はその謀叛を怒ったが、張砺は「私は漢人だ、衣服、飲食共にこれと同じでなければ、生は死に及ばぬ。速やかに斬られよ！」と言ったという（『契丹国志』張砺伝はこれに基づく）。

また一方で我々は二つの民族ないしは多くの民族が、融合へ向かった形跡を見ることが出来る。例えば契丹人で漢人の官職を授かった者は漢の儀礼に従い、漢人との通婚を行なった。また太宗の時に「渤海人の統治は漢人の法に依る」[14]とし、また扶余人を都の西に、渤海人を都の西北に移住させて漢民と雑居させたりした。[15]遼は漢人が多数を占めたが、彼らは被支配者の地位にあったため、社会的な地位は契丹人よりも低かった。「これより先、契丹及び漢人が互いに殴り合って死なせた場合、刑罰の重さが一定していなかったが、ここに至って同等の罪にした」[16]とあるのはその反映であった。ただ総じて見ると、契丹族は積極的に漢文化を学び、自ら漢化に向かうことを望んだ。こうして彼らは一旦支配民族としての地位を失うと、急速に漢人の隊列の中へ加わったのである。

遼は建国の時に東へ、西へと征服を行ない、五代には東西三千里、幅は万里に及ぶ土地を開いたため、北方や西北地方では武門の誉れが高く、「契丹」はその地で専ら中国に対する呼称となった。明初から明末までに編纂された蒙古、漢対訳の語彙は、漢人を「乞塔《チーター》」「乞塔惕《チーターイー》（複数形）」或いは「乞炭《チータン》」と呼んでいた。[17]この言葉をムスリムの著述家は Hitai 或いは Hatai と書き記し、ヨーロッパの作家やネストリウス派のキリスト教徒は Catai、Cata または Cathay《キャセイ》と呼んだ。これは皆「契丹」の名が変じて中国に対する呼称となったのであり、現在なおソ連などの国ではこの名前を使っている。

金代のいわゆる「漢人」は北魏以来の「漢人」と言葉の意味が必ずしも同じではない。その「漢人」と呼ばれる人々は、遼の領土内にいた漢人及び渤海人、契丹人であった。我々はここから当時の渤海人、契丹人の漢化した程度を窺うことが出来る。「漢人」の居住地は幽〔州〕、燕〔州〕だったために、「燕人」とも呼ばれていた。金は燕人と南人を対にして挙げている。金朝の建国を考察すると、南は河南、山東で宋と境界を接しており、このため金の言う南人とは宋、遼国境の漢人つまり河南、山東の人をさした。

『金史』世宗紀下によると、大定二三年〔一一八三〕に世宗は「燕人は昔から忠直な者が少なく、遼人が来れば遼に従い、宋人が来れば宋に従い、本朝が来れば本朝に従った。その風習はずる賢く人に服従するが、これは昔からのことである。いく度かの変遷を経ながらも滅びなかったのは、こうした理由による。南人は強靭で、あえて直言して諫める者が多く、先に一人が殺されても、再び一人がこれを諫めるなど、非常に素晴らしい」と述べた。燕人とは漢人であり、そのため南人と比較して同列に論じたのである。

同書の張亨《ちょうきょう》伝には「世宗は宰相たちに『漢人で三品以上の官はいつも人材が少なかったが、張亨の如きは近く補外に命じたところ、頗る人々の信任を得た』と言った」とある。張亨は大興漷陰の人で、漷陰は金代には中都路即ち燕京の区域に属したから、漢人が燕人であったことがわかる。また賀揚庭《がようてい》伝には、「世宗はその強く果敢なのを好み、賀揚庭に『南人は率直で勇敢だが、漢人は性格が悪賢く、いざと言う時には多く逃げ出してしまう。以前南人は詩賦を学ばず、科挙に合格する者が少なかったが、近年は河南、山東人で科挙に合格する者が多い。漢人が充分官吏となり得ると言うことだろう』と言った……」とある。賀揚庭は曹州済陰の人であった。済陰は金では南京路に属し、古くは宋の領土であった。このため世宗は右のように言ったのである。

注意すべきことは南人に言及して、それを燕人〔或いは漢人〕と対で用いない場合には、その意味は必ずしも河南、山東の人とは限らない点である。例えば宗叙伝には「上（皇帝）と南辺のことを論じるに及び、宗叙は『南人はスパイを派遣して、我が事情を多く得ております』と言った」とある。ここで「南辺のこと」とは宋のことであり、南人とは宋人のことであった。また金人は宋人を南人と呼んだが、宋人はすなわち粤海の人を名づけて南人と呼んだ。羅大経『鶴林玉露』（天集巻四）によると、楊伯子は番禺の司令官をしていたが、交代の時を迎えた。俸給は銭七十緡《びん》あったが、全て下戸に代わって租税を納めてやった。そして次のような詩をうたった。「二年を無駄に過ごすうちに髪はすっかり白くなり、南人を世話していささかを失った。七百万の銭もみな要らぬ、富は全て小民の家に置こう」と。ここで南人とは純粋に南方の人をさしている。

宋、元代には多く「漢人」「漢児」の文字を詩に用いた。例えば汪元量『湖州歌』には「漢人は楚人の歌を歌い終えた」「漢人は最も夏爺爺を恐れる」とあり、『幽州歌』に「漢児は辮髪に籠毡笠」とある。また『淮安水駅詩』は「漢児」と「越女」を互いに対称させている。[18]この「漢人」や「漢児」は、あるものは一般に意味する「北方人」と同義語であり、あるものは蒙古人をさす。「楚人」「越女」とは当然「南人」であり、南方の中国人をさしていることになる。

女真人が改めた漢姓について、『金史』語解に見えるのは三一姓（『輟耕録』巻一から取ったようである）であるが、実際はこの数に止まらない。その改姓も金朝から始まったのではなく、例えば移剌（耶律）が漢姓に改めて劉、王となったり、石抹（述律）が蕭となったりした。ある女真の一つの姓は一つの漢姓へと変わり、例えば古里氏の漢姓が呉となったケースがそうである。また幾つかの漢姓へと変わったケースもあり、金の宗室である完顔氏が王氏（完顔は「王」と音が近かった）となったり、完姓、顔姓となったのはその例で、烏古氏は商、烏、劉、李の四漢姓へと変わった。また術虎氏の漢姓は董であるが、清初の山東章丘県には術姓が三、四百丁おり、金の丞相だった術虎高琪の末裔と主張していた。[19]

一九五二年に筆者は一通の手紙に答えたことがある。その手紙は河南南陽市の仝工娥《とうこうが》氏が書いたもので、国家民族事務委員会から転送されてきたものだった。その手紙には、家にいる老人の話によると、彼らの先祖は「韃子」であると言い、民族を判定して欲しいとあり、また現在唐河県城には規模の比較的大きな仝家祠堂があるとのことだった。私の結論は、仝は女真の夾谷氏が改姓した漢姓で、童や佟《とう》の字を用いることもある。もちろん夾谷氏はもともと胡里改の人であり[20]、女真人ではないが、彼らが女真人となったのは金の建国以後のことで、歴史がもたらした一つの結果であった[21]。

女真の漢姓への改姓は民間から始まったもので、禁止しても止められなかったのであり、この点は北魏における胡姓から漢姓への全面的な変更が、ある種の強制力を伴いながら主唱されたのとは異なる。同時に鮮卑人の胡姓から漢姓への変更方法は主に音を残すものであり、達奚《たっけい》氏が奚氏へ、伊婁氏が婁氏へ、丘敦氏が丘氏へ、車焜《しゃこん》氏が車氏へ変わったのがその例である。意味を取った例は少なく、拓跋氏が元氏へ変わった位であった。女真人の漢姓への変更は音を残したケースもあり、温迪罕《おんてきかん》氏を温氏、孛述魯《はいじゅつろ》氏が魯氏へと変わったのはその例であるが、意味を取ったケースもあり、阿典氏を雷氏（明人の編纂した『女真訳語』には雷電の雷を「阿甸」と呼んだとある）、兀顔《ごつがん》氏を朱氏（同書によると、猪（豚）は「兀黒彦」と読み、「猪」は朱へと改められた）、尼龐古《にほうこ》氏を魚姓（同書によると魚は「泥木《ニームー》哈《ハー》」と呼んだ）へ改めた。漢姓へ変えるということは、自発的であれ、迫られたものであれ、みな民族間の区別が小さくなったか、消滅したことを示しており、漢化の進展ぶりを反映している。

金代の「漢人」という呼称が持っていた複雑な内容は、元代に入るとその意味するところも更に豊富になった。『輟耕録』巻一は元代の漢人には八種類もあったと記している。すなわち契丹、高麗、女直、竹因歹《ジューインタイ》、術里闊歹《シューリークオタイ》、竹温、竹赤歹《ジューチータイ》、渤海（原注に女真と同じとある）。この八種類の中には重複もあれば遺漏もある。術里闊歹、竹赤歹はみな女直の別訳（「歹」は語尾詞で、漢語の「的」に相当する）のようである。

竹因歹と竹温は重複と考えられ、それは『至元訳語』の「察忽歹《チャーフータイ》」で、意味は「漢児」となる。ペルシアの歴史学者がJaūqūtと書き記し、遼、金、元三つの王朝に相ついで出現して、終わることなき論争を巻き起こした「糺《きゅう》（糾）軍」、或いは「雑人」と呼ばれた各種の「糺（糾）」は、『元朝秘史』五三、二四七—二四八の各節では「主亦種的人《ジューイージョンダレン》」または「主因《ジューイン》・亦児堅《イーアルジエン》」とされている。この「亦児堅」とは「人」「民」または「百姓《ひゃくせい》」の意味である。同書二八一節には「札忽惕《ジャーフーティー》・亦児堅《イーアルジエン》」という言葉が見え、「金人のすべての百姓」と訳されているが、即ち金朝領土内の漢人のことである。[22] それは明清二代におけるモンゴル語の書籍ではJaquitまたはJoyitと書かれ、チャハル八部族の一部となってモンゴル人の中に溶解して行った。この部族が発展の過程において漢人、モンゴル人という二つの民族にそれぞれ溶け合っていったことがわかる。

私たちは『輟耕録』が述べた八種類の漢人（或いは五種類ともいう）から、元代の漢人が含む民族の内容が実際は複雑で、大変に広いこと（事実ここでは狭義の漢人が漏れている）がわかる。このようになったのは歴史的な原因があり、契丹や女直、高麗などはなお不断に漢人の隊列の中に入りつつあった。遠くは遼と金が交代した時、すでに「契丹と漢人は久しく一家」という言い方があった（『金史』盧彦倫伝には臨潢《りんこう》留守の耶律赤狗児の言葉を載せている）。世宗の大定年間（一一六一～一一八九）には「猛安人と漢古は今はみな一家」という表現もあった（『金史』唐括安礼伝は安礼の言葉を記している）。筆者の考証によれば、猛安人とは女真人のことであり、金は「猛安謀克」の機構（あるいは形式）によって女真人を組織あるいは武装させた。

元代に人々はモンゴル人、色目人、漢人、南人の四等に区分されていたが、女直人、契丹人、高麗人がみな漢人の中に含まれ、漢人と同等に扱われていたことはすでに述べた。これらの民族は元々積極的に漢化に取り組んでいたが、当時の社会的地位が漢人と同じだったことは、漢化の速度を速めることになった。至元二一年（一二八四）八月丁未に軍官の決まりを定めたが、そこでは「女直、契丹は漢人と同じ。もし女直、契丹で西北に生まれ、漢語が通じない者については蒙古人と同じ。女直（考証によると、ここに「契丹」の二文字が抜けている）で漢人の地で生まれ育った者は、漢人と同じ」[23]とある。ここからかなりの女直や契丹、甚だしい場合には高麗人がモンゴルと同化したと見られるが、さらに多くの女直、契丹そして高麗人が漢人と融合していた。

いま『元史』を例にとれば、王珣《おうしゅん》はもと契丹の耶律氏（巻百四十九）であり、劉国杰《りゅうこくけつ》はもと女真の烏古倫氏（巻百六十二）であり、李庭はもと女真の蒲察氏（同右）であった。また趙良弼《ちょうりょうひつ》はもと女真の術要甲氏（巻百五十九）であり、張孔孫もまた遼の烏若族の出身だった（巻百七十四）。元朝で彼らは皆漢人、南人の隊列に入れられたのであり、政治的な待遇、法律や裁判、試験や登用においても、女直、契丹、高麗の人々は往々にして漢人、南人と同じで、モンゴル人や色目人とは異なっていた。

元朝は金の「南人」という呼称を受けついだが、その意味する内容は以前宋の管理下にあった漢人であった。南人は南家《ナンジャー》（この語は訛って「嚢加《ナンジャー》」となった）或いは「蛮子《マンズ》」とも呼ばれ、「台」または「歹」を加えて所有格を表した。銭大昕《せんだいきん》は元代の「漢人、南人の区別は宋、金の領土を境界としていた」と述べているが、大筋において間違っていない。南人は「宋人」または「新附人」とも呼ばれた。『元史』に伝がある虞集《ぐしゅう》、呉当、陳孚《ちんふ》、王艮《おうこん》、程鉅夫、趙孟頫《ちょうもうふ》、王都中、貢師泰《こうしたい》、周伯琦《しゅうはくき》らは、その出身地が江浙、江西、湖広であるにもかかわらず、皆「蛮子」とされている。虞集はさらに他人から戯れに「老蛮子」呼ばわりされていわくを残した程であった。ただ河南だけは漢人、南人共におり、襄（陽）、郢及び東西の両淮を境としていた。[5]

『至元訳語』は「蛮子」を「嚢家台」と呼んでいるが、ラシード・ウッディーンの書[6]ではNangiasがこれである。女真語では「漢人」を「泥哈《ニーハー》」と言い、満州語では「漢人」をNikanと呼び、複数形ではNikasaとなるが、殆んど皆その源は「南家」に遡る。[24]「南家」という言葉は蒙古の文献の中にも反映しており、『蒙古源流』の「アルタン・ハーン[7]の中国出兵を記す」では、、「中国」をNangiat-Ulus即ち「国」と記している。現在もモンゴル語で漢人を

Kitat〔恐らく契丹に由来する〕と呼ぶが、またNangiat〔恐らく南家に由来する〕とも言い、さらにIrgenすなわち「民」とも呼んで「旗」の字と対応させる。モンゴル人がみな旗籍〔蒙古旗〕に属していたためである。

「漢人」は明代に入るとさらに広い内容が加わることになった。朱元璋は元朝が「悉く胡俗をもって中国の制度を変えた」現実に鑑み、洪武元年〔一三六八〕二月壬子に詔を下して、旧制を変えて衣冠を唐朝のようにさせると共に、「その弁髪や椎髻《ついけい》〔まげの一種〕、胡服、胡語、胡姓は一切禁止する」と命じた。実際には胡服、胡語、胡俗〔異民族の習俗〕の変革は完成しなかったようで、当時「韃粧《だつしょう》〔異民族風の化粧〕」は唐風の服よりも盛んであり、[25]漢姓への変更も決して充分には徹底しなかった。

洪武年間に翰林《かんりん》編修の呉沈《ごしん》が命を受けて編纂した『千家姓』は一九六八の姓を収めているが、章丘県の術姓〔術虎〕や婚《ば》姓は収録していない。顧炎武《こえんぶ》はこれに感じるところがあり、「今日の山東の氏族には金、元の後裔より出ずる者が多い」と述べた。しかし明朝のこうした強制的な胡俗、胡姓の変更政策は、やはり大々的にモンゴル人、色目人による漢化の進展を加速させた。私たちは漢族の士大夫によるこうした情況に対する否定的な意見から、間接的に明代のモンゴル人、色目人が急速に漢化していたことを窺うことが出来る。

洪武九年〔一三七六〕閏九月丙午に、淮安《わいあん》府海州の儒学〔学〕正だった曾秉仁《そうへいじん》は「臣が近く見るところでは蒙古、色目の人は多く漢姓へ改めて、華人と違いはない。仕官を求める者もいれば、高官の地位に登る者もおり、豊かな商人になる者もいる、いにしえの人は『非我族類、其心必異〔わが族類でなければ、その心は必ず異となる〕』と言った……。よろしく複姓の者をして、その異民族の言葉を絶えさせ、もろもろの識別が出来れば、斟酌して処置することが出来る」と上奏した。顧炎武はさらにこれを展開させて「華宗の上姓は毡裘《せんきゅう》[8]の種〔モンゴル人をさす〕と相い乱れ、惜しむらくはこの時の君子はいたずらに『夏を用いて夷を変える』と言い、両者を区別する道をもたなかった」と言った。どのように言おうと、漢姓への変更という行為は程度の差こそあれ新しい民族同化を加速させたのであり、数多くのモンゴル人、色目人が漢人となって、漢人の外延も拡大したのである。

宣統二年〔一九一〇〕に『龍江女学文范』の編者である河南固始人の祝宗梁《しゅくそうりょう》は、その本の自序で「我が家の祖先は蒙古の出身で、元の時代に竹真公が勝国の遺臣となり、漢姓を受けて祝氏となり、ついに固始に家を構えて中州の士族となった」とのべた。考証によると、『元史』で竹真は竹貞とされ、順帝紀の巻八、九、十および也速伝、烈女の王士明妻李氏伝に登場する。竹貞は拡廓《ココ》・帖木児《テムル》の武将で、貊高《ばくこう》らと同じく有名であった。元が滅亡すると、順帝に従って沙漠へ入ったが、また沙漠から明に降った。

最近匡裕徹《きょうゆうてつ》、任嵩岳《にんすうがく》の共著『河南蒙古族調査報告』[26]『平頂山蒙古族馬氏考述』[27]を読み、洛陽地区の孟津《もうじん》、新安、迅池《しょうち》などの県に住むモンゴル族は木華黎《ムカリ》（チンギス・ハーンの功臣）の末裔を名のり、「姓を変えて李としたが、「木」と「子」〔「李」の字を分解したもの〕に従ったのは志によるところであった」〔『家譜』の語〕とあるのを知った。作者の李準はこの一族の後裔という。また平頂山のモンゴル族である馬氏は葉県の一大勢力〔葉県は最近平頂山市に併合された〕で、始祖は馬禿塔児《ムトゥーターアル》といい、兄弟三人で葉県の北荊山の下に住んだ〔二男の西漢杰児には子供がなく、三男宣帖木児の子孫は「宣」を姓とした〕。南陽地区の鎮平、内郷、淅川《せきせん》、新野、南召《なんしょう》、南陽の六県に住むモンゴル族である王氏の場合、始祖の王成は「もと元の宦《かん》であったが、明に逃れた」〔清乾隆三三年〔一七六八〕に建立された墓碑による〕という。また一九八五年五月三日の『人民日報』第一版によれば、福建では恵安県や涂嶺県で次々と「出」姓なるモンゴル族後裔の子孫が発見され、南安県、豊州では「黄」姓なるモンゴル族の末裔が見つかった。その始祖は答拉真《ダラジェン》といい、元代にこの地へ赴任したという。

清朝は満洲族の建てた王朝であった。清朝における民族のランクは満洲、蒙古、漢の三つであり、漢人はさらに八旗に属す「漢軍」と普通の漢人に分かれていた。王士禎『池北偶談』巻三、談故之三、漢軍漢人の条には次のようにある。

本朝の制度では、八旗で遼東の人々を漢軍と呼び、各省の人々を漢人と呼ぶ。

中華民国が清朝に取って代わると、清朝の満洲、蒙古、漢の民族ランクの法律も自然と廃止された。中華民国は漢、満洲、蒙古、回族、蔵族を民国の五大民族としており、それらを代表とする「五族共和」は中国が一つの統一された他民族国家であることを示していた。実際は当時の蒙、回族、蔵族は単一の民族に止まらず、蒙古には少なくともダフール族、エヴェンキ族が含まれていたし、回部の中には回族、ウイグル族、カザフ族など新疆地区でイスラム教を信仰する各民族が含まれていた。また蔵族には羌族や甘粛、青海、四川に住み、言語が漢、チベット語系統に属すいくらかの民族を含んでいた。およそ「五族共和」の説が唱えられて以後、「漢人」はようやく正式に「漢族」へと改められたに過ぎないのである。

四　「漢人」という呼称の広がり

「漢人」という呼び名の出現は、多くの「漢」という語素と関連のある単語を派生させることになった。例えば「好漢」「瘋《ふう》漢（狂人）」「不良漢」「痴漢」「漢子（男）」「大漢」「男子漢」「庄家漢（農夫）」などである。これらの語句はその語義や語意に含まれたニュアンスから見ると、プラスなもの、マイナスなもの、中性的なものとあるが、総じて言えばマイナスなものが多い。その原因を考えると、まさに「漢人」という言葉が生まれた時の漢人の社会、政治的地位が関係している。王鳴盛『十七史商榷』巻八十七、好漢の条は次のように述べている。

新・張東之《ちょうかんし》伝には「〔則天〕武后は狄仁杰《てきじんけつ》に言った『いずくんぞ一奇士を得てこれを用いんや』と。狄仁杰は言った……『荊州長史の張東之は宰相の才なり』と」。古くはこれは狄仁杰伝に入っていたが、「奇士」は「好漢」となっていた。『能改齋漫録』第六巻、事実篇は〔蘇〕東坡《とうは》の詩を引いて「この世に一好漢、誰ぞ張長史に似ん」と言った。男子を漢と呼ぶのは唐代すでに行われていた。玄宗は吉温を「不良漢」と呼んだと『旧唐書』酷吏、〔吉〕温伝に見える。劉蕡《りゅうき》は楊嗣復《ようしふく》の門生であったが、対策の試験[9]が行われた時、仇士良が楊嗣復に「どうして国家の科第をこの風漢に与えようか」と言ったと『玉泉子』に載っている。鄭愔《ていいん》が選人を痴漢と罵ったことが、張鷟《ちょうさく》の『朝野僉載《ちょうやせんさい》』第四巻に見えるのはこれである。

筆者の考証によれば、則天武后が一人の「好漢」を欲しがったというのは、恐らくは強く正しくて勇敢な男に宰相の職を委ねたいと言ったのであり、これは賞賛の意味である。そのことは『大唐新語』挙賢篇にも見える。蘇東坡の詩は題名が「諸公子が顧子敦を餞《はなむけ》するに、〔蘇〕軾は病をもって往かず、前韻《いん》を復次す〔諸公子餞顧子敦、軾以病不往、復次前韻《いん》〕」といい、『分類東坡詩』巻二一に収められている。『旧五代史』韋説伝によると、韋説は郭《かく》崇韜《すうとう》を「郭漢子」と言ったが、すなわち「漢子」とはそそっかしく滅茶苦茶という意味である。

『輟耕録』巻一にある「大漢」の条には、「国朝は鎮殿将軍は身体の大きさが尋常でない者を選んで充て、要求があればみな与えて、これを『大漢衣糧』と言った。年が五十を過ぎてから、ようやく出官を許した」とある。また同書巻八、「漢子」の条で、今の人々は賎しい官吏を漢子と呼ぶという部分は、北斉の魏愷についての故事を除くと、段成式『盧陵官下記』の次の一文を引いている。すなわち「韋令が西蜀を去る時、彭州《ほうしゅう》刺史が県令によって秘かに訴えられた。韋はあらかじめこれを知り、府の役所を訪ねて刺史に感謝した。帰還の日となり、諸県令はみな遠くまで出迎え、訴えた者が中心となって大声で言った『君は今やますます出世して顔が赤く輝いているぞ（朱研益丹）』。すると刺史は笑って『（韋）公はもともと良い顔つきの男（研朱漢子）なのだ』と言った」である。ここでの「漢子」は北朝期の「漢子」とは意味が異なり、すでに漢族男子ではなく、広く成年男子を指すようになっており、レトリックの要素も帯びるようになっていた。

また考証によると、風漢即ち瘋漢、痴漢は愚かな者、不器用な者を言い、北斉から使われた。『北史』斉文宣帝紀には「かつて典御丞の李集は、皇帝に桀や紂よりもひどいと言って諫めた。皇帝は縛って流刑に処し……、かくのごときが四回に及んだが、（李）集は元のままだった。皇帝は大笑いをして『天下にこれほどの痴漢があろうか。龍逢[10]、比干[11]を知っているとは、まさにこれ俊物ではないか』と言った」とあり、ここでは貶める中にも賞賛の意味が込められている。

さらに考証によれば、元曲は多く「漢子」という言葉を用い、また略して「漢」と言う時もあるが、みな「男」の意味である。「好漢」「悪漢」「老漢」「壮漢」「男子漢」「庄稼漢」などの呼称は、みな様々な男性を呼びならわすために用いる。『牡丹亭』寇問には「大王に報告いたす。捕らえたる南朝漢子はここにあり」とあるが、ここで「南朝漢子」とはおそらく中国の男性漢人のことである。沈榜『宛署雑記』巻十七、民風記、方言類は明代の北京方言について、主人は雇い人のことを「漢毎」と呼ぶとある。ここで「毎」は「們」で、親しみの中にも軽んじるニュアンスが入る。現在なお河北南部の方言は「漢們」で成年男子をさし、「們」は軽声で読むことで、単数にも複数にも使えるという。

漢民族は世界最大の民族である。この巨大な人間共同体は数千年来、多くの民族が合流して生まれたのであり、その形成自体が巨大な民族学的遺産なのである。この過程を顧み、その遺産を研究することで、私たちは多くの有益な啓示を得ることが出来る。例えば我々は複雑に入り乱れた民族の吸収、融合現象の中から、民族同化の法則を探すことが出来るし、またさらに高い視点、広い視野から民族関係に関するいくつかの問題を見つめることが出来る。しかしこれらはすでに本文の論ずべき範囲を超えていると言えよう。

注

（1）『観堂集林』巻二十。
（2）伯希和『馬可波羅（マルコポーロ）遊記注解』二六四—二七八頁の「Cin」字の条。
（3）『越縵堂日記』二冊、五一—五二頁上。
（4）顧炎武『日知録』巻二十三、姓氏考、通譜、二字姓改一字の各条。
（5）『長春真人西遊記』巻上。
（6）伯希和『支那名称之起源』。その中国語訳は馮承鈞『西域南海史地考証訳叢』四一—五五頁。
（7）伯希和『馬可波羅（マルコポーロ）遊記注解』二一七頁、「Catai」の条。
（8）『大唐創業起居注』巻上。
（9）『唐書』巻八十、本伝には「また戸奴数十、百人に音声を習わせ、胡人の椎髻を学ばせた。あやぎぬを切って舞衣とし、竹竿によじ登り剣を跳らせ、鼓鞞の声は通じて昼夜絶えることがなかった……。また突厥の言語や衣服を好み、顔立ちが胡に似ている者を選んで、羊の皮ごろもを着て弁髪をさせた。五人で一落を建てて毛織物の舎を張り、五つの狼頭纛を造って、戟を分けて陣となした。幡幟を立て、天幕を張って住み、諸部に羊を集めて烹させ、佩刀を抜いて肉を割いて食らわせた。承乾は自ら可汗の死を演じ、人々に号泣剺面させ、馬にその周りを走らせた。そして忽然と立ち上がり、『我をして天下あらしめ、数万騎をもって金城に至らん。然る後に髪を解き、身を思摩に委ね、一設に当たらば、顧みるに快とせざるや』と言った。周囲は秘かに妖であると語り合った」とある。注解すると椎髻と弁髪は同義語であり、落とは集落のこと。狼頭纛とは突厥の可汗が帳幕の外に立てた旗幟のことで、おそらく突厥は狼を「トーテム」としていた。剺面は突厥の葬礼で、刀で顔を傷つけ、血と涙が交々下り、七回で止める。思摩とは頡利可汗の族人で、唐に捕らえられた。設とは突厥の官職名で、職典兵をさす。
（10）陳寅恪『唐代政治史述論稿』上篇の「統治階級的氏族及其昇降」及び同『隋唐制度淵源論稿』第二、礼儀篇を参照のこと
（11）邱久栄「鮮卑貴族在隋代統治集団中的地位」『中央民族学院学報』一九八一年四期を参照のこと。
（12）沙汜は元々突厥の一部族（朱邪氏、また即ち処月部族）で、後に唐によって内地に移住させられ、現在の新疆巴里坤湖以東の砂漠に至ったため、「沙汜」と呼ばれるようになった。沙汜人はその後また代北（現在の山西代県北）などに移住した。
（13）陳寅恪「論唐代之蕃将與府兵」『金明館叢稿初編』二六四—二七六頁。

(14)『遼史』太宗紀下、会同三年〔九四〇〕十二月丙辰紀事及び同書、刑法志上。
(15)『遼史』地理志一、上京道長泰、定覇二県之下。
(16)『遼史』刑法志上。
(17)『華夷訳語』及び『盧龍塞略』訳部などの書による。
(18)共に『湖山類稿』に見える。
(19)顧炎武『日知録』二字姓改一字の条。
(20)胡里改とは川の名前で、現在の牡丹江の中、下流域をさす。金はここに路（行政府の一つ）を置き、路所は現在の黒龍江省依蘭にあった。元代には万戸府となったが、明代に廃止された。
(21)羅継祖『楓窗勝語』一八七―一八八頁。
(22)ともに陳寅恪「元代漢人訳名考」『金明館叢稿二編』九〇―九五頁。邵循正「剌失徳丁集史忽必烈汗紀訳釈」（上）『清華学報』十四巻一期、七九、八四頁。
(23)『元史』世祖紀十。
(24)伯希和「南家」を参照のこと。その馮承鈞による漢訳は『西域南海史地考証訳叢続編』八一―八四頁に収められている。また馮氏自身の手になる「元化的幾個南家台」は、遺作である『西域南海史地考証論著匯輯』二〇〇―二一六頁に収録されている。
(25)『英宗実録』正統七年十二月乙丑にある礼部尚書胡濙の奏摺が引用した山東左参政沈固の発言と『河間府志』に載った陳士彦の発言がこの事実に言及している。黄侃『日知録校記』胡服の条を見よ。なおこの条は刊本の『日知録』には載っていない。
(26)『民族研究動態』一九八四年三期。
(27)『中南民族学院学報』一九八四年四期。

訳注

【1】永寿は後漢孝桓帝の年号で、一五五年から一五八年まで。永寿八年は存在しない。

【2】石勒（在位三一九～三三三）は五胡十六国の一つである後趙の建国者。羯の出身で、漢人奴隷や群盗の首領を経て、劉淵の武将として山東、河南を征服し、劉淵の族子である劉曜が前趙を建国すると、三一九年に自立して後趙を立て、三三〇年に前趙を滅ぼして帝を称した。

【3】この訳が成立するには、この本が『輟耕録』『北史』よりも後代の作であることが必要である。

【4】唐代の常山は現代の浙江省衢県の西にあった県名。

【5】郢は春秋戦国時代の楚の首都。湖北江陵県の北の紀南城。

【6】即ち『集史』、ジャーミー・ウッタワーリーフ。本文はラシード・ウッディーンを「剌失都丁」と記しており、漢訳には他に「拉施特」「拉施特丁」などの表記がある。。

【7】アルタン・ハーンは明代モンゴルの君長で、漢字では「俺答汗」「阿勒坦汗」と表記する。しばしば明の北境に進入し、青海やチベットにも勢力を伸ばした。

【8】毡裘はモンゴル産の羊毛や皮をさす。。

【9】対策は科挙試験の一科目で、政治に関して出題された問題について、自分の対策を一文にまとめるものを言う。

【10】龍逢は夏の賢人で、桀を諫めて死んだ。比干と併せて「龍比」とも言う。

【11】比干は殷の紂王の諸父。紂王の淫乱を諫めて、逆に紂王に殺された。


［附記］本文の翻訳にあたり、不明な箇所とくにモンゴル関連の部分について高明潔先生（愛知大学現代中国学部・文化人類学）、小沼孝博氏（筑波大学大学院）の温かい教示を得た。ここに感謝を申し上げたい。なお文責はあくまで訳者本人にある。

「契丹」——漢人の別名[1]

賈敬顔（西澤治彦訳）

遼金戦争の際、宋人は機に乗じて、金と連携し遼に抗するという政策をとった。結果は、一方がなくなれば他方も危うしで、臣も主も腐敗し、自ら滅亡の道を歩み、後世の笑いものとなった。そのとき制定された政策の根拠となった理論の一つが、「漢人思漢[1]」〔漢人なら漢人を慕うはずである〕であった。これは宋兵がひとたび到れば、遼朝は直ちに瓦解し、灰を吹く力も使わずに、燕・雲の失地をたやすく恢復できる、というものであった。実際上は、これは根拠のない幻想であった。これに対し、遼人の心中は自ずと明白であった。燕王の耶律淳の秘書であった朗王介儒は、こう言い得ている。

「南朝は常に燕人が漢を慕っていると考えているが、契丹に土地を割いてからすでに二百年近くを経ており、君臣父子の情がどうして生じないわけがあろうか?」

また、「燕人は大遼に属して久しく、それぞれの地に安住している。貴朝（即ち宋のこと）が兵を出して之を攻めても、皆、死をかけて戦い、両地の人民には災難が襲うだけである」。

燕王のもう一人の臣下、都員外郎〔官職名〕王仲孫にも似たような話があるが、こちらの方は諺を用いて比喩している。

「諺に言うに、一頭の馬に二つの鞍はいらない、一人の女は二人の夫に嫁がない、と。人の臣としてどうして二人の主に仕えることができようか。燕の士大夫はこの諺を知らないとでもいうのであろうか[2]」。

もう少し明確にいうと、燕人、即ち漢人は上から下まで、早くより遼の統治下で安定しており、もはや救いようもなく軟弱で忘れられて久しい中原の小朝廷など、思い慕うことはなかったのである。「漢を慕う」云々は、完全に宋人の妄想から出たものであり、一方的な「片思い」だった。これに対し、目の覚めていた宋朝の臣下や官吏の認識もまた、極めて明確であった。宋昭は君主に上書して北の境界の利害を論じ、盟約を守るように請うたが、女真側はこれを破棄することを決め、『札子』の仲でこう述べている。

「『山後之民』と称される者は皆、漢を思う心があるとか、帰順を欲しているとかは、とりわけ荒唐無稽な見方である。北虜となってから日が久しいばかりでなく、『山後之民』は往々にして漠北に住まわざるを得ず、さらに唐末から今に至るまで数百年間を経ており、子孫も憂いなくすでに数世代を過ぎ、今や皆『番種』となっている。どうしてまた「九州中国旧民〔中国全土の旧民〕に戻ることができようか！……[3]」

「山後之民」とは、即ち燕雲十六州の中の、太行山後の、新〔後に奉聖と改称〕・媯・武・儒・雲・應・朔・蔚の八州の民を指し、別に「山後八軍」あるいは「山北八軍」とも称された。「北虜」というのは、宋の遼に対する中傷の言葉である。「番種」となったのも、「山後之民」が漢北に住まわざるを得なかった結果による。このことは「山後之民」に限ったことではない。いったい、遼の上京・中京・および東京といった、かつてはなかった新しい軍州府県（投降した軍州も含む）が次々と建立されていったが、いずれも漢民（一部渤海人も含む）が移住（自主的、強制的を問わず）した結果そうなったのである。いわゆる、漢民が「番種」に変じたというのは、言い換えれば、多くの漢人が契丹の中に溶け込んでいったということである。彼らにもはや「九州中国旧民」の痕跡を探し出すことができないのは、まさに歴史発展の必然的な趨勢であり、なんら不思議なことではない。

漢人と契丹人との同化現象は、さらに宋政府が「山後之民」から組織した「義勝軍」を優待した結果、官軍の不満を招いたということからも、証明することができる。官軍は「義勝軍」を「番人」と罵ったが、「番人」とは上述の「番種」と同義で、即ち契丹人の代名詞であった。

「初め、宣撫司〔役所名〕は燕雲の民を内地に置いたが、義勝軍などは皆、山後漢児で、実に勇敢で有用であった。その河東に在るものは約十万余人で、官は銭米を与えて之を養った。諸司は支出してはならない物までも出し、久しく之を行ったため、穀物が不足して飢餓となり、怒りが爆発し罵声が聞かれた。我が軍も皆に腐った残り物で我慢してもらっていた時だけに、恨みも起こり、路で相まみえた時、我が軍は彼らを罵って、『汝、番人のくせに新米を食しやがって、我々官軍は古米を食しているというのに、我々は番人にも及ばないとでも言うのか？　我々は汝を討ってやろうぞ！』と言った。〔義勝軍に組織されていた〕漢人は之を聞いて怖じ気づき、その心は変節に満ち、機会を待って争いあった」(4)。

一般人の目には、漢児、即ち〔契丹地区内の〕漢人と「番人」とには差違がなく、すでに自分たちの「族類」〔民族集団〕ではなくなっており、その結果、軽蔑を助長したというのは、怪しむに足りない。当然、まず両者の生活習俗が接近し、甚だしきには一致してはじめて、このような観念が生み出される。

こうなった以上、漢人以外のその他の人間たちの心の中では、〔契丹地区内の〕漢人とは、「民族の気骨」が減少したか、なくなってしまった人々で、「壁の上の草は、風向き次第でなびく」如く、誰でもやってきた人間に服従するという状態になっている、と考えられていた。宋の枢密使であった鄭居中は馬拡に「山後之道を守るべく」、「かの十豪傑を使わして之を末永く守ったらどうか」と問うた。馬拡は次のように答えた。

「山後では漢より雲中・朔・武などの郡を築き、これを持って匈奴を弱めてきた。孝文帝の時、魏尚を任じて之を守らせたが、匈奴は敢えて辺境を犯そうとはしなかった。今や山前と山後は表裏をなし、辺境防衛の要所である。もし士民に力があるなら、いまだ之を守るべきではない。況や金人によって蹂躙された後は、ほとんど焼き払われ略奪され尽くし、富豪は逃亡し、何とか生き伸びているだけ。契丹がくれば契丹に服従し、夏国がくれば夏国に服従し、金人がくれば金人に服従し、王師がくれば王師に服従するのは、ただ殺戮を免れたいが為である。どうして〔山後之道を〕守ることができようか?[5]」

先に引いた王仲孫による「一人の女は二人の夫に嫁がない」という諺は、燕人の「本分」がすでに遼の統治に慣れてしまったことを説明しており、馬拡は「燕人はすでに契丹に嫁いでいるが、今度はおそらく女真にも嫁ぐであろう」と、あざけるかのように述べている。[6] これは〔契丹地区内の〕漢人に「気骨」というものが無くなってしまい、誰であれ統治する人間に服従するだけで、必ずしも遼朝に忠誠をたてているわけではない、ということを意味している。[7] こうした認識は、人々の観念の中で久しく存在してきた。半世紀近く経た後に、金の世宗は、「燕人は古くより鮮に対して忠実であり、遼人はいずれ遼に従い、宋人はいずれ宋に従い、本朝〔の人間〕はいずれ本朝に従う。その風習はずる賢く人に服従するが、これは昔からのことで、何度も変遷を経ているものの、未だかつて傷ついたものはいない。凡そこんなものである……」と述べている。[8] 彼はまた、賀揚庭に対して、「南人は実直で勇敢だが、漢人の性質は悪賢く、事に臨むと多くは逃げ出してしまう……[9]」。揚庭は曹州済陽（今の山東荷澤県）の人で、済陽は金の時代、南路に属していたため、南人にあたる。注意すべきは、世宗の「遼人がくれば遼に従い、宋人がくれば宋に従い」という話は、馬拡の「契丹がくれば契丹に服従し、夏国がくれば夏国に服従し」という話と、まるで一つの口から発せられたかのようである、という点である。字義からいうと、「ずる賢く人に服従する」というのは軽蔑の語である。しかし発展の角度からみると、それは必ずしも悪いことではなく、むしろ一つの民族の適応性が強大であり、生命力が強靭であることを反映しているのである。「何度も変遷を経ているものの、未だかつて傷ついたものはいない」というのも、まさにその団結と強固さを説明してはいないだろうか。

唐代の中期・晩期から、五代を経て、宋・遼・西夏の対立まで、北方地区は戦乱が頻発し、社会も動揺し、それにともなって民族間の移動も複雑に交錯した。かれらは集中から分散へ、時に分散から集中へ、あるいは分散と集中が同時に併存し、その結果、同化できるものは同化し、融合できるものは融合し、他者の中に我が入り、我の中に他者が入るといった如く、独立した民族の民族感情というものは薄められ、さらには消滅していった。これは極めて自然なことで、一種の進歩的な現象であり、歴史の観点からみて、詰問や非難を受けるべきものでは全くない。

以上述べてきたのは、漢人が「番種」、「番人」即ち契丹種、契丹人と呼ばれるに至った事例とその原因についてであった。以下では、「契丹」という名称が、漢人の別称になるに至った過程について述べたい。

馬拡と王介儒らが議論を交わし、金兵の南下を阻止しようと企てたとき、馬拡は以下のように述べた。

「……この件はどうして容易であろうか〔即ち河東と河北の土地を、黄河を境に割譲し、宋朝の宗廟や社稷を金人に与えるという無理な要求〕、看るところ、貴朝はでたらめな話を信じて、本朝が契丹の崩壊を招いたと考えている。恐らく後になって、自ら受ける災難は小さくないであろう(10)」。

「契丹の崩壊」というのは、当然、契丹に対して好ましい形容ではない。これには二つの可能性がある。一つは、契丹はやはり民族名を指し、遼国を建立し、今やまさに金人の攻撃を受けて散り散りばらばらになっている契丹人という解釈、もう一つは、契丹は漢人の別称で、いわゆる「契丹の崩壊」とは「無能な漢人」、「軟弱な漢人」という解釈である。私は第二の解釈に傾いている。というのは、後に多くの事実が、「契丹」という単語がすでに漢人のもう一つの呼称に転化していることを証明しているからである。一つの故事がこの問題を説明するうえでの手助けとなろう。宋人の呂本中が、『軒渠録』の中でこう述べている。

「紹興辛己〔即ち紹興三一年、西暦一一六一年〕」冬、虜〔女真〕が順を占領し、米忠信〔人名〕は夜に淮南の敵の営舎を急襲し、小さな箱を手に入れたが、これは燕山から来た者が持っていたもので、中には十余の手紙があり、多くは捕らえられた妻から従軍中の夫に宛てたものであった。建康の教師であった唐仲友が、枢密行府〔役所名〕の方図種〔人名〕の処で、自ら一枚の紙を手にとった。そこには文章がなく、ただ一篇の詩が書かれているだけであった。

曰く「垂れた柳から山丹〔山ツツジ〕へ〔夫婦二人の符合か〕、江南に行ってもあんたは苦難だらけ、そこで南婆を娶っておくれ、あたしゃここで契丹に嫁ぐから」とあった。[11]

燕山とは燕京のことで、虜とは女真を指す。契丹はすでに南婆〔南方の秦〕と対称されており、ならば、それが漢人を指さずして誰を指していようか。

『元朝秘史』〔『蒙古秘史』〕は、現存するもののなかで、古蒙古語の語彙が最も多く保存されている書物である。「乞塔」と「合剌乞塔」〔契丹と黒契丹《カラキタイ》〕が多く出現し、ある時には「契丹」と、ある時には「金国」と翻訳されるが、総合的にいうなら、即ち中国のことを指し、また漢人を指している。〔元曲の〕詞曲の中にみえる「契丹」となると、一つとして漢人を指していないものはなく、時にはその下位のレベルの、北方の田舎者を指している。一つの例は、関漢卿〔元曲四大家の一人〕の双調〔詞牌名〕『新水令・歩歩嬌』に、

「三〇両のお金を貯めて、大笠と粗麻の外套を買い込み、派手な化粧をして、その眼差しは契丹のお方と交じわる。風流ではないのに、相手はこちらの罠にはまっている」[12]【2】とある。

二つ目の例は、作者不明の小令〔詞牌名〕『満庭芳』に、

「散り残った紅い花は方々に点在し、春が過ぎても愁いは消えず。金は人を苦しめ、情は人を甘美にする。契丹の家は窮双漸〔貧乏書生〕を擗綽《へきしゃく》〔追い払い〕し、互いの気持ちは安らかならず。心は春雪のように溶け、涙は暮れの雨のようにしとしと。互いの衣冠も乱れ気力も萎える。この病も全て厳しい母のせい[13]」とある。

「掽綽」とは遍綽のことで、その意味は「断絶」あるいは「擺脱」[14]である。「双漸」は双漸（詞牌名）の蘇小卿の恋愛の故事からきたもので、[15]「窮双漸」は「窮書生」を指している。

三つ目の例は、張翥の『予は都に二十年住んだ。始めに「霊椿坊」という家を建てたが、老いて寒さに耐えず、青鼠の皮で外套を作った。さらに久しく馬に乗っていないため、車を一台作って出入りした。この全てを詩に賦し、志を記す』の二に、

「青鼠の皮で作った外套は寒さに強い。衿がなく、袖が緩いので、着てみるとゆったりとしている。頭には更に孤皮の帽子をかぶり、まるで田舎の老いた契丹のようだ[16]」とある。

多くの明清人が編纂した蒙漢語（辞典）の語彙の中で、「乞塔」、「乞塔惕」、「起炭」、「扢探」、「乞塔古温（即ち古温とは人のこと）」など、漢人を指していないものはない。[17]『薊門防御考・（蒙古）釈語』に、「南朝人」を「扢探」と呼んだとある。南人とは即ち漢人のことである。[18]チベット文の『俺答法典』には、「乞塔惕」を「仆役」と称し、さらに「親信乞塔惕」と「都不達乞塔惕」と「阿達克乞塔惕」とに分けられる。即ち上等の「仆役」と、中等・下等の「仆役」とに区分される。晩清に出版された小型の蒙漢対訳辞典では、さらに「乞塔（Kitad）」を「奴才」としている。[19]これには漢人に対する蔑視が残っている。今の蒙古語では漢人を「依爾根（Irgen）」と称するが、これは即ち「民」という意味で、「乞塔」の場合は悪意が含まれている。

以上を総合して、漢人を「契丹」と称するようになったのは、遼・金戦争の際からで、この名称が存在する原因は、まず漢人が大量に契丹地区に進入し、契丹化が進んだ。続いて契丹人が大量に南下し漢人地区に入り、漢

化が進み、月日の経つうちに、両者は一つとなり、漢人は「契丹」と、「契丹」は漢人となった。あるいは、一部分の契丹人は直接、漢人に転化し、ほかの一部分の契丹人は先に女真人に転化し、その後再び漢人に転化していった。いずれにせよ、元朝下での広義の「漢人」の中には、契丹人が含まれていたことはまず間違いない。およそちょうどこの時期から、契丹は一つの独立した民族の「実体」としては、歴史の中で消えていった。しかし彼らの「構成要素」、即ちその後裔らは、広大な漢人の中に分散していき、ついには漢人に代わる言葉となった。「契丹」という、漢人の別名の出現は、漢人の歴史発展の勝利であり、同時に中国民族関係史の一側面、即ち民族間の融合という現象を表しているのである。

原注

（1）『三朝北盟会編・政宣上帙二十四』（巻二十四頁二上）に許采の『陥燕録』を引用して「……初めから燕人には漢を思う心などなかったが、和詵と、侯益倡〔共に人名〕が〔次のことを提案し〕、童貫と蔡攸〔共に人名〕などがこれに賛同し、朝廷もこれに同意した。〔朝廷は〕馬拡と王瑰〔共に人名〕を海路、金に派遣した。金人が契丹を攻め、連年に及んで兵を用いたため、契丹は敗れ、燕山府を我に残してくれた。これは全て童貫の策略から始まったことである……」とある。

（2）同上書『政宣上帙八』（巻八頁六上、頁八下）馬拡の『茅斎自叙』からの引用。

（3）同上書『政宣上帙八』（巻八頁三）

（4）同上書『政宣上帙二十三』（巻二十三頁十上）

（5）同上書『政宣上帙十五』（巻十五頁三上）馬拡の『茅斎自叙』からの引用。

（6）同上書『政宣上帙八』（巻八頁六上）馬拡の『茅斎自叙』からの引用。

（7）同上書『政宣上帙二十五』（巻二十五頁三上）続觱撰の『李翼行状』から引用して、「義勝軍」の統領である催忠が冀〔河北一帯〕と共に代州城を守れないと言った時に、「催忠〔人名〕よ、この漢児め、利に目がくらみ保身ばかりしやがって、お前には忠節などない……」と言ったという。これをもって「漢児」が気骨を欠いているということの一つの例証とすることができる。また、『靖康中帙四』（巻二十九頁五下）には『靖康伝信録』を引いて「……金人という夷狄の本性からすればとても貪欲で、しかも燕人の狡獪さをも身につけてしまっている。で、彼らと相談すれば……」とある。この狡獪というのは、忠誠ではないという意味である。

（8）『金史・世宗紀上』（巻八）大定二十三年六月紀事。
（9）『金史』本伝（巻九十七）にみえる。
（10）『三朝北盟会編・政宣上帙二十三』（巻二十三頁四下）。
（11）『説郛』（涵芬楼重排印明抄巻七）にみえる、参陳衍『遼詩紀事』巻九、頁三十九下。
（12）『陽春白雪』巻五にみえる。
（13）『楽府新声』巻中にみえる。
（14）顧学頡・王学奇『元曲釈詞』、第一冊、第一一七―一一八頁
（15）譚正璧等著『双漸蘇卿本事新証』等の文章を参閲、『曲海蠡測』第六〇―七五頁、浙江人民出版社、一九八三年版。
（16）『蛻庵集』巻五にみえる。
（17）作者不明、中呂『普天楽・失題二十六首之二十五』「乞塔が急いで馬の首に紐をかけ、いきなり関門を突破した。……」このの「乞塔」は「契丹」の別な言い方だと思われる。
（18）『武備志』巻二百二十七。
（19）『新刻校正売買蒙古同文雑字』第一四頁下（約同治、光緒年間文成堂刻本）。

訳注

【1】ここでいう「契丹」（キタイ）とは、中国東北部に遼朝を建国した本来の「契丹族」全体を指すのではなく、太宗の時に遼が宋朝から奪い取った燕雲一六州に住んでいた燕人（漢人）、および彼らの末裔を指す。本論文の主旨は、漢人であった燕人が、統治者である契丹人の影響をうけ、やがて両民族が融合し、遼が滅びた後も、「契丹化した漢人」を媒介として、「契丹」という名称が漢人を指す名称として残った、ということにある。ちなみに、キタイはロシア語では中国を意味するほか、キタイから転訛したキャセイ（Cathay）は、一三世紀ごろから西アジアやヨーロッパで中国を指す呼称となっている。

【2】元曲の解釈については、武蔵大学講師の張仕英氏にご教示いただいた。原文にあたることはできなかったが、引用文の『新水令・歩歩嬌』にみえる「妝甚、腰眼落処和它契丹。虽是下風騒不到」の部分は「妝甚腰、眼落処和它契丹。虽是不風騒不到」と解して邦訳してある。また同じく武蔵大学講師の劉正愛氏（現在は中国社会科学院）にも中国語の解釈をめぐってご教示いただいた。記して両氏に感謝する次第である。

歴史における少数民族内の漢族的要素

賈敬顔（菊池秀明訳）

民族は氏族でも部族でもなければ、さらには種族でもない。それは種族を基礎として、氏族や部族の段階を経て大きく発展してきた人々の共同体である。民族は歴史的な産物であり、それは遙か昔の曖昧な原始コンミューンの生活から一歩一歩、時に速く、時に遅く、盛衰を伴いながら階級闘争の社会へと入り、今日に至るまで変遷してきたものである。この間に大小無数の、記録に残ったり残らなかった集合離散、移動や相互の交流をくりかえし、次第に現在の中国領内における五十以上の民族が形成された。

いささかの疑いもないことだが、漢族は人口が多く、歴史も長く、その発展自体が多くの漢族以外の要素を吸収、受容する過程であった。だが同様に、少数民族も常に不変で「天から降った」ように完全な統一体だった訳ではない。ある民族がどんなに数が少なく、あるいは遅れていようと、いかなる民族も例外なく、自らが発展するほど他民族の要素を吸収または受容することが必要となる。そこには他の一つあるいは幾つかの民族的要素を吸収、受容することが含まれ、大量の漢族的要素もその中に含まれる。数字の上から言えば、少数民族内の漢族的要素は漢族内の少数民族的要素と比べて必ずしも低いとは限らないが、人々は往々にして前者に注目して、後者をおろそかにしがちである。それは恐らく民族関係史研究の中における「大民族主義」の一つの現われと言えよう。

このように巨大かつ重要な歴史的課題を論証するのは、当然ながら筆者のこの小論が結論をつけ得るところではない。というのは第一にこの巨大で重要な課題について残された歴史的な文献の記録は細々《こまごま》としてまとまりがなく、数が大変少ない上に断片的だからである。また第二に個人の知識には限りがあり、こちらに習熟していればあちらに疎く、完全無欠を求めることは不可能だからである。このため、いくつかの事例から大まかにあらすじを見て、いわゆる「管から豹《ヒョウ》を見て、一つの斑点を見る〔一から十を推測することの喩え〕」をする他はないのである。

一　少数民族の勃興は往々にして漢族の援助を得ている

漢族が少数民族地区に入ってこれと融合、同化することと、少数民族が漢族地区に入ってこれを融合、同化することがいつ頃から始まったのか、すでに検証することは出来ない。およそ民族を異にする人々が一度接触を持てば、互いに学習したり、通婚あるいは融合して、相互に同化する現象が発生した筈であり、それは民族間の境界がまだそれほど厳しくなかった先秦時代に、もっとも激しかったと考えられる。個別の人や家族の移動は随時あったが、大規模な移動は往々にして社会が大きく変動した王朝交代期に発生した。

『後漢書』烏桓鮮卑伝は、漢末に「幽〔州〕、冀〔州〕の官吏や民で烏桓に投じた者は十数万戸いた。袁紹の子である〔袁〕尚は、その兵に頼って再び中国を攻めようとした」とある。これを『三国志』の『魏志』烏丸鮮卑東夷伝と対照すると、その意味はさらに明らかになる。そこには「その後裔である〔袁〕尚と熙〔即ち袁熙〕は蹋頓《とうとん》に逃れた。蹋頓も勇敢で、辺境の長老はこれを冒頓〔匈奴の冒頓単于《ぼくとつぜんう》をさす〕と比べた。彼は遠く阻まれていることに恃んで、敢えて亡命を受け入れ、もって百蛮に雄を唱えた」とあり、亡命とあるのは当然袁氏兄弟を含む十数万戸の幽州、冀州の人々であった。『後漢書』の同じ伝記はさらに「漢人の逃亡者がこれの謀主《ぼうしゅ》となった」と述べており、漢族の人的、物的援助を受けることによって、烏桓（と鮮卑）が勢力を拡大出来たことを示している。

『三国志』の『魏志』梁習伝には、「胡狄《こてき》は州界を併合し、勢いを伸ばして跋扈し、官吏や民は亡命となってその聚落に入った」とある。ここで胡狄とは匈奴のことであり、漢人で戦乱を避けて匈奴へ投じた者は、かなりの数にのぼったと考えられる。『水経注』巻二が「老人たちの言によれば、梁暉《りょうき》は字を始娥《しが》といい、漢の大将軍だった梁冀《りょうき》の子孫であったが、（梁）冀が処刑されて羌に逃れ、後にその祖父が羌に推されて渠帥《きょすい》となり、金城に住んだ」と述べているのはその一例である。

突厥の勃興は、さらに多くを漢人の勢力に負っていた。『隋書』突厥伝には「隋末の戦乱で、中国人のこれに帰する者は数えきれず、ついに勢いが盛んとなり、中原《ちゅうげん》をしのぐ程だった。薛挙《せつきょ》、竇建徳《とうけんとく》、王世充、劉武周、梁師都、李軌、高開道らはみな北面に臣を称した」(1) とある。北辺で臣下となったのは決してこの数人に止まらず、李淵と李世民親子もみな突厥の意向を恃みとしており、ただ唐の人々がこれを認めたがらなかっただけのことである。『新唐書』突厥伝の賛語には「隋代は国内をかえりみずに外を攻め、生ける者は道路にうち捨てられ、死者は原野にさらされたため、天下の盗賊が共に攻めてこれを滅ぼした。当時は四夷が侵略して中国は衰え、突厥は最強で兵力は百万と言われた。華人で職を失って志を得ない者は皆行って突厥に従い、はかりごとを教えたり、道案内を務めたりした。このため頡利《きつり》【1】はこれまでない程に強大となったと思いこんだ」とある。それはまさにこうした情況に対する議論と描写をついたものであり、漢人が突厥へ入った原因を言い当てている。隋唐交代期の政治情勢は秦漢交代期や前漢末、後漢から晋にかけての情勢とすこぶる似ており、薛挙らが頡利の家臣となったのは、韓王信や盧芳《ろほう》、袁紹と袁熙、袁尚親子が匈奴や烏桓の庇護を受けたのと同じであった。統治者でさえこのようであったのだから、庶民における大量の亡命はおのずと予想出来ることであった。

突厥の処羅可汗《しょらかかん》は煬帝の孫で、斉王暕《かん》の子である政道を立てて隋王とした。ここに「隋末の中国人で虜廷にある者は、ことごとく〔楊〕政道に従い、隋の暦に従って百官を置き、定襄城に住んでその一党は一万人いた」[2]とあり、それは突厥の保護下にあった傀儡政権だった。もちろん突厥に投じた漢人はこの一万人にとどまらず、その全てが楊政道の管轄下にあった訳でもなかった。突厥がこうした勢力を援助した事実はまさに、突厥内に大量の漢人が存在していたことを示すものである。『資治通鑑』唐紀九の貞観五年〔六三一〕の記事には、なお「隋末に中国人が多く突厥に投じたが、突厥が降伏すると、皇帝は使いを送って金帛《きんはく》でこれを贖《あがな》った。五月乙丑にはおよそ男女八万口を得たとの報告があった」と記している。連れ戻した者が八万人に及んだとあるが、この数にはすでに死亡した者や、南へ帰ることを望まなかった者は含まれていない。楊政道支配下の一万人はその一部分に過ぎなかったのである。

契丹の耶律阿保機が漢人、漢城に頼って建国したことはさらに典型的であり、人々にも良く知られている。『五代史』四夷附録一には「この時劉守光は暴虐で、幽〔州〕、涿〔州〕の人は多くが契丹に投じた」とある。耶律阿保機は一歩進んで、捕虜にした多くの漢人を「唐の州県にならって城を置き、これを住まわせた」という。漢人、漢城は遼朝の重要な力となり――人口の二分の一を占めた。遼には五京五道があったが、南京、西京二道はすべて漢人地区であり、東京、中京、上京三道の漢族人口にも相当見るべきものがあった。『遼史』に伝記のある康黙《けんもく》記《き》、韓延徽《かんえんき》、韓知古《かんちこ》らは実際には漢人の代表者であった。また漢城は地理志にあるそれらの元々の名称によって命名された州県であり、それは漢城が多数の移民と捕虜によって作られたことを良く示している。胡嶠は西楼〔即ち上京〕について「官僚や翰林、[2]伎術、教坊、[3]角抵、秀才、僧尼や道士などは皆中国人であり、並〔州〕、汾〔州〕、幽〔州〕、薊〔州〕の人がもっとも多い」と記している。養われた者たちですらこのようであったのだから、労働者の中の工匠や農民はほとんど全て漢人であった。また胡嶠が明言しているように、衛州は捕虜となった「中国衛州の人が城を築いた」ものであった。『元一統志』〔輯本〕は大寧路が長興県を廃止してくだりで「遼がすでに中京を建て、長興を置いて赤県〔中国をさす〕とした。蕃漢の流民がその間に雑居しており、ゆえにその習俗も同じではない」と述べている。

もちろん漢人の遼西に対する大規模な移住は、遠く西晋でもあった。『晋書』石勒載記上は「時に司〔州〕、冀〔州〕、並〔州〕、兗〔州〕の流民数万戸が遼西におり、互いに招き入れて落ち着いて本業に努めなかった」とある。前燕の冀陽、成周、唐国、営丘四郡はおおむね冀〔州〕、豫〔州〕、並〔州〕、兗〔州〕四州の流民が作ったものだった。(3) 慕容氏の国家と契丹は良く似ており、鮮卑と漢人という二種類の住民から構成されていた。これら僑居する漢人は慕容燕の建国において基礎固めをしただけでなく、宇文鮮卑の段部および馮氏による後燕の登場とその強大化に人的、物的な援助をしたのである。

モンゴル帝国の建国は漢人との関係が深くないように見えるが、建国前のチンギス・ハーンにとって運命の分かれ道となった班術尼《バルジュナ》河の戦いに参加した十九人〔考証が可能なのは十六人〕のうち、漢化の激しかった克烈人《ケレイト》(4)の鎮海《チンカイ》〔チンギス・ハーンの功臣〕と契丹人の耶律阿海《やりつあかい》および彼の弟禿花《とくか》は、実際にはモンゴル草原を往復していたイスラム大商人と金朝の政治、軍事の内情を熟知し、すでに名門一族となっていた契丹人、漢人を代表していた。漢化した契丹人である耶律楚材がチンギス・ハーンとクリルタイの重用を受けたことは、さらに良く知られた事実である。

モンゴル人の征服活動によって、モンゴルは移民および捕虜が集中する最大の地域となったが、これらの移民や捕虜には漢人が最も多く、また見るべきものがあった。たとえば一二一三年に史秉直《しへいちょく》が一度に率いて「漢北へ遷した」投降者は十数万家にのぼり、張徳輝が一二四七年に記した『紀行』には、昌州〔現在の内蒙古太仆寺旗西南の九連城〕に居民は「百余家」とある。また魚児泊《ユーアルボー》〔現在の達里泊すなわちダライ＝ノール〕にあった魯国内親王の離宮の東には「民匠が雑居して、集まって集落をなした」とあり、瀕臚駒河《ビンルーゴウ》〔現在の克魯倫河すなわちケルレン河〕の民は「蕃漢が混じり、少し住居もある」という。さらに畢里紇都《ビーリーグードゥー》（現在のトーラ河の内側でハダサンを過ぎて西南にある古城）[5]は「弓匠が集住する地」であり、和林（カラコルム即ち元の上都）川は「住民は多くが農業を営み、みな和林川の水を引いて灌漑を行ない、時折菜園もあった」という。また忽蘭赤斤《フランチージン》はクビライの「部曲の民匠が耕作をする場所」であった。

元代の統治はモンゴルと各地を結びつけ、多くの非モンゴル人をモンゴルへ来させ、本来はモンゴルの血統ではなかった諸部族をモンゴル化させた。それはいつの間にかモンゴル人の内容と範囲を拡大させ、モンゴル人の隊列も空前の広がりを見せた。明清時期のモンゴルには喀喇車里《ハラチン》部[6]と永謝布《ヨンシイエブー》部があったが、この二部は金末元初の遼西地方にいた地方の武装勢力である黒軍と、元朝で察罕脳児《チャガン・ノール》[7]の行在所や軍営を守り、その事務を司った雲需《うんじゅ》総管府《そうかんふ》（雲需府）から来ている。[4]烏珠穆沁《ウジュムチン》は一望にしてブドウを栽培していることがわかったという。

明朝はモンゴルと対立し、双方は幾年にわたる戦争をくりひろげ、隔絶の時期もあった。情勢は不利だったとはいえ、モンゴル西方の大封建主である土默特《トゥメト》[8]の首領である俺答《アルタン》が明朝から順義王の称号を与えられ、互いに交易関係を結ぶ以前に、豊州灘《ほうしゅうたん》から西に黄河へ至る三百余里はみな「板升《バンシェン》」が住んでいた。板升とは注釈によると「夷人の佃戸」[5]で、即ち漢人の「百姓《バイシン》」という二文字の音訳であった。彼らは「雲内、豊州の地で万頃を開き、村を連ねること数万」であったという。そこでは「漢人が五万人余り、そのうち白蓮教徒が一万人で、夷は二千人だった」[6]とある。ここで夷とはモンゴルのことで、すでに客民が主人の数倍になっていたことがわかる。

その少し後に東モンゴルのチャハル部、ハラチン部なども大量に漢人を招き入れ、甚だしい場合は「虜営の兵は、多くが漢人」[7]と言われた。また「近く掠めた人口は、板升を築いてこれを住まわせ、大酋は数千人、その次の者は千人、さらにその次は数百人を数えた。みな田を耕させて食糧を収めさせ、人馬は食を得たために我が方を攻撃しない日はなかった」と記されている。漢人の移住は農業の飛躍的な発展という結果を生み、モンゴル人はかつての貧困や飢えに苛まれた日々を一変させた。[8]「板升」も漢人佃戸という意味からモンゴル語で土木建築の住居をさす言葉へと変わり、現在もそうである。

モンゴルは「藩属」となって清朝に三〇〇年にわたる統治を受けた。この三〇〇年のあいだに社会経済は大きく発展したが、それをよく示すのは広大な牧草地以外に出現した各地の農業地であった。農地の出現は牧畜業の不安定さを克服して、その不足を補う上で大きな利益があった。現在の内蒙古自治区において農業、牧畜、半農半牧が同時に存在しているが、その基礎はこの時に固まった。

モンゴル地区における社会経済の発展は漢人移民の大量移住と不可分の関係にあり、各種の禁令にもかかわらず、漢人で辺境から出る者は一年で十数万人に及んだ時もあった。熱河の承徳府、平泉州と段平、豊寧、建昌、朝陽の五県は、こうした趨勢の中で次第に形成されたのである。

漢人が塞外に出るには何種類かの情況があり、そのうち旗に投じて漢人からモンゴル人へと変化し、戸籍が変化したのはその一種であった。また別の一例は満州貴族の陪嫁戸《ばいかこ》（媵《よう》戸）となり、公主や格格《ゲゲ》（共に貴族女性の称号）に従ってモンゴルの王、公や台吉《タイジ》[9]に嫁ぎ、満州貴族の領民からモンゴル貴族の領民となって、彼らとその子孫は自然とモンゴル人となった。その他に佃戸や大人の牧童という身分でモンゴル人地主、牧場主の労働者となった者がおり、一般的に旗へ入ってモンゴル人となった者が一定の比率を占めた。現在のモンゴル人の中で、元々モンゴル人ではなく、後に様々な理由でモンゴル人になった者はいたるところにいたのである。

二　西北の諸民族に入って同化した漢人たち

『漢書』地理志の下には「定襄、雲中、五原は元々戎狄《じゅうてき》の地であり、趙、斉、衛、楚の者が頗る多い」とあり、武威より西は「その民は関東の下貧で、逃亡した者が多く、叛逆によって亡命し、家族が移った者もいた」という。

また『後漢書』郡国志の五にある敦煌郡下の李賢〔の項〕は『耆旧記』に註をしながら引用して「華戎が交わるところで、一都会なり」と述べている。漢人はさらに西へ向かい、玉門、陽関を出て必ずまず高昌に至ったが、張軌、呂光、沮渠牧健《しょきょぼくけん》[10]から闞《かん》、麴《きく》二氏に至るまで、代々その地を支配した。『魏書』高昌伝には「国に八城あり、みな華人」とある。その地の人民が異民族と漢人の雑居であったため、習慣も夷夏が併せ用いられた。(9) 唐の四鎮の一つである疏勒〔カシュガル〕城は「城東に漢城があり、また灘上にあった」(10)という。呾邏《たつら》私城から南へ十数里のところに小孤《しょうこ》城があり、「三百余戸はもと中国人であった。昔突厥に連れ去られ、やがて同国に集まり、共にこの城を保って中に家を建てて住んだ。衣服や身のこなしはついに突厥と同じになり、言葉やしきたりにはなお中国のそれが残っていた」(11)と記されている。

漢人が西域に入ったのはこれらが初めてではなく、遠く漢代すでに大宛〔現在のフェルガナ〕には「井戸の掘り方」を知った秦人がいたと言われるが、この秦人とは漢人のことである。高仙芝《こうせんし》に従って西へ向かい、異郷に流浪した杜環《とかん》は、大食〔現在のアラブ〕について「綾絹の機杼《きちょ》〔はたおり〕、金銀細工や絵かき、漢匠で絵を画く者は京兆人の樊淑《はんしゅく》、劉泚《りゅうせい》、絹を織る者は河東人の楽霜《らくかん》、呂礼であった」(12)と述べている。

インドなどの仏教国家には漢僧を養い、漢寺を建てた国もあった。慧超《えちょう》は「一人の漢僧」が中天竺から来たり、新頭故羅国〔新トゥーグライ国〕のナガラダーナ（Nagaradhana）寺で坐化〔死去〕したと述べている。また安西[11]には「漢僧が住職となっている寺が二カ所あり……、大雲寺主の秀行はよく講説が出来る……。大雲寺の維那は名を義超といい、よく律蔵を解するが、もとは京中荘厳寺の僧である。大雲寺の上座は名を明輝といい、大いに行業があるが、また京中の僧である……。龍興寺主は名を法海といい、漢児で安西に生まれたが、学識や人風は華夏と異ならない。于闐《うてん》〔ホータン〕にも漢寺が一カ所あり、龍興寺を知っている。漢僧が一人おり、名は□□といい、この寺の主である。大いに住職を好み、その僧侶は河北冀州の人であった。佉勒《きょろく》にも漢の大雲寺があり、漢僧が一人住職となっているが、岷州《びんしゅう》の人であるという[13]」と記している。

後晋の時に張匡鄴《ちょうきょうぎょう》、高居海がホータンに遣わされ、途中瓜州、沙州を通ると「二州は多くが中国人で、晋の使いがやって来たと聞いて、その刺史である曹元深らが郊外に出迎え、天子の生活ぶりを問うた[14]」とある。また宋初に僧の継業が天竺へ入って仏舎利と貝多羅葉《ばいたらよう》の経典を求めたが、[12]マガダ国（Magadha）、新王舎城（ラージャクリハ＝Rajagrha、現在のビハール西南のラージギル Rajgir）、カシミラ（Kasmira、現在のカシミール）に「漢寺」や「支那西寺[15]」があったと述べている。少し後に王延徳が高昌へ使者として行った時に、伊州（現在のハミ）を通ったが、州将の陳氏は「祖先が唐の開元二年（七一四）に州を任されてから数十代になるが、唐代の詔勅はなお存した」という。

現在の甘粛、新疆交界のいわゆる韃靼《だったん》九族の中には「晋末に囚われた者の子孫が頗る多い」とある。高昌は「仏寺が五十以上もあり、みな唐朝から額を賜った。寺の中には『大蔵経』『唐韵《とういん》』『玉篇』『経音』などがある……。勅書楼があり、唐の太宗、明皇の御札、詔勅が残っており、鎖で封をするなど大変慎重に扱われている」という。北庭（即ちビシュバリク[13]）には「応運大寧の寺で、貞観十四年（六四〇）に建てられた」ものがあり、「高敞（すなわち高昌）はもと漢土」であったため、唐朝の仏教寺院や仏蔵などの遺跡があったのである[16]。

河湟回廊と河西回廊はT字形になっており、みな中外の交通（の要所）で、民族も複雑な地域であり、漢人以外にもさらに多くの少数民族がいた。『宋史』外国伝八の吐蕃伝には「涼州には古くは鄆人二五〇〇名が兵隊として住んでいたが、黄巣の乱によってついに隔絶してしまい、超（権知西涼府の後裔である孫超）および城内の漢戸は百余り、みな守備兵の子孫である。その城は今まさに幅が数里あり、中には県令、判官、都押衙、都知、兵馬使がおり、衣服や言語は大体漢人と同じである」とある。また「涼州の城外数十里には、なお漢民の攻め破られた者が耕作しており、残りはみな吐蕃である」と記している。

さらに河西軍は即ちいにしえの涼州で、姑臧《こぞう》、神烏《じんう》、蕃和《ばんわ》、昌松《しょうしょう》、嘉麟《かりん》五県を統括し、戸が二万五六九三、口が一九万八一九三あったが、今は漢民が三〇〇戸であるという。今の西寧《シーニン》市より東、楽都《らくと》県（邈川《ばくせん》城）より西、湟水南岸の宗哥《そうか》城は、その「東城はただ羌人に捕らえられた者やその子孫、夏国（中国）から羌に降った者、ホータンや回紇《かいこつ》（ウイグル）の往来する商人が数百家[17]」という。

モンゴル人の西征は漢人の様々な形による中央アジア、西アジアないしヨーロッパへの移動をもたらした。常《じょう》徳《とく》はフラグに従って西域に進軍したが、彼が目にした所によれば、ビシュバリクはなお「多く漢民であり、龍骨河（現在の烏倫古河《ウルンググ》）の西北もまた多くは漢民」であった。その鉄木懺察《テムチャンチャ》（鉄門関）も「関所を守るのはみな漢民」であり、阿里麻里《アルリク》城（霍城《かくじょう》県の東一三キロの阿爾泰《アルタイ》地方）は「ウイグルと漢民が雑居し、その習俗は漸く染まり、頗る中国に似たり」とある。また南側の赤木児城は「居民は多くが並（州）、汾（州）人」で、報達国（現在のバグダッド）も「その妃はみな漢人[18]」だったという。

これより少し前、丘処機は詔を奉じてチンギス・ハーンに拝謁し、田鎮海八剌喝孫[14]（即ち称海城。現在の科布多（モンゴル領ホブド）の東南）に行ったところ、「漢民の工匠が絡繹として迎え、悉くみな歓呼して礼に帰した」とある。また金の章宗《しょうそう》の二人の妃である徒単《とたん》氏と夾谷《きょうこく》氏および漢の内親王母である欽聖《きんせい》夫人の袁氏が号泣して相い迎えた。また彼は鱉思馬《べつしま》城（ビシュバリク）でウイグル王の歓待を受けたが、「侏儒《しゅじゅ》（小人のこと）や伎楽《ぎがく》はみな中州の人」とある。龍興西寺の石刻は景龍三年（七〇九）に楊何が都督となった時の善政を頌えており、寺には別に仏書が一蔵あったという[19]。邪米思干（撒麻耳干（サマルカンド）[15]）ではウイグルが田園を自分で耕すことが出来ず、「すべからく漢人及び契丹、河西（すなわち西夏）をつけ、その役人は必ず諸色人を充てた」といい、「漢人の工匠が城内に雑居した[20]」とある。

これらの多くの住民や職人、ないしは妃となった貴婦人たちは、みな（或いは大部分が）戦利品となった捕虜か、この地区へ派遣された人々であったことは疑いない。彼らが強制されたにせよ、自発的であったにせよ、西へやって来た漢人で長い時間が経つうちに同化してこの地の住民の中に融合し、自らの形跡を失わない者はいなかった。故郷の土を再び踏んだ者は恐らく殆んどなかったのである。

三　西南、東南の諸民族に入って同化した漢族たち

もし烏桓、鮮卑の勃興が三国時代の魏にとって後顧の憂いになったとすれば、呉の王と家臣にとって心配の種となったのは山越《さんえつ》の強大さであった。山越が強大となった要因の一つは烏桓、鮮卑の場合と同じく、漢人の大量流入にあった。すでに亡くなった学者である呂思勉氏が史料の分析を進めて得た結論は、戦乱の世は民が山深い谷間に住み、越と互いに雑居して、住んでいる場所は越の地でも、その地の人は華夏〔古代中国にいた漢族の祖先〕が多いというものだった。史書には「その風土に習う」とあるが、それは元々越人ではないことを示しており、「逋亡《ほぼう》」「宿悪《しゅくあく》」とはもとより中国人のことであった。その最初に流入した者は少なく、主人が強く客は弱かったが、大挙して進入するに及び、主客の地位は逆転した。時間が経つうちに華と越とは融合し、最後は一つとなって勢力を伸ばしたのである。(21)

晋末の農民反乱と民族大移動は社会の一大変動をもたらした。当時中原から避難した人民で、故郷を離れて遠くへ移ることが出来た者は、東北なら慕容《ぼよう》氏の政権に身を寄せ、西北であれば張軌の領土に帰した。また南なら呉の故地に居留することになったが、前燕《ぜんえん》、南涼《なんりょう》及び東晋の建国と中興がこの中原からの流民と関係があっただけでなく、南北朝の士族もその系譜を受けついでいた。

江南の避難民たちは、相当数が少数民族地区に入り込んだ。『宋書』荊雍州蛮伝によれば「宋の民は賦役が厳しく苦しかったため、貧しい者はもはや命令に耐えられず、多くが逃亡して蛮に入った」(22)とある。このうち「亡命」

の司馬黒石ら四人は蛮夷の領袖である「謀主」となり、自ら「太公」や「譙王」「梁王」[23]を名のった。同書の氏胡伝はまた「関中の人で奔流する者は、多くが仇池《きゅうち》【16】の楊氏を頼った」と述べ、中でも許穆之《きょぼくし》、郝惔之《かくたんし》は司馬に改姓して、自ら晋王室の親戚であると主張した。ある者は王や侯を称《とな》え、楊難当《ようなんとう》の良き助手となった[24]。

また中原に身の置きどころがなく、少数民族地区で功成り名を遂げた者もおり、桓誕《かんたん》、桓叔興《かんしゅくこう》親子はその代表的な例であった。『魏書』蛮伝には「〔桓〕誕は字を天生といい、桓玄之《かんげんし》の子であった。初め〔桓〕玄〔之〕が西に走って枚回洲で殺され、〔桓〕誕はこの時数歳であったが、流れて大陽蛮の中に逃れ、ついにその習俗を習った。成人になると智恵とはかりごとに優れ、群蛮の帰する所となった」といい、彼は沔水《べんすい》（即ち漢水）以北、滍葉《ちよう》（現在の河南魯山県にある沙河及び南陽市にある白河の二流域）以南の大陽蛮を八万戸以上も支配した。延興年間（四七一—四七五）に彼は北魏に降ったが、「蛮人は安堵して寇賊とならなかった」とある。その子桓叔興は引きつづいて大陽蛮を招慰し、帰附した者は一万七〇〇〇戸に及び、一六郡五〇県を設けて、親子共に北魏の功臣となった[25]。

個人の活動によって少数民族の歴史的過程に影響を及ぼした例としては、鄭回《ていかい》の事跡が桓氏親子よりも有名である。新旧の『唐書』南詔蛮伝は相州人の鄭回が南詔に投じて三世南詔王の師となり、師尊の地位にある清平官六人の首席に推されたこと、そして南詔の発展と南詔と唐の関係改善を促すうえで火つけ役というべき積極的な役割を果たしたことを詳述している[26]。南詔にどれ位の漢人がいたか知る由もないが、ただ一度四川から十万人以上の漢人を攫《さら》ってきたとある。これらの漢人は大部分が今日の白族《ペー》の中に溶解していったと考えられる。

漢人と僚（史書では「獠」の文字を用いる）は居住地が互いに出入りしたため、人民も互いに入り交じっていた。『宋書』獠伝には「桓温が蜀を破って後、制するだけの力がなく、また蜀人が東流したために、山険の地は多く空となった。獠はついに山を挟み谷に寄り添い、夏人と雑居する者はよく租税を納めたが、深山にいる者はなお戸籍に編入されなかった」とある。また尚書の邢巒《けいらん》は梁州、益州の刺史となって獠を鎮めたが、「夏人に近い者は落ちついて暮らし、山谷にある者も敢えて入寇しなかった(27)」という。互いに出入りし、入り交じった結果、みな変化が発生しない訳にはいかなかった。その漢人で獠の居住区に住み、獠と隣り合って暮らしていた者は、時間が経つうちに獠人へと変化せずにはいられなかった。獠には生熟の区別があったが、熟獠はその多くが漢人すなわち「夏人」だった。郎蔚之《ろういし》の『隋州郡国経』（輯本）も「また南山に寄り添うように獠戸がおり、富める者はよく夏人と結婚する。衣服、住居、言語は殆んど華と区別がない」と言っている。

さらに極端な例として、『唐書』南蛮伝下には「西爨《せいさん》は自らもと安邑の人であると言い、七世祖は晋の南寧太守であったが、中国が乱れると遂に蛮中で王となった」とある。その祖先の由来は具体的に述べられていて、必ずしも完全な偽造とは言えないようであり、学者の中でもこれを深く信じて疑わない者もいる(28)。似たような事例として漢の裳《しょう》蛮が挙げられる。樊綽《はんしゃく》の『雲南志』（考察によれば即ち『蛮書』）には「裳人はもと漢人であった。部落は鉄橋の北にあり、移って来た年代はわからない。初め漢服を代々着ていたが、後にやや諸戎の風俗を見習うようになり、今やただ朝霞《ちょうか》を頭に巻いているだけで、その他には違いがない(29)」とある。ここで朝霞とは朝霞披言《ひげん》のことで、漢人の一種の頭飾りであった。貞元一〇年（七九五年）に南詔の異牟尋がこの鉄橋城を破り、裳人数千名を捕らえて悉く雲南東北各地へと移住させたという。

また『通典』[17]辺裔典の巻一八七には「松外の諸蛮は……、その西洱河《せいじか》は嶲州《すいしゅう》から西へ千五百里、その地は数十から百の聚落があり、大きなものは五、六百戸、小さなものは二、三百戸で、大きな君長はいない。数十の姓があり、楊、李、趙、董が名家である。各々山川に拠り、互いに役属せず、自らその先はもと漢人と云う(30)」とある。杜《と》〔佑《ゆう》〕の書〔『通典』をさす〕にある「松外の諸蛮」と樊〔綽〕の書に見える「西洱河蛮（河蛮）」は内容が同じものが多く、ある種のカースト[18]上または地理上の因果関係があるように見える。またある者は松外蛮と西洱河蛮は実は別物だが、松外諸蛮の名でそれらを総称すると考えているが、その可能性もあるだろう(31)。

四　中南の諸民族に入って同化した漢人たち

南方の漢人が転じて少数民族と同化するのは、客観的な条件から見ると北方に比べて便利であり、また容易でもあった。南方には多くの関塞や哨卡の制限がなく、深い山や茂った林は多かったものの、かえって漢人が少数民族地区に逃げ込む絶好の隠れ家と自然の障壁になった。『南斉書』州郡志下は各州の地勢を記しているが、民族と関係がない記事はなく、荊州は「道は蛮蜑《ばんたん》を帯び」、巴州《はしゅう》は「山蛮寇賊」、湘州は「荊達と密接な関係にあり」、梁州は「氐胡と相い鄰す」とある。また益州は「蛮夷の孔道は西が芮芮《ぜいぜい》、河南に通じる」、寧州は「蛮夷が多く、斉民は甚だ少ない。諸爨《さんてい》氏は強族で、遠くいるのを良いことに命令に従わない（持遠擅命）」とある。ここで河南とは吐谷渾のことを指すと考えられる。

宋と東晋および南朝は似通っており、その政治、経済的な重心が南方にあって、天下は二分されていたことが、民族間の往来ないしは同化、融合のために条件を形作った。南方は元々「夷と漢が雑居」「苗と漢が雑居」「民と夷が雑処」と呼ばれた地で、山のふもとと山上、山際と水際などに分かれて住んでおり、極端な場合には同じ村寨に住んで、ニワトリや犬の声までも互いに聞き取れ、田畑は交錯していた。『隋書』地理志・後叙は「南郡、夷陵、竟陵《きょうりょう》、沔陽《べんよう》、沅陵《げんりょう》、清江、襄陽、春陵、漢楽、安陸、永安、義陽、九江、江夏の諸郡は多く蛮左が混じり、その夏人と雑居する者は諸華と区別はない。その僻處の山谷（に住む者）は言語が通じず、嗜好や住み家は全く異なり、頗る巴渝《はゆ》と同じ習俗である」と述べている。この描写は人々に一幅の民族分布図を見せてくれるだけでなく、一枚の民族融合、民族同化に関する進行表という様相を呈している。

散逸したものを集めた本である『梁載言十道志』巻下には「容州は夷が多く夏は少ない」とある。ここで夷は苗《ミャオ》、瑤《ヤオ》族などを指しており、夏は漢人であった。また宋の周去非《しゅうきょひ》が書いた『嶺外代答』巻三、五民の条には「欽《きん》（現在の広西欽州）の民には五種類おり、一が土人、二が北人、三が俚《り》人、四が射耕《しゃこう》人、五が蜑《たん》人」とある。ここで土人は侗《トン》族を、北人は漢族を、俚人は黎《レイ》族を指し、射耕人は畬《ショオ》族または瑤族を、蜑人は蜑民を指す。また「北人の言語は平らかだが南音が混じっており、元々は西北の流民であったが、五代の乱より欽に入籍した者である」と述べている。さらに同書の同巻にある効用の条は、広右効用（郷兵の一種）について「四万の奸民が集まった」と述べ、さらに「およそ強盗で死刑を免れた者、逃亡兵や亡命者は、その武力があって従うことを願う民と共に集まった」と記している。さらに同書の同じ巻にある寨丁の条は、羈縻《きび》した溪峒《けいどう》を取り囲むように寨を置いて瑤族に臨んだと述べ、「皆わが民であり、これを寨丁と呼ぶ。静江《せいこう》府（現在の広西桂林）には桑江《さんこう》寨がある」としている。ここで桑江寨とは瑤族のことであった。

雑居は異なる民族間の同化を便利なものにし、漢人が少数民族へ変わり、同時に少数民族も漢族へ変わった。苗族の夭苗には姫姓が多く、あい伝えるところでは周の後裔といい、[32]宋家苗と蔡家苗はみずから春秋時代の宋、蔡二国の遺民だと主張していた。田汝成《でんじょせい》の『行辺紀聞』（又の名を『炎徼紀聞』）巻上には「宋家、蔡家はおそらく中国の末裔である。あい伝えるに春秋時の楚子は往々にして宋、蔡を蚕食し、その人民を俘《とりこ》にして、これを南徼《なんきょう》に放ったため、次第に流れて夷となった」とあり、彼らが苗族地区に住みながらも「頗る苗俗と異なる」と述べている。またある書物は「舅と嫁は話をしない」「喪に服すと三ヶ月間は米や肉を食べず、ただヒエ粥を飲むなど、いにしえの礼をなおも残している」など、独特な習慣を具体的に指摘している。

『咸賓録』巻八は「清平の苗で阿溪という者は、江西の人であった。漂蕩してその地に至り、傲慢で智恵がまわり、時間がたつうちに遂に寨主となった[33]」とある。仲家苗《ジョンジアーミャオ》と補籠苗《ブーロンミャオ》は「同種」で、五代の時に楚王の馬殷が邕《ゆう》（州）、管（州）、柳（州）の兵を率いて両江溪口を攻め、貴州に留まって、その後裔はついに流れて夷となった。このため皆「五代戍《じゅ》兵の後裔」[34]と称していた。苗族と漢族が結婚して生まれた子供は、とくに「白児子《はくじし》」と呼ばれることがあった。その「男子は多く華風だが、女子はなお苗俗に従う。おそらく漢人が苗家に婿入りして、子供を産んだ後に捨てたため、母はいるが父はおらず、このため白児子というのである」という。

土司は決して全てが少数民族の世襲的な首領の出身ではなく、別に漢土司なる人々がいた。彼らは漢人で少数民族地区へ流入し、何かの原因となって官吏となった者をさす。万暦二五年（一五九七）に播州《はしゅう》の大反乱を生みだした楊応龍《ようおうりゅう》が生んだ楊保苗《ようほびょう》は、楊継業《ようしぎょう》、楊彦昭《ようげんしょう》親子の子孫であるとかこつけた[35]。さらに広南の韋氏土司はその源流が淮陰侯《わいいんこう》の韓信《かんしん》であるという「故典《こてん》（由来）」を作り出し、「韓」の字の半分を取って「韋」を姓とした[36]。

似たような事例は他にも指摘することが出来る。『清職貢図《しんしょっこうず》』に載っているものだけでも、岷州《びんしゅう》（現在の甘粛岷県）の土百戸だった馬綉《ばしゅう》は後漢の馬援の末裔を自称しており、碾白県《てんはくけん》（現在の青海楽都県）の土指揮だった李国棟《りこくとう》は唐の沙陀である李克用の後裔であると自称していた。また狄道《てきどう》州の土指揮である趙桓の始祖は趙安であり、泰寧《たいねい》（現在の甘粛乾寧県）協後営は大田の西番、倮儸《から》二土司を管轄したが、共に馬岱《ばたい》の後裔であると主張していた。龍安衛の管轄する白馬路（現在の甘粛文県の西北）十八寨は宋代の進士である王斯倹《おうしけん》の子孫で、龍州判官として功績を上げて世襲を認められたという。

建昌鎮に属す越嶲《えっすい》営（現在の四川越西県）などは九枝門、呆結惟の各土番を管轄したが、その先祖は江南人で、明代洪武年間に罪によってその地に安置されたという。泰寧《たいねい》協の左営で沈辺《ちんへん》長官司（現在の四川瀘定県）を管轄する余氏は、元々江西人で、明初に遠征に従軍して功績を上げ、百戸を授けられたという。また太平府（現在の広西左新県）の土人は土司職の世襲を受けついだが、悉くかつての遠征軍将兵の子孫だった。恐らく当時辺境防衛の功績によって褒美を受け、邑の使役はその土着の者だった。

こうした説の中には信頼出来るものもあれば、信じるに足りないものもある。およそ有力な一族や著名人の子孫であればある程、その伝説の信憑性は低いが、かといって全てが偽造やこじつけであるとは言い切れない。右の事例に見えるいくつかの少数民族の集落や部族が、漢族が変化して出来たという事実はかえって否定できないのである。

この他に『読史方輿紀要《どくしほうよきよう》』巻一一九は陸氏『滇記《てん》』を引用して「干崖《かんがい》宣撫司（現在の雲南徳宏半族景頗族自治州盈江県東北の干崖鎮）には蛮洒崗《ばんさいこう》（盈江の西南）があり、古くは同知の劉氏が住んでいた。その雷弄洞《らいろうどう》（蛮洒崗の東南）は経歴の廖氏が住んでいたが、後にその地は回龍営になった。また知事の管氏は猛語崗（蛮洒崗の西南）に住んだ。この三姓はいずれも漢人で、功績によって職を与えられた」とある。『明史』巻三十六、貴州土司、銅仁条下には、烏里《うり》の苗族だった石全州が、みだりに元末明氏（明玉珍）の子孫をとなえ、明王を僭称して、人々を率いて北銀などで反乱を起こしたところ、鄰洞は多くこれに応じたとある。また麻城人の李添保は税を逃れるために苗中へ入り、唐の末裔を名のって、一万人以上の人々を集めて王を称し、武烈の年号を立てた。後に李震に敗北すると、鬼池及び絞洞の諸寨へ潜入して、再び諸苗を煽動して中林、龍里を襲ったという。それが家柄を高く見せかけたり、有名人の後裔を詐称したかはともかく、これらの漢人は久しく苗地にいるうちに、すでに苗族へと深く同化したのである。

民族が雑居し、漢族と少数民族が隣り合って住む地区がこのようであるだけでなく、海外の離れ小島である海南島の黎族や台湾の蕃族、台湾と海を隔てた福建、浙江二省の畲族もその内部に漢人の要素を含んでいた。

黎族には生熟の区別があり、熟黎は実は多くが漢人だった。范成大《はんせいだい》『桂海虞衡志《けいかいぐこうし》』志蛮は「熟黎は欲深く狡猾で、湖広や福建の奸民が亡命して混じっている」[37]とあり、周去非『嶺外代答』巻二、海外黎蛮の条も「熟黎は多くが湖広、福建の奸民であり、ずるく兇暴で禍いをもたらす賊である」とある。また趙汝適《ちょうじょてき》『諸蕃志』巻下、海南の条も省地から近い者は熟黎であると述べ、「みな統率者がなく、峒は自ら覇を唱えている。王、符、張、李など数姓だけで、同姓でも結婚する。省民で罪を犯した者は、多くが逃げてこれに帰する」と記している。

さらに無名氏『原黎』なる一文の記録はもっとも詳細で、「熟黎は旧伝によると元々〔広〕南の恩〔州〕、藤〔州〕、梧〔州〕、高〔州〕、化州などの人で、多くが王、符二姓である。言い伝えによるとその先世は従軍してこの地に至ったが、その山水や田地に目をつけて、その中に入り込み、その険しい土地を平らかにして村峒を作った。先に入った者を峒首とし、共に入って力を合わせた者を頭目とした。父が死ぬと子供が継ぎ、夫が死ねば妻が後を継いだ。また多くは福建、広〔東〕の亡命者で、その中に雑居し、子孫はまた黎となった。だが言語はなおそれぞれの出身地によっており、全てが変わってしまったのではない」と述べている。また「熟黎は初めみな福建人の商人が破産し、亡命して黎となったのであり、また本省（広東をさすと思われる）諸郡の人が、その土地を利用したり、その習慣を受け入れて黎となったのである(38)」とある。宋から明、清に至るまで記載〔の内容〕が一致していることは、皆信頼出来る内容であることを示している。

台湾の蕃属（即ち高山族）は五十以上を数える少数民族の中では比較的遅く入ってきた人々と考えられる。しかしながら、その「南社、猫児幹《びょうじかん》の二社番は、その祖は興化（現在の福建莆田県）の人で、海を渡って台風に遭遇し、台湾に漂着して、番婦を娶って妻とした。現在その子孫の結婚は、みな父母によって主宰され、他の番と同じではない(39)」とある。

畲族内部の藍、雷の二大姓は、そのいわれが王審知《おうしんち》の王閩《おうびん》と関係がある。伝説によると、海南の民である藍奇《らんき》、雷《らい》は王審知に従って福建に入り、羅源村(40)内に住んだために、流れて藍、雷二姓となって互いに結婚した。この藍、雷二姓はさらに自分たちの祖籍を中州の地へと溯らせ、藍氏は「郡望《ぐんぼう》〔郡内の名望家のこと。ここでは元々の勢力基盤か〕」が汝南《じょなん》と太源にあり、雷氏は「郡望」が馮翊《ふうよく》と潁川《えいせん》であるとした(41)。一言で言えば、自分が中原の名門大族の出身であることを肯定したのである。

もう一つの説は前者と似ており、「唐の光啓二年（八八六）に盤《ばん》、藍、雷、鍾《しょう》姓の三百六十余人が、閩王の王審知に従って郷導官として海を渡って福建へやって来た」[42]とある。畲族が少数民族であることを否定するのは明らかな誤りであるが、畲族の中に一定数の漢人が含まれていることはおおよそ間違っていないだろう。もし両者を結びつけて、伝説と族譜の記載には一定の筋が通っていると考えた場合、次のような結論を導くことが出来よう。すなわち一部分の漢人がまず福建、浙江へ入り、さらにその地の少数民族と互いに同化、融合したために、ちょうど王審知の福建統治を促進する役割を果したのだと。伝説や族譜、系図の類は単純に肯定することは出来ないが、また当然ながら軽率に否定すべきでもないのである。

五　漢人には時に隣国へ入って同化した者もいた

漢人が四方へ向けて拡大し、動乱期には流民が蜂擁として外へ移住した結果、ついには隣国に自分の政権を建てたり、独立した集落を形成した者もいた。

最初に箕子《きし》に率いられて朝鮮へ行った遺民の後裔についてであるが、その足跡はすでに尋ねようがなく、考察する術もない。「故燕人」の衛満《えいまん》は朝鮮へ逃れてその国の王となったが、これは箕子に続く第二次の大移民であった。秦漢の交代期に「燕、斉の亡命」で東へ向かった者は数万人に上り、衛満の孫である石渠は「誘ったのは漢人が多かった」とある。朝鮮半島南部では、三韓の一つである辰韓は実際は漢人が建てたものだった。『後漢書』東夷伝は「耆老が自ら言うところでは秦の亡人であり、苦役を避けて韓国へ赴き、馬韓は東の地を割いてこれに与えた」といい、彼らはずっと秦代の物の呼び名や言語を残しており、「ゆえに或いはこれを名付けて秦韓とした」[43]とある。まさに彼らはよそ者であったために、「辰韓は常に馬韓を用いて物事を決めたため、代々あい伝えたにもかかわらず、自立することが出来なかった。その流移の人であることを明らかにしたために、馬韓の制するところとなったのである[44]」という。

朝鮮半島の北部では楽浪語は漢語の系統に属し、揚雄《ようゆう》[19]によって『方言』の一種とされた。三韓の後を継いだのは新羅、百済、高句麗であった。『梁書』百済伝は「その言語は諸夏を参じており、また秦韓の遺俗という」とある。『北史』同伝にも「その人は新羅、高〔句〕麗、倭などが混じっており、中国人もいる」とあり、ここで中国人とは漢人のことであった。唐の高祖は武徳五年（六二二）に高句麗と逃亡者の交換を行ない、「その王である建武[20]は悉く華人を探して、礼をもって送り出し、前後して至った者は数万に及んだ[45]」とある。また太宗は陳大徳を高句麗に遣わしたが、「華人の流客と会ったが、親戚の生死を語ると、人々は涙を流し、ゆえに至った士女は道を挟んで見た[46]」とある。唐の使者と会って故郷に安否の知らせを託したのは、つまるところ極々少数に過ぎなかった。

東南アジアにおいて、林邑《チャンパー》（占婆、即ちカンボジア）[21]附近の西屠夷は自ら馬援のために南征した寄居戸であると考えていた。『唐書』南蛮伝下の環王伝には「また西屠夷がおり、けだし〔馬〕援が帰った時に留まって去らなかった。初めは十戸ばかりであったが、隋末には増えて三百となり、皆姓は馬である。周囲は彼らが寓〔居留民〕であることから、馬留人と呼んでおり、林邑と唐の南境を分けている[47]」とある。田汝成『行辺紀聞』はこの種の人を馬人と呼び、「馬人はもとより林邑の蛮で、相い伝えるところでは馬援に従って北還し、南海に散処した」と述べている。さらに西屠夷からさらに南へ向かうと屈都乾国があり、『交州以南外国伝』によると「その地に人民が約千家あり、みな朱吾県民が叛してその中に住んだ[48]」とある。漢人は少数民族に変化しただけでなく、外国人にもなったのであり、古今にかかわりなく皆こうした変化は発生した。そして時代が下るほどこうした変化も多かったのは、歴史の趨勢であったといえよう。

六　民族間の相互同化は発展を促す要素である

漢人は華夏民族を主体として、不断にその他の少数民族を吸収、受け入れて次第に形成され、発展して来た。華夏族それ自身もそれぞれの少数民族により相互に同化、融合して形成されてきた。事物はみな変化しており、民族の構成要素の変化を含めて、少数民族は漢族へ変わり得るし、漢族も少数民族へと変わり得るのであり、中には少数民族の首領となる場合もあった。先に言及した箕子の朝鮮行きはその例である。また太伯、仲雍は「荊蛮に奔り、文身〔いれずみ〕断髪した」とあり、南越王の趙陀は真定人であったが、「民を移して越と雑居させた」とある。閩越王の無諸および越東海王揺は「その先は皆越王勾践の後裔であった」といい、荘蹻は「服を変えてその俗に従」って西南夷となった。秦の祖先となった費昌《ひしょう》は「子孫は或いは中国にあり、或いは夷狄にあり」と言われた。

さらに極端な例として、周の始祖である後稷《こうしょく》の子不窋は「戎狄の間に奔《はし》った」といい、不窋の孫である公劉は「戎狄の間にあ」った。また公劉の子である古公亶父は「豳《ひん》を去り、岐下に止まる。すなわち戎狄の俗を貶め、城郭家屋を営築した」という。これらの記載と伝説は、決してみな歴史の虚構だった訳ではない。それは太古の時代における異なる民族同士の頻繁な交流と混合を反映しているのであり、時間が悠久であればある程、この種の交流と混合はより深いものとなった。両者の境界は後代の人々が次第に形成しつくり上げたものに過ぎなかった。

およそ漢人の外に向けての発展は、強大な軍事力と政治的優勢に頼ったものであったが、次にやってきたのは豊かな経済的実力と進んだ技術、文化であり、まず一筋の交通ルートを切り開いた（いわゆる何々道を開くというのがこれである）。このルートは往々にして架線や山間の溪谷に沿ったものであり、その後一カ所または数カ所の城堡を設け、ここを根拠地として四方に展開、開拓を進め、その地の民族や集落と連絡を取ったり、彼らを征服した。

これこそは秦漢時代に辺境に置かれた郡と県だったのであり、一旦〔王朝の〕力が衰えると、長い鞭も馬の腹までは届かないように管理が思うにまかせず、それらの交通ルートや城堡も廃棄された。やがて力が回復するとそれらは再建され、これが辺境における郡県の設置と廃止がくり返される原因であった。

交通ルートや城堡以外に、広大な山林やものの集まる場所はなお先住民族や集落の人々が住んでいたが、漢人が四方へ向けて発展すればする程、少数民族を漢化させたり、漢人の少数民族化が進む上で有利に作用した。太伯や荘蹻といった人々はたった一人で行動できた訳ではなく、彼らが少数民族地区で王を名のって覇を唱え、指導者となることができたのは、相当数の漢人という後ろ盾があって初めて可能となったのであり、この基礎がなければ不可思議な出来事となってしまったであろう。

漢族は各々の兄弟民族と互いに吸収し、結合し合って生まれたのであり、その時期も早かった。兄弟民族たちが不断に漢族を吸収し、漢族と結合した時期も比較的早かった。いかなる民族であろうと、発展、進歩および変化の中にあり、停滞的な視点や、一度出来たら変わらないといった見方はみな誤りなのであって、民族の団結と進歩を妨げるものである。発展しようとするならば、必ずや民族の団結を前提としなければならず、これはすなわち我々に対してマルクス・レーニン主義の民族理論を学ぶことの重要性と、大民族主義や地方の偏狭な民族主義を克服することのさし迫った必要性を示している。私が漢族の形成について研究し、歴史上の少数民族における漢族的要素について一文をしたためた理由も、民族間の団結を強めるために微力ながら貢献したいと願ってのことなのである。

註

（1）『北史』突厥伝。なお『新唐書』の同伝では「中国人」が「華人」となっている。

（2）この部分について新旧の『唐書』突厥伝は「中国人」を「隋人」としている。『隋書』斉王暕伝は「虜廷」を「北蕃」とし、「政道に従った」を「これを配してもって部落とした」としている。二つの『唐書』高昌伝によると、初め大業の乱で中国人が多く突厥に投じ、頡利が敗れると高昌へ走ったとあり、頡利は華人の趙徳言を得ると、その才能を買って信頼を寄せ、国政を左右させたという。これも楊政道と同じ投機的人物であったと考えられる。さらに隋が乱れると、華民は多く異民族に投じた。遣使は金帛によって男女八万口を贖い、帰して平民としたとある。これは本文で引用した『資治通鑑』の内容と同じである。

（3）洪亮吉『十六国疆域志』巻四。

（4）周伯琦『扈従詩後序』によると、至正一二年（一三五二）七月二二日に上都を発って南へ向かい、二五日に察罕脳児に至った。ここから西へ向かい、鴛鴦泊（チャハル沽源県の西にある湖）は「二つの川のあいだは土壌が隆起しており、広さは百余里で、住む者は三百余家あった。区脱（斥候用の土室）が並び、諸部と漢人が雑居して市井のようであり、商いによって豊かになった者も多かった。察罕脳児はここから百余里あり、みな雲需府境であった」とある。これは雲需府境に漢人のいる証であった。諸部とはモンゴル各部落をさす。

（5）馮瑗『開原図説』巻下。

（6）共に瞿九思『万暦武功録』巻八、俺答列伝。

（7）『登壇必究』巻三十七、楊博「議招降之当広」。

（8）程開原『籌遼碩画』巻一、熊廷弼「按遼議、務求戦守長策疏」。

（9）例えば『周書』高昌伝は、服飾は男子が胡法に従い、婦人は大体華夏と同じである。文字も華夏を用い、胡書を兼ね用いる。経史の書を習読するが、皆胡語である。刑法、風俗、婚姻、葬祭は華夏と大同小異と述べている。また『隋書』の同伝も「風俗政令は華夏とほぼ同じ」と述べる。なお『北史』の同伝を参考のこと。明らかに同化の途上にあって融合し切っていない半同化、半融合の情形を示している。

（10）『唐書』地理志七下、賈耽「古今郡国県道四夷述」の引用。

（11）『大唐西域記』巻一（季羨林等校注本の七八頁）。『新唐書』西域伝上はこの文を抄録しているが、「中国人」を「華人」としている。

（12）『経行記』（王国維『古行記校注』本）。

（13）『往五天竺国伝』（藤田豊八『箋釈』本）二七頁上、九〇頁上、九一頁下。

（14）『五代史』四夷附録三は高氏の記した行程を引いている。また『文献通考』四夷考、于闐条、巻三三七。

（15）范成大『呉船録』巻上の引用する「継業行紀」。

(16) 均しく『使高昌記』(王国維『古行記校注』本)による。
(17) 李遠『青塘録』(明抄本、『説郛』巻三十五所収の縮約した抄本)。
(18) 『劉郁西使記』(王国維『古行記校注』本)。
(19) この龍興寺およびその仏蔵は、或いはその昔王延徳が見たものと考えられる。
(20) 引用文並びに『長春真人西遊記』巻上を見よ。
(21) 『燕石札記』山越条、九九―一〇四頁。
(22) 『南史』の同伝を参照のこと。
(23) 同上。
(24) 詳しくは『魏書』氐伝。この伝は仇池が社会動乱を利用して「夷夏を招いて千余家を得た」とも述べており、楊難当は「雍州の流人七千余家を獲して、仇池に還した」(『北史』の同伝を参照のこと)という。ある意味から言えば、仇池の楊氏政権は流民によってうち立てられたのであり、流民の中には夏もいれば夷もいたのである。
(25) 『北史』同伝を参照のこと。
(26) 『北史』の同一伝記を参照のこと。
(27) 『北史』の同一伝記。また『周書』の同名の伝記も「太祖(周文帝)は梁、益を平らげた後、いたるところで撫慰を行い、その華民と雑居した者はさかんに賦役に従った」とある。
(28) 例えば朱希祖の「両爨氏族考」や凌純声「唐代雲南的烏蛮与白蛮」はその好例である。
(29) 『唐書』南蛮伝上は「漢裳蛮」と称しており、記載内容は樊綽の書と同じである。『元史』地理志四も『唐書』の文字を簡略化している。
(30) 『唐書』南蛮伝下及び『資治通鑑』唐紀十五(巻一九五)はみな「自云其先本漢人」という一句がなく、この説の信憑性を否定しているように見える。
(31) 趙呂甫『雲南志校釈』一四四―一四六頁。
(32) 羅曰褧『咸賓録』巻八、頁二九上。
(33) 先に引用した田汝成『行辺紀聞』其阿溪項は、それが清平衛の部曲であると述べている。清平は都匀府に属し、現在の貴州凱里の西北。
(34) 先に引用した『職貢図』巻八、三八頁上及び四二頁上。
(35) 宋濂「翰苑別集」楊氏家伝(『宋学士文集』巻三十一)は初めてその事を記した。その考証は譚其驤「播州揚保考」及びそ

の「後記」(『長水集』上冊、二六一―二九九頁)。

(36) 田雯『黔書』巻下、淮陰侯後条。

(37) 『咸賓録』南夷志八、黎人条に「熟黎は貪狡で、両広、福建の奸人亡命が逃げてその間に居す」とあるのは、これに基づいている。

(38) 『海南島黎族風俗図』(稿本、名前は後に付けた)所収。

(39) 乾隆三三年『続修台湾府志』(余文儀修)巻十五。

(40) 先に引用の『職貢図』巻三、二〇頁上。

(41) 景寧畲族自治県張春郷勅木山藍玉堂所蔵『汝南郡藍氏族譜』、民国二一年(一九三二)、雷如載修『馮器雷氏族譜』、民国三六年(一九四七)、重修本『太原郡村頭藍氏族譜』、光緒二七年(一九〇一)修『霞浦県渓南郷白露坑鍾氏支譜』などを参照のこと。

(42) 『福安県江洋祠険坑村雷氏族譜』。

(43) 『三国志』の『魏志』東夷伝を参照のこと。また『三国志』において、『魏略』の漢人戸が来たのは木を伐採して韓の得るところになったと記した部分を引用したことも、また傍証となろう。

(44) 『宋書』蛮夷伝、『南斉書』東夷伝も辰韓を秦韓と表記している。

(45) 『唐書』高句麗伝。

(46) 『唐書』高句麗伝。

(47) 『通典』辺防典の西屠夷下には「馬援が北還すると、十余戸を銅柱のところに留めた。隋に至って三百余戸あり、悉く姓は馬で、土人は流寓と見なし、馬留人と呼んだ。銅柱はついで没したが、馬留は常にその場所を知っていた」とあり、殆ど『唐書』と同じである。范成大は西屠夷が宋人が言うところの漢蛮ではないかと疑った。『桂海虞衡志』によると、乾道間(一一六五~一一七三)に漢蛮が大理の馬商に附して広西横山寨に至った。この蛮は「衣服は中国とほぼ同じで、能く華言に通じ、自らもと諸葛武侯の戍兵であり、聞くにその種の人は絶えて少ないとのことだった。考証によれば……、『唐史』に西屠蕃夷があり、恐らく漢蛮は即ちこの類であろう」とある。また環王伝の文を考証すると、すなわち元の呉勃『呉録』に「銅柱表は漢の南極界であり、左右十数ヶ国は悉く西屠に属している。夷民が三千余家あり」「象林海中に小洲あり、柔金を生む。北より南行三十里で西属国あり、人自ら漢の子孫と称す。銅柱、雲漢の疆場の表あり」とある。『交州以南外国伝』(『太平御覧』巻七百九十が引く)はなお西屠国としている。

(48) 王隠『晋書地道記』も朱吾県は日南郡に属し、郡を去ること二百里、この県民は二千石長吏の調(誅)求に耐えられず、屈都乾に至って国と作ったとある。また『林邑記』は屈都夸としている。考証によれば、屈都乾は即ち都昆（Dungan）で、一説に現在のマレー半島である。また朱吾県は現在のベトナム領ホアン・ソン（Hoành-sơn、横山）県である。

訳注

【1】頡利は突厥の可汗で、名は咄苾という。高祖の代に屡々唐領に侵入したが、貞観年間に李靖によって撃退された。

【2】翰林は文宛のこと。

【3】教坊は音楽、舞踏、雑戯、俳優を掌る官署。

【4】克烈は部族の名。初めシベリアに住み、後にモンゴルと結盟して勢力を伸ばしたが、鉄木真（テムジン即ちチンギス・ハーン）に滅ぼされた。

【5】原文は「塔蠟内所経哈桑西南古城」。ここで哈達桑（ハダサン?）はウランバートル西方の地名で、ハルハ河とトーラ河に挟まれた地点にある。

【6】ハラチンは部落の名で、喀枛沁とも書く。内蒙古卓索図盟の一部で、熱河省南部を占め、内蒙古諸族の最南端。

【7】察罕脳児は湖の名で、チャハル多倫県の境にある。

【8】土默特は部落の名。内蒙古の卓索図盟二部の一つで、熱河阜新、朝陽諸県の境。

【9】台吉は清代にモンゴルの首長に与えられた爵位の一つ。漢語の太子が伝訛したもので一等から四等まである。

【10】沮渠牧健は五胡十六国の一つである北涼の哀王で、自ら河西王と号した。魏と姻戚関係を結んだが、太武帝の攻撃によって廃位され、やがて殺された。

【11】すなわち安西四鎮、クチャ、ホータンなどの四都督府をさす。この地域はインド・ペルシア文化圏との関わりが深く、仏教の東伝にも重要な役割を果たした。

【12】貝多羅葉はインド産のタラと呼ばれる植物の葉で、写経に用いられた。

【13】ビシュバリク（別失八里）は元代の地名で、新疆迪化県をさす。元の北庭都護府、旧ウイグルの五城があった。

【14】田海鎮八剌喝孫は田姓を賜ったチンカイが建設した屯田都市であるチンカイ・バルガスン（バルガスンはモンゴル語で「城市」の意味）をさす。

【15】サマルカンドは普通漢字では撒馬児罕と表記する。

【16】仇池は甘粛省成県の西にある地名で、晋の時に楊定が仇池郡を置くことを求めた。

【17】『通典』は唐の杜佑の撰で、二百巻。黄虞より唐の天宝年間までの政典について記した書物。

【18】カーストは原文では「種姓」。

【19】揚雄は漢代の学者。弁舌が苦手で、専ら文章で名を挙げる。漢の成帝に献策したが、後に王莽に仕えた。著作に『太玄經』『揚氏法言』など。

【20】建武は高句麗の第二六代王、在位は六一六年から六四二年まで。

【21】チャンパーはヴェトナム南部にあったチャム人の国家でカンボジアと同一視することは出来ないが、原文ではこのようになっている。


〔附記〕本文の翻訳にあたり、不明な箇所とくにモンゴル関連の部分について、高明潔先生（愛知大学現代中国学部、文化人類学）、小沼孝博氏（筑波大学大学院）の温かい教示を得た。ここに感謝申し上げたい。なお文責はあくまで訳者本人にある。

古代匈奴の遊牧社会の歴史的な位置付け

谷　苞（吉開将人訳）

一　匈奴の冒頓単于がわが国北方の遊牧地域を統一したのは、中国史において意義をもつ大きな出来事であった

秦の始皇帝が六国を併合し、七国が雄を称した戦国時代を終結させ、長城の内側の農耕地域を統一したのは、中国史において意義をもつ大きな出来事であった。同様に、秦末漢初の時期に、匈奴の冒頓単于《ぼくとつぜんう》が長城の外側の遊牧地域を統一し、遊牧集団や集団連盟が並立して相争う状態を終結させたのも、中国史において意義をもつ大きな出来事であった。長城の内と外に二つの統一政権が相次いで現れたことにより、その後の長城の内外における大いなる統一の前提条件が生み出されたのである。これは中国史の展開における客観的な事実であり、ともに十分に肯定的な評価を与えなくてはならない。しかし長い間、中国古代史研究においては、秦が長城の内側の農耕地域を統一したことの意義だけを認め、匈奴の単于が長城の外の遊牧地域を統一したことの意義を認めず、なかには匈奴を中国史におけるマイナス要素であると事実無根のことを言う者さえいたのである。中国の大地に、同じように出現した二つの統一政権に対し、一方をほめ、一方をけなすのは、明らかに不公平で道理に合ってい

ない。[1]

秦は、六国を併合すると、秦、趙、燕の三つの国が築き上げていた長城を基礎として、それらを連結させ、東は遼東、西は臨洮《りんとう》（今の甘粛省岷県）に至るまで、さらに長城を引き伸ばした。大まかに言って、燕と趙の二つの国の長城のラインは東から西へと伸びる一直線で、秦の長城のラインは東北から斜めに西南方向に伸びていた。当時の長城の北は匈奴と東胡の遊牧地域で、長城の西は月氏、烏孫、羌人の遊牧地域であった。

秦朝の後、長城の内側の農耕地域は漢王朝によって統一された。一方、匈奴の単于は、漢の長城以西と天山山脈以北の遊牧地域を含む、長城の外側の遊牧地域を統一し、天山以南の農耕地域も影響下に置き、もともと長城以西の河西地域（今日の甘粛省西部）で遊牧を行なっていた月氏人と烏孫人は、相次いで西方に追いやられたのである。西方に移動した月氏人は大月氏と呼ばれ、河西とその周辺に残って遊牧を続けた少数の月氏人は小月氏と呼ばれた。

この時期、中国の大地には、長城の外の遊牧地域には匈奴の単于が立てた奴隷制国家、長城の内側の農耕地域には漢王朝の立てた封建制国家という、二つの統一国家が出現したのである。

こうした歴史的状況について、漢王朝と匈奴の最高統治者は互いに認め合っていた。漢の文帝が匈奴の単于にもたらした書状には、「先帝（高祖劉邦）が制書して言うことには、長城以北の弓を引く国は命令を単于から受け、長城以内の衣冠束帯の室は朕が統治している」とあり、(1)匈奴の単于が漢の武帝に書き送った書状にはまた、「南に大漢、北には強胡」とあった。(2)歴史の流れに沿った統一は、各民族人民の経済文化の発展にとって利となるものだった。中央集権的な君主制社会が地方の割拠に反対するのは、歴史においては進歩的な現象なのである。スターリンは、モスクワ建都八百周年の「祝辞」の中で、「世界中のいかなる国も、封建社会の分散状態と地方支配者の混乱状況を脱することができなければ、自らの独立や経済、文化的な発展を維持しようとは思わない。統合され

た統一国家だけが、本当の経済、文化的な発展に期待し、自らの独立を確立することができるのである」と述べている。(3)

前漢初年においては、漢と匈奴の管轄域は長城を境界としていたが、漢の武帝の時期に至り、状況に非常に大きな変化が現れた。前漢初年には、漢は匈奴に対して消極的な防御政策をとっていたが、漢の武帝の時期に至って、積極的に打って出る策略をとるようになり、数度の戦争を経て、前漢は「河南の地〔オルドス地域〕を収め、朔方郡〔2〕（今の内蒙古自治区杭錦旗の北）と五原郡（郡の治所は今の〔内蒙古自治区〕包頭市の西北）を置き」、「民を募って朔方に十万人を移民させた」のである。(4) 紀元前一二一年、河西地域で遊牧をしていた匈奴の昆邪王と休屠王が漢に降り、漢はその配下の四万人余りを、隴西郡〔甘粛省東部〕、北地郡〔陝西省西北部・寧夏回族自治区中部〕、上郡〔陝西省北部〕、朔方郡〔内蒙古自治区烏拉特前旗附近〕、雲中郡〔内蒙古自治区呼和浩特市西南附近〕に置き、五属国と呼ばれた。その後、漢王朝は、昆邪王と休屠王のもとの遊牧地域に、酒泉郡〔甘粛省酒泉市附近〕、武威郡〔甘粛省武威市附近〕、敦煌郡〔甘粛省敦煌市附近〕、張掖郡〔甘粛省張掖市附近〕の河西四郡を置いたのである。

河西四郡の設置は、河西地域を次第に遊牧地域から農耕地域へと変化させ、これが以後の中国史の発展、ないしは世界史の発展にとって、大きな影響を生み出すことになった。まず、河西地域が遊牧地域から農耕地域になったことで、〔南北に連なっていた〕匈奴と羌族との連携が分断された。同時に、漢王朝は、〔西域の〕天山以南の農耕諸国、さらには天山以北とバルハシ湖一帯に遊牧していた烏孫と、匈奴を撃つための連盟を結成し、後には天山以南の農耕諸国は漢王朝に服属し、漢の版図を形作り、漢の力を強大化させ、匈奴の勢いをさらに削いで弱めたのである。

とりわけ重要なのは、新興地である河西の農耕地域を紐帯として、中原の農耕地域と天山以南の農耕地域が結び付けられ、さらにパミール高原を越えて、中央アジア、南アジア、西アジアの農耕地域と結び付けられたことである。これは東と西を結ぶシルクロードが開通する上で有利な条件となり、東と西の経済文化の交流にとって大きな役割を果たしたのである。

二　長城の内と外における広大な農耕地域および遊牧地域の形成

長城の外の遊牧地域は、非常に長い歴史を経て形作られたものであり、長城以南の農耕地域はさらに長い歴史を経て形作られたものである。わが国の歴史では、農耕地域の出現が遊牧地域よりも早く、農耕は牧畜よりも歴史的には古い。このことについて、わが国の古代の文献には多くの記録があり、近年では多くの考古学的な発見が、こうした事実を雄弁に裏付けている。

マルクスとエンゲルスの時代においては、牧畜の発生が農耕よりも古いと学界では考えられていた。「その頃の学者たちは牧畜が農耕に先行すると考え、インド・ヨーロッパ系の牧畜民を『文明』の起源と見なしていた[5]」。

わが国においては、上古の歴史的伝説と、数多くの新石器時代の遺跡の発見によって、わが国で農耕が非常に早くに出現したことが、明らかとなっている。わが国の古代の伝説において、最古の伝説上の人物は炎帝である。彼は神農氏と号し、その氏族集団は農業に従事していた。「伝説における炎帝の後裔には四つの支族があり、おそらく古羌人の四つの氏族集団に属していたと考えられる。その支族の一つが烈山氏で、その子で柱という名の人物は、穀物と野菜を栽培することができ、夏の時代以前から穀物の神である稷神として崇拝されていた。……烈山氏とはすなわち焼畑農耕の意味[6]」である。

わが国の農耕の歴史について、古代の伝説と新石器時代の遺跡からの発見は、矛盾することなく一致している。〔陝西省〕西安市の半坡、宝鶏市の北首嶺、華県の泉護村などの遺跡では粟の遺存体が発見され、半坡遺跡ではまた白菜やからし菜の種も発見されている。長江中下流域の〔江蘇省〕青蓮崗、〔湖北省〕屈家嶺、〔浙江省〕良渚遺跡などの氏族集団では、すでに広く水稲耕作が行われており、石斧、石鏟、石鋤、石刀、石鎌など、さまざまな農具が用いられていた。鋤耕農耕を基礎として、家畜の飼養も発展しており、馬、牛、羊、鶏、犬、豚などの遺存体が、多くの遺跡において発見されている。

奴隷制社会の殷王朝は、農業を主としていた。殷王朝は何度も遷都を繰り返し、盤庚が殷〔今の河南省安陽市西北〕に遷都してから、ようやく遷都をやめた。このように頻繁に遷都をしたのは、当時は一つの場所で農耕をしばらく続けると、地力が落ち、別の場所に移動せざるをえなかったからである。このように一度開墾した耕地を捨てて、別に開墾を行うという現象は、実際には〔遊牧ならぬ〕遊耕的な性質をもっていた。

夏、殷を経て西周時代になると、後の長城以南の地域には、華夏族が戎、狄、蛮、夷などの諸族と雑居していた。大まかに言うと、華夏族は農耕を主とし、戎、狄などの諸族は遊牧を主としていた。周と秦の先祖もまた遊牧を営んでいたが、基本的にはともに農耕によって立ったものであった。周が王朝を創業する前の歴史的人物である后稷《こうしょく》、公劉、古公亶父《ここうたんぽ》は、みな農耕の発展に功績があったとして、歴史にその名を残している。

『史記』周本紀によれば、「弃《き》〔すなわち后稷〕は子供の時、屹然として大人物のような大志をもっていた。遊ぶにも、好んで麻や菽〔豆〕を植え、その麻と菽がよく実った。成人になると、農耕を好み、土地の良し悪しを見て、穀物の良いものを植え付けて刈り取り、民はそれを手本としてまねた」。「古公亶父は、后稷と公劉の先業にならって、徳を積み、義を行ったので、国人はみな古公を〔君主として〕推戴した。……そこで古公は戎狄の習俗を卑しいものとして退け、城郭や家屋を築き、邑〔村落〕を分けて住まわせた。また五つの官を設けた。民は歌い喜んで、古公の徳を称えた」という。

春秋時代、後の長城以南の地域には、華夏族と戎・狄などの諸族が雑居していて、華夏族の農耕地域と、戎・狄などの諸族の遊牧地域は、交錯するように入りくんで分布していた。「東周の天子の都城であった洛陽では、附近に陸渾の戎や伊洛の戎がいた。衛の国の城壁からは戎州を望見できた。春秋[3]時代には、華夏族と華夏族以外の民族との戦いが非常に激しかったが、戦国時代になると、これらの民族は基本的に華夏族と融合し、一つの華夏族を形作った(7)」のである。

戦国時代において、燕、趙、秦の三国は区域ごとに長城を造営し、人為的に、中原の農耕地域と北狄、西戎の遊牧地域の間を分ける一本の区画線を作り出した。同時に、中原地域の戎・狄などの諸族は、遊牧生活を放棄し、定住型の農業に従事するようになった。それは彼らが華夏族に融合したことの一つの表れである。このようなことから、中原地域の農耕は非常に長い歴史をもつが、そこでの統一的な農耕地域の形成は、戦国時代に至ってようやく最終的な完成を見た、と理解されるのである。

それでは、長城の北と西の遊牧地域は、いつ形作られたのだろうか。

『史記』、『漢書』の匈奴伝には、「淳維から頭曼までの千余年の間、時には強大となり、時には弱小となり、分散分離が久しかったため、その世系については順序だって示すことができない。しかし冒頓の時期に至ると、匈奴は最も強大となり、北方の夷をことごとく服従させ、南に対しては〔華夏族の〕諸夏を敵国とし、〔以後は〕代々の〔単于の〕姓と官号を記すことができるようになるという(8)」とある。

この話には、二つの非常に重要な点がある。第一に、長城の北の遊牧地域に統一政権が打ち立てられたのは秦末漢初を始まりとするという点、第二に、北方遊牧地域の出現は前漢の千年以上前に遡るという点である。前者は確かに疑いないところであり、後者は遊牧が定住的な農業よりも後に現れたことをおぼろげに示している。これはきわめて理にかなっていると考えられる。

エンゲルスは『家族、私有財産、国家の起源』において以下のように記している。「家畜群の形成は、それに適した場所では遊牧生活を招来した。……家畜の馴致が最初におこなわれたのは、このような放牧地の境界付近であったにちがいない。そこで、後世の人びとには、遊牧民族は、人類揺籃の地であるどころか、逆に野蛮時代の先祖には、また未開の下位段階の人びとにさえほとんど住めなかったような地域(9)〔から、由来したもののようにみえるのである〕」。

わが国の北方の遊牧地域は乾燥地域に属し、一年の降水量は少なめで、冬と夏の気温の変化はきわめて大きい。冬は気候が厳しく寒く、吹雪のひどい天気がたびたび現れる。夏は荒野、あるいは半ば荒野となった草原に、強い日差しが照りつけ、気候は燃えるような暑さである。こうした自然条件の下では、牧民たちの生業技術のレベルが、これらの不利な自然条件を有効に克服するようになっていない時期には、遊牧地域で生業や生活を送ることができなかったのである。

上述したように、わが国の歴史における農耕地域の出現は遊牧地域の出現よりも早く、これは世界史において一般的な通例とも符合する。わが国の歴史では、農耕地域における統一政権の出現も、遊牧地域における統一政権の出現より早い。秦の始皇帝が六国を併合して、わが国の農耕地域に統一政権が出現した。一方、匈奴の冒頓単于が北方の遊牧地域の各遊牧集団と部族連合を統一して、わが国の遊牧地域に統一政権が出現したのである。

この二つの〔統一政権の〕歴史的な伝統は、ともに後の歴史に受け継がれた。三国、晋、宋、明は農耕地域における統一の伝統を受け継ぎ、鮮卑《せんぴ》、柔然《じゅうぜん》、突厥《とっけつ》、回鶻《かいこつ》、契丹《きったん》などは遊牧地域における統一の伝統を受け継いだのである。

中国史では、長きにわたって農耕地域の統一と遊牧地域の統一という二つの統一が存在したが、結局は南北を合わせて一つの大統一を形成するのであり、これは中国史の展開における必然的な帰結である。中国史の中で、漢と唐の二つの王朝は、そうした側面において、歴史的に大きな意義をもつ成果を上げ、また元朝は農耕地域と遊牧地域の大統一を完全なかたちで実現し、さらにわが国最後の封建王朝である清朝は、最終的にこの大統一を完成して強固なものとしたのである。

三　古代匈奴の遊牧社会の歴史的な位置付けを正しく明らかにすべきである

匈奴はわが国の古代史において重要な民族であり、中国史の発展にとって大きな影響を生み出した。一世紀から五世紀にかけて、一部の匈奴の人々は中央アジア、西アジア、欧州へと西に移動し、彼の地の歴史にも大きな影響を生み出した。それゆえに、匈奴の歴史的な位置付けを正しく明らかにし、評価することは、中国史の重要な部分を正しく明らかにすることであり、世界史的に重要な課題を正しく明らかにすることでもある。深く惜しまれるのは、わが国の古代の文献において、匈奴に対する評価がきわめて不公平であることである。〔それは〕歴代の歴史家たちが各時代の歴史的な限界に制約されたことによるものであり、私たち今日の歴史研究者は、当然のことながらそうした古代の歴史学の伝統的な偏見をそのまま踏襲することはできない。

古代匈奴の遊牧社会の歴史的位置付けを正しく明らかにするために、以下のいくつかの問題を正しく認識しなくてはならないと考える。

第一に、匈奴が農耕地域に与えた負の影響に注目する以上に、農耕地域と遊牧地域が互いに依存しあい、〔発展を〕促進しあう関係にあったことに注目すべきである。

家畜や財産を奪い、農民を殺傷し、農作物を荒らし、人々を捕らえて奴隷にするなど、匈奴の支配階級が発動し、中原の農耕地域や天山以南の農耕地域を混乱に陥れたことは、確かに農耕地域の各民族にとって深刻な災難となった。こうした状況については、歴史的な記述が比較的多く、ここでは多くを述べない。遊牧民族の農耕地域に対する略奪は世界史的もよくあることで、中国の他に、西アジア、アフリカ、ヨーロッパでも同様である。

ここで特に強調すべき点は、古代における中国の疆域は、黄河、長江、珠江にまたがる農耕地域と、長城以北の遊牧地域、そして青海・チベット高原とその周辺の遊牧地域の、大きく三つの区域に分けられるということである。これらの農耕地域と遊牧地域は、それぞれ数百万平方キロメートルの面積をもっているのであり、互いに異なる生業システムが同時並存しているのである。漢王朝が西域都護を設置して以後は、わが国の中原の農耕地域と天山以南の農耕地域は一つにつながり、この時期のわが国における農耕地域と遊牧地域の境界線は、長城の北から天山の北まで長さ数千キロメートルに達した。

農耕地域と遊牧地域は、相手側に欠けるか不足する特産品をそれぞれ有していた。それらはまた相手側にとって、生産や生活で不可欠なものであった。特に遊牧地域では、遊牧民族が必要とする生産・生活物資のすべてを生み出すことができないので、農耕地域が生み出す穀物や各種の手工業製品に対する遊牧民族の需要は、切実だったのである。経済法則にしたがって、農耕地域と遊牧地域の間では、互いに不足する品物どうしの交易が始まり、交易の規模と〔交易品の〕種類は次第に拡大していった。

エンゲルスは、『家族、私有財産、国家の起源』において以下のように記している。「未開の中位段階では、遊牧民族のばあいに、畜群があるていど大きくなると、家畜がすでに自分たちの必要をこえて剰余を規則的にもたらす財産になっていたことが見出されるが、それと同時に、遊牧民族と畜群をもたないおくれた部族とのあいだの分業が、したがって二つの並存するあい異なった生産段階が、したがってまた規則的な交換の条件が生じていたことが見出される(10)」。

奴隷制社会の段階にあった匈奴の遊牧社会と、封建制社会の段階にあった中原の農耕社会は、まさにこうした条件の下で、広範で長く続く交易活動を生み出したのである。

中原の農耕地域から遊牧地域に送り出された品物は、おもに穀物、絹布、麻布、金属製品、酒類など、各種の農産物と手工業製品であった。遊牧地域から農耕地域に入ってきた品物は、馬、牛、羊、ロバ、ラクダなどのおもに各種の生きた動物と、各種の家畜と野生動物からとった皮革や家畜の毛、薬材などであった。

農耕地域と遊牧地域の間で交易が発展したことにより、人々の生活が物質面で大いに豊かになり、改善されるとともに、それぞれの経済の発展が促された。大量の畜類が輸入されたことによって、中原地域の各民族の農耕民や手工業者の労働条件が大いに改善され、生産力が高められ、商業輸送が便利となり、また騎兵部隊も設置しやすくなった。漢王朝の初年には、内地においてロバが珍しい秘宝と同列に扱われ希少動物と見なされていたが、時代が下ると民間で普通に用いられる使役用の家畜となった。

中原の農耕地域の農産物と手工業製品が遊牧地域に大量に入ったことによって、遊牧民族の衣食は豊かになり、また遊牧地域の生産力の発展が促されたが、ここでは一つの考古学的な成果を、その証拠として挙げるにとどめる。すなわち、「金属製の工具の中で、動物を柄の末端にかたどった〔遊牧民的な〕いわゆる『スキタイ様式』の小型の銅刀は一点しか得られなかった。最も多く出土したのは、柄の末端が環形をした漢様式の小型の鉄刀と錐の類で、合計二五〇点あまりを数えた。明らかに、前者は後者に取って代わられたのである。数多く出土した鉄钁《てつかく》・鉄斧・鉄錛《てつほん》は、戦闘の目的のほかに、おそらく生産工具としても使われたであろう。二点出土した長方形の薄い板状の鉄鋤は、生産とその他の日常生活以外には使えないものである。地元固有の〔様式の〕鉄斧は一、二点しか発見されなかった。つまり、金属製の工具の使用により、彼らの社会の発展と生活面の変化が、大きく促されたのである」。「こうした発展と変化において、はっきりとした役割を果たしたのは、漢民族の先進的な文化の影響であり、墓地から出土した大量の漢民族の〔文化の系統に属する各種の〕文物は、このことを十分に物語っている。漢民族の文物として確定できるものとしては、鉄製工具・土器・武器・馬具・銅鏡・服飾・貨幣などの一連の出土遺物がある」[11]。

漢王朝は、「精金良鉄」を辺境の関所の外に出すのを厳しく禁じたにもかかわらず、一ヶ所の匈奴の古墓群において、意外にもこれほど多くの漢民族の鉄製の工具や武器などが発掘されているのである。

これによって以下の二つのことが説明できる。第一に、漢民族と匈奴の経済的文化的な交流は、内容として非常に豊かで、その影響は非常に深かった。第二に、漢民族と匈奴は、経済的に相互依存、相互促進の関係にあり、いかなる力によってもそれを遮ることができず、「精金良鉄」を辺境の関所の外に出すのを厳しく禁じた漢王朝の政策も、実際は効果がなかったのである。

以上から、漢と匈奴の関係の主流であったのは経済的文化的な交流であり、こうした交流が農耕地域と牧畜地域の各民族の人々のどちらにとっても利となるものであったと、私は考える。匈奴の奴隷制社会の支配階級が発動した略奪を目的とする戦争や、漢王朝が進めた〔匈奴に対する〕攻撃と報復の性質をもつ戦争については、歴史に多く記されるとはいえ、さすがに毎年毎月必ず起きたわけではない。それに対して、農耕地域と遊牧地域間の交易は、間断なく続けられたのである。双方が友好的な関係にない時でも、こうした交流は決して途絶えることはなかった。

農耕社会と遊牧社会は中国史上において長期的に並存したが、それぞれの経済的文化的な発展レベルは異なり、社会的経済的な構造も異なっていた。しかし、両者の間には、経済面では相互に依存し、相互に〔発展を〕促すという、きわめて根本的な共通点が存在していた。この根本的な共通点こそが、〔長城の内外を一つのものとして統一することを理想とする〕大統一思想[4]を形作った経済的な基盤であったのである。

第二に、匈奴は遊牧経済をおもな生計の柱としていたが、農業や手工業、狩猟など、遊牧以外の生産活動を行なわなかったわけではない。

『漢書』匈奴伝には、匈奴が「北の辺境にいて、草地を求めて牧畜を行ない、移動して暮らした。家畜として多いのは、馬や、牛、羊で、少ないものとしてはラクダや、ロバ、その他の雑種や、野生の馬などがあった。水や草を求めて移動し、城郭や定住地、農耕の生業はなかった。……文字はなかった。……君王以下みな家畜の肉を食し、その皮革を衣服とし、毛織物を身にまとった」とある[12]。

ここで引いた文章は、『史記』匈奴列伝の記述とほぼ同じである。しかし、この二つの文献の記述内容を細かく分析し、また近代以来の考古学的な発見や、筆者が長年にわたってモンゴル・チベット・カザフ族の遊牧地域で行なった社会調査の資料を調べると、上述した引用文の中の一部の内容が事実ではなく、匈奴の遊牧社会の後進性を過分に誇張していると考えられるのである。

実際には、匈奴の遊牧地域内には城郭があり、農業と手工業の生産も行なわれていたのであり、匈奴も肉ばかり食べていたのではなく、その衣服も動物の皮革やフエルトで作られたものばかりではなかったし、また固有の文字はなかったけれども文字を記すことはできたのである。

匈奴の遊牧地域における城郭という点については、わが国の文献の中にも少量だが記述がある。そして、近代の考古学的な発見により、匈奴の遊牧地域においていくつかの城址の存在が証明されている。「匈奴時代は牧畜経済が主要な地位を占めたが、すでに城壁をもつ聚落もつくられていた。これらの城壁をもつ聚落には、軍隊が駐留していたほか、さらに農業従事者も定住していた。こうした遺跡はモンゴル人民共和国[5]内で十数ヶ所も発見されている[13]」のである。

わが国の内蒙古地区においても、いくつかの匈奴時代の古城がこれまでに発見されていて、「今日までに、私たちが調査した漢代の古城には、呼和浩特《フフホト》市東北の塔布托拉亥村、土黙特旗二十家子村、包頭《バオトウ》市麻池村、清水河県上城湾、托県古城村、沙拉斉県東老杖営子、烏拉特前旗三頂帳蓬、伊盟東勝県城梁村、准格爾旗那林鎮、瓦爾吐溝和楡村壕村などがある。これらの古城にはいずれも城壁があり、地上には漢代の瓦や陶器などの破片が散布し、地下の埋蔵物は豊富である」[14]。

匈奴は遊牧が主であったが、農業も兼業していた。『史記』『漢書』において「城郭や定住地、農耕の生業はなかった」というのは、事実に合っていない。匈奴が一部で農業に従事していたという歴史的な事実については、実は『漢書』にも少なからずの記述があり、その主要なものを抜き出すと以下の通りである。

〔前八九年〕匈奴が「遂に貳師を殺して社に祀ると、数ヶ月に渡って雪が降り続き、家畜が死に、人も疫病にかかり、農作物は実らなかった」[15]。

「その翌年〔前六六年〕、匈奴は〔西域の〕諸国が共同で車師国を攻撃したことを怨み、左右大将を派遣し、それぞれ一万余騎をもって右地に屯田させた」[16]。

〔さらに〕匈奴の遊牧地域には、独自の手工業も存在した。近代以来の考古学的な発見から私たちが知る匈奴の手工業分野には、冶金、銅鉄武器、工具、生活用品の製作、車の製作、土器の製作、毛織物、革工芸などがあるが、技術的にはあまり高いレベルではなく、製品〔のすべて〕を自給自足することはできなかった。

『史記』匈奴列伝と『漢書』匈奴列伝には、匈奴の人々は「君王以下みな家畜の肉を食し」たとあるが、こうした言い方も成立しえない。匈奴の人々は、肉のほかに穀類も食べたのであり、しかも〔穀類は〕なくてはならないものであったのである。

穀類の入手先は三つあった。第一は匈奴の遊牧地域内で自分たちが栽培したもの、第二は漢王朝が贈ったもの、第三は内地の農耕地域から交易もしくは略奪によって入手したものである。匈奴の遊牧地域では、自分たちが栽培した穀物は、自給自足に必要な量に満たなかった。漢王朝が匈奴に贈った穀類の量は少なくなく、『漢書』匈奴伝には以下のような記述がある。

漢高祖の時、「毎年匈奴に絮《じょ》〔綿〕・繒《そう》〔絹〕・酒や食物を贈り、それぞれに一定の数量があった」。

漢武帝の時、「それ故、役人に詔して、単于に秫《じゅつ》〔糯粟〕や麹、金、帛・錦・絮《じょ》その他の物を与え、〔それには〕毎年定まった数量があるのである」。

漢武帝の時、匈奴の単于は漢王朝への書面において、「毎年、わが方へ麹酒一万石と稷米五千斛、雑繒一万匹を与え、その他についても旧約どおりであれば、〔漢の〕辺境で盗みをしない」と述べた。

呼韓邪単于の時に、「〔董〕忠らに詔して、留まって単于を護衛し、服さない者を誅するのに力を貸し、また辺境[6]に前後三万四千斛の穀物・米・糒〔乾飯〕を運ばせ、その食料を与えて充足させた」。

「〔漢〕元帝が即位[7]すると、呼韓邪単于は再び上書して、民衆の窮乏を述べた。漢は雲中・五原郡に詔して、穀物二万斛を運ばせ、これに供給した[8]」。


以上の引用文に見るように、漢王朝が匈奴に贈った穀物の量は相当多いものであった。民間での交易に至っては、中原の農耕地域から匈奴の農耕地域に輸送された食糧は、文献に記載がないので、一体どれくらいあったのか述べることができない。しかし、その量は漢王朝が匈奴に贈った穀物の量をはるかに超えるものであったに違いない。

匈奴の人々の食べ物は、肉類と穀物以外は、一般の遊牧民にとっては、家畜の乳と乳製品が、より重要な食品であった。家畜の乳は一年中搾って入手することができ、乳が多く出る時期には、さらにバターや乾燥乳など、各種の乳製品を作ることができ、一年を通じて食用とすることができる。一頭のメスからは、二、三年から十数年にわたって、乳を得ることができるが、殺して肉を食べれば一度きりしか食べられない。匈奴の奴隷制の下では、一般の牧民が自分のものとしている家畜は非常に少なく、もしそれらすべてを肉として食べてしまうと、一人一日分一斤二両〔六〇〇グラム〕とすれば、一ヶ月で一頭の羊を食べてしまうことになる〔また、暑い時期には肉類は保存しにくい〕。一家族五人とすると、一年で六〇頭を食べることになり、これは明らかに想像しがたいことである。

匈奴の人々の服装について、「その皮革を衣服とし、毛織物を身にまとった」だけだったというのも、完全に納得することができない。匈奴の支配層は、絹を着ていたのである。

匈奴は、烏桓《うかん》を征服すると、以後、烏桓に対して「皮布税」を徴収した。匈奴が烏桓から徴収した布とは、当然ながら衣料にすることのできるものだった。ここでいう布とは、綿布ではありえず、おそらく毛織の布か麻布であった。

『史記』『漢書』は、匈奴の人々が「文字はなかった」と記す。これを、匈奴の人々が当時、まだ自分たちの文字をもっていなかったと理解するならば、もちろん問題ない。しかし、これを匈奴の人々が文字を使うことを知らなかったと理解するなら誤りである。匈奴の単于は、漢王朝との間で、常に書信のやりとりを行なっていたのであり、これらの書信の一部は、今も『漢書』の中に残されており、そこで使われている文字は漢字なのである。

以上から、『史記』と『漢書』の匈奴の人々に対する経済的、文化的な発展水準の描写は、〔現実よりも〕低く貶められてしまっていると考えられる。歴史の本来の姿を取り戻し、匈奴の中国史における位置付けを正しく明らかにするためには、上で述べた諸問題すべてに対して、弁明を加えなければならないと考えられる。

確かに、遊牧経済が匈奴の人々の中で重要な地位を占めており、その遊牧社会では、技術的な水準が比較的低く、生産の規模も比較的小さく、生産された品も自分たちの需要を満たすものではなかったが、〔その一方で〕すでに城壁をもつ聚落が出現し、農業、手工業、狩猟などの生業も存在していたのである。

第三に、遊牧業の生産技術的な水準や、遊牧地域の物質文化を過小評価すべきではない。

マルクスは『資本制生産に先行する諸形態』の中でかつて以下のように述べている。「自然的に組成された種族的共同性、あるいは群団性―もしこういってよいならば―は、人々が彼らの生活と活動との客観的諸条件を占取することの第一前提（血統、言語、習慣等々による親近性）である。ところでこの生活は、その活動によって再生産され、また対象的諸形態を与えられるのである（牧人、狩猟者、農耕者、等々としての活動）」。「土地は―そこは、労働手段をも、労働材料をも、また居住のための場所、集団の基地をも提供するところの、大仕事場であり、兵器庫である」[17]。

わが国の長城の内と外の農耕地域と遊牧地域は、農耕または遊牧をそれぞれ自らが従事するおもな生業としており、相互に異なっていたが、彼らがともに土地を最も主要な生産手段としていた点については、両者とも共通していた。

農耕地域においては、土地を農耕に使用し、農民は農地に穀物や油料、桑や麻、果物や野菜などを植え、食用や衣類を作る繊維に利用したのである。それに対して、遊牧地域では、土地はおもに牧地として使用し、牧民は牧地に馬や牛、ロバやラクダ、羊などを放牧し、成長と繁殖を持続させ、家畜から肉、乳、皮、毛を得て、衣食住と移動手段に利用したのである。

しかも、農業と遊牧業による収穫は、どちらも自然の恩恵ではなく、農民と牧民の労働による成果である。〔このようにして〕さまざまな民族からなる農民と牧民が生み出した物質的な豊かさは、農業地域と遊牧地域の政権、宗教、文化芸術などの基礎であったのである。これにより、「土地は……大仕事場であり、兵器庫である」というマルクスの名言がもつ深い含蓄を理解することができよう。

ある種の伝統的な偏った見方では、農耕の生産技術は高く、複雑で、生産のための道具が多くあり、体系だった生産技術があると見なし、その一方で、牧畜の生産技術は低く、単純であると見なして、簡単に「草地を求めて牧畜を行ない、移動して暮らした」（『漢書』）、「水と草を求めて移動して暮らした」（『史記』）と結論づけてしまう。

しかしこうした見方は誤りであり、遊牧に対する理解の乏しさから生み出された偏見である。

実際には、牧畜の生産技術は〔農耕と〕同じく非常に複雑であり、なかには長い間の実践の過程で蓄積され、代々伝えられてきた貴重な経験も数多く含まれている。例えば、適切な時期に牧地を移動させ、適当な時期に交配させ、生まれた家畜を育て、家畜の群れを野獣の害から守り、乳を搾り、乳製品を作り、毛皮を加工するには、経験の積み重ねによる、天文、地理、気象、物候〔生物と環境との関係〕、家畜の飼養、病気の予防などについての、多方面の知識が不可欠である。農耕と比べれば、遊牧に必要な道具はやや少ないが、乗馬に使う鞍や、牧地を移動する時にフエルト製のテント・生産工具・生活用品の運搬に使う牛やラクダ用の荷物運搬具、野獣の害から守るための弓や刀、槍などの武器、乳を搾るための道具や、乳製品や毛皮を加工するための道具など、遊牧には独特の体系だった生産工具が必要なのである。

農業には忙しい時期と農閑期があるが、それに対して遊牧は連続性を持った生業であり、一日たりとも休むことはできず、祝日も例外ではなく、馬・牛・ラクダ・羊は、昼間放牧して見守るだけでなく、夜も見守ってやる必要があり、馬の群れはさらに夜間の放牧も必要である。生まれたばかりの子を育てる時期においては、昼夜を分かつことなく、子供と親の家畜の世話をすることが、さらに必要なのである。牧畜が〔農耕と〕同様に大変でつらい仕事であることが分かるであろう。

第四に、匈奴の遊牧地域における農耕生産は、さまざまな条件の制約によって、しかるべき発展を遂げることができていないが、一貫して発展傾向にあるという点である。

古今を通じ、世界的に見ても、農業を兼業しない遊牧民は存在しなかった。紀元前三世紀に、匈奴の遊牧地域では、すでに農業が行なわれていた。秦の人々が、遊牧地域において農業に従事していたのである。

『漢書』匈奴伝に附せられた顔師古の注には、「秦の時期に匈奴に亡命した人々がいて、今その子孫はなおも秦人と名乗っている」[9]とある。前漢初年、匈奴の冒頓単于が北方の遊牧地域を統一すると、大量の漢人が、強制的もしくは志願して匈奴の遊牧地域に入ってきた。[10]

これらの漢人の大部分は、〔以下に述べる主に〕四つの経緯で匈奴の遊牧地域へ入ってきた。（1）多数の漢族が、匈奴に略取され、奴隷とされた。その事実は史書に多く記載があるので、一々それを列挙しない。（2）後漢時代には、大量の漢人が、羌族に略取され、南匈奴に奴隷として転売された。（3）漢族の官兵が〔匈奴との〕戦いに負け、あるいは別の原因で匈奴に投降した。（4）辺境地域の貧しい農民が自ら望んで匈奴の遊牧地域に逃亡していった。

この四つに該当する漢人の〔匈奴の遊牧地域における〕総数は決して少なくなかったはずであり、彼らは匈奴の遊牧地域において、大部分が農業と手工業生産に従事して、匈奴の遊牧経済の有機的な構成部分となったのである。

匈奴は奴隷制社会段階の国家であり、東胡、烏桓、丁零《ていれい》、小月氏、烏孫などの遊牧民族、および天山以南の各農耕民族など、多くの民族を支配していた。匈奴の奴隷には、匈奴、漢、東胡、烏桓、烏孫、丁零などの人々が含まれていたのである。匈奴の奴隷が、一体どのくらいいたのか、馬長寿先生は最初七〇万人とし、後に五〇万人と改め、林干氏は三〇万人と仮定した。[18]文献によると、そのうち匈奴と丁零人〔の奴隷の数〕は数万人にも上ったとされる。

匈奴の遊牧地域では、多くの地域で気候、土壌、水源が農耕に適していた。匈奴の遊牧地域では、紀元前三世紀にすでに農耕が出現し、さらに冒頓単于が北方の遊牧地域を統一した後に、一定の発展を見ていたが、しかるべき発展は達成しえなかった。これは、匈奴の保守的な支配階級が遊牧の伝統を維持し、農業を低く見たために起きたことである。

匈奴の生産における人的な構成を階級的に見ると、農業に従事する人々は、抑圧され搾取される人々で、そのうちの多くは奴隷だった。階級社会において、損害を被り、使役される人は、結局のところ、生産者である本人やその職業も含めて、社会的に低く見られた。そして、同じように生産労働にあたる遊牧民からも、農耕従事者は蔑まれたのである。その理由は、それが一つの時代の支配的な考え方であり、結局はこの時代の支配階級の思想であって、また同時に、異なる部類の生産活動に従事していた人々の間にあった溝とも関係するのである。

匈奴の支配階級が農業を低く見た（後のその他の遊牧民族の封建勢力もまた同じように農業を低く見た）ことには、さらに大きな社会的経済的理由がある。遊牧地域においては、奴隷制社会あるいは封建社会であるにかかわらず、家畜はすべて私有だが、牧地は氏族集団の公有であった。こうした状況の下で、牧地の公有制は、数千頭あるいは一万頭以上もの家畜を有する奴隷制社会および封建社会の支配層と、わずかに数頭から数十頭の家畜を有するだけの遊牧民にとって、果たしてどのような現実的な意味があったのだろうか。その実質は明らかである。

遊牧は農業と異なり、一つの家族だけで行なうのは不可能で、血縁関係で結び付いた氏族集団を単位として行なう。封建制社会段階の遊牧民族では、遊牧民たちは牧地の移動を、いつも氏族を単位として行なう。「親族相互扶助」の名義の下で、遊牧民は主人を「助けて」それぞれの仕事と家事に従事する。従属する遊牧民は、主人の指定した数十頭の母羊から乳を搾り、食用に供し、各種の乳製品を作る。牧地を移動する時には、ラクダや牛や馬などの大型家畜を主人から何頭か借りて、フエルト製のテントやその他の生産、生活道具を運ぶ。遊牧民は、さらに主人のところから、一頭から数頭の幼畜を「贈与」としてもらうこともある。

一般的に、奴隷制と封建制は多くの共通点を持っている。封建制の下でも、一戸の遊牧民が所属する氏族集団を離れ、農業を行なうのはきわめて難しいことなのであり、おそらく奴隷制の下では、こうしたことはもっと難しいはずで、容易ではありえない。遊牧民が農業をやりたいと思っても、それをやるだけの力はなかったのである。

非常に過酷な現実として、人は必ず穀物の食料を食べなければならないのであり、遊牧民もまったく例外ではない。穀物を食べることの需要は、農業を低く見なす伝統的な偏見よりも、もちろん比較できないほど大きい。こうした偏見は、一定期間においては農業の発展を阻害するが、結局は農業が始まり、存在することを阻むことはできないのである。

第五に、北方の遊牧地域においていくらかの農耕地域が形作られた後、中原の農耕地域と北方の遊牧地域との南北対峙の歴史が終結したという点である。一つに連なった広大な農耕地域が、もともと遊牧地域であったところに出現するのは後世のことだが、その端緒は匈奴の時代にあったのであり、先駆けとしての意義は抹殺することはできないのである。

当時、匈奴単于の管轄した遊牧地域は、今日のわが国の東北、内蒙古、寧夏、および甘粛の河西地区、新疆北部を含んでいる。〔後世になって〕もともと遊牧地域に属していたこれらの地域に、広大な農耕地域が出現し、中原の農耕地域と北方の遊牧地域間の南北対峙の歴史は終結する。この変動過程は、〔その後〕非常に長い歳月を経て、清代になってようやく最終的な完成を見て、強固なものとなったのである。

確かに長城はかつては匈奴の遊牧地域と中原の農耕地域の境界であったが、長城自体は漢代において非常に大きな変化があった。

秦と漢初の長城は、戦国時代の燕・趙・秦の三国の長城を基礎として築かれたものだった。漢の武帝の時期になると、その西部で長城が陽関・玉門関まで延長され、東部では長城の北にまた二つの外長城が築かれたのである。「漢の武帝の築いた外長城は二つあり、秦の長城の北側の荒漠とした草原に分布している。この二本の並行して走る長城は、南北に五～五〇キロメートルほど距離を置いており、南側の一本は（今の内蒙古の）武川県内を起点とし、西に向かって、固陽県、烏拉特中後旗と潮格旗を越え、モンゴル人民共和国内にまで伸びる。北側の一本は、東端が達茂連合旗から始まり、西に向かって、烏拉特中後旗と潮格旗を経て、モンゴル人民共和国内に入った後に、再び南に折れ、額済納〔エチナ〕旗内の漢の長城と連接する」[19]。

前漢王朝は、朔方から令居、居延に至るまで屯田を行ない、農耕地域を秦の長城以北の一部地域まで拡大して展開した。漢の武帝が河西四郡を置いた後には、この広大な、もとは遊牧地域であった地域は、ほどなくして農耕地域へと変わったのである。北方の遊牧地域と中原の農耕地域からすれば、後世の歴史的な発展の趨勢は、総じて前者の遊牧地域が縮小していく傾向にある。前漢初年に、長城はまだ農耕地域と遊牧地域の境界であったが、前漢中期になると長城以北の一部の遊牧地域は、すでに農耕地域へと変わっていたのである。

世界史においては、剽悍な遊牧民は、隣接する農耕地域を遊牧地域に変え、耕地を牧地に変えたいと常々思い、それに成功した例もある。一一世紀の半ばに、アラビア半島の遊牧民であるベドゥイン人が北アフリカに侵入した後、そこの農地を牧地に変え、地元の人々が数世紀にわたって築いてきた水利施設を荒廃させたのは、その一例である。

中国史においては、漢代の匈奴および後世のその他の北方遊牧民族が、隣接する農耕地域を遊牧地域に変えたいと思わなかったはずはないが、成功した例はない。広大な中原の農耕地域は、人口密度が高く、都市が林立しており、この農耕地域を遊牧地域に変えたいと思っても、非常に頑強な抵抗にあうのである。匈奴の人々は力不足でこれを成しえなかった。鮮卑人はわが国の北部に北魏王朝を打ち立てたが、中原の農耕地域の洋々たる大海原の中にあって、農耕地域を遊牧地域に変えられなかったばかりか、彼ら自身が農業へと転業することにさえなり、ついには漢族の中に融合してしまったのである。元朝の初めにおいても、遊牧伝統を堅く守った一部の蒙古貴族たちが中原の農耕地域を遊牧地域に変えたいと考えたが、やろうとしても無理だという理由で、彼らの主張は元朝の最高統治者には受け入れられなかったのである。

四　遊牧社会の歴史研究は、農耕社会の歴史研究と密接に連携させるべきである

以上で述べたように、遊牧社会だけでは自給自足の社会とはならないので、もし隣り合う農耕地域との密接な連携がなければ、生活も発展も不可能である。古代匈奴史の研究は、秦漢史の研究と密接に結び付いて、農耕民族の農耕社会と密接に連携させながら進められるべきであり、それによってはじめて遊牧民族の遊牧社会を正しく検討することができると考える。

わが国の古代史上、匈奴、東胡、烏桓、丁零、烏孫、西羌などの遊牧諸族は、二つの主要な遊牧地域を形作った。一つはすでに上で検討した北方遊牧地域であり、もう一つは青海・チベット高原とその周辺地域によって形作られる西方遊牧地域である。後者は本論文における検討対象には含まれないので、上では言及していない。

これらの二大遊牧地域と並存したのが、漢民族を主体に、多くの農耕諸民族（西胡[11]、百越、西南夷など）が形作った農耕地域である。先の二大遊牧地域（北方遊牧地域と西方遊牧地域）と比べると、この農耕地域の人口は総人口の絶対多数、おそらく九〇数パーセントを占め、経済的文化的な発展水準も高い。そして、前述の通り、わが国の歴史上、農耕地域と遊牧地域、農耕民族と遊牧民族の間の関係において、主要な位置を占めていたのは、相互依存、相互促進の関係であったのである。

指摘しておかなければならないのは、こうした農耕地域と遊牧地域の間の相互依存、相互促進の関係において、歴史的には、漢民族を主体とする農耕地域が、常に主導的役割を果たし、私たちの多民族国家が統一の局面を形作る上で凝集の中核であったという点である。もしこの中核がなければ、私たちのこの統一された多民族国家は、形作られることはなかったであろう。

秦漢時代以来、中国は一つの統一された多民族国家であった。辛亥革命以前の時期において、私たちの国は、中央集権的な統一された多民族国家として、すでに非常に長い歴史の発展過程を有し、数多の厳しい歴史的な試練を経験した。しかし、統一は一貫して歴史の発展の主流であり、統一は一貫して各民族の人民に共通した願望であった。わが国の歴史において、二大遊牧地域（北方遊牧地域と西方遊牧地域、この二つの遊牧地域に出現した農耕地域を含む）と、より大きな農耕地域である中原の農耕地域の間に形成された、相互依存、相互促進の関係を経済的な背景として、わが国では大統一思想が人々の心にしっかりと根を下ろし、また歴代の王朝によってそうした政治的な局面が実現されたのである。

私たちは古代匈奴の遊牧社会を研究する際に、匈奴の遊牧社会の歴史的な位置づけについて正しく明らかにし、匈奴の遊牧社会の祖国への貢献について十分な肯定的評価を与えなければならない。匈奴が北方の遊牧地域を統一したことは、歴史への大きな貢献であり、また匈奴の遊牧経済が内地の農業と手工業の発展を促したことも、大きな貢献であったのである。

五　本論文の結論

以上をまとめ、いくつかの要点をもう一度簡潔に述べておきたい。

(一) 匈奴の冒頓単于が中国北方の遊牧地域を統一したのは、非常に大きな意義のある偉大な歴史的な出来事であったのであり、肯定的な評価を与えるべきである。

(二) 匈奴の遊牧地域は、中原の農耕地域と同時に並存し、経済的には相互依存、相互促進の関係が歴史の主流であった。匈奴は、中国を生み出すために大きな貢献をしたのである。

㈢ わが国の古い文献と一部の著述においては、匈奴の経済的文化的な発展の水準を低く見なすが、〔その誤りを〕はっきりさせ、歴史の本来の姿を回復させなければならない。

㈣ わが国の北方の遊牧地域は、中原の農耕地域と並存している時に、経済的には相互依存、相互促進の関係にあったのであり、さらに後には北方の遊牧地域内に多くの農耕地域が現れて、北方の遊牧地域と中原の農耕地域の間の対立関係が終結することになった。これは、中国に大統一思想を生み出す物理的な基礎となった。漢民族にも北方民族にも大統一思想があり、わが国の歴史において漢・唐・元・清の諸王朝は、いずれもこうしたかたちでの大統一を実現し、清朝は中国史上最後の封建王朝として、大統一を強固なものとしたのである。

㈤ 秦代と前漢初年において、北方の遊牧地域は中原の農耕地域と長城を境としており、当時の匈奴の単于と秦漢王朝それぞれの管轄域も長城を境としていた。しかし前漢中期以後、とりわけ匈奴の呼韓邪単于が漢に帰順した後には、もともと長城以北の遊牧地域であった一部の地域が農耕地域へと変わり、漢の管轄域も長城以北にまで達した。中国は一つの多民族国家であるが、私たちのこの統一された多民族国家が、形作られ、発展し、強固なものとなるまでには、悠久の歴史を経ているのである。

㈥ 匈奴の歴史は中国史の一部で、重要な構成要素であり、それを正しく明らかにすることは、中国古代史が解決すべき重要な課題について正しく明らかにすることである。[12]

原注

（1）『漢書』匈奴伝、中華書局標点本、三七六二頁。
（2）『漢書』匈奴伝、中華書局標点本、三七八〇頁。
（3）「一九四七年ソ連対外政策」二七頁、ソ連国家政治書籍出版局、一九五二年版〔訳者未見〕。
（4）『漢書』武帝紀、中華書局標点本、一七〇頁〔原注では「第一七一頁」とあるが、一七〇頁の誤り〕。

(5) P・蓬特〔原名不明〕「遊牧社会〔原題不明〕」『民族訳叢』一九七九年第二期〔訳者未見〕。
(6) 郭沫若主編『中国史稿』第一冊、一〇九頁、人民出版社〔北京〕、一九七六年版。
(7) 范文瀾「中国歴史上的民族闘争和融合」『中国民族関係史論文集』一四二―一四三頁、民族出版社〔北京〕、一九八二年版。
(8)『漢書』匈奴伝、中華書局標点本、三七五一頁。
(9)『家庭、私有制和国家的起源』二三頁、人民出版社〔北京〕、一九七二年版〔エンゲルス著、戸原四郎訳『家族・私有財産・国家の起源』岩波文庫、岩波書店〔東京〕、一九六五年、三五―三六頁の訳文に基づく〕。
(10)『家庭、私有制和国家的起源』一六三頁、人民出版社〔北京〕、一九七二年版〔前掲書、二一八～二一九頁の訳文に基づく〕。
(11) 孫守道「〝匈奴西岔溝文化〟古墓群的発現」『文物』一九六〇年第八・九期、二七―二八頁。
(12)『漢書』匈奴伝、中華書局標点本、三七四三頁〔原注では「第三七三四頁」とあるが、三七四三頁の誤り〕。
(13) キセリョーフ（C. B. Киселев）「一、南西伯利亜和外貝加爾湖地区古代城市生活的新資料」『考古』一九六〇年第二期、第四五頁。
(14)「近年来的内蒙文物工作」『文物参考資料』一九五七年第四期、一三頁。
(15)『漢書』匈奴伝、中華書局標点本、三七八一頁。
(16)『漢書』〔匈奴伝〕、中華書局標点本、三七八八頁。
(17)『マルクス・エンゲルス全集』第四六巻上、四七二頁、人民出版社〔北京〕、一九七九年版〔飯田貫一訳『資本制生産に先行する諸形態』岩波書店〔東京〕、一九四九年、七頁の訳文に基づく〕。
(18) 林干編『匈奴史論文集』、一二頁、中華書局〔北京〕、一九八三年版。
(19)「内蒙古文物考古工作三十年」『文物考古〔工作〕三十年』、七三頁、文物出版社〔北京〕、一九七九年版。

訳注

【1】中国の歴史学界には歴代王朝と少数民族・民族政権との関係を主題とする「民族関係史」と呼ばれる研究領域があり、建国以来、現実の政治・社会状況と結びつきながら、歴史上の「民族関係」の評価をめぐり、歴史学者と民族学者を巻き込んで、激しい議論が続けられてきた〔建国後の「民族関係史」の概要については、陳克進「略論中国古代民族関係的討論」『建国以来史学理論問題討論挙要』斉魯書社〔済南〕、一九八三年、および呂春盛「関於中国大陸学界『歴史上的中国』概念之討論」『台湾歴史学会通訊』四、台湾歴史学会〔台北〕、一九九七年を参照〕。八〇年代に入ると、現実の民族政策において、文革期に民族固有の伝統を否定した反省の上に立ち、民族自治への取り組みが積極的に進められるようになり、この民族関係史の領域

でも、歴史上各地に存在した民族政権や歴史上の人物を、肯定的に再評価しようとする動きが現れた。それが、この匈奴をはじめ、周辺諸地域の民族政権や「割拠政権」に関する豊かな議論を生み出す環境を用意したと考えられる。一九八〇年代後半以後に発表された、本書収録の各論文や、基調となる費孝通の「多元一体格局」の発想は、このような建国以来の民族関係史をめぐる研究史的展開の延長線上にあるものであり、決してこの時期に突如として現れたものではないことに注意が必要である。なお、この問題に関連して、本文訳者による「嶺南史における秦と南越」『東洋学報』第八四巻第四号、東洋文庫（東京）、二〇〇三年および「『中国歴史地図集』の論理」『史朋』第三六号、北海道大学東洋史談話会（札幌）、二〇〇三年がある。

【2】郡治の位置からすれば、内蒙古自治区の烏拉特前旗附近とするのが妥当である。譚其驤主編『中国歴史地図集』第二冊、地図出版社（北京）、一九八二年を参照。以下、本文での歴史地名について訳注を加える場合にも、同書を参照する。

【3】本文には「夏秋」とあるが、文意から「春秋」の誤植と判断した。

【4】本文には「大統一思想」とあるが、本文各所での「大統一」の用例から判断して、これはいわゆる「大一統」思想とは異なる語句で、長城の内側の「中原農業区」とその外側の「遊牧区」とを一体のものとして統一することを理想とする思想を指すものとして理解しておく。

【5】モンゴル人民共和国は、一九九二年にモンゴル国と国名変更がなされた。

【6】本文は「又転穀米糒」とするが、『漢書』匈奴伝原文（中華書局標点本、三七九八頁）は「又転辺穀米糒」とある。

【7】本文は「継位」とするが、『漢書』匈奴伝原文（中華書局標点本、三八〇〇頁）は「即位」とある。

【8】以上の原文は、『漢書』匈奴伝、中華書局標点本、三七五四・三七六三・三七八〇・三七九八・三八〇〇頁、にそれぞれある。

【9】『漢書』匈奴伝、中華書局標点本、三七八三頁。ただし、本文は「尚称秦人」とするが、原文は「尚号秦人」とある。

【10】本文は「游奴区」とあるが、文意から「遊牧区」の誤植と判断した。

【11】原文通り。

【12】本文中で繰り返し用いられる「北方遊牧区」とは、「中原」に対置される「中国」の「北方」であり、ユーラシア大陸の北部に横たわる広義の「北方」遊牧世界を意味しておらず、しかもそうした遊牧地域の横への広がりの中での民族間関係は問題にされていない。

前漢王朝による河西四郡設置の歴史的意義

谷　苞（吉開将人訳）

一　〔河西四郡の設置過程〕

戦国時代に秦・趙・燕の三国はいずれもそれぞれに長城を有していた。秦は六国を併合すると、もとの秦・趙・燕三国の長城を連結させ、〔その結果、長城は〕東は遼東に始まり、西は臨洮《りんとう》（今の甘粛省岷県）まで至ったのである。この時、長城東半部の北側は、おもに匈奴・丁零《ていれい》と東胡の遊牧地域で、長城西半部の西側はおもに月氏・烏孫《うそん》と羌《きょう》人の遊牧地域であった。しかし、前漢の初めになると、匈奴による強い圧迫を受けて、月氏の大部分と烏孫は相次いで西へと移動を余儀なくされ、河西地域（甘粛西部）はついに匈奴の遊牧地域となった。当時、この地域には、〔匈奴のほかに〕遊牧民族として小月氏と西羌がいた。小月氏とは、月氏の西への移動時にこの地に残った月氏の人々のことを指す。西に移動した月氏は大月氏と呼ばれる。

前漢の初年、前漢王朝の管轄する農耕地域は、長城以北と長城以西の匈奴および西羌によって、しばしば混乱を引き起こされた。特に匈奴は、辺境地域の住民を殺傷し、財物を奪い、農業に打撃を与え、辺境地域の住民を連れ去り奴隷にした。そこで漢の武帝の時には、匈奴に対して同盟して戦う国を求め、張騫と甘父（少数民族）を使者として西域に派遣し、大月氏との連合を図った。しかし、この時、大月氏はすでに大夏[1]の地に建国しており、再び東方の故地へと引き返して、匈奴と対立しようとは思わなかったため、大月氏と連合する目的は達しなかった。張騫の二度目の西域遠征以後になり、烏孫と天山以南の農耕諸国との連合が実現し、匈奴を共同で攻める目的がようやく達成されていったのである。

前漢初年以来、前漢王朝は匈奴に対して一貫して消極的な防御策をとり続けた。長城に沿った境界線に兵を駐留させて守るほかは、「和親」と「毎年匈奴に絮《じょ》〔綿〕・繒《そう》〔絹〕・酒や食物を贈[2]」るという方法をとり、それによって匈奴の支配層が騒乱を引き起こさないようになることを願ったのである。

漢の武帝が即位して間もない頃は、匈奴に対し、前代までの政策を踏襲し続けた。しかし、こうした消極的な防御策は、必ずしも見返りとして辺境の安定をもたらさなかった。後に漢の武帝は、匈奴の支配層に「金や刺繍などの財貨を手厚く贈ったが、侵盗は止まなかった[3]」ことから、ようやく消極的な防御策をやめて積極的に打って出るようになった。漢の武帝は、前一三三年以後、数度にわたって大軍を派遣し、匈奴の遊牧地域に深く進入して追撃を進めた。「漢の軍隊は二十余年にわたって〔匈奴の地域に〕深く分け入り、〔匈奴を〕追い詰めたため、匈奴では妊娠した者も流産し、疲れ果てて苦しんだ」のである(1)。

これ以後、匈奴の勢いは弱まり、漢王朝は長城以北に、辺境守備の駐屯開墾と移民の開拓による広大な農耕地域を生み出した。前一二一年には、河西地域で遊牧を行なっていた匈奴の昆邪王[4]と休屠王が、漢王朝に投降した。漢王朝は、昆邪王を漯陰《とういん》侯に封じ、その配下の四人を列侯に封じた。その衆であった四万人あまりは、隴西郡、北地郡、上郡、朔方郡、雲中郡に配され、五属国と呼ばれた。『漢書・地理志』によると、前一〇四年に前漢王朝は酒泉郡と張掖郡を置き、前一〇一年に武威郡を置き、前八八年に敦煌郡を置いた。一方、『漢書』武帝紀によると、元狩二（前一二一）年に昆邪王[5]が降って、その地を武威郡・酒泉郡とし、元鼎六（前一一一）年に張掖郡と敦煌郡を分置したとされる。関係する史料を参照するなら、後者の説の方が信頼できる。[6]

『漢書・地理志』によれば、河西四郡の戸口数は以下の通りである。

〈郡名〉	〈戸数〉	〈人口数〉	〈所轄県数〉
敦煌郡	一一、二〇〇	三八、三三五	六
酒泉郡	一八、一三七	七六、七二六	九
武威郡	一七、五八一	七六、四一九	十
張掖郡	二四、三五二	八八、七三一	十
合計	七一、二七〇	二八〇、二一一	三五

この七万戸あまりと二八万人あまりの中で、主体となったのは漢族移民であった。前一二一年「漢は渾邪王の故地に酒泉郡を置き、徐々に民を徙《うつ》してその地の人口を増し」、前一一一年「武威と酒泉地を分けて張掖郡と敦煌郡を置き、民を徙してその地の人口を増し」、前一〇七年「武都の氐《てい》が反したので、その一部を酒泉に徙し」、前一〇二年「罪人を赦免してそれを徙し、さらに無頼の徒と辺境の騎兵を徴発し、一年余りで〔大宛遠征のために〕敦煌から出撃した者は六万人」、「さらに駐屯の守備兵十八万人を徴発し、酒泉郡と張掖郡の北に居延・休屠〔の二県〕を置き、兵を駐屯させて酒泉を防衛させ」、前九一年「太子に随って兵を出動させた者〔は法に反したという理由で一族みな死罪となり〕、……吏士で無理やり動員された者はみな敦煌郡に徙した」とある。(2)

河西四郡の設置は、以後の中国の発展にきわめて大きな影響を生み出した。以下において、それを分けて述べることにしたい。

二 〔河西四郡の設置と西域諸国との歴史的関係〕

河西四郡の設置は漢王朝による西域の統一を促した。

河西四郡が置かれてから、漢王朝は秦の長城を令居（今の甘粛省永登県）から陽関・玉門まで延長させた。烽火台は輪台[7]まで遠く伸び、匈奴の防衛に利用された。長城の南側は、漢王朝の移民による農業の開拓地域である。河西四郡が設置されると、匈奴と西羌との連携が断ち切られ、漢王朝による烏孫や天山以南の農耕諸国との連携が促進された。これが歴史にいう「匈奴の右腕を断つ」であり、以後、匈奴の勢力はより一層弱められていったのである。

前漢王朝が河西の郡を設置する以前においては、中国の大地には、広大な農耕地域と、広大な遊牧地域がそれぞれ存在していた。概略を述べると、長城以南の黄河・長江・珠江の三大河川の流域にまたがる地域は、漢民族と百越、西南夷などの少数民族が農耕を行なう農耕地域であり、長城以北と以西の東北地方および蒙古草原地帯、天山以北の草原地帯、青海・チベット高原とその周辺地域は、匈奴・東胡・烏桓《うがん》・丁零・烏孫・小月氏・西羌などの民族が、遊牧を行なう遊牧地域であった。前漢王朝が河西の郡を設置してからは、河西地域は遊牧地域から農耕地域に変わり、それにより、もともと一つにつながっていたわが国の広大な遊牧地域は、匈奴・東胡・烏桓・丁零・烏孫などの遊牧民族が暮らす北方遊牧地域と、西羌などの遊牧民族が暮らす西北から西方に至る遊牧地域という、二大遊牧地域に分かれることになったのである。

河西の農耕地域が新たに出現したことにより、こうしたいわゆる「羌と胡の隔絶」と同時に、わが国の広大な農耕地域と二つの遊牧地域との間の経済的、文化的な関係が強まった。歴史的に、農耕民族と遊牧民族の間には、対立や戦争が時には生じるが、遊牧社会では自らが必要とする各種用品のすべてを自給することはできないため、農耕社会から金属工具や絹織物、麻布、酒や食料など、さまざまな手工業製品を入手することが必要である。一方でまた農耕社会も、遊牧社会から家畜や皮革、毛皮などを入手することが必要である。このようなわけで、遊牧社会と農耕社会の関係の主流は、〔過去から現在まで〕一貫して相互依存、相互促進の関係なのである。〔河西四郡の設置を契機に〕農耕地域が遊牧地域と経済的に〔より強く〕結び付いたことによって、わが国古代の封建経済の統一された全体がようやく形作られるに至ったのである。匈奴や西羌の歴史的な研究が、〔内地の農耕地域の〕秦漢史の研究と密接に結び付けなければならないことについては、筆者は「古代匈奴の遊牧社会の歴史的な位置付け[8]」においてすでに詳しく述べたので、ここでは繰り返さない。

匈奴の冒頓単于《ぼくとつぜんう》は、わが国北方の遊牧地域を統一する過程で、もともと甘粛の河西地域で遊牧していた烏孫を〔今日のカザフスタンの〕バルハシ湖一帯にまで西方に追いやった。〔これにより烏孫は〕それまでの匈奴への従属的な地位を脱却したが、その後も匈奴の脅威を受けた。当時、天山以北は遊牧地域で、そこで遊牧生活をしていた諸「国」は、いずれも匈奴の支配を受け、また天山以南の農耕地域で定住農耕をしていた諸「国」も、匈奴の支配を受けた。『漢書』西域伝には、「匈奴の西辺を支配していた〔匈奴の〕日逐王は、〔匈奴の官である〕僮僕都尉を置いて西域を統治させ、焉耆・危須・尉黎の三国の常に居し、諸国に課税して、富を得た[9]」とある。

漢王朝は烏孫や天山以南の農耕諸国と連携してともに匈奴を攻撃したいと考え、烏孫は匈奴の従属から離れたいと思い、天山以南の農耕諸国も匈奴の支配層による奴隷支配を逃れたいと願っていた。これこそが、漢王朝が西域諸国と連盟を結び、ともに匈奴を攻めた政治的な基礎条件だったのである。漢王朝が河西四郡を置いた後、西域諸国との政治的、経済的な関係は強まった。これによって、漢王朝が西域諸国と連合し、ともに匈奴を攻めることが可能となったのである。前一三八年に、張騫が甘父と初めて西域に遠征した時、当時はまだ河西地域が匈奴の遊牧地域であったために、往復の途中で匈奴の支配層による妨害を受け、のべ一三年の時間を費やした。しかし前一一五年に、張騫が二度目に西域に遠征し、烏孫まで到達した時には、すでに匈奴が河西地域から退いていたために、非常に容易であったのである。張騫は、烏孫から長安に帰る時に、烏孫の使者を数十人連れてきた。彼らが漢王朝の強大さを目にしたことは、以後、漢王朝が烏孫と連盟するための条件を形作った。また張騫は、大宛・康居・大月氏・大夏・安息・身毒およびそれらの周辺諸国にそれぞれ副使を派遣し、西域の「三十六国」とその近隣諸国に対する漢王朝の影響力を強めたのである。

漢と匈奴との西域をめぐる獲得競争において、漢王朝は河西四郡を頼みとして、有利な地位をかちえていた。また一方で、烏孫と天山以南の農耕諸国が漢王朝の辺境に存立し、そのために漢王朝の力は大いに強化されていたのである。

西域では、漢と匈奴の戦いにおいて、烏孫と天山以南の農耕諸国が常に漢の軍と共同作戦を展開した。前九〇年〔『漢書』西域伝は前九九年とする〕には、漢の武帝は匈奴の投降者である介和王を〔漢の〕開陵侯とし、楼蘭国の軍を率いさせて車師国を攻めた。前八九年には、漢の武帝は重合侯の馬通を派遣し、四万の騎兵を率いさせて匈奴を攻め、また開陵侯を派遣し、楼蘭・尉黎・危須の計六国の軍を率いさせて車師を攻め、車師の軍が馬通の騎兵を遮ることがないように備えた。

また前九一年、漢の宣帝が即位した当初には、〔楚王劉戊の孫娘の〕解憂〔という名の〕公主と〔その夫である昆弥〕烏孫王が〔宣帝に〕上書して、「匈奴は続けざまに大軍を派兵して、烏孫に侵攻し、車延・悪師の地を奪い、人民を拉致しており、……昆弥は国の精兵の半ばを発し、人馬五万騎を自給し、全力で匈奴を撃ちたいと願っております。ただ天子には出兵して公主と昆弥をお救い下さいますように」と述べた。(3)〔これを受けて〕漢の宣帝は騎兵一五万を発し、五人の将軍にそれぞれの進路を分けて出撃させた。〔その結果〕烏孫の軍は大勝利をおさめ、捕虜となった匈奴は四万人、家畜は七〇万頭を超えた。その後、西域都護の甘延寿と陳湯は康居に出兵し、匈奴の郅支単于《しつしぜんう》の配下の部隊を全滅させたが、これもまたおもに西域諸国の兵力に依拠したものであった。

漢王朝が、烏孫および天山以南の農耕諸国と連合して、ともに匈奴を攻めた過程において、「西域は漢の威徳を思い、みな〔漢への〕内属を喜んだ」[10]のは、匈奴が西域に僮僕都尉を置いて、「馬などの家畜や旃罽《せんけい》〔毛織物〕」[11]を徴収し、「諸国に課税」[12]したのに対して、漢王朝は西域諸国に対し「そこから取ることはなかった」(4)からである。奴隷制社会段階の匈奴に比べ、封建制社会段階にあった漢王朝の経済的、文化的な発展水準は非常に高く、漢王朝が西域諸国に加えた負担も比較的軽いものだった。両者を比較して、烏孫と天山以南の農耕諸国は、喜んで漢王朝に近づいたのである。

天山以南の農耕諸国は、自らの力だけでは、匈奴の支配層による奴隷制支配と略奪から逃れることはできなかった。これらの農耕国はいずれも小国で人口も少なく、大きなものでも亀茲がわずか八万人あまり、于闐国と疏勒国はともに二万人足らずで、小さなものでは、且末国・小宛国などはわずか千人あまりであった。またこれらの農耕小国は、それぞれ孤立して大小のオアシスに立地しており、一つにまとまるのは困難であった。彼らは自らの利益のために漢王朝への帰順を願ったのである。この偉大な選択は、歴史的に何度も証明されたように、西域各民族の人民の利益と合致するものであった。

〔その後〕前漢の末年になると、王莽が匈奴と西域にでたらめな措置をとったために、匈奴の支配層が再び天山以南の諸国を支配するようになった。しかし「匈奴の徴税は過酷で、諸国は命令に堪えきれず、建武年間にみな使者を〔漢に〕派遣してきて内属を求め、都護を願い出た」(5)。そしてその後、後漢は〔再び〕西域都護を置くに至ったのである。

西域各国との交流を発展させ、西域各国と共同で匈奴を攻めるために、前一〇一年、漢の武帝は使者校尉を置き、輪台・渠犂《きょれい》への屯田を開始し、前六四年には、漢の宣帝は衛司馬の鄭吉を任命して鄯善以西の諸国を使護させ、前六〇年、漢の宣帝は鄭吉を西域都護に任命した。西域都護の設置によって、西域は正式に漢王朝の版図となった。これはきわめて大きな歴史的に意義のある出来事で、西域各民族の人民と全国の各民族の人民の共通の利益と合致するものであった。西域の「三十六国」を、当時、世界的にみて経済的文化的に最も進んでいた漢王朝に合併したことにより、匈奴の支配層による騒乱に抗し、小国間の紛争を制して、社会の安定を保ち、経済と文化を発展させるための裏付けを得たのである。

ところで西域という語句は、広義と狭義の二つの意味を持っている。狭義の西域は西域都護の管轄下にある諸国を指すだけだが、広義の西域は西域の各国を包括する。この点は、『漢書』西域伝においてはっきりと説明されている。「国の数は五十。訳長、城長、君、監、吏、大禄、百長、千長、都尉、且渠、当戸、将、相から侯、王に至るまで、みな漢の印綬を佩し、その数は合計三百七十六人。一方、康居、大月氏、安息、罽賓、烏弋の属は、みな遠く隔絶した国であるので数に含まず、来朝して貢物を献上すれば報酬を与えたが、〔貢納を〕督促記録し、取りまとめることはないのである」[13]。

筆者は、葱嶺《そうれい》〔パミール高原〕以東を狭義の西域とし、葱嶺以東と以西を合わせたものを広義の西域とする通説は、正確でないと考える。その明らかな欠点は、自然地理的な方位にだけ目を向けて、〔歴史上の〕政治地理的な中国と外国との境界線を完全に見落としていることである。西域の国内部分がすなわち狭義の西域なのである。これは歴史的に変化があり、漢・唐・元・清の四つの王朝についても変化があった。清朝の前期と後期においても変化があった。清朝後期には、広大な領土が、不平等条約によってロシア帝国に奪われたからである。『漢書』『後漢書』などの文献の「西域伝」においては、中央王朝の統治下にある各地方の政権はみな「国」とされているが、これらの国はいずれも中央王朝に封建された、国の中の国、すなわち地方政権であり、現代的な意味の国家ではない。一部の外国人研究者は、偏見にとらわれて、わが国の歴史書の「西域伝」に列挙された国を、すべて中国の外に独立していた外国であると言うが、これは歴史の歪曲である。以下では、論述を容易にするため、狭義の西域をすべて新疆と称することにする。[14]

三　〔河西四郡の設置とシルクロードの発展〕

河西四郡の設置は、中国と西方諸国との経済的、文化的な交流に有利な条件を提供することになり、関係諸国の経済的、文化的な発展を促した。

中国と西方諸国との経済的、文化的な交流は、張騫・甘父が西域に遠征する以前に、早くも始まっていた。しかし、この後、漢王朝と西域諸国が政治的な関係を成立させたことにより、官民双方の商業的な交易の発展が促進されたのである。

東西を結んだ経済的、文化的な交流ルートについて、一部の外国人研究者は森林の道と草原の道という説を提出しているが、最も重要なのはやはり、長安を発って、河西四郡を経て、新疆に至り、さらに西行し、インド、ペルシア、ギリシア、ローマなどの国へと向かうという、農耕地域を経由するルートであった。農耕地域を通るルートは安全で、食事や宿泊なども容易で、旅の途中で必要なものを補充するにも便利で、また農耕地域には人口が集まり、多くの都市や町があり、沿線で交易をすることも可能だったからである。河西四郡の設置後、その新興の農耕地域の出現により、中原の農耕地域と天山以南の農耕地域という二つの歴史ある農耕地域が連結され、さらには葱嶺《そうれい》〔パミール高原〕以西の歴史ある農耕地域とも結び付いて、広大な農耕地域が横に連結され、東西の経済的、文化的な交流にとって、安全で頼りになるルートが生み出されたのである。

物質文化、精神文化ともに、優れた文化は、古くから人類共有の財産であった。各国、各民族間の経済的、文化的な交流は非常に古くからあった。それが各国、各民族にとって利となるもので、さえぎることができないためである。漢王朝が河西四郡を設置し、新疆を統一してから、中国と西方諸国の経済的、文化的な交流は強まり、中国の絹織物、先進的な冶金技術、製紙技術、方位磁針、印刷術、火薬、茶葉、磁器、漆器、および大黄などの薬剤、排簫・觱篥《ひちりき》などの楽器が西方諸国に伝わり、新疆から、もしくは新疆を通じて、西方の良馬（天馬）および綿花、クルミ、玉ネギ、香菜、ホウレン草、葡萄など、多くの栽培植物がわが国の内地に伝来し、西方の音楽、舞踏、雑技に加え、箜篌《こうこう》、四弦琵琶などの多くの楽器が内地に伝わった。西方の宗教である仏教や景教（キリスト教の一宗派で、ネストリウス派に属す）、ゾロアスター教も伝来した。イスラム教の伝来は、陸路よりも海路の方が早かったが、陸路からの伝来が影響としてきわめて大きかった。今日、わが国でイスラム教を信仰している一〇の民族が、おもにわが国の西北地域に居住しているのは、その有力な証拠である。中国と西方諸国の経済的、文化的な交流は、中国と西方諸国の経済的、文化的な発展を促し、中国と西方諸国の経済的、文化的な生活を豊かにすることに対し、きわめて大きな影響を及ぼしたのである。

この経済的、文化的な交流ルートは、欧米の学者によってシルクロードと呼ばれ、その名称が次第に世界各国に広まっている。古代において、中国とインド、ペルシア、ギリシア、ローマなどの国の間の商品流通は、各国の商人を通じて行なわれた。これらの商人たちの活動は、通常の状況においては、マラソン選手のようにスタートからゴールまで走り続けるものではなく、リレー選手のように中継点ごとに伝えていくものであった。中国の絹織物がギリシア・ローマに運ばれ、販売された状況は、まさにそれだった。中間には、漢民族の商人、新疆の各民族の商人、ソグド商人、ペルシア商人、およびギリシア・ローマの商人がいて、彼らの手を経て、ギリシア・ローマの市場で売られたのである。

各国の商人の中でも、特にソグド商人が活躍しており、新疆の各都市と敦煌・武威・長安・洛陽などの地には、ソグド商人の集住地があった。漢民族の商人も、新疆で商業活動を行なっていた。イギリス人のバロー（T.Burrow）の編訳した『中国トルキスタン出土のカロシュティー文書訳文』[15]には、これに関連する記述がある。長安から終点までの間の多くの都市は、いずれも中継点としての役割を果たしていた。河西四郡と新疆のおもな都市もまた、いずれもそうした役割を果たしていたのである。東西の経済的、文化的な交流は、これらの都市の繁栄と発展を促した。

シルクロードにおける経済的、文化的な交流は、実際には国外と国内の二つの部分を含んでいる。古代の新疆は、東西の文化の交流と集積の場所だった。西方から伝来した多くの文化は、通常、まず新疆に伝わり、それから内地へと伝わったのであり、内地から国外へと出た多くの文化は、通常、まず新疆へと伝えられ、そして国外へと出て行ったのである。例えば、多くの農作物、楽器、および仏教などが内地へと伝えられた状況はまさにこれであり、内地の絹織物や冶金技術が国外に伝わっていったのもまた同様であった。

比喩を用いて問題を説明すると、人にはっきりとした印象を与えることができる。これは利点であると同時に、人に誤解を与える可能性もある。先に、〔シルクロードにおける〕経済的、文化的な交流の状況をリレー競技にたとえたことにもそうした欠点がある。経済的、文化的な交流においては、中継地点の間の距離が均等ではないから、交流の中ではいくつかの中継地点を飛び越える可能性がある。またリレー競技では、渡されるバトンは一貫して同じものだが、経済的、文化的な交流では、はるかに複雑で、とくに精神文化の交流の過程においては、一つの地域を経るごとに、往々にしてその地域や民族の特徴から影響を受けるのである。

古代のシルクロードにおける東西文化の交流については、私たちが受け入れることのできない二つの説がある。一つは、古代の新疆の各民族の経済的、文化的な発展水準をあまりにも低く見積もることである。もう一つは、西方文化の新疆への影響を大きく評価して、漢民族の文化の新疆への影響を低く見るものである。

　前説の論者には、外国人もいれば中国人の研究者もいる。ここでは一例を挙げるにとどめる。ある著名な西域史の研究者は、自らの著書の中で、「秦漢時代以来、亀茲の文化は実際のところインド文化の余滴を受けたものであって、亀茲そのものは固有の文化を持たなかった」とか、「亀茲文化は実際にはインドに由来している[16]」などと述べている。こうした論理は成立し得ない。歴史的な事実と符合せず、論理的にも通じないからである。世界の各民族の文化的な発展水準における相違は、ただ高低の差だけあって、有無の差は存在しない。「固有の文化を持たない」民族は、歴史的にいまだかつて存在したことはないのである。

　私たちから見れば、古代の亀茲は文化を持っていたし、またそれは非常に高度な文化であった。亀茲の楽舞についていえば、たしかに亀茲の音楽の中には、四弦の琵琶や貝蠡《ばいれい》、銅鼓などのインドの楽器やインドの仏楽が吸収されているが、同時に亀茲の音楽の中には、笙・排簫・箏などの漢民族の楽器、鶏婁鼓《けいろうこ》と伴奏する鼗鼓《とうこ》、およびわが国の羌族の笛や羯《かつ》人の羯鼓《かっこ》なども吸収されている。これはまさに亀茲の文化が非常に高度であったことの表れにほかならない。

　古代の東西文化の交流と集積地帯に位置した亀茲地域が、同時に東と西の文化の影響を受けたのは、きわめて自然なことである。もし亀茲そのものに高度な文化がなければ、発展水準の高い東方文化と西方文化を同時に受容することはできなかった。まさに古代の亀茲人が遠見卓識と高度な文化的素養を持っていたために、積極的に先進的な文化を吸収し、音楽舞踏史において異彩を放つ、亀茲の楽舞を生み出したのである。

　唐代の著名な翻訳家であり旅行家でもある玄奘は、亀茲の楽舞を「諸国に特に善くす[17]」と称賛した。「特に善くす」というのは、とりわけ良いということであり、「諸国」とは西域各国を包括する。こうしたきわめて高い評価は、〔玄奘が〕自ら見聞きしたことによっており、信頼できるはずである。亀茲の楽舞は、南北朝時代に内地に伝わり、その後、わが国の音楽、舞踏、演劇、宋詞、元曲に対して大きな影響を生み出した。亀茲の楽は、さらに日本、朝鮮、ミャンマー、カンボジアなどの国にも伝わり、後にまたきわめて大きな影響をもたらしたのである。

西方文化の古代新疆への影響を誇張する人々の中には、偏見を持っている研究者や、ロシアやイギリスの新疆侵略に協力する植民地主義的な論者がいる。後者は学問的な議論の範囲には属さないので、ここではそれを議論せず、今は前者についてのみ少し私見を述べることにしたい。

ここでは、ある著名な研究者が著した『中央アジア文化史』[18]という本を例として挙げよう。その筆者は、この著書の中で、唐代以後における漢民族文化の新疆への影響だけを認め、唐代以前についてはそれを認めていない。これは歴史的な事実に符合しない。

前漢時代に、亀茲王の絳賓は〔漢の公室と血縁にある〕解憂〔という名の〕公主〔と烏孫王との間にできた〕の娘を妻として娶り、夫婦そろって〔漢に入朝し〕長安まで来て漢民族の礼楽と典章制度を学び、亀茲に帰国してからは漢民族の礼楽と典章制度に照らして政務を行なった。また、三世紀末以前の和闐《ホータン》地域の貨幣であった和闐馬銭〔漢佉二体銭〕には、〔地元の〕カロシュティー文字とともに漢字が表記されていた。そして南北朝から隋代にかけて、高昌国の学校では「四書」「五経」が学習されていた。さらに遅くとも南北朝時代には、養蚕製糸技術が内地から新疆に伝わり、製紙や内地の種まき用具などの進んだ技術や農具もまた新疆に伝わったのである。こうした事例は枚挙に暇がない。唐代以前における漢民族の文化の新疆への影響は、なかったのではなく、非常に大きかったのである。

河西四郡の武威・張掖・酒泉・敦煌、および新疆の于闐・疏勒・亀茲・高昌は、いずれもシルクロード上の重要な都市である。シルクロードの開通は、これらの都市の発展を促した。これらの都市の対外交易における重要性は、海上交易が始まって以後における一部の沿海都市の状況と対比することが可能である。

四 〔河西四郡における経済的、文化的発展〕

河西四郡の設置は、この地域の経済的、文化的な発展を促した。

前漢王朝が河西四郡を設置して以後、この古くからの遊牧地域が、短い間に新興の農耕地域へと変貌できたのは、条件的に特別に恵まれていたからである。

第一に、内地からこの地に至った移民が、おもに漢民族の農民であり、彼らが内地の先進的な農耕技術をこの地に持ち込んだという点がある。移民の内訳は、『漢書』地理志にあるように、「その民は、ある者たちは関東の下貧であったために、ある者たちは怨みによる報復が適当でなかったために、ある者たちは背逆無道であったために、家族ともどもこの地に流され移住させられた[19]」のである。「下貧」とは、当然ながら貧しい農民のことを指し、「怨みによる報復が適当でな」く、封建統治に反抗して「背逆無道」と目された人々もまた、おもに農民であった。内地において土地を十分に持たず、もしくは土地をまったく持たない、これらの農民たちは、河西地域に来ると、長きにわたって眠っていた肥沃な耕地に向き合い、大いに力を発揮して、きわめて早い速度で農耕と牧畜を発展させたのである。これはまた『漢書』地理志に「〔その地の風俗は〕穀物の買い入れが常に安く、盗賊が少なく、これに応じて和気があり、内地よりも優れていて」、「土地が広いわりに人口が少なく、水や草が牧畜に適しているので、涼州の家畜は天下の豊饒とされた[20]」とある通りであった。

第二には、ここでの農業が灌漑農耕で、乾燥や洪水被害の脅威を受けなかったという点がある。この地の農業は、〔後世のように〕環境の平衡を失う前においては、安定した発展をとげることが可能だったのである。〔今日の〕武威・張掖・酒泉・敦煌の四県の年間降水量は、それぞれ一七四、一一六、八二、二九ミリであり、自然の天水〔雨・雪〕

だけに頼っていては農業を行なうことができない。しかし天賦の条件として恵まれているのは、祁連《きれん》山脈から流れ出る石羊河、黒河、疏勒河などの川が河西の大地を潤し、耕地の灌漑に利用することができることである。

自然地理的には、河西と新疆は多くの共通点を持っており、河西と新疆では、古くから「高山の雪が田野を潤す」と言われている。こうした言い方は誤解を生みやすく、まるで天山と祁連山には無尽蔵に氷雪があるかのようである。実際に、天山と祁連山の広い山間部では、どちらも年間降水量がかなり高い。天山中腹の三ヶ所の気象観測データによれば、年間降水量は五〇〇ミリ以上であり、わが国の華北地域における年間降水量に概ね相当する。もし天山と祁連山の広い山間部での降水量が少なければ、数多の河川が天山と祁連山から流れ出るということはありえない。まさにこうした河川があればこそ、乾燥地域の農業の安定した発展が保証されたのである。

封建社会においては、農業は最も重要な生業であった。河西地域における農業の発展は、この地域の都市、商業、文化の発達を生み出す根本的な条件となった。一九四九年以後、考古学者たちは、蘭州・武威・酒泉などにおいて、五百あまりの漢墓を発掘し、多くの文物を発見している。出土した文物には、大量の木簡や、漆器、土器、青銅器、鉄器、絹織物、度量衡具、天文用具などがある。例えば、一九六九年に武威の雷台で発掘された後漢の「張姓将軍墓」からは、銅馬三九匹、銅牛一頭、銅馬車十台などの文物が出土した。その中の一つは、「駆ける馬をかたどった銅馬で、首をもたげ、尾を高く振り上げ、頭はやや左に振り向き、三足で空に舞い上がり、右後ろ足は飛ぶ鳥を踏み、鳥は鷹のようで、羽根を広げて振り返るしぐさを見せる。古代美術の稀に見る優品である」[6]。数多くの漢代および魏晋時代の文物が出土したことにより、当時この地域の手工業がすでに相当高い水準に達していたことが分かる。

考古学者たちはさらに河西地域の魏晋時代の墓葬において、一〇〇〇例近い数の壁画を発見しており、嘉峪関《かよくかん》市にある六基の墓葬だけでも六百あまりの壁画がある。これらの壁画には、畑を耕し、種をまき、土をならし、脱穀し、桑の葉を摘み、蚕を育て、放牧するなど、漢民族と少数民族の農耕民が生業に従事する連続した場面や、また塢壁《うへき》〔封建荘園〕の中で地主階級が宴会を催し、歌舞をし、奴隷が仕えている場面などがある。[7] これらの壁画に見られる犂や鍬、脱穀や土ならしに使う農具は、筆者が一九四九年以前に〔張掖の東の甘粛省〕山丹県の農村で社会調査をしていた時に見たものと基本的に同じである。これはまったく不思議なことではなく、農耕において慣習を墨守し、農具が長い間ほとんど変化していないのは、封建社会に一般的に広く見られたことである。河西地域の魏晋時代の墓葬から数多くの壁画が発見されたことによって、当時の農耕を研究する上で最も信頼すべき画像資料が提供されたのであり、その学術的な価値はきわめて高い。

古代の河西地域では、発達した封建経済の基礎の上に、発達した封建文化が成立した。この問題が関わる内容は広範なので、三つを列挙するにとどめる。第一は儒家思想の〔この地への〕伝播、第二は西涼の楽の〔内地への〕影響、第三は石窟寺院の芸術であり、〔これらについて以下で〕簡略に説明する。

〔第一に〕漢の武帝が百家を退け、儒教を唯一尊ぶようになって以後、儒家思想は一貫して中国の支配思想であった。中国の二〇〇〇年の長きにわたる封建社会において、歴代の帝王や有力者たちはみな儒家思想を宣揚し、支配を強化するための思想的な道具とした。したがって、儒家思想の、社会生活、とくに政治生活への影響は、仏教や道教などの宗教教義の影響をはるかに上回る。そのため、敦煌石窟のような宗教寺院には、『論語』や『孝経』など、多くの種類の儒家の文献が残されているのである。武威の漢墓からも、『礼記』の〔内容を記した〕木簡が発見されている。[8]

魏晋以来、河西地域は多くの著名な文人を輩出している。『資治通鑑』巻一二三〔宋紀五に附された元の胡三省の注の文〕には、「永嘉[21]〔三〇七～三一三年〕の乱の時に、中原地域の人々が河西に避難して来たが、張氏は礼遇して彼らを用い、代々それが継承され、……そのため涼州には士が多い」とある。また『魏書』だけにおいても、単独の列伝を立てられた河西地域の著名な文人には〔その先祖が河西にいた経歴を持つ者を含めれば〕、宋繇《そうよう》・張湛《ちょうたん》・段承根・劉昞《りゅうへい》・闞《かん》駰《いん》・陰仲達・索敞《さくしょう》・程駿・常爽《じょうそう》・江式《こうしき》などがいる。彼らの中には、有名な経学者や、歴史学者、文字学者がいて、著作が世に伝えられている。『魏書』〔巻五二〕列伝第四十の按語には、「趙逸《ちょういつ》らはみな経書や史書に広く通じ、才志は抜きん出て優れ、西州に名高く、東の内地にもその名が知られた」とある。この巻にはあわせて一二人[22]の伝があり、三人が安定郡の人で、二人が金城郡の人であるのを除くと〔この二つの地は今の甘粛省内に位置する〕、残りの七人のうち、五人が敦煌郡の人で、二人が武威郡の人である。河西地域において人材と文化が盛んになったのは、この地の農業、手工業、商業の発展と密接に関係しているのである。

〔第二に〕西涼の楽は、河西地域で漢民族の音楽が亀茲の音楽と融合して形作られた音楽である。西涼の楽は、楽器が非常に多く、漢民族の楽器には鐘・磬・笙・箏・排簫があり、亀茲の楽器には觱篥と五弦〔五弦の琵琶〕があり、さらに国外から伝来したものには琵琶〔四弦の琵琶〕・箜篌・銅鈸・貝蠡などがある。西涼の楽の各種の楽器の形と演奏風景は、魏晋の墓葬や石窟寺院の壁画の中に見ることができる。敦煌文書の中からは、古代の楽譜と数百首もの曲の詞がすでに発見されている。これらはいずれも、西涼の楽とわが国の古代音楽史を深く研究するための貴重な資料となる。西涼の楽は北朝の時に内地に伝わった。隋唐の燕楽においては、亀茲の楽と西涼の楽が最も流行し、影響も大きかった。それらは〔当時の〕内地の音楽や舞踏だけでなく、宋詞、元曲、演劇の発展にも強い影響を生み出した。西涼の楽の中で、特に大曲は、わが国の演劇の発展に対する影響が非常に大きい。筆者は以前「西涼の楽と伊州の楽」という論文を書き、『新疆社会科学』一九八二年第四期に発表しており、参考に供することができるので、ここでは詳細な説明は繰り返さない。

〔第三に〕甘粛省内の石窟寺院は、あわせて二〇数ヶ所あり、わが国において最も多い。河西地域の著名な石窟寺院には、敦煌莫高窟、安西楡林窟、玉門昌馬、酒泉文殊山、粛南〔裕固《ユーグ》族自治県〕の馬蹄寺と金塔寺、武威天梯山などがある。これらの石窟寺院内には大量の壁画や彩色された塑像、題記が残されていて、一〇〇〇年余りの

河西四郡の戸数・人口

時代	戸数	人口数	所轄県数	資料出典
前漢	71,270	280,211	35	『漢書』地理志
後漢	46,264	111,121	47	『後漢書』郡国志
このうち張掖郡の附属国の合計				
	6,216	21,685	6	〔同上〕
西晋	24,700	不明	37	『晋書』地理志
唐	40,865	189,298	13	『旧唐書』地理志
このうち吐谷渾・契苾・思結などの部の合計				
	5,048	17,212	不明	〔同上〕

河西地域の文化を研究する上で貴重な資料となる。特に敦煌莫高窟は世界的に注目される文化的な宝庫である。さらに敦煌文書の発見があり、すでに敦煌学は世界的な学問分野となっている。中国共産党と国務院の高配により、わが国にはすでに敦煌・吐魯番《トルファン》学会が成立しており、わが国の研究者たちがこの方面でより大きな成果を収められることが期待されている。

河西地域が社会的に豊かでなければ、数多くの漢魏晋時代の華やかな墓葬や、色とりどりの石窟寺院は建立されなかった。そこで消耗された大量の社会的な富のおもな来源は、一つは地主階級が農民から徴収した地租であり、もう一つは地主階級の実権派が農民から徴収した各種の税であった。この種の〔人々の生活が〕貧しい中の〔墓葬や寺院の〕豪華さや、孝道や善行でうわべを装った偽善的な措置は、労働者たちの血と汗を搾り取るだけでなく、労働者たちを騙すための「道具」ともなったのである。〔とはいえ〕私たちがこれらの石窟寺院や墓葬に見られる芸術に深い敬意を払うのはもちろんのことである。それらは数多くの優れた職人たちが時代を重ねて労働した成果であり、中華民族の叡智が結集したものなのである。

漢代と西晋、唐代は、いずれも河西地域の経済と文化が高度に発展した時代である。ここで、これらの時代の河西四郡〔全体〕の戸数と人口を上の表にまとめる。

この表について説明が必要なのは、（1）『後漢書〔続漢書〕・郡国志』では酒泉郡の人口数を欠いている点、（2）西晋時代の敦煌郡の戸数は、新疆地域の伊吾などの戸数を含んでいる点、（3）河西四郡の人口が前漢時代に最も多く、後漢時代に人口が大幅に減少するのは、『後漢書』西羌伝によると、西羌の反乱によって一部の人口が内地に移動したためであるという点である。唐代の天宝年間における河西四郡の人口は、後漢や西晋よりも多いが、やはり前漢時代の人口には及ばない。ただし、当時は租庸調の制度を実施していたので、一般的には人口をわざと少なめに報告するという状況があった。

匈奴の休屠王と昆邪王が河西地域で遊牧をしていた時代、その部衆はわずか五万人あまりであった。前漢王朝が河西四郡を設置して以後、人口は大幅に増加し、農業・牧畜業・手工業のすべてにおいて非常に大きな発展があった。県あるいは都市の数が増えたことは、経済的に発展をみていたことの証である。

五〔河西四郡設置の歴史的意義〕

前漢王朝による河西四郡設置のおもな歴史的な意義は、第一に、漢王朝による古代の新疆の政治経済的な影響を拡大し、新疆の漢王朝への統一を促したこと、第二に、河西の遊牧地域を農耕地域に改変して、シルクロードの開通に有利な条件をもたらしたこと、第三に、河西地域の農業と手工業を発展させ、高度に発展した封建文化を生み出したことである。

河西地域は新疆と隣接し、両者は歴史的に政治、経済、文化の各面で、関係が非常に密接であった。後漢中期には、敦煌に西域副校尉が常駐して西域都護の職権を行使し、後には敦煌太守が西域の職務を兼管した。こうした方法は、後にまた魏晋両王朝によって踏襲された。わが国の有名な学者である顧炎武は、〔編〕著書の『天下郡国利病書』で敦煌を西域の内に入れたが、こうした考え方は歴史的に見て根拠のあることである。河西四郡は、近代以後、河西回廊と呼ばれている。この回廊は、長さ一〇〇〇キロあまりに達し、新疆に向けて通じる、シルクロード上の長い回廊なのである。

原注

（1）『漢書』匈奴伝（中華書局標点本、三七八一頁）。
（2）『資治通鑑』巻二〇・二一（原文は上からそれぞれ「漢乃於渾邪王故地置酒泉郡、稍発徙民以充実之」（第二〇巻・漢紀十二）、「乃分武威・酒泉地置張掖・敦煌郡、徙民以実之」（第二〇巻・漢紀十二）、「武都氐反、分徙酒泉」（第二一巻・漢紀十三）、「赦囚徒、発悪少年及辺騎、歳余而出敦煌者六万人、……益発戍甲卒十八万酒泉・張掖北、置居延・休屠屯兵以衛酒泉」（第二一巻・漢紀十三）、「其隨太子発兵、〔以反法族〕、吏士劫略者皆徙敦煌郡」（第二二巻・漢紀十四）。本文中の引用文とは一部に異同が見られるが、煩雑を避けてその対比は行なわない。なお、本注釈の該当箇所自体が本文中には示されていないが、内容からここを推定箇所とした）。
（3）『漢書』西域伝（中華書局標点本、三九〇五頁）。
（4）同右（中華書局標点本、三九三〇頁）。
（5）『後漢書』西域伝（中華書局標点本、二九〇九頁）。
（6）『文物考古工作三十年』、一四七頁（文物出版社（北京）、一九七九年版）。
（7）「嘉峪関漢画像磚墓」『文物』一九七二年第十二期、「酒泉、嘉峪関晋墓的発掘」『文物』一九七九年第六期を参照。
（8）『文物考古工作三十年』、一四六頁（文物出版社（北京）、一九七九年版）。

訳注

【1】本文には「大厦」とあるが、「大夏」の誤植と判断した。

【2】原文は『漢書』匈奴伝、中華書局標点本、三七五四頁にある。前掲谷苞「古代匈奴の遊牧社会の歴史的な位置付け」論文の訳注8を参照。

【3】本文は「金帛文繡賂之甚厚、侵盗不已」とするが、原文には「金幣文繡賂之甚厚、……侵盗亡已」とある（『漢書』匈奴伝、中華書局標点本、一六二頁）。

【4】『漢書』は「昆邪王」、『史記』は「渾邪王」とする。

【5】本文は「渾邪王」とするが、『漢書』本紀の原文にしたがって「昆邪王」に改めておく。前掲訳注5を参照。

【6】河西四郡の設置過程については、このように史料の記述に矛盾する内容があり、今日まで議論が続いている。日比野丈夫「河西四郡の成立について」『東方学報（京都）』二五、京都大学人文科学研究所（京都）、一九五四年（『中国歴史地理研究』東洋史研究叢刊之三十、同朋舍出版部〔京都〕、一九七七年に再収録）、および周振鶴『西漢政区地理』人民出版社（北京）、一九八七年などを参照。

【7】今日の新疆ウイグル自治区庫爾勒市西の輪台県附近、前漢の西域都護府の所在地附近に当たる。譚其驤主編『中国歴史地図集』第二冊、地図出版社（北京）、一九八二年を参照。以下、本文での歴史地名について訳注を加える場合にも、同書を参照する。

【8】本書前掲論文参照。

【9】『漢書』西域伝、中華書局標点本、三八七二頁。

【10】『漢書』西域伝、中華書局標点本、三九三〇頁。

【11】『漢書』西域伝、中華書局標点本、三九三〇頁。

【12】『漢書』西域伝、中華書局標点本、三八七二頁。

【13】『漢書』西域伝、中華書局標点本、三九二八頁。

【14】あえて「新疆」という語句を用いるのは、「（東／中国）トルキスタン」という、汎トルコ主義に結び付きかねない歴史地理概念を避けるための工夫であろう。

【15】本文は著者の名前をT.Borrowとし、書名を『新疆出土佉盧文簡牘』とするが、原著はBurrow, T.; *A Translation of the Kharosthi Documents from Chinese Turkestan*, The Royal Asiatic Society, London, 1940であることから、訳文はこれに従った。

【16】不詳。

【17】「屈支国……管弦伎楽、特善諸国」『大唐西域記』巻第一。

【18】不詳。

【19】本文は「其民或以関東下貧、或以報怨過当、或以誖逆亡道、家属徙焉」とするが、原文には「其民或以関東下貧、或以報怨過当、或以誖逆亡道、家属徙焉」とある（『漢書』地理志、中華書局標点本、第一六四五頁）。

【20】『漢書』地理志、中華書局標点本、第一六四五頁。

【21】本文は「永嘉（三〇八―三一三）之乱」とするが、訳文では訂正した。

【22】本文は「十一人」とするが、訳文では訂正した。

《付論》

エスニシティの探究——中国の民族に関する私の研究と見解

費孝通（塚田誠之訳）

一

一九三〇年に私は燕京大学へ移り、呉文藻先生に師事して社会学を学んだ。呉文藻先生の指導と影響の下で私は、中国社会を科学的に理解しようとするならば、欧米人類学のフィールド・ワークの方法を取り入れて、現実に重点を置いた分析をすることが、より着実に実行することのできる方法であると認識するに至った。このため、一九三三年に清華大学の大学院に進み、シロコゴロフ先生に師事して人類学を学ぶことになった。清華大学での二年間は、主に形質人類学を学んだ。一九三六年の秋から、ロンドン・スクール・オブ・エコノミックスでマリノフスキー先生に師事して社会人類学を学び、一九三八年、抗日戦争期に帰国した。雲南に到着するとすぐに国内で農村調査を開始し、マリノフスキー先生の機能主義的観点とフィールド・ワークの方法に基づき、呉文藻先生の提唱された「コミュニティ・スタディーズ」を行った。この研究は一九四九年に新中国が成立するまで一貫して続いた。それより前の一九三五年、清華大学の大学院を修了した後、少数民族地域で一年間の実習をするようにというシロコゴロフ先生のアドバイスを受けて、広西の大瑶山に行き、瑶《ヤオ》族の体格と社会組織に関する実地調査を行った。このときの実習が私の民族研究の最初の試みであるということができる。一九三六年夏に帰郷し休養したが、その機会を利用して、故郷の江蘇省呉江県の「江村」で、二個月弱の期間、農村でのフィールド・ワークを行った。

ここで少し説明を加えなければならないかもしれないが、呉文藻先生の提唱された「コミュニティ・スタディーズ」は、学問分野としては実際には社会学と人類学を結び付けたものである。コミュニティとは、人々がある一定の地域で共同生活を営むような集団を指している。コミュニティは人口が比較的少なく、経済が比較的単純で、文化水準がそれほど高くない原始の族群〔民族集団〕でも構わないし、人口が比較的多く、経済や文化が比較的発達している農村や、郷鎮、都市などでも構わない。こうした視点によるならば、私が一九三五年広西で行った瑶族調査、一九三六年の郷里の江村での農村調査、さらにその後の一九三九年に始めた雲南奥地での農村調査もコミュニティ・スタディーズに含めることができるであろう。こうした異なったコミュニティでの研究の対象とそこで用いる研究方法は同じものである。コミュニティ・スタディーズは私の生涯の学問研究を貫いてきた主軸であると言えるであろう。コミュニティ・スタディーズという名称とそれが用いるところの研究方法・視点は、中国の伝統的な学問分類とは完全には一致しないし、学界の受け入れるところとなり得るかどうかは議論されるべきところである。こうした名称についての論争を避けるために、ここで私は研究対象をもって「コミュニティ・スタディーズ」を区別し、二つに分類する。一つは民族研究で、もう一つは農村研究、およびのちの城郷〔都市と農村〕研究である。この論文では、私が従事してきた民族研究の方面に限って概述することにしたい。

二

私の学問の経歴から述べるならば、時期によって重点を置く分野が異なっていた。あるときは民族研究が中心であったし、またあるときは城郷研究が中心であった。個人の研究対象の選択という点から見るならば、それが個人的な関心によって決定されるのみならず、個人の置かれた客観的条件も非常に重要である。私自身について言うならば、一九三六年に私がロンドン・スクール・オブ・エコノミックスで研究していたとき、指導教官から江村で得た調査データをもとに博士論文を書くように言われたが、その論文が後に出版された *Peasant Life in China* [Fei 1939] である。その後の雲南省での私の研究は農村研究に偏ったものであり、それは抗日戦争の終結まで続いた。一九四九年に新中国が成立し、私の研究の重点は民族研究へと移った。今、回想するに、この研究対象の移行は主にその当時の客観的情勢の変化によるものであった。以下に、もう少しこのことについて語ることを許されたい。

新中国の成立は、わが国の歴史上空前の大事であり、全国の社会構造に非常に大きな変化をもたらした。そのうちの一つが民族間関係の大きな転換、すなわち不平等な関係から平等な関係への変化である。中国は多民族国家であり、民族間の関係は非常に複雑であるが、数千年もの間基本的に変わらなかったものは、民族間の不平等な関係である。どの時代においても、いずれかの民族が他の民族を圧倒し、いずれかの民族が他の民族に圧倒されていた。こうした歴史のなかで中国では政治上幾度も王朝が変わり、支配的地位を占める民族が幾度も替わったが、民族が民族を抑圧するという関係の図式は決して変わることがなかった。今世紀の初頭に至って封建王朝が倒れ、民国時代に入って初めて、孫中山先生を中心として五族共和の主張が推進された。その後さらにほぼ半世紀が経過し、中華人民共和国が成立して以後、初めて諸民族が一律に平等であるという事実が出現し、同時に国家の憲法においても規定がなされた。このときからわが国の民族間相互の関係において新たな民族平等の時代が出現し、今までですでに半世紀近くが経っている。ここで、わが中国の民族間関係の根本的な変化を思い起こし、現代世界における民族紛争がいまだに終息していない形勢を考え合わせるならば、民族の平等が人類の共通の運命にかかわる根本的な重大事であることを認めないわけにはいかない。平和で理想的な世界には、民族の平等は決して欠くことのできない条件なのである。この条件はわが中国で最初に実現された。このことは人類史上特筆されるべきである。

民族の平等を実現するために、私たちは新たな制度を作る必要があった。政治体制の上では、各民族の代表者が参加する最高権力機関、すなわち人民代表大会の創設が必要であった。ところが、新中国の建国直後の時期には、中国に一体いくつの民族があるのか、それらはいかなる名称なのか、そして人口はいかほどなのかということが、私たちにははっきりと分かってはいなかった。

諸民族に関する基本的な状況を明らかにするため、成立して間もない中央人民政府は、一九五〇年から一九五二年にかけて「中央訪問団」を派遣し、それぞれの大行政区へ分かれて各地の少数民族（漢族以外の民族はすべて人口が比較的少ないので、普通、少数民族と呼ばれている）をあまねく訪問した。中央訪問団の任務は、民族平等という基本政策を宣伝することのほかに、自ら各地の少数民族を訪れ、彼らの民族名称（自称と他称を含む）・人口・言語・歴史の概要、および彼らの文化的特徴（風俗習慣を含む）を明らかにすることであった。私は人類学を学んでいたので、政府は私を中央訪問団に参加させた。これは私にとっては千載一遇の機会で、私はまず第一に、政治における民族平等の基本政策を積極的に支持するために全力を尽くそうと望んだ。同時に私は、直接訪問するという方法で各民族の状況を理解することが、すなわち私が以前から提唱していたコミュニティ・スタディーズであると思い、この任務を積極的に引き受けた。一九五一年と一九五二年に私は西南と中南の訪問団に相次いで参加し、貴州省と広西省の実地訪問の指導に責任を負った。この二年間こそが、私の民族研究の真正の開始と言える。

訪問団の仕事において、山嶺を越え、森林渓谷に入り、貴州省と広西省の各地に分布している少数民族の村落へ入り、人々と親しく交歓し、対話をする機会があった。多くの少数民族と直接触れ合う中で、民族というものが客観的で普遍的に存在する「人々の共同体」であり、代々受け継がれ、心底からのアイデンティティを持つ人々の集団であるということを、私は初めて理解した。同一民族の人々は、禍福や利害を共にする、強烈な一体感を持っている。彼らは共通の言語を持ち常に一緒に生活しているので、互いに守り合い助け合い、苦難を共にするという非常に密接な社会関係のネットワークを形成する。要するに、民族とは中身のない空虚な概念なのではなく、実在の社会実体であるということを私は理解するに至ったのである。同一の民族に属する人々のアイデンティティと一体感は、人々の意識にこの社会実体が反映したもの、すなわち普通私たちが言うところの民族意識である。民族意識は具体的には自己の所属する民族に対して持つ名称（自称）のみならず、他の民族がしばしば用いる異なった名称（他称）にも表現されている。一般的に言うならば、私たちが触れ合うところの少数民族の人々は皆、自分たちがその名称の民族に属しているということを知っている。中国にいかなる民族がいるのかという問題に答えるためには、まずは各地の少数民族が自ら申告している民族名称を入手するべきであると認識した。

一九五三年の第一回全国人口調査において、自己申告により登録された民族名称は全国あわせて四〇〇余りにも達した。この民族名称を自己申告したリストを分析すると、その中に多くの問題があることが分かった。少数民族であると自己申告したもののいくつかは実際には漢族であるが、様々な理由から一つの民族であると自ら認識していたり、あるいは他者からそのように認識されており、しかも特定の名称すら持っていた。例えば、広西の「六甲人《リュウジャー》」、湖南省の「哇郷人《ワーシャン》」などである。また、あるものは他のある少数民族の一部であるが、様々な理由によりいくつかの民族に分けられ、しかも異なった民族名称を持っていた。例えば、雲南省の「阿細《アシ》」・「撒《サ》尼《ニ》」・「阿哲《アジェ》」・「普拉《プラ》」などはすべて彝《イ》族のサブ・グループであった。このため、自己申告による民族名称に直接的に基づいて、彼らが一つの民族であるかどうかを決定することはできなかった。これらの自己申告による民族名称を逐一審査し弁別することが必要であった。これは非常に複雑な仕事であり、私たちはこの仕事を民族識別工作と称した。それは一九五三年に始まり、三〇年ほどかかって、一九八二年に一段落を告げた。識別をした後にさらに現地の民族の人々と協議して同意を得て、初めて中央による審査決定を経て公布することができた。一九五四年には三八の少数民族が、一九六五年には一五の少数民族が、一九八二年にはさらに二つの少数民族がそれぞれ認められ、今日までに五五の少数民族が認められている。漢族を加えると、中国というこの多民族国家は合わせて五六の民族を有している。これらの民族の正式名称は、名はその主に従うという原則に沿って、さらに協議を通して初めて正式に認められたのである。民族識別工作はまだ終了したわけではない。というのも、ごく少数のまだ識別に結論が出されていない人々がいるからで、この判定し難い問題はさらに研究を深めて初めて決定することができる。

三

民族識別工作の際〔ある民族と〕彼らとどのように関わったら彼らを民族として認定することができるのかということは、民族理論の問題である。すでに先に述べたように、私は、民族地区において少数民族と実際に接触するうちに民族とは何かを理解した。すなわち民族とは、人々の何らかの必要性から生じた何の根拠もない虚構の概念ではなく、客観的に存在するものである。それは多くの人々が子々孫々集団生活を営むうちに形成されてきたものであり、人々の社会生活において重大な作用を果たす社会実体である。民族の形成に対して、その具有するところの特徴で説明をすることは民族理論の範囲に属する。それゆえ民族理論は民族識別の根拠となり基準となる。解放初期に私たちが参考にすることができた民族理論は当時ソ連から移入されたものであった。当時ソ連で広く行われていた民族の定義は、簡単に述べると次のものである。「歴史的に形成されてきたところの、共通の言語・共通の地域・共通の経済生活を持ち、共通の文化において表現される共通の心理素質〔状態〕を持った、人々の堅固な共同体である」。この定義は、ヨーロッパの資本主義が発展してきた時期に形成された民族を基準にして結論が出されたものである。ここで提出されている「歴史的に形成された」という限定的な表現は、とりもなおさず定義の中で提示された四つの特徴が歴史上の特定の時期の民族にのみ適用されるものであることを示している。他方、わが国の少数民族は、解放初期には大部分がまだ資本主義以前の段階にあり、よってこの定義の中で提示されている四つの特徴は、私たちの民族識別工作においてはただ参考としての作用を果たすだけで、そのまま用いてはならないことは明白であった。しかし同時に私たちは次のことをも認めねばならない。すなわち、ソ連から移入した理論が、かつて確かに私たちを導いたのであり、私たちはこの定義に提示されている共通の言語・共通の地域・共通の経済生活・共通の文化に現れる心理素質の面から、中国のそれぞれの少数民族の実際の状況を観察した。それは私たちの民族理論に関する一系列の思考を啓発し、さらにそれによって中国の民族の特色を理解することになったのである。

まず「共通の言語」という特徴について述べたい。すでに述べたように、私たちが観察し得た事実は、一緒に生活している少数民族は同一の言語を使って対話をしており、共通の言語がなかったならば日常の共同生活が営めるはずがないということであった。同時に、彼らの言語と他の民族の言語が同一でない場合、たとえば漢族と他の異なる民族の人との間ではそれぞれの言語を用いて直接に意思疎通をすることはできない、ということをも理解した。このことは、それぞれの民族にはそれぞれの言語があり、異なる民族との間には共通の言語がない、よって相互理解を得るためには翻訳を経ることが必要であるということを物語っている。このことは明白であり容易に理解できた。しかしながら、自ら同一の民族であると認識している人でも、異なった地域から来ているならば、彼らの間で必ずしも直接に通話をすることができるとは限らないこと、すなわち彼らの間での言語にも相違があるということをも私たちは理解したのである。このことは私たち漢族の間でもしばしば見受けられる状況である。例えば、私たち蘇州人が初めて福建人、あるいは広東人に会うと、言葉が通じない。これは各地の方言が異なっているからである。方言は学び始めるとそれほど困難ではない。というのも、方言の差異は各地の住民の発音が異なっているだけで、言語の文法構造や使用する文字や語句は基本的に同じだからである。ここで「共通の言語」がどの程度まで共通なのかという問題が生じる。この問題は言語学の専門知識と深くかかわっている。言語学では、言語の差異の程度に応じて語族・語派・語群などに分けられる。同一の語群の中でも地域間の差異、つまり方言によってさらに細かく分けられる。言語学の専門知識を持ち合わせていない人は、単に聴覚によるだけではどの程度異なっていれば異なった語族・語派・語群であり、あるいは方言であるのかということを容易に区別することができない。民族識別工作を進めていたとき、この方面の問題に関しては言語学者に頼るほかはなかった。幸いなことに私たちの民族研究は早くから少数民族の言語調査に注目しており、よって私たちが民族識別工作を行ったときには、すでに十分な少数民族言語の資料があって、私たちに参考となった。

言語の角度から上述の民族名称の自己申告リストを調べてみると、リストに二つの状況が見られることが分かった。一つが、異なる民族であると報告されたものの中の言語の多くが同一のもの、もしくは非常に近いものであったということ、もう一つが、同一の民族と申告されたものの中に異なる言語が含まれていたということである。前者には、例えば広西の「布壮《プーチユワン》」・「布越《プーユエ》」・「布雅依《プーイエイ》」・「布衣《プーイー》」・「布土《プートウー》」・「布雄《プーション》」・「布儂《プーノン》」など侗傣語派の言語を話す人々が挙げられる。これらの言語を話す人々が相互に対話をしたところ、彼らは自らの話す言語が同一の母語から生じていることに同意し、こうして皆が進んで合わさって、壮族という民族に入ることを願うようになった。後者については、例えば私が一九三〇年代に調査をした広西の大瑶山の瑶族が挙げられる。大瑶山には三つの異なった言語がある。すなわち苗瑶語派瑶語群の勉語（盤瑶）、苗瑶語派苗語群の布努《プヌ》語（花藍瑶）、壮侗語派侗水語群の拉加《ラキャ》語（茶山瑶）である。これらの異なる言語を話す人々はそれぞれの自称を持つものの、すべて瑶族に属していると自ら認識していた。私たちは自由意思の原則に基づいて彼らがすべて瑶族の一部であると認定した。瑶族は他の地域にも多くの自称の異なる集団があるが、皆がおしなべて瑶族と称していたのである。

ここで説明しておかなければならないことは、私たちは上述の「定義」が提示している特徴のそれぞれを独立に用いて対処するのではなく、必ず他の特徴と結び付けなければならないこと、特にこれらの合わさって一つになった民族に関しては自己申告の際の各単位の間での歴史的な淵源関係を考慮に入れねばならないと考えたことである。というのも、中国史の一つの特徴は、長期にわたって異なる民族が絶えず流動するうちに、あるものは分散し、あるものは孤立し、またあるものは相互に接触する過程において融合していったからである。このように反覆的に分散し融合する過程において、広大な地域に諸民族が交錯して分布するという現在の格局（構造）が形成されたのである。私たちが民族識別を行う際には、歴史的な観点と自由意思の原則とを採用することが必須である。同時にこの複雑な状況を認め、決して行政的な手段を用いて結論を下してはならない。従って、ただちに解決することができないような事例は、むしろ問題をそのままにして結論を急がず、主観的な判断を加えるべきではないのである。

さて「共通の地域」という特徴について言うと、私たちは民族識別工作の実践をする中で「民族聚居区」という概念を提起して補充と修正を加えるようにした。同一の民族に属する人は同一の地区に住む傾向があることは認めるが、しかし「同一の地区」と「共通の地区」とを同一視するべきではない。というのも、同一の地区に異なる民族が共に聚居することができるからである。こうした現象は中国ではとくに突出しており、私たちはそれを「大雑居、小聚居」と称している。一九八二年の人口調査のデータによると、全国の民族自治地方に聚居している少数民族の人口は、少数民族の総人口の七四・五％を占めるのみであり、おおよそ四分の一の少数民族の人口が全国各地に雑居あるいは散居している。要するに、中国の諸民族の居住形態は、決して区画が整然としており境界が明確なものではなく、相互に入り混じって、交錯雑居しているものなのである。これは、中国の諸民族間の長期にわたる交錯的な流動と相互交流の結果である。とはいえ、民族の人口分布の上から見ると、同一民族が聚居する傾向はやはり非常に顕著で、その大小にかかわらず、同一の民族が聚居する地区は各地に分散しており、甚だしい場合には居住地が全く連接していないことさえある。さらに、ある民族の聚居地区においても異る民族が聚居していたり、あるいは散居している場合がある。

　私たちは、中国のこの特徴に基づいて、「民族聚居区」という概念を提起した。それは理論上、現実と結び付く重要な意義を持つだけでなく、国家がどのように民族間関係を処理するのかという面においても民族平等の原則を具体的に表現しているのである。私は欧米の民族理論の中で「共通の地域」を民族の特徴となすことと、政治的観念において国家と領土とを密接に結び付けることとは分離することのできないものであると考えている。まさにこの概念によって、民族を国家と結び付けて民族（国民）国家とし、その上国家の領土の完備を求めようとした。このことが目下欧米で民族紛争が連綿として絶えず、民族をめぐる戦争がいまだに息《や》むことのない原因なのではないだろうか。欧米の民族理論と民族間関係を照らし合わせてみると、「民族聚居区」の概念をもって民族の定義の中の「共通の地域」に代えて特徴とする認識は、熟考するに値するであろう。

　私がここで特に提起したいことは、こうした新しい概念が私たちの中華人民共和国憲法にすでに書き入れられており、その第一章総綱・第四条の中に「少数民族が聚居する地方では区域自治を行う」と規定されていることである。この規定にしたがって中国の少数民族はすべて自治の権利を享受しており、同時に、設立された自治地方の中では他の民族とともに雑居することを排斥しない。さらに、もし一つの区域に人口があい匹敵するいくつかの少数民族が共同で聚居しているならば、多民族連合の自治地方を設立することができるし、同一の少数民族があい連接していない自治地方をいくつも持つこともできるのである。

次に、先に引用した旧ソ連で流行した民族の定義のうちの第三の特徴「共通の経済生活」についていささか意見を述べたい。私たちは中国の実際の状況と結び付けて検討した結果、この特徴がわが国の国情にはそぐわないものであるとみなした。すでに述べた旧ソ連で流行した民族の定義は、ヨーロッパの資本主義が発展してきた時期の状況を総括したものである。資本主義が発展してきた時期にヨーロッパでは確かに共通の民族〔国民〕統一市場が作られる趨勢にあったが、実際に形成されたのは国境を越える植民地主義的な市場であった。仮にこの植民地を内部に含む民族国家市場が現代民族の特徴であるかどうかを論じないにしても、現代の欧米の民族について言えば、一つの民族に属する人々の経済生活が「共通」であると言えるかどうかも問題であろう。この「共通の経済生活」は明らかに多くの共通ではないレベル、あるいは階級を含んでいるし、甚だしい場合には二つの民族の矛盾が共存していると指摘する人もいる。いずれにせよ、私たちは「共通の経済生活」をそのまま援用して中国の少数民族の特徴とすることはできないのである。一般的に言うならば、解放の時点で中国の少数民族の多くが資本主義以前の段階の小農耕作と草原での放牧という経済状態に置かれていた。私たちはせいぜい解放前の少数民族がおおよそ同一の、あるいは似通った〔共通のではない〕経済生活を営んでいたと言えるだけである。

中国の少数民族の経済生活の面において注意すべきことは、諸民族の間、とくに漢族との間の密接な関係である。漢族は歴史的に、国内の他の民族と比較すると、経済的・文化的に優勢であった。このため、漢族はすでに長期にわたって他の民族が聚居する区域に深く入り込み、諸民族の間の橋渡しをする経済的な経路を作り上げていた。漢族の聚居する商業拠点はほとんどすべての少数民族の聚居区域に散在し、全国の至るところに及んでおり、巨大な経済流通ネットワークを構成し、漢族が諸民族との間で物質や精神文化を吸収し伝播するという作用を果たしていた。そして幾多の歳月を経て徐々に諸民族を高レベルの共同体へと束ねたが、これこそが次節で提起することになる中華民族である。

最後に「共通の文化特徴に現れる共通の心理素質」に関して一言述べたい。この特徴は、旧ソ連で流行した民族の定義の中で最も重要な特徴であるかもしれない。しかし、それはまさしく私たちが最も捉えにくい特徴なのであった。私自身について言うと、いまだにそれを十分に理解しているとは言えない。ある時期、私たちはこの特徴を少数民族が持つところの特殊な風俗習慣であると大まかに見なしており、しかも常に少数民族の側から超俗的で、犯してはならない、神聖な性質をもつ特徴であると見なされていた。こうした理解はもちろん容易に観察されるが、それでも上述の定義の中の意義とはいくぶん相違があるようである。

この特徴の意義を捉えようとするとき、私は心理素質というこの数文字に特に注意を払い、人々の心理的な面から民族意識がどのように形成されてきたかを考えた。こうした思考方法は、私を理論面での更なる探求へと導いた。探求の過程で、私は以前に社会学で学んだ in-group もしくは we-group という言葉に思い当たった。in-group あるいは we-group とは私たちが周囲で触れ合う様々な人を二種類に分類する概念で、一つは「自家人」〔内輪の人〕であり、もう一つはそれ以外の「陌生人」〔外部の人〕である。簡単に言うと、他者と自己との区別という点をもって異なる集団に類別し、なおかつ異なる感情と態度という点からもこの二つの集団を扱うことである。およそ自己と同じ集団に属する者がすなわち自家人であり、親密な関係を保ち、苦楽を共にする。自家人としてのアイデンティティが共通の運命感と共通の名誉と恥辱の感情を生み出す。in-group あるいは we-group は「アイデンティティ」が生み出したところのものではないだろうか。そして民族とはそもそも一種の in-group もしくは we-group なのではないだろうか。こうした思考方法から私は、民族という集団の心理素質を探り出した。すなわち、言うところの民族心理素質とは実は民族的アイデンティティにほかならないことが分かったのである。民族的アイデンティティは決して空虚なものではなく、私たちそれぞれが自己を省みる行為を通して民族的アイデンティティとは何かを会得することのできるものなのである。現在ではすべての人が自己の所属する民族を持っており、すべての人が民族意識を持っている。

以上が民族の実際の状況と結び付けた民族理論に対する私の見解である。民族の実際の状況は地域や時代によって変化するので、私たちも実際の変化に即して民族に対する認識を不断に発展させねばならない。中国の現実は私たちに民族理論を学ぶための絶好の機会を与えてくれるのである。

四

先に述べた数年間の民族研究の実践において、私はわが国の民族の特徴に対して一定の知見を得たが、同時に民族とは人々が共同で生活をする経歴の中から形成されるものにほかならないということをも理解した。つまり、民族は歴史の動きの中で変化するものであり、現在のいかなる民族であれ、民族を理解するためには、その歴史と社会の発展過程を切り離すことは決してできないということである。民族の現状の調査は必ず歴史研究と結び付けて行われるべきである。学問分野についていうと、それは社会学ないし人類学と歴史学とが結合することにほかならない。私の見るところ、このことは私個人のみの理解ではなく、現在民族研究に従事する学者と指導者の間では共通の認識である。

一九五六年、第一期全国人民代表大会常務委員会で、科学研究班を組織し、中国の各少数民族に対して全面的な社会歴史調査を行うことが決定された。この調査研究にかかわった人員は総計一七〇〇人を越えた。関係者たちは別々に、異なる地域の少数民族のもとでフィールド・ワークを行い、またグループに分かれて何度も研究討論を繰り返した。それは一九五七年に始まり、一九六〇年代中期に一段落を告げたが、終了したのは改革開放の初期の一九九一年のことである。調査の結果は国家民族事務委員会から「五種叢書」として出版された。総合的な概況を紹介したもの一冊のほかに、少数民族の民族誌・歴史・言語の専刊とフィールド・ワークのデータを編集したものを含み、合わせて計四〇三冊、八〇〇〇万字にものぼった。この大規模な民族研究工作は三〇年余りもの歳月を要した。文化大革命に妨害されて十数年間研究は停滞したが、その成果から見ると、わが国の民族研究の空前の大事業と言えるであろう。

この中国少数民族社会歴史調査には、私は初めの一時期参加しただけであった。準備と組織の段階、および開始されたときに責任者としてそれらを担当し、雲南省でのフィールド・ワークを行った。一九五七年に北京に呼び戻されてから私は、程無く政治的な反右派闘争の拡大の影響を受け、社会調査を停止させられた。一九六六年に始まった文化大革命の時期には、私の正常な社会生活はあらゆる面で衝撃を受け、一九八〇年になって初めて公的に私の政治的な地位が正され、正常な社会生活を回復した。このときから私は学術上、第二の生命を獲得し、現在まですでに一六年経っている。もし一九三五年の瑤族の調査を私の学術的生命の始まりとするならば、研究生活は現在までにすでに合計六〇年を越えているが、そのうち政治的な理由で二三年を失ったので、真に学術研究に時間を費やしたのは今までのところ三〇数年ということになる。私は第二の生命において、一日を二日分使おう、失った時間を取り戻そうと全力を尽くした。この願望は今ももちろん堅持しているが、実現できるかどうかは天命次第である。

私が学術研究の上で第二の生命を獲得したときは、中国はまさに改革開放の時期に突入しつつあった。国民経済は目覚ましく発展し、社会の各方面において非常に大きな変化が生じつつあった。最高の時期を迎え、私の学術研究の上にも新たな方向性が生まれた。はじめは私はこの第二の生命を民族研究を続けることに使おうと考えていた。しかし一九八一年にハックスリー賞を受けるためにロンドンへ行こうとしていたときに、師のレイモンド・ファース教授の意見により、この機会を利用してロンドンの校友たちに故郷の農村の解放後の状況について報告する準備をした。このため、私は再び故郷の農村に帰り、そこに短期間滞在したが、そのときの訪問において私は、当時の農村の発展に対する熱気の刺激をひしひしと感じ、この歴史的な大きな転換の潮流に追随しようと決心した。私は研究の重点を農村コミュニティ・スタディーズへと移し、そしてその研究が深まり小城鎮研究へと至った。最近ではさらに一歩進んで、経済区域の形成と中核都市の勃興に対して研究の興味が生まれてきた。このため、ここ十数年ほどは民族研究の方面のウエイトが減りぎみであったが、しかし民族研究に対するもとからの情熱は衰えずに心のなかにとどまり続けた。それゆえ、機会があれば今でもしばしば少数民族地区を訪れて、昔からの友人に会っているのである。

私が中国少数民族社会歴史調査に参加したとき、研究の待たれるであろう一系列の問題を心の中に抱いていた。こうした問題はずっと心のなかにとどまっており、一九五七年以降はフィールド・ワークの中で回答を見つけ出す機会もなかったが、私の思考から消え去ってしまったわけではなかった。私を困惑させた主要な問題は、少数民族の社会・歴史の発展に対して漢族がどのような作用を果たしたのかということと、漢族と国内のすべての少数民族を内包する「中華民族」をどのように取り扱うのかということであった。

私が民族研究に参加した当時は、民族工作というとそれは少数民族に関する実務的な仕事を意味していた。このため、ごく自然に、民族研究も少数民族研究と同じものであって、漢族研究は含まれていなかった。回想するに、この言わずもがなの見方は、中央訪問団の時期にすでに形成されていた。中央訪問団の実際の任務は、少数民族に対して、新中国において彼らにはすでに主役となる権利があること、つまり民族平等の政策を宣伝することであった。このため訪問団は少数民族のみを訪問し、漢族を訪問することはなかった。こうした任務は工作の段取りをも決定し、一つ一つの少数民族を対象として別々に訪問することになった。私たちが少数民族社会歴史調査を組織しているときにも同様の段取りをした。最後には一つの少数民族を一単位として各民族の歴史を編集した。五五の少数民族にそれぞれ一冊ずつ簡史があり、合わせて五五冊である。初めはこうした形式もなかなかに道理に適ったものと思っていたが、深く考えていくうちに、このように民族ごとに歴史を編纂するという形式にはもちろん長所と利点があるものの、先に述べたような困惑をも私の中に生み出したのである。

私の困惑は中国の特徴、つまり実際には少数民族は漢族と切り離すことはできないということから生じたものである。漢族と切り離すと、いかなる少数民族を中心としてその歴史を編集したとしても、それは完全なものになるのは非常に難しい。私を困惑させたこの問題は、「民族簡史」を編集するときに執筆者にとっての難題ともなった。このため、一九六〇年代初期に多くの学者が「民族間関係」の研究を重視しなければならないと提唱した。「民族間関係」を重視することは当然、ある民族と他の民族との接触と影響を総合的に指して言うことなのであるが、わが国の少数民族について言うならば、主には漢族との関係を指している。この提唱は歴史研究において一つ一つの民族のみを単位として取り掛かるべきではないということを反映している。民族間関係を重視することは、もとよりその当時の各民族の歴史を編纂していたときには有益な提唱であった。しかしそれによって各民族に分割して書くことの欠点を補ったとしても、それでも私の思想上の困惑は決して解決されなかったのである。

私は歴史学を専門とする人間ではないが、しかし、かつての漢族を中心とする観点で書かれた中国の歴史に対しては、ずっと反感を抱いていた。どのようにしたらこうした観点を飛び越えて中国の歴史を書くことができるのであろうか。この問題について述べると、私が中央訪問団から帰ってきて、中央民族学院の設立準備事業に携わっていたとき、すでに自覚し考えるところがあった。当時私は歴史学者や言語学者・民族学者たちを中央民族学院に招いて教鞭を執らせ、民族研究を推し進めるべきであると提案した。この提案は指導部の同意を得ることができたのみならず、確実にその方向へと歩み出した。さらに、程無く私はカリキュラムの中に総合的に各民族の歴史を教える基礎科目を設けるべきであると提案した。しかし歴史学の専門家たちの多くはこの科目を教授する準備がなく、民族の視点から系統的に中国通史を論じた人も過去には全くおらず、講義を担当したいと願う人を見つけることができなかった。結局、私は仕方なく自分で教壇に上り講義をしてみることになった。この科目は一学期のみ講義し、教材を一冊書いただけで、最後にはその難しさを認めて退かねばならず、続けて講義することはなかった。この教材は外部には伝わっておらず、未使用のままの状態にしていた。ために、文革の時期もずっと手元にとどめることができた。

一九八九年の夏、私は威海市に夏の休暇に行った。当時すでに八〇歳に近づいていた。民族研究に対する心残りから、かねてより懸案であった問題が再び心の中に沸き上がってきた。私は幸運にも残っていたこの講義教材を携えて、一ヶ月間の休暇を利用し、あらためてこの二〇年余りの間の思考と講義教材とを結び付けて整理し論文にしようと考えていた。このとき私はまさにターナー（Tanner）記念講演の約束を受けて、香港の中文大学に赴き学術講演を行うことになっていた。私はこの整理した論文を講演の原稿とするつもりであった。この論文の題目こそが「中華民族の多元一体格局〔構造〕」である［費　一九八九］。この論文の中で長年鬱積してきた民族研究上の困惑から僅かながら抜け出し、さらに続けて探求するに値する観点を提出した。

この講演の主な論点の第一は次の点である。中華民族は中国の境域内の五六の民族を包括する民族実体であり、決して五六の民族を合わせた総称ではない。というのも、この計五六の民族はすでに結び付いて相互に依存するものとなっており、一つに合わさっていて分割することのできない統一体であるからである。この民族実体において、それに帰属するすべての成分〔構成要素となる民族集団〕は、すでにレベルがより高い民族的アイデンティティ、すなわち利害を共にし、存亡を共にし、栄辱を共にし、命運を共にするという感情と道義を有している。私はこの論点を民族アイデンティティの多層次論へと発展させた。多元一体格局の中では、五六の民族は基層であり、中華民族は高レベルなのである。

第二の論点は次の点である。多元一体格局が形成されるには、分散的な多元が結合して一体を形成して行く過程があり、この過程において凝集作用を果たす核心の存在が必要であった。漢族は多元的な基層のうちの一つであるが、彼らこそが凝集作用を発揮し、多元を一体へと結合させたのである。この一体はもはや漢族ではなく、中華民族であり、高いレベルのアイデンティティを持つ民族なのである。

第三の論点は次の点である。高いレベルのアイデンティティが必ずしも低レベルのアイデンティティにとって代わったり、あるいはそれを排斥したりするものではない。異なるレベルは衝突せずに両立して存在することができるし、さらに、異なるレベルのアイデンティティの基礎の上にそれぞれがもともと持っていた特徴を発展させ、多言語・多文化の統一体を形成することもできる。よって高レベルの民族は、実質的には一体であり多元的でもある複合体である。その間には互いに対立する内部矛盾、すなわち差異の一致という矛盾が存在しているが、その消長や変化によって、絶え間なく変動する内外の条件に適応し、その共同体自身の存続と発展を可能にするのである。

この三つの論点は、私が中国の民族の現状と歴史を研究する実践の中から得たものである。長年にわたる探求と思索を経て獲得したいささかの、全面的とはいえない理解とも言うことができる。この理解においては中華民族・漢族・少数民族はそれぞれの適所を得て、それぞれが層次の異なるアイデンティティを持つ集団に属している。私たちは言葉の上ではどれも民族という同一名詞を用いているが、しかしそれらはレベルの異なる実体を指しているのである。漢族と五五の少数民族は、ともに同じレベルに属しており、それらが互いに結合して中華民族となるのである。中華民族とは、五六の民族という多元が形成した一体であり、レベルがより高いアイデンティティを持つ民族実体なのである。もし、多元一体格局を持つ中華民族の形成過程を事実に基づいて明らかにするならば、それこそが民族の観点から描いた中国通史となるであろう。それはまた、私が民族研究の領域において夢見て久しかった、そしていまだに完成させる能力のない目標であると言うこともできる。

五

一人の人間の思想や観念は、現実と接触するうちに練られて形成されてくるもので、理論は実践と切り離すことができないと私はいつも考えている。私の論文「多元一体構造」の土台は、一九三五年に広西の大瑶山で行ったフィールド・ワークにまで遡ることができるのである。同時に私は、実践だけでは十分とは言えず、既製の理論の中から啓発と導引を得る必要があると考えている。大瑶山での実践において、私は民族アイデンティティのレベルを見ることができ、さらにそれを中華民族の形成と関係づけた。その間にはもとより実践が重要であったが、それだけでなく、私の脳裏にとどまり続けたシロコゴロフ先生のエトノス（ethnos）論がその促進剤となったと言うべきであろう。

先に民族の言語について述べたときに、一九三五年に大瑶山の瑶人の中に異なる言語を話す集団がいるのを見たことを提起した。すなわち瑶語を話す盤瑶（自称は勉）・苗語を話す花藍瑶（自称は炯奈《ジョンナー》）・侗語を話す茶山瑶（自称は拉加《ラキャ》）である。一九七八年、瑶山を再び訪れたとき、『瑶族簡史』の記述とそのときの私の聞き取りとが結びついて、この地域の瑶族の歴史に対して基本的な理解を得ることが出来た。一四世紀以前には、瑶族の祖先はすでに南嶺山脈一帯で生活していたようである。漢文で記された資料によると、この地域の民族闘争は明代において激化した。一五世紀の末に至り、明朝が軍を動員し当地の土着民族に対して戦争を仕掛けたが、それが現在の金秀瑶山付近の大藤峡一帯で起こった有名な戦争である。[1] この地域の土着民族は主に瑶族であり、彼らはここから追われて山岳地帯へと入り、「山がなければ瑶に成らず」という局面を形成した。一九三〇年代に私が調査した花藍瑶は現在の金秀瑶山、当時は大瑶山と称されたところにいた。金秀瑶山の現在の瑶族居住民は異なった時期に山外から移住してきたものである。このような異なった地域からこの瑶山に移住してきた人は、皆山外には居られなくなった土着民族で、この多くの人々は瑶山に移住してからは険阻な山岳に拠って生存してきたのである。彼らは生存していくために団結せざるを得ず、遵守すべき共通の秩序を作り上げた。それが解放まで維持された石牌組織である。[2] 対内的な平和的協力関係と対外的な敵愾心の保持が、一体を作り上げた。山外の人は彼らを瑶人と呼び、彼ら自身も自ら瑶人と称していて、民族的アイデンティティを持った共同体をなしていた。そして、このとき私の考えの中にも多元一体の雛形が作られたのである。

その後、私は各地の少数民族と接する機会が多くなり、それぞれの少数民族についての知識も幾分増えた。また漢族それ自体と結びつけて、多元から一体が形成される過程は民族という共同体が形成される普遍的な過程に非常に近いものであると考えるようになった。さらに一歩踏み込んで、私たちが現在アイデンティファイしている「中華民族」についてみてもそれは決して例外ではない。ここにおいて前節で提起した民族研究における困惑を解決する構想が、私の思考の中で次第に形成されてきたのである。一九五〇年代初めに、私が中央民族学院で民族史概論を講義しようと試みたとき、この初歩的に形成された構想を使って試作的な講義教材を書いたのである。一九八九年には「中華民族的多元一体格局」と題するターナー記念講演の原稿を書き上げた。この論文は私の思想上の一つの探求であり、繰り返し論証する価値のある初歩的な理論的見解を提出したのであるが、いまだ成熟した段階に到達しているとは言えない。

一九九〇年に国家民族事務委員会が学術討論会を開き、私のこの論文について議論を行った。多くの学者や専門家がそれぞれの研究成果をもとに、他の少数民族の歴史資料を用いて、多元一体という格局を証明した。全員が共通して、これが新たな観点であり、新たな体系であり、新たな探求であると認めたのである。この討論会で発表された論文は『中華民族研究新探索』として一九九一年に出版された〔費 一九九二〕。

私の講演での論文を読み返してみると、理論上さらに論証する価値があると考えられるのは、民族的アイデンティティの意識こそが民族という人々の共同体の主要な特徴となっていること、さらに〔その意識が〕民族的アイデンティティの多層性〔をも生み出している〕という点である。私自身のこの構想の根源に遡るときに、まず思い起こしたのは初めて社会学を学んだときに修得した we-group あるいは in-group という概念である。サムナーは彼の名著 *Forkways* において、人間の行為規範には二重性が存在することを指摘している〔Sumner 1907〕。つまり、自己の所属する集団の内部に対する共感と外界の集団に対する疑いと敵意である。それはまた、中国のふるい言い伝えにある「我が族類にあらざれば、その心必ず異ならん」という先入観を持つことである。サムナーは前者を in-group と呼び、後者を out-group と呼んだ。つまり集団に内と外の区別があるのである。後に we-group という言葉を用いて in-group を呼ぶ人が現れたが、その意味は in-group に所属している人は全て互いに自家人であると認識しているということであり、「私たち」というアイデンティファイするための言葉を用いて呼ぶことである。よってこれはアイデンティティ集団であるということができる。私は民族とは we-group もしくは in-group の類に属するものであると考えている。それゆえに私は民族的アイデンティティをもって民族という集団の心理的特徴とするのである。

また私は、初めて人類学を学んだときにシロコゴロフ先生の *Ethnos* という題の小冊子〔Shirokogoroff 1934〕を読んだことを思い出した。それはまだ一九三四年のことである。後にシロコゴロフ先生はこの小冊子を大著 *Psycho-mental Complex of the Tungus*〔Shirokogoroff 1935〕の中の一章に組み入れた。

エトノスというラテン語は非常に訳しにくく、私たちの言うところの民族と密接な関係があるものの、そのまま民族と訳してしまうといくぶん問題があるようである。特にシロコゴロフ先生の理論の中では、エトノスは非常に豊富な意味を含んでいる。エトノスはシロコゴロフ先生の考えにおいては、ethnic unit を形成する過程である。ethnic unit は人々が集団を組織し作り出す単位であり、その成員は似通った文化を持ち、同一の言語を話し、同一の祖先から生まれてきているのだと信じ、心理的には一つの集団に属しているという意識を持ち、しかも内婚を行っている。この定義からすると ethnic unit は私たちの言うところの「民族」に相当すると言うこともできるであろう。しかし、エトノスとは民族を形成する過程であり、一つ一つの民族はこの歴史的過程がある特定の時空間において姿を現わした一種の人々の共同体にすぎない。シロコゴロフ先生が研究した対象はこの過程そのものであり、私はいまだに最適な中国語の訳語を見つけだしていない。

エトノスは民族を形成する過程であり、それは私が「多元一体」の動態から、中国の大地における数千年来の、幾世代にもわたる人々の集合と分散がそれぞれの民族の歴史を形成してきたことを理解しようとしたこと、まさにこのことであるとも言える。私がこの論文の中で書いたことが、シロコゴロフ先生の私を啓発したこの訳し難い言葉エトノスであると言えないであろうか。

シロコゴロフ先生のエトノス論と関係づけて私のこの「多元一体論」を見ると、私という学生が先生の理論をいまだに学び終えていないことが分かるのである。私はただ中国の境内の諸民族が歴史において分合するところに着目しただけであり、通時的な変化の輪郭を大まかに描いた、簡単な、その意図を示すだけの見取り図にすぎない。決してシロコゴロフ先生がエトノス理論の中で指摘したような、分合する歴史的過程においてそれぞれの民族単位がいかに分かれいかに合し、そしてなぜに分かれなぜに合したのかという道理にまで深く立ち入って検討したわけではない。今、シロコゴロフ先生の著作を読み返してみると、このことは先生がエトノス論の中で提起している、民族単位において常に作用し続けてきた凝集力と遠心力の概念について、私がしっかりと把握していなかったことによるものであると悟るのである。さらに民族単位の間で互いに衝突し合う場面において発生し、引き起こされる民族単位そのものの変化にも注意を払ってはいなかった。こうした変化は事実上、民族の盛衰存亡と分裂融合の歴史を表現しているのである。

私の民族研究の経歴を回顧するに、もう三〇年以上も少数民族の中に深く入りこんだフィールド・ワークに基づく研究を行っていない。先に提起したような諸問題は、今生では私が自ら行って研究することはできそうにもない。それゆえ、若い世代の誰かが私のこの方面での探求を受け継いでくれることを望むだけである。私が北京大学の社会学人類学研究所に、民族の凝集力という問題を彼らの今後の研究課題の中に加えることを提案したのは、まさしくこのためなのである。

訳注

【1】侯大苟らが一四四二年に起こした瑶族の大規模な蜂起。一時は広東西部・広西東部を席巻したが、一四六五年に鎮圧された。

【2】かつて大瑶山の瑶族のもとに見られた、一種の成文化された社会規約とそれを維持する組織の総称。社会秩序に反するような事件が発生したら、石牌頭人が合議を行い解決し、内容を石板（石牌）に刻み公開榜示し、以後それに準拠して事件を裁く方式。

文献

費孝通
一九八九　「中華民族的多元一体格局」『北京大学学報』（哲学社会科学版）一九八九年第四期、一―一九頁。
一九九一　「中華民族研究新探索」費孝通編『中華民族研究新探索』北京：中央民族学院出版社、一―一〇頁。
Fei Hsiaotung
1939　*Peasant Life in China*.London: Kegan Paul Trench, Trubner & Co., Ltd.

Shirokogoroff, S.M.
1934 *Ethnos*.Beijing: Qinghua University.
1935 *Psycho-mental Complex of the Tungus*.London:Kegan Paul Trench,Trubner & Co., Ltd.
Sumner, W. G.
1907 *Folkways*.Boston: Ginn.

〔注記〕本稿は、費孝通教授の中国語による論文を邦訳したものである。それは一九九六年一〇月一一日・一二日に国立民族学博物館で開催された国際研究集会「中華民族多元一体論と中国における民族間関係」における報告「簡述我的民族研究経歴和思考」をもとに、加筆をお願いしたものである。訳出に当たって原文の〃　〃は「　」と、《　》は『　』とした。また、分かり難い表現については、原文を生かした上で、初出時に〔　〕を付して訳者が補足をした。なお、北京大学社会学人類学研究所馬戎教授および関西大学・COE-PD・木村自氏の協力を得たが、訳出に関するすべての責任は訳者にある。

解題──費孝通の「中華民族の多元一体構造」をめぐって(1)

西澤治彦

はじめに

費孝通の「中華民族の多元一体構造」の講演が香港中文大学で行われたのは一九八八年の一一月、その講演が論文集『中華民族多元一体格局』の巻頭論文として公表されたのは翌一九八九年のことであり、今から二〇年ほど前のことである。

この論文は中国においても考古学・民族学・人類学・歴史学・政治学など、各分野から注目を集めることとなり、今日に至るまで、さまざまな波紋を投げかけている。当然、日本においてもこの論文は発表当時から注目され、中国研究者の間で話題になり、雑誌論文などにおいても紹介や言及がなされてきた。この論文は、中国内外を問わず、近年の中国社会科学の分野では最も引用される回数の多い論文の一つといってよい。さらには、社会科学界の分野に留まらず、「中華民族論」の新たなナショナリズムとも連動し、近年では中国における民族政策のバックボーン的な位置を占めるなど、社会的・政治的な影響すら及ぼしているといえる。

中華民族の多元一体構造論とは、簡潔に言うと、第一に、漢族と五五の少数民族は、長い歴史を経て、相互に依存した分割不可能な一体構造をなしており、「中華民族」は五六の民族を包括する民族実体であり、単なる五六の民族の総称ではない。第二に、多元一体構造が形成されるためには、分散的な多元を結合して一体を形成していく必要があるが、凝集の核心としての役割を果たしてきたのが漢族である。第三に、「中華民族」という高次のアイデンティティーは下位の各民族のアイデンティティーや、さらにその下位の重層的なアイデンティティーを排斥するものではなく、異なる各レベルのアイデンティティーは衝突せずに存在することができ、統一体の内部は、多言語的、多文化的な複合体をなしている、というものである。

こうした観点の背景の一つには、中華文明の起源は中原にあってそこから徐々に周辺に拡大していったとする、従来の中原一元論に対して、中原以外の多元的な起源を実証した七〇年代後半以降の考古学の新しい知見がある。しかしこの多元的起源説は、費孝通の多元一体論にとっては土台の一つであって、結論ではない。費孝通はこの論文において考古学の知見を出発点としつつも、民族学や歴史学の多くの研究成果を統合しながら、多元一体構造が形成されていった過程を再構成してみせている。

もっとも、費孝通自身の研究の回顧によると、多元一体構造論の骨子は、一九五〇年代に行われた民族識別工作の作業を通して、その輪郭が形成されていったという。だがその萌芽となると、さらに遡って、一九三五年に訪れた、広西の大瑶山での調査にあったとしている。そこで費孝通は瑶族の内部世界が重層的になっており、瑶族自体が一つの多元一体構造を成していることに気がついたという。それをさらに中華民族にまで拡大したのが、中華民族多元一体構造というわけである。この意味では、費孝通の中華民族多元一体構造論は、費孝通自身の研究の流れと、中国における考古学や歴史学の学問的な動向とが一体となったところに生まれた議論と言えよう。

費孝通が中華民族多元一体構造のモデルを提示した背景には、従来の「民族」の定義が、中国における「民族」の実情に必ずしも合致しない、という現実があった。費孝通は特に旧ソ連における民族の定義を問題にしているが、ひいては欧米における「民族」の定義や概念に対しても疑問を投げかけていると言える。換言すれば、費孝通は、中国という現実から出発し、全く新たな「民族」の概念モデルを提示したともいえる。この意味で、費孝通の議論は狭義の中国文化人類学の範囲を超えて、社会科学一般に対する問題提起ともなっている。本論文に対して各界から反応が寄せられてきたのもそのことを物語っている。

もっとも、費孝通自身が断っているとおり、中華民族多元一体構造のモデルはあくまで大胆な試論であって、決して完成したものではない。中国においても、費孝通の提示したモデルに対してはいくつかの批判が寄せられているが、それは費孝通の望むところであろう。中国から生まれた新たな「民族」モデルが今後、さらに精緻なものに発展していくためには、中国内外から、さまざまな議論が寄せられることが望まれる。

本稿では、中華民族多元一体構造論が生み出された背景を整理した上で、本論文に対して中国内外からよせられた批判点や、今後、展開されるべき問題点などを指摘し、こうした議論に日本から加わりたいと思う。

中国考古学界の動向

費孝通の多元一体構造論は、一九七〇年代後半以降の中国考古学界の新しい展開と、密接に関係している。ここでは、考古学者によるいくつかのレビュー等〔量　一九八二、西江　一九九〇、吉開　一九九七・一九九八〕を通して、流れを概観してみたい。

中国における新石器時代研究は、大別して、第一期の揺籃期（一九二〇年代から四九年）、第二期の発展期（四九年—六〇年代）、第三期の転換期（一九七二年以降）に区分されるが、多元一体構造論と関連するのは、転換期における新石器時代研究の展開である。これを簡単に言えば、中国各地で展開した考古学的な発掘成果と、C14等による科学的な年代測定により、従来の中原一元論を放棄せざるを得なくなっていった、ということである。

この転換を西江清高は、以下のようにまとめている。「一九七〇~八〇年代にかけて、従来『中原』に対する周辺あるいは辺境という消極的な位置づけのなされてきた黄河流域を離れた南北の諸地域において、考古学的な年代の古さにおいても、文化の系統においても、『中原』文化の受容ということでは説明されない、自立性の高い新石器文化の存在が明らかになってきた。しかもそのような自立性の高い考古学的な『地域圏』としてのまとまりは、数千年の新石器時代を通じてほぼ同じ地域に継起するばかりでなく、夏・殷・周三代の初期王朝をへて春秋戦国時代に至るまで影響が残り、後に秦によってひとつの統合がなされる春秋戦国時代の『各国』の文化も、それぞれの地域性という側面から見れば、新石器時代以来の『地域圏』に一定の基礎をおいていたと考えられるに至った」[西江　一九九〇]。

揺るぎない考古学的な資料を前に、研究者らは、中原一元論を放棄しただけではなく、さらに単純な伝播論から、より精緻な相互の影響関係といった、新たな理論的な枠組みの構築を迫られたわけである。この点において、先駆的な役割を果たした考古学者が、蘇秉琦・殷瑋璋[一九八一]であった。蘇秉琦らの提唱した「区系類型」という概念は、中国大陸を六つの空間的まとまりである「区」に分け、それを「系」という時間の観点から整理して、中国の先史時代の歴史像を時空の概念のなかに秩序づけようとする試みであった。

一方、同じ頃、張光直[Chang 1986]もそれまでの中原一元論を放棄し、新たに「相互作用圏」(Interactive Sphere)という概念を提唱した。これは、一定の自立性をもつ複数の考古学的地域圏が、相互に交流し、依存性を高めることで、全体としてひとつの関係圏として成立し、その中で各地域の自立性を継続しながら、全体としてより大きな文化伝統(「中国」)が形成されてきたとするものであった。

八〇年代後半になると、また新たな展開が現れる。吉開将人によると、蘇秉琦の区系類型論はあくまでも長城地帯から黄河上流域、三峡あたりを経て広東におよぶ範囲を対象としており、そこから国境までの空間については言及を避けていた。しかし次世代の厳文明［一九八七］らは、そうした地域まで含めた中国全土の先史文化の体系化について積極的な発言を試みはじめた。そこでは「統一性」と「多様性」がキーワードとなり、国境内の先史考古学が一つの系統だったものとして語られているという。

一九八八年に発表された費孝通の多元一体構造論は、当時のこうした中国考古学界の研究成果を取り入れたものであった。蘇秉琦や厳文明の論文は、費孝通の多元一体構造論では直接引用はされていないが、何らかの影響を与えていることは間違いないであろう。

多元一体構造論の形成

もっとも、一九九六年に書かれた費孝通の研究の回顧［一九九六］を読むと、多元一体構造のモデルの原点は、考古学とは別なところにあったようである。

即ち、費孝通の研究は、彼の言葉によると、民族研究と農村研究（後に城鎮研究に発展）の二つの分野に大別される。彼の出世作である、*Peasant Life in China* や、改革以降の小城鎮研究などから、我々はつい後者の農村研究の面に注目しがちであるが、民族研究も彼の重要な研究テーマであった。その具体的な出発点が、一九五〇年から始まった民族識別工作であった。新中国の成立によって、中央政府は民族間の平等を宣言し、従来の漢族と少数民族との関係に、根本的な変革がもたらされた。費孝通自身も、一九五一年と五二年に西南と中南部を訪ね、貴州と広西の訪問工作の責任者となった。この時に、彼は民族というものが、客観的に存在する人々の共同体であることを実感し、民族の問題に関心を抱くようになる。

一九五三年の全国人口調査では、自己申告された民族名が四〇〇もあった。民族識別とは、これらの「民族」を言語や歴史の検証を通して、一つ一つ整理し、認定していく作業であった。一九五四年には三八の民族が認定され、六五年には一五の民族が、八二年に二つの民族が認定され、目下五五の少数民族が正式に認定されている。実はこの作業は現在も未完である。

この過程で費孝通は、当時流行していた、ソ連流の「民族とは、歴史的に形成された、共同の言語、共同の地域、共同の経済生活、および共同の文化に表現された共同の心理を共有する人々の安定した共同体である」という定義に疑問を覚える。共同の言語といっても、呉語と粤語とでは口語では意思の疎通ができないが、文語では基本的に同じである、というのはどうなるのか。共同の地域といっても、中国のように「大雑居、小聚居」という少数民族の分布状況とは合致しない。共同の経済生活といっても、中国の場合、少数民族は漢族との関係が不可分である、などなど。このように中国の現実は、民族理論の精緻化にとって、格好の舞台となった。

実際、中央民族学院にて、彼はこの問題について講義を行ったが、問題の大きさに、講義を続けることができなかったという。その後、費孝通の民族研究は、五七年の反右派闘争と続く文革によって長らくの中断を余儀なくされる。改革によって一九八〇年代以降、研究生活を再開することのできた費孝通であるが、五〇年代以来のこの「民族」の問題が彼の頭から離れることはなかった。そして当時の民族研究の大きな欠点として、彼は少数民族と漢族とは不可分の関係にありながら、漢族の研究を怠ったことを上げ、両者を含んだ「中華民族」とはどのように形成されてきたのか、という問題に発展していく。

一九八九年、山東の威海で一夏の休暇を得た彼は、残されていた五〇年代の講義ノートを携え、この古くからの問題に取り組んだ。ちょうどその時、香港中文大学からの講演の依頼を受け、そこでこの一文を発表することとなった。

もっとも費孝通自身は、多元一体構造の骨子は、五〇年代の民族識別工作ではなく、さらに遡って、一九三五年に訪れた、広西の大瑶山の調査にあるとしている。そこで彼は瑶族の内部世界が重層的になっており、瑶族自体が一つの多元一体の構造を成していることに気がついたという。それを、後にさらに中華民族まで拡大したというわけである。

費孝通のこの回顧録を、私は知的な興奮を覚えつつも、身を正して読まないわけにはいかなかった。そこには、巨大な社会に身を置く一研究者としての費孝通の、中華民族とは一体何なのか？ という難問に、知的格闘を続ける姿があったからである。

「中華民族多元一体構造」論の波紋とさまざまな批判

「中華民族多元一体構造」が公にされると、中国では大きな反響を巻き起こした。国家民族委員会の指導部もこの論文に注目し、翌九〇年五月には北京において、民族研究の国際学術討論会が開催された。この会議には国内外の民族学・歴史学・考古学などの専門家が集まり、中華民族多元一体構造論に対して、活発な議論がなされたという。この討論会の成果は、一九九一年に『中華民族研究的新探索』として出版された。

その後も、一九九三年に香港中文大学にて開催された、「人類学・社会学在中国的発展」の学術座談会や、引き続いて蘇州で開催された、第四回「現代化與中国文化学術討論会」においても、この問題に対して香港や台湾の学者を含めて活発な議論が交わされたという。学者のなかには費孝通とは異なる見解を持つ人もいたが、費孝通によって重要な理論が提示され、中華民族の総体的な研究という重要な課題が開拓された、という点で意見が一致したという。

一九九〇年の国際学術討論会の模様は、周星〔一九九〇〕や陳連開〔一九九一〕によって簡潔に整理されている。討論では、「中華民族多元一体構造」論に対して、高い評価が下されると同時に、いくつかの批判もなされた。

一つは、「中華民族」という名称についてで、中華民族というのは政治的な概念であって、民族学上の名称としてはふさわしくない、というものである。特に、国境をまたいだ民族の場合、さらに問題が生じる。例えばモンゴル族の場合、中国国内のモンゴル族とモンゴル国国内のモンゴル族とでは、言語や文化、歴史などにおいて共通する部分が多いにもかかわらず、中国国内のモンゴル族が「中華民族」という範疇にはいってしまうことになる。これはウイグル族や朝鮮族など他の民族にも言えることである。

また、中華民族の「中華」という語は、解放後、国家の名称となったが、歴史上は常に漢族や中原を指すものとして用いられ、少数民族は夷・戎・蛮・狄・番などと呼ばれてきたこと、「中華民族」を少数民族の言語に翻訳する際に難しさがあること、「中華民族」と「中国人」の関係の問題などが、指摘されたという。

もう一つの批判点は、多元一体構造論に関する問題で、中華民族は、未だに一つの民族を形成してはおらず、一体と呼ぶのはふさわしくないと言うものである。従って、「中華各民族的多元一体」「中国各民族的多元一体」などと呼んだ方がよりふさわしい、というものであった。

一方、日本においても、本論文は中国研究者の間で大いに注目され、曽士才〔一九九一〕など民族学の分野で紹介されたが、これにいち早く正面から反応したのは、政治学者らであった。なかでも毛里和子は一九九五年の論文において、費孝通の中華民族多元一体構造論を中心的な題材として、近現代中国における国民国家形成の過程やその問題点を論じている。即ち、費孝通の論文を、民国期からの中華民族論の系譜の中に位置づけ、新たな中華民族論の出現を、改革開放以降の中国に出現したアイデンティティ・クライシスを反映したものととらえている。毛里は費孝通の中華民族多元一体構造論の新しさを評価しつつも、全体としては批判的にとらえている。そして費孝通の議論を間接的に批判する意味を持つ、中国における新しい国民国家論の議論を紹介し、今後の展望を述べている。毛里のこの議論は、続く一連の研究〔一九九八・二〇〇〇〕でも、扱い方は異なるものの、繰り返されている。

また、愛知大学現代中国学会編の『中国21』（vol.3）でも、一九九八年に「中国の民族問題」の特集が組まれ、政治学者や歴史学者、民族学者らを交えた座談会〔加々美光行・高明潔ほか　一九九八〕では、費孝通の中華民族多元一体構造論が問題とされているし、馬戎への中華民族多元一体構造論をめぐるインタビューも掲載されている。

政治学界に比べ、民族学界においては、費孝通の中華民族多元一体構造論に対して、正面から反応した論文は管見の限り、未だに出されていないようである。これにはさまざまな理由が考えられる。最大の理由は、費孝通の議論のスケールがあまりに大きく、且つ根元的な問題提起を行っているため、これをきちんと消化するだけでも大変な作業であり、まして批判となると、考古学から歴史学、言語学、少数民族などさまざまな分野にわたって相当の知識がないと、簡単にはできないことだからである。

このほか、多元一体構造論に見え隠れする政治性を感じ取り、費孝通の議論に加わることにより、政治の問題に巻き込まれるのをできれば避けたい、とする意向もあろう。あるいはより心情的に、費孝通のこれまで歩んできた学問の道を知るにつけ、中華民族多元一体構造論が、彼の生涯をかけた研究であり、祖国中国に対する老学者の「遺言」のような重みがあるため、正面からは批判しづらいという感覚があるからかも知れない。

このように慎重な姿勢をとっている民族学界ではあるが、反応が全くないわけではない。組織的なものでは、一九九六年に国立民族学博物館において、「中華民族多元一体論と中国における民族間関係」と題された国際シンポジウムが開催されている。この討論会には費孝通自身は「体調不良」ということで欠席したが、「簡述我的民族研究経歴與思考」と題する一文を寄せている。シンポジウムの論文集は予算の関係で出版されなかったが、参加者の論文は、後に周達生・塚田誠之編［一九九八］に原文のまま収録された。このうち、費孝通の論文は、塚田誠之によって邦訳［一九九七］されている。この中国語版は、一九九九年に出版された本書の修訂本にも、「代序」として再録されている。

その後のシンポジウムとしては、二〇〇四年の三月に東北大学の東北アジア研究センターで主宰された、『中国研究』の可能性と課題」がある。この中の「民族から中国を考える」というセッションにて、費孝通の「中華民族多元一体構造」を主題として議論がなされた。

また、近年の中国の民族問題に関する論文には、必ずといって良いほど、多元一体構造論への言及がなされている。年代順に紹介すれば、村田雄二郎［一九九四］、塚田誠之［一九九八］、古厩忠夫［二〇〇〇］、茂木敏夫［二〇〇〇］、塚田誠之・瀬川昌久・横山廣子［二〇〇一］、周星［二〇〇一］などがある。一方、歴史学の分野においても、鶴間和之［二〇〇五］の如く、とりわけ古代史の専門家らによって、多元一体構造論を踏まえた議論がなされるようになってきている。

「中華民族多元一体構造」論に対する評価

中華民族多元一体構造論に対する上述の批判は、別の角度からみれば、以下のように言い換えることができよう。多元一体構造論の範囲は、先史時代から説き起こしている点は帰納的であるが、最後まで読むと現代の国境の範囲が前提としてあり、最終的には演繹的な議論に転換している形になっている。もっとも、人類学という学問は、歴史学のように過去から現在を説くというよりは、どちらかというと調査時の「現在」を出発点とする学問であり、こうしたアプローチそのものは極めて人類学的ではある。多元一体構造論は、こうした人類学的アプローチと歴史学とが融合したかたちになっている。それ故、これを後者の論文として読んだ場合でも、記述される歴史は「現在」に近づくほど加速度的に政治性を帯びるという、歴史学のもつ宿命から逃れることはできない。多元一体構造論が本質的に持つ政治性はこうした理由による。

その多元一体構造論の内側をみてみると、論文が民族間の平等な関係を貫くべく、細心の注意を払いながら記述されているものの、やはり漢族の立場から書かれているというのは否めない。最高位のアイデンティティーとして中華民族があり、その下位の五六の民族は対等な関係であるとしているが、やはり「凝集」の中心的役割を担ったとされる漢族は別格である。中華民族多元一体構造論に対する反応は、少数民族によって異なることが予想される。こうした議論を、例えば、独立志向を持つとも言われているチベット族やウイグル族がどうとらえるのか、興味のあるところである。

もっともこうした批判も、中国が抱えているような意味での民族問題を抱えていない、日本人だからできることかもしれない。「民族団結」がなによりも社会の安定に不可欠な現実にあっては、研究者といえども、政治的な立場から全く自由というわけにはいかない。しかもこの論文が発表されたのは、改革開放のひずみから中国社会が騒然とし、ついには天安門事件に至る、その前年であったことも思い起こされるべきであろう。

これらの問題点があるにもかかわらず、その一方で、中華民族多元一体構造論が、中国における民族間関係の歴史に対して一つのマクロ・モデルを提示し、民族とは何かといった問題に対しても、新たな視点や示唆を提供していることも、また事実である。

その一つは、考古学の背景のところでも触れたように、一元論と多元論の問題である。中華文明の独自性を主張するためには、西アジア起源の文明一元論ではなく、対外的には多元論を主張しなければならなかった。しかし中国文明の内部においては、中原一元論を主張するという矛盾を抱えていた。しかしながら考古学の進展は、長年来の中原一元論、ひいては漢族中心の歴史観を潔く捨て去った。このこと自体、画期的なことである。

中華民族多元一体構造論のモデルでは、「中華民族」の用法については議論の余地があるものの、漢族ではなく、中華民族を最上位の概念として設定することにより、漢族を五五の少数民族と同じレベルにまで「引き下げて」いる。従来の、漢族を上位におき、その下位に五五の少数民族をおいていたことから比べれば、これは大きな意識改革である。

費孝通は、漢化の問題についても斬新な問題を提起している。即ち、従来の民族史は、異民族が漢化されることは論じても、その逆の、漢民族が異民族に同化吸収されていったことについてはほとんど論じてこなかった、という指摘である。これは従来の漢族中心史観では決して出てこないものであった。

それまでの中国では、漢族は自明の理として存在し、民族学の研究対象とすることは、「漢族を少数民族と同等に扱う」ことになり、どこか憚られるところがあった。ところが、漢族も一つの民族に過ぎないという新しい視点は、漢族研究を「解禁」した結果となり、九〇年代以降、多くの民族学者や歴史学者らが、漢族研究に取り組むようになり、いまや中国では、かつてない漢族研究ブームが巻き起こっている。

異民族が最終的に漢化されていくメカニズム、さらにはこれだけ多様な世界を一つに統合し続けてきたメカニズムとして、漢字や、漢字で書かれた古典に代表される洗練された文化、および発達した官僚制度などが、これまで指摘されてきた。しかし費孝通は、文化的な要素よりも、むしろ高度な農業技術をあげている。これも卓見であろう。日本人としても、日本に来た渡来人が高度な稲作の技術をもっていたことが、近年の日本の考古学で明らかにされていることが思い起こされる。

もちろん、論文においても文化、および文化統合の問題への言及はあるが、多元一体構造論が必ずしも中国の文化の問題にそのまま当てはまるかどうかは、今後のさらなる検証が必要であろう。両者は安易に混同されるべきではないし、この文化の要素を加味することにより、多元一体構造論はより精緻な理論体系となるものと考えられる。

　これと関連して、費孝通が論じているのは、あくまで民族史の問題であるということも喚起されるべきであろう。従って、費孝通のいう「凝集力」はあくまで民族間関係でのことであり、国家統合のレベルの議論ではない。

　多元一体構造論は、中国という広大で、且つ歴史の深い土地でこそ生み出された、新しい民族関係や民族統合の理論である。また学問と政治との不可分の関係など、ある意味では、論文そのものが極めて「中国的」ともいえる。いずれにせよ、実際、費孝通自身も論文のなかで書いているように、この理論は大胆な試論であり、決して完成された理論ではない。そのことは、この論文を出発点として、今後もこの問題が議論され、新しい展開があり得ることを意味している。それ故、この論文の政治的な側面が強調されてしまうことは、たとえ完全に政治と切り離すことは不可能だとしても、この理論のさらなる発展のためにも望ましいことではない。

今後、展開されるべき問題点

　まず、費孝通自身があげている、今後展開されるべき課題について整理したい。費孝通は論文執筆後の一九九六年に書いた研究の回顧（本書付論の「エスニシティの探究」）の中で、以下のように述べている。「私の講演での論文を読み返してみると、理論上さらに論証する価値があると考えられるのは、民族的アイデンティティの意識こそが民族という人々の共同体の主要な特徴となっていること、さらに〔その意識が〕民族的アイデンティティの多層性〔をも生み出している〕という点である」。

　これと関連して、費孝通は、初めて人類学を学んだときに啓発を受けた、シロコゴロフのエトノス（ethnos）という概念について再考している。即ち、「エトノスはシロコゴロフ先生の考えにおいては、ethnic unit を形成する過程である。ethnic unit は人々が集団を組織し作り出す単位であり、その成員は似通った文化を持ち、同一の言語を話し、同一の祖先から生まれてきているのだと信じ、心理的には一つの集団に属しているという意識を持ち、しかも内婚を行っている。この定義からすると ethnic unit は私たちの言うところの『民族』に相当すると言うこともできるであろう。しかし、エトノスとは民族を形成する過程であり、一つ一つの民族はこの歴史的過程がある特定の時空間において姿を現わした一種の人々の共同体にすぎない。……シロコゴロフ先生のエトノス論と関係づけて私のこの『多元一体論』を見ると、私という学生が先生の理論をいまだに学び終えていないことが分かるのである。私はただ中国の境内の諸民族が歴史において分合するところに着目しただけであり、通時的な変化の輪郭を大まかに描いた、簡単な、その意図を示すだけの見取り図にすぎない。決してシロコゴロフ先生がエトノス理論の中で指摘したような、分合する歴史的過程においてそれぞれの民族単位がいかに分かれいかに合し、そしてなぜに分かれなぜに合したのかという道理にまで深く立ち入って検討したわけではない。……このことは先生がエトノス論の中で提起している、民族単位において常に作用し続けてきた凝集力と遠心力の概念について、私がしっかりと把握していなかったことによるものであると悟るのである。さらに民族単位の間で互いに衝突し合う場面において発生し、引き起こされる民族単位そのものの変化にも注意を払ってはいなかった。こうした変化は事実上、民族の盛衰存亡と分裂融合の歴史を表現しているのである」（塚田誠之訳）。

これを言い換えるならば、中国における民族の歴史的な過程において、それぞれの民族単位が分裂や融合を行ってきたのはなぜなのか、またそれはどのように行われてきたのか、という問題をさらに突き詰める必要があるが、その核となっているのが民族的アイデンティティーの意識であり、それが歴史の中で民族単位の凝集力と遠心力となって作用し、ひいては民族単位の変化をもたらしてきた、となろう。

費孝通自身の課題は、静的にみえる「民族単位」の研究から一歩踏み込んで、それらが分離融合を繰り返してきた動的なダイナミズムとそのメカニズムを解明しようとするものであり、極めて根元的な課題である。それはまた、長い歴史の中で多くの民族の分離と融合を繰り返してきた、中国という場においてこそ、生まれ得る問題意識でもある。

費孝通自身が掲げる根元的な課題に比べたら、二次的な課題かも知れないが、以下、私なりに考えた今後の課題について述べてみたい。第一点は、シロコゴロフのエトノス理論と個別民族との関係はいいとして、ではエトノス理論と費孝通がいうところの「中華民族」との関係はどうなのかという問題である。分裂融合を繰り返してきた各民族を、さらに束ねる上位の概念としての「中華民族」も、個別民族同様にとらえていいのか、それともこれは特別な存在として扱うのか、という問題である。これはより高位な「人種」の概念との関係や、ひいては構造上「世界民族」なるものがさらにその上位に存在するのか、などといった問題に発展しうる理論的な問題でもある。身近な問題としては、華僑研究への展開があげられる。即ち、「中華民族」が海外に出て行ったとき、異民族との接触のなかで自覚する「自民族」の意識との関係である。欧米でも近年、「Chineseness」をめぐっての議論が起こっているが、こうした海外の「中華民族」あるいは「中国人」と「多元一体構造」との関係をさぐっていくのも、新しい視点が得られよう。

第二点は、民族のレベルと文化のレベルとを明確に区別することにより、さらに精緻な議論を組み立てていくことができると思う。費孝通が主に論じているのは、民族のレベルでの分裂や融合であって、必ずしも文化のレベルでの分裂や融合の問題があわせて論じられているわけではない。文化のレベルにおいて鍵となるのは、第一に言語である。次いで、衣食住といった日々の習慣、そして婚姻や葬儀などの人生儀礼である。葬儀などは当然、宗教とも関連するが、これは言い換えれば、世界観や宇宙観などの差違ともいえる。これらはいずれも「民族的なアイデンティティー意識」を形成していく上で欠かせない要素である。こうした諸要素が、民族レベルでの分裂や融合においてどのように関与していたのかという問題は、文化人類学の観点からも非常に興味深いものである。

言語でいえば、それは漢語と漢語内の下位方言集団との関係、さらに漢語と少数民族の諸言語との関係であり、従来からこれは「漢化」の問題を考える上でも重要視されてきた。儀礼の問題とは、ワトソンが指摘したように、葬儀に際し、如何に伝統にのっとって儀礼を執り行うかが、漢族を漢族たらしめている一つの指標となってきた。これは葬儀以外の婚姻儀礼や、宴会儀礼などについても言えることである。また深層の意識レベルでの世界観でいえば、風水の観念をあげることができよう。これらの、言語や儀礼、世界観などが、民族の分裂や融合に際してどのように関わってきたのか、あるいは関わってこなかったのか、興味は尽きない。

ここで中国ならではの具体例を挙げるならば、回族の存在がある。回族はもはや民族固有の言語を持たず、日常の言語生活は完全に漢語に依拠している。もっとも、コーランの書かれたアラビア語は、宗教的指導者にとって必須のものであり、アラビア語による日常の挨拶など、各地の回族のアイデンティティーを束ねていく上で、特異な役割を果たしていることもまた事実である。日常生活で漢族と大きく異なる点はやはり食生活であろう。葬儀も厳格にイスラムの教えに従って執り行われる。現実には「焼香」や「帯孝」など、漢族的な要素も入り込んではいるが、基本的には漢族の葬儀と極めて異質なものである。当然、風水信仰も持たず、イスラムへの信仰こそが、漢族とは異なる民族としての自覚と意識をもたらしてる。従って表面上は、漢語を話すなど「漢化」しているともいえるが、深層部分では、民族のアイデンティティーを保持している。このように回族は、壮族や満族などと並んで、費孝通が議論しているように漢族と表裏一体となっている民族であることは確かであるが、その一方で深層の意識レベルでは異なる世界観を持っているし、回族の内部世界も実は多元的であり、「漢化」の度合いやアイデンティティー意識の強弱も、地域や個人によって大きな差違が存在する。

民族、文化のレベルのほかに、経済のレベルも存在する。費孝通が指摘している、漢化において大きな影響力を及ぼした漢族の稲作技術がそれである。あるいはより大きなスケールでは、牧区と農区という生態系の差違の指摘がそれである。経済の側面もまだ精緻化する余地は残っていよう。さらにこれに政治のレベルも加えることができよう。

政治のレベルは、そのまま、第三点の点、即ち、民族の「凝集力」と国家レベルの「統合」の問題に到る。費孝通が主に論じている統合は民族のレベルであって、歴代の王朝や国家組織のレベルではない。この二つのレベルも分けて考える必要がある。歴史的に見て、両者がかみ合ったこともあったが、かみ合わぬ場合もあった。異民族王朝がそれである。文化的、あるいは経済的、人口的に「支配的」な立場にありながらも、国家統合のレベルでは異民族に統治されたという歴史をどう解釈すればいいのか。この点もまた中国ならではの事例といえよう。この問題は、「国民国家」形成へ向けて始動した近代に到っても連続している問題である。即ち、中国特異の歴史的諸条件があるならば、それに由来する「中国独自の国民国家」建設があっても不思議ではないからである。

第四、第五の点は、中国人類学の古典的な研究モデルと関連する問題である。即ち、一つは、フリードマンの宗族モデルとの関連である。フリードマンの宗族モデルにおいては、宗族内部の組織や、宗族と地域社会や国家との関連が主題となっているが、その背景には、漢族の南方フロンティアへの移住が前提としてある。しかしながらフリードマンは漢族にしか注目しておらず、少数民族と漢族との関係にはあまり言及していない。ところで、漢化、あるいは漢族の少数民族化の問題は、具体的にいうと、異民族間の通婚関係によって生じる。この通婚関係において、父系親族組織がどのように関与したのかが問題となってくる。例えば、特定の宗族間で定期的な通婚関係が維持されたのか、あるいは異民族の養子の問題など、究明されるべき問題は多い。

もう一つは、スキナーのマクロ・リージョンのモデルとの関連である。即ち、多元一体構造と、スキナーが「マクロ・リージョン」という形で提示した、中国の伝統的な地域区分との関係である。スキナーは、王朝時代までの中国社会ではそれぞれのマクロ・リージョン内で経済的にほぼ完結した世界を形成していたと唱えているが、多元一体構造論は、マクロ・リージョンを越える、民族の移動と融合が起こっていたことを明らかにしている。スキナーのマクロ・リージョンのモデルは、市場圏組織や経済都市と行政都市の発展という側面から形成されたもので、民族間関係や大規模な移住と通婚、文化交流といった側面はほとんど含まれていない。経済のマクロ・リージョンに加えて、いわば「民族のマクロ・リージョン」というモデルが可能なのではないか。ついでにスキナーの議論に関して言えば、民族統合の問題と王朝サイクルとの関係も指摘できよう。即ち、中国の統一に向かう動きには、王朝の興亡の如く、サイクルが存在したというスキナーの指摘を、どう多元一体構造論と結びつけるかである。さらに、一つの地域内でも、中心部と周辺とでは大きな差違が存在したという指摘も重要である。つまり、民族の融合に際して、立地の差がどのような影響を与えたのかも問われるべきであろう。

第六の点は、フリードマンやスキナーのモデルとも関連するが、鍵としての「移住」の問題である。民族の分裂や融合というのは、民族の移動、移住と密接に結びついている。もちろん、隣接する民族が移動することなく、長い時間をかけて融合するという場合もあったであろうが、移住によって積極的に引き起こされた分裂や融合の方がはるかに多かったと思われる。歴史的に見て中国は非常に流動性の高い社会であり、繰り返されてきた大規模な移住こそが、多元一体構造を生み出した重要な要因といえる。無論、歴史学や人類学でも、近年、移住の歴史は大きな関心を集め、さまざまな研究がなされているが、それらは必ずしも多元一体構造のモデルを念頭に置いた上での研究ではなかった。今後の個別の移住研究は、多元一体構造という、高次のモデルを念頭においた上でなされるべきであろう。

第七の点は、宗教との関連である。即ち、多元一体構造の形成に宗教はどのように関与してきたのか、という問題である。ここで再度、思い浮かぶのが、宗教民族としての回族の存在である。移住によって形成された回族は、同時にイスラムに対する信仰を抜きにしては存在し得ない民族集団である。中国でも民族と宗教の問題は注目されているようで、張声作主編『宗教與民族』という本が一九九七年に出版された。内容は、民族同様、中国の宗教も、道教、儒教、仏教と多元一体構造をなしている、というものである。もっともこれだと、イスラムとキリスト教とをうまく組み込むことができないし、こうした議論は従来からある宗教的シンクレティズムを置き換えただけではないか、という気がしないでもない。宗教に関しては、グランド・セオリーを求めていく姿勢も必要であるが、個別の民族を研究する際に、宗教の問題を意識的に組み入れ、詳細な事例を積み上げていくという作業も必要であろう。

最後の点は、費孝通自身も述べていることではあるが、民族間のより具体的な事例の研究を多方面から推し進めていくことである。大まかなスケッチは費孝通によって提示された。あとは、個別の民族の分裂や融合の歴史を、文化の諸側面、経済活動、政治統合、親族組織、地域性、移住、宗教などの要素を十分に考慮にいれながら、推し進めていくという地道な作業が残されている。費孝通が挙げている重要な民族としては、古代の匈奴や羌族、モンゴル族、回族などがあるが、他にも、華南でいえば壮族と漢族との関係、東北地方でいえば満族と漢族の関係なども大きな問題である。東北地方の場合には、これに新たに移住した朝鮮族の問題も加わる。もっとも費孝通が重要な民族として挙げているのは、人口規模や歴史的な影響力の大きさに基づく、研究の優先順位の意味合いがあり、さらに研究が進展すれば、他の少数民族の研究もなされるべきであることは言うまでもない。

結びにかえて

中華民族多元一体構造の論文が発表されて、早くも二〇年が経とうとしている。その間、中国国内においても新しい展開が起こっているようである。中華民族多元一体構造の論文は、議論している問題も多岐にわたり、それだけに示唆も多い。また理論的なモデルを提示していはいるが、それはあくまで大まかなスケッチであり、検証が待たれる精緻なモデルとまではいっていない。そのため、この論文は、「玉虫色」の原典のようでもあり、読者がどの側面を強調するかによって、さまざまな「読み」が生まれ得る。実際、あたかもコーランに対するハディースの如く、さまざまな解釈がなされているようである。

それは少数民族が居住する、各地の民族地区の現場においても同様である。費孝通の意図は多元を認めつつも、あくまで「一体」の方に重点が置かれていると思うが、現実は費孝通の意図とは別の読みがなされている。即ち、少数民族にとっては、「多元」のお墨付きを中央から得たかの如く、各地で民族アイデンティティーの再構築が活性化しているようである。歴史的に見て「漢化」か、それへの「抵抗」という選択肢しかもち得なかった彼らにとって、現状のままでいいという「多元」の全面的肯定は、心強い支えとなったようである。

こうした現実の展開を目のあたりにすると、費孝通の中華民族多元一体構造の論文は、資料から機能的に導かれた「結論」という構成にはなっているが、費孝通が今後の中国が向かうべき「理想」として描いた、理念モデルとしての意味合いも持ち合わせているようにも思われる。この論文をとりまくこれらの情況は、改めて中国における民族問題の複雑さを、我々に提示しないわけにはいかない。それだけに、民族や民族問題を考える上で、中国が持つ長い経験は、人類にとっても大きな遺産となるはずである。

中国においては、費孝通の中華民族多元一体構造は、必ずしも若い研究者世代によって継承されているわけではないようである。中国世界に住む人間にとっては、自明の理であって、とりたて研究の意義を感じられないのかも知れない。しかし、中国世界の外からこの議論を見ると、やはり多くの可能性を秘めたモデルであると言わざるを得ない。

従って、先述した課題の多くは、中国においても未だ十分に展開されているわけではない。しかもこれを行うには多くの研究者の参加が必要となってくる。それはなにも中国の研究者に限定される必要はないであろう。(2) なぜなら、このモデルは中国を離れ、広く人類全体にとっても意味のあるものであるからである。

こうした作業は、決して「結論がわかっている問題」あるいは「グランド・セオリーの細部を埋めるだけ」の意義しか持ち合わせていない、というわけではない。なぜなら、こうした個別研究の蓄積は、今後、グランド・セオリーそのものに修正をせまることすらあり得るからである。そして何よりも、我々はそうした作業を通して、今まで以上に、中国における「民族とは何か」という問題に、より踏み込んだ理解ができるようになるであろう。

注

（1）本稿は、筆者の二〇〇二「文献解題——費孝通著『中華民族多元一体構造』」、及び二〇〇五「費孝通の『中華民族多元一体構造』論をめぐって」の両論文をもとに、加筆を行ったものである。

（2）費孝通の多元一体論の議論を直接、間接的に踏まえた研究は、日本でもすでにいくつか刊行されている。少数民族や少数民族と漢族との関係を論じた研究としては、松岡正子『チャン族と四川チベット族』（二〇〇〇）、佐々木衛・方鎮珠共編『中国朝鮮族の移住・家族・エスニシティ』（二〇〇一）などが、漢族の移住の視点から民族間関係を見直そうとする研究としては、瀬川昌久『客家——華南漢族のエスニシティーとその境界』（一九九三）、『族譜——華南漢族の宗族・風水・移住』（一九九六）などが、また論文集としては塚田誠之・瀬川昌久・横山広子編『流動する民族』（二〇〇一）、塚田誠之編『民族の移動と文化の動態』（二〇〇三）などがある。また近年では、劉正愛『民族生成の歴史人類学——満洲・旗人・満族』（二〇〇六）が、費孝通の議論にそった個別民族の実証的な研究として注目される。なお、本書に対しては拙者による書評がある［西澤治彦二〇〇七］。

文献リスト

費孝通
一九八八「中華民族多元一体格局」香港中文大学における講演、一九八九『北京大学学報（哲学社会科学版）』第四期・一九八九『中華民族多元一体格局』中央民族学院出版社、収録。
一九九六「簡述我的民族研究経歴與思考」国立民族学博物館における発表、中国語版は一九九八『国立民族学博物館調査報告 8』に収録。邦訳は「エスニシティの探求――中国の民族に関する私の研究と見解」（塚田誠之訳）と題して、『国立民族学博物館研究報告』二二巻二号（一九九七）に再録。中国語版は、『中華民族多元一体格局（修訂本）』中央民族大学出版社（一九九九）に、「代序：民族研究――簡述我的民族研究経歴與思考」と題して再録。
一九九〇「中華民族研究的新探索」民族研究国際学術討論会における発表、一九九一『中華民族研究新探索』中国社会科学出版社に収録。その後、一九九九「『中華民族多元一体格局（修訂本）』中央民族大学出版社に再録。

厳文明
一九八七「中国史前文化的統一性與多様性」『文物』一九八七年第三期。

陳連開
一九九一「様理解中華民族及其多元一体（討論総述）」費孝通主編『中華民族研究新探索』中国社会科学出版社。
一九九九「修訂本跋」『中華民族多元一体格局（修訂本）』中央民族大学出版社。

張声作主編
一九九七『宗教與民族』中国社会科学出版社。

蘇秉琦・殷瑋璋
一九八一「関於考古学文化的区系類型問題」『文物』一九八一年第五期。

周　星
一九九〇「一九九〇年国際民族研究学術討論会総述」『光明日報』一九九〇年六月二〇日（『複印報刊資料・中国少数民族』

一九九〇・七、中国人民大学書報資料中心に再録)。
馬　戎
一九九〇「関於『中華民族多元一体格局』的学術評論」『北京大学学報（哲学社会科学版）』一九九〇年第四期。
二〇〇一「漢族とその経済生活」、佐々木伸彰編『現代中国の民族と経済』世界思想社。
一九九八「インタビュー『中華民族多元一体』論をめぐって」愛知大学現代中国学会編『中国21』3。
加々美光行・高明潔ほか
一九九八「巻頭座談　中国民族問題の現在」愛知大学現代中国学会編『中国21』3。
佐々木衛・方鎮珠共編
二〇〇一『中国朝鮮族の移住・家族・エスニシティ』東方書店。
周達生・塚田誠之編
一九九八『国立民族学博物館調査報告　8　中国における諸民族の文化変容と民族間関係の動態』国立民族学博物館。
瀬川昌久
一九九三『客家——華南漢族のエスニシティーとその境界』風響社。
一九九六『族譜——華南漢族の宗族・風水・移住』風響社。
瀬川昌久編
二〇〇五『東北アジア研究センターシンポジウム「中国研究」の可能性と課題』東北大学東北アジア研究センター。
曽士才
一九九一「多民族国家における民族学——中国民族学のゆくへ」『社会人類学年報』17、東京都立大学社会人類学会。
塚田誠之
一九九七「エスニシティの探求——中国の民族に関する私の研究と見解」（費孝通著一九九六「簡述我的民族研究経歴與思考」の邦訳）『国立民族学博物館研究報告』二二巻二号。
一九九八「民族集団はどのように作られるのか」可児弘明・国分良成・鈴木正崇・関根政美共編『民族で読む中国』朝日新聞社（朝日選書）。
塚田誠之・瀬川昌久・横山廣子
二〇〇三『民族の移動と文化の動態』風響社。

二〇〇一「総合序文」塚田誠之・瀬川昌久・横山廣子共編『流動する民族――中国南部の移住とエスニシティー』平凡社。
塚田誠之・瀬川昌久・横山広子編
二〇〇一『流動する民族』平凡社。
鶴間和之
二〇〇五「中国文明論」尾形勇・鶴間和之・上田信・葛剣雄・王勇・礪波護共著『中国の歴史 12 日本にとって中国とは何か』講談社。
西江清高
一九九〇「『中国』的文化要域の原型と『地域』文化」『文化人類学』八号、アカデミア出版会。
西澤治彦
二〇〇二「文献解題――費孝通著『中華民族多元一体構造』」『武蔵大学総合研究所紀要』一一号。
二〇〇五「費孝通の『中華民族多元一体構造』論をめぐって」瀬川昌久編『東北アジア研究センターシンポジウム「中国研究」の可能性と課題』東北大学東北アジア研究センター。
二〇〇七「書評：劉正愛著『民族生成の歴史人類学――満州・旗人・満族』」『文化人類学』第七二巻一号。
量 博満
一九八二「新石器時代研究の展開」唐代史研究会編『中国歴史学界の新動向』刀水書房。
古厩忠夫
二〇〇〇「二〇世紀中国における人民・国民・公民」西村成雄編『現代中国の構造変動 三 ナショナリズム――歴史からの接近』東京大学出版会。
細谷良夫
二〇〇三「満州族政権としての清朝」『東北アジアにおける民族と政治』東北大学東北アジア研究センター。
松岡正子
二〇〇〇『チャン族と四川チベット族』ゆまに書房。
茂木敏夫
二〇〇〇「中華世界の構造変動と改革論――近代からの視点」毛里和子編『現代中国の構造変動 七 中華世界――アイデンティティの再編』東京大学出版会。
村田雄二郎

一九九四「中華ナショナリズムと『最後の帝国』」蓮實重彦・山内昌之共編『いま、なぜ民族か』東京大学出版社（UP選書）。
毛里和子
一九九五「中国のアイデンティティー・クライシス」毛里和子編『市場経済の中の中国（現代中国論三）』日本国際問題研究所。
一九九八『周縁からの中国——民族問題と国家』東京大学出版会。
二〇〇〇「中華世界のアイデンティティの変容と再鋳造」毛里和子編『現代中国の構造変動　七　中華世界——アイデンティティの再編』東京大学出版会。
吉開将人
一九九七「中国学最前線——近現代考古学」『しにか』一九九七年一一月号。
一九九八「考古・文物」『中国年鑑一九九八』中国研究所編、新評論。
妹尾達彦
一九九九「中華の分裂と再生」『岩波講座　世界歴史九　中華の分裂と再生』岩波書店。
劉正愛
二〇〇六『民族生成の歴史人類学——満洲・旗人・満族』風響社。
渡邊英幸
二〇〇五「伝統的〈中華〉の多様性と『中華民族多元一体』論——中華民族古代　史研究の視点から」瀬川昌久編『東北アジア研究センターシンポジウム「中国研究」の可能性と課題』東北大学東北アジア研究センター。

Chang, K.C.
1986 *The Archaeology of Ancient China* (Fourth Edition), New Haven: Yale University Press.
Freedman, Maurice
1958 *Lineage Organization in Southeastern China* London : The Athlone Press（末成道男・西澤治彦・小熊誠訳 一九九一『東南中国の宗族組織』弘文堂）。
1966 *Chinese Lineage and Society : Fukien and Kwangtung* London : The Athlone Press（田村克己・瀬川昌久訳 一九八七『中国の宗族と社会』弘文堂）。
Skinner, G. William

1964 “Marketting and Social Structure in Rural China" Part1,2,3 *Journal of Asian Studies* 24-1,2,3（今井、中村、原田訳 一九七一『中国農村の市場・社会構 造』法律文化社）
1971 “Chinese Peasants and the Closed Community: An Open and Shut Case” *Comparative Studies in Sosiety and history* 13-3
1976 “Mobility Strategies in Late Imperial China: A Regional System Analysis" in Carol Smith ed. *Regional Analysis, vol.1 Economic System* Academic Press 1976
1977a “Regional Urbanization in Nineteenth-Century China” in Skinner ed. *The City in Late Imperial China* Stanford U.P.
1977b “Cities and the Hierachy of Local Systems” in Skinner ed. *The City in Late Imperial China* Stanford U.P.

あとがき

費孝通の「中華民族の多元一体構造」は、解題でも触れたとおり、当初は民族学以外の分野からの反応が目立ち、民族学の分野からの正面きった反応は控えめであった。推測されるその理由も解題に記した通りであるが、民族学の立場からの組織的な反応としては、国立民族学博物館の主宰による、「中華民族多元一体論と中国における民族間関係」と題する国際シンポジウムの開催が最初であろう。一九九六年のことである。この時に費孝通が寄せた一文が、「簡述我的民族研究経歴與思考」である。シンポジウムの論文集は予算の関係で出版されなかったが、参加者の論文は、後に周達生・塚田誠之編［一九九八］に原文のまま収録された。このうち、費孝通の寄せた論文は、塚田誠之によって一九九七年に「エスニシティの探究」と題して邦訳された。その後、費孝通の「中華民族の多元一体構造」は、西澤治彦によって邦訳が試みられた。

しかしながら、この二本の論文の邦訳が掲載されたのは学術雑誌であり、広く一般の目に触れる機会も少なかった。さらに、本書全体の邦訳も望まれていたが、誰かが邦訳作業を進めているという情報も入ってこなかった。そこで、西澤が塚田に声をかけ、本書全体の邦訳作業を行う計画が練られた。そして邦訳作業を迅速かつ正確に行うため、それぞれの分野の専門家に邦訳をお願いすることになり、民族学の曽士才、歴史学の菊池秀明、考古学の吉開将人らに声をかけ、快諾をいただいた。そして東京にて第一回の編集会議を開き、邦訳作業に関する諸問題について話し合った。二〇〇二年の二月のことであった。

その後、中山大学の麻国慶氏（当時は東京都立大学の客員研究員として来日中）のお力添えを得て、費孝通先生に邦訳出版の了解を取り付けることができ、版元との契約も無事終了し、各自、邦訳作業に邁進した。そして計画通り、二〇〇三年の夏から秋にかけて初稿が集まりだし、その後、閲覧を経て、訳稿の手直しを繰り返した。当初の予定では、二〇〇五年度内の出版を目指していたが、諸般の事情により、二〇〇八年度になってやっと出版にこぎつけることができた。

翻訳出版の了解を得た段階で、費孝通先生に、本書の日本語版への序文をお願いしたところ、先生が病床にふされているとの知らせを受けた。我々としては先生が一日も早く回復され、本書の序文を書いて頂けることを願いつつ、作業を進めていた。しかしながら、本書の出版を目にすることなく、先生は二〇〇五年四月二四日、北京にて永眠された。享年九五歳であった。先生の生前に本書を出版することができなかったことが、悔やまれてならない。従って、本書は今はなき費孝通先生に捧げるものである。

なお、訳文に関しては、共訳者らの他、周星（愛知大学）および麻国慶（中山大学）の両氏にも、全文に目を通して頂き、貴重なコメントをいただいた。お二人とも費孝通先生の指導を受けた学生であり、我々としてもお二人のご協力を得られたことは、心強い援軍を得た思いであった。改めてここでお礼申し上げたい。

また、本書の学問的な価値を早くから認識し、邦訳の出版を快諾してくださった風響社の石井雅氏にも感謝申し上げたい。

二〇〇八年四月一八日

訳者一同

初出一覧

費孝通「中華民族の多元一体構造」
一九八八年一一月に「中華民族多元一体格局」と題して、香港中文大学にてなされた講演で、一九八九年『北京大学学報（哲学社会科学版）』第四期に収録された。邦訳は、西澤治彦による「中華民族の多元一体構造」『武蔵大学総合研究所紀要』一一号（二〇〇二）がある。

谷　苞「中華民族の共同性を論じる」
一九八五「論中華民族的共同性」『新疆社会科学』一九八五年第三期。

谷　苞「中華民族の共同性を再び論じる」
一九八六「再論中華民族的共同性」『新疆社会科学』一九八六年第一期。

陳連開「中国・華夷・蕃漢・中華・中華民族――一つの内在的関係が発展して認識される過程」
一九八八年一二月執筆『中華民族多元一体格局』（一九八九）のために書き下ろしたものと思われる。

陳連開「中華新石器文化の多元的な地域発展およびその凝集と拡散」
一九八八「中華新石器文化的多元区域性発展及其匯聚與輻射」『北方民族』一九八八年第一期。

賈敬顔「『漢人』をめぐる考察」
一九八五「『漢人』考」『中国社会科学』一九八五年第六期。

賈敬顔「『契丹』――漢人の別名」
一九八七年「〝契丹〟――漢人之別名」『中央民族学院学報』一九八七年第五期。
賈敬顔「歴史における少数民族内の漢族的要素」
執筆年不詳「歴史上少数民族的〝漢人成分〟」『中華民族多元一体格局』（一九八九）のために書き下ろしたものと思われる。
谷苞「古代匈奴の遊牧社会の歴史的な位置付け」
一九八六年「論正確闡明古代匈奴遊牧社会的歴史地位」『民族学研究』第八輯。
谷苞「前漢王朝による河西四郡設置の歴史的意義」
一九八四「論西漢政府設置河西四郡的歴史意義」『新疆社会科学』一九八四年第二期。
費孝通「エスニシティの探究――中国の民族に関する私の研究と見解」
一九九六「簡述我的民族研究経歴與思考」国立民族学博物館における国際シンポジウムでの報告書（費孝通自身は体調を崩しシンポジウムには出席できなかった）、中国語の原文は一九九八『国立民族学博物館調査報告8』に収録された。その後、この邦訳が塚田誠之により「エスニシティの探究――中国の民族に関する私の研究と見解」と題して、『国立民族学博物館研究報告』二二巻二号（一九九七）に収録された。中国語版は、『北京大学学報（哲学社会科学版）』一九九七年第二期に掲載されたほか、『中華民族多元一体格局（修訂本）』中央民族大学出版社（一九九九）にも、「代序：民族研究―簡述我的民族研究経歴與思考」と題して再録された。

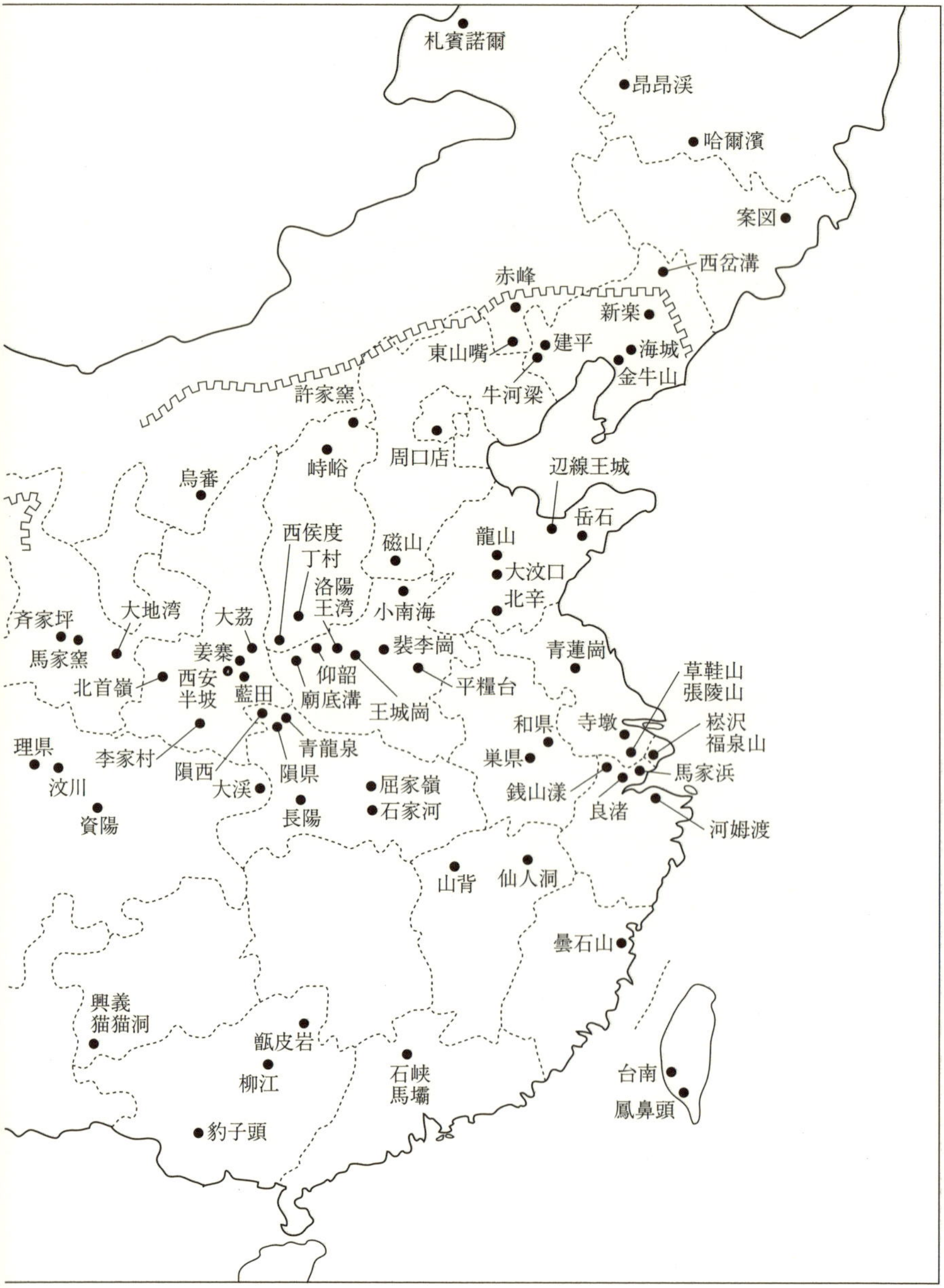
札賓諾爾
昂昂渓
哈爾濱
案図
西岔溝
赤峰
新楽
東山嘴
建平
海城
金牛山
牛河梁
許家窯
周口店
峙峪
辺線王城
烏審
岳石
西侯度
丁村
洛陽
王湾
磁山
龍山
大汶口
小南海
北辛
斉家坪
馬家窯
大地湾
大茘
姜寨
西安
半坡
北首嶺
藍田
仰韶
廟底溝
裴李崗
平糧台
王城崗
青蓮崗
草鞋山
張陵山
和県
寺墩
崧沢
福泉山
巣県
馬家浜
銭山漾
良渚
河姆渡
理県
汶川
資陽
李家村
鄖西
大渓
青龍泉
鄖県
長陽
屈家嶺
石家河
山背
仙人洞
曇石山
興義
猫猫洞
甑皮岩
柳江
石峡
馬壩
台南
鳳鼻頭
豹子頭

考古遺跡

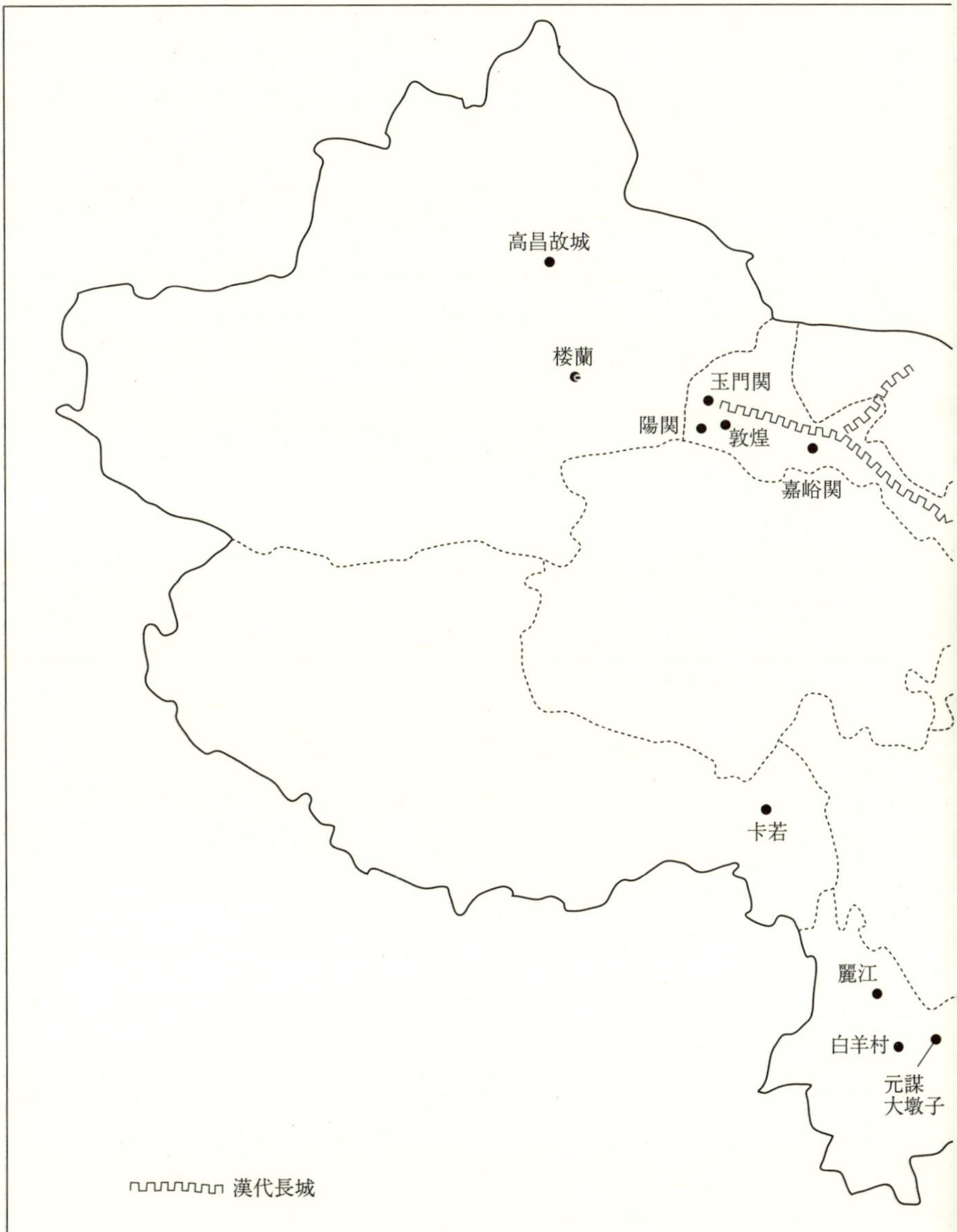

少数民族の居住地(その4)　雲南省

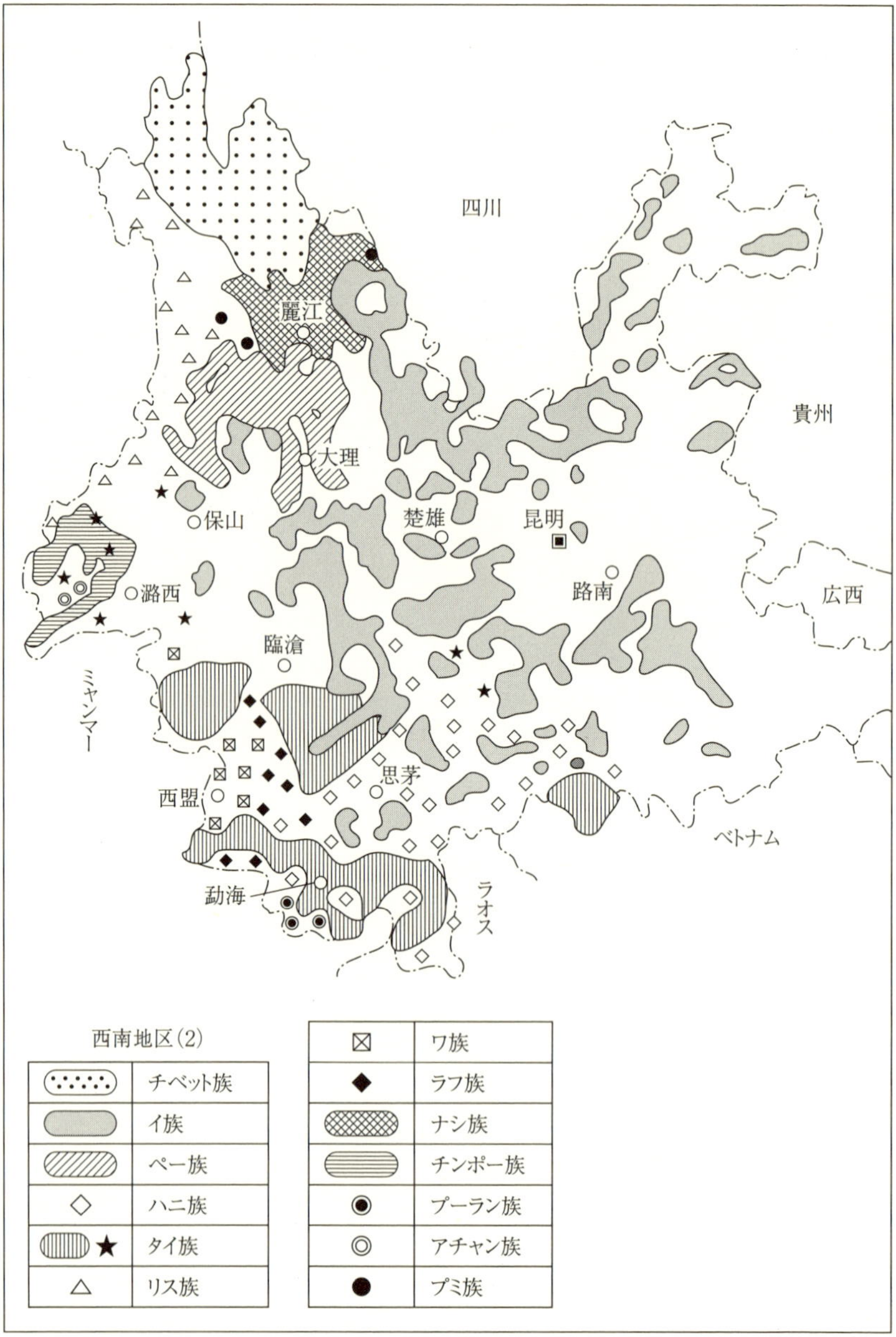

地図

少数民族の居住地（その3）

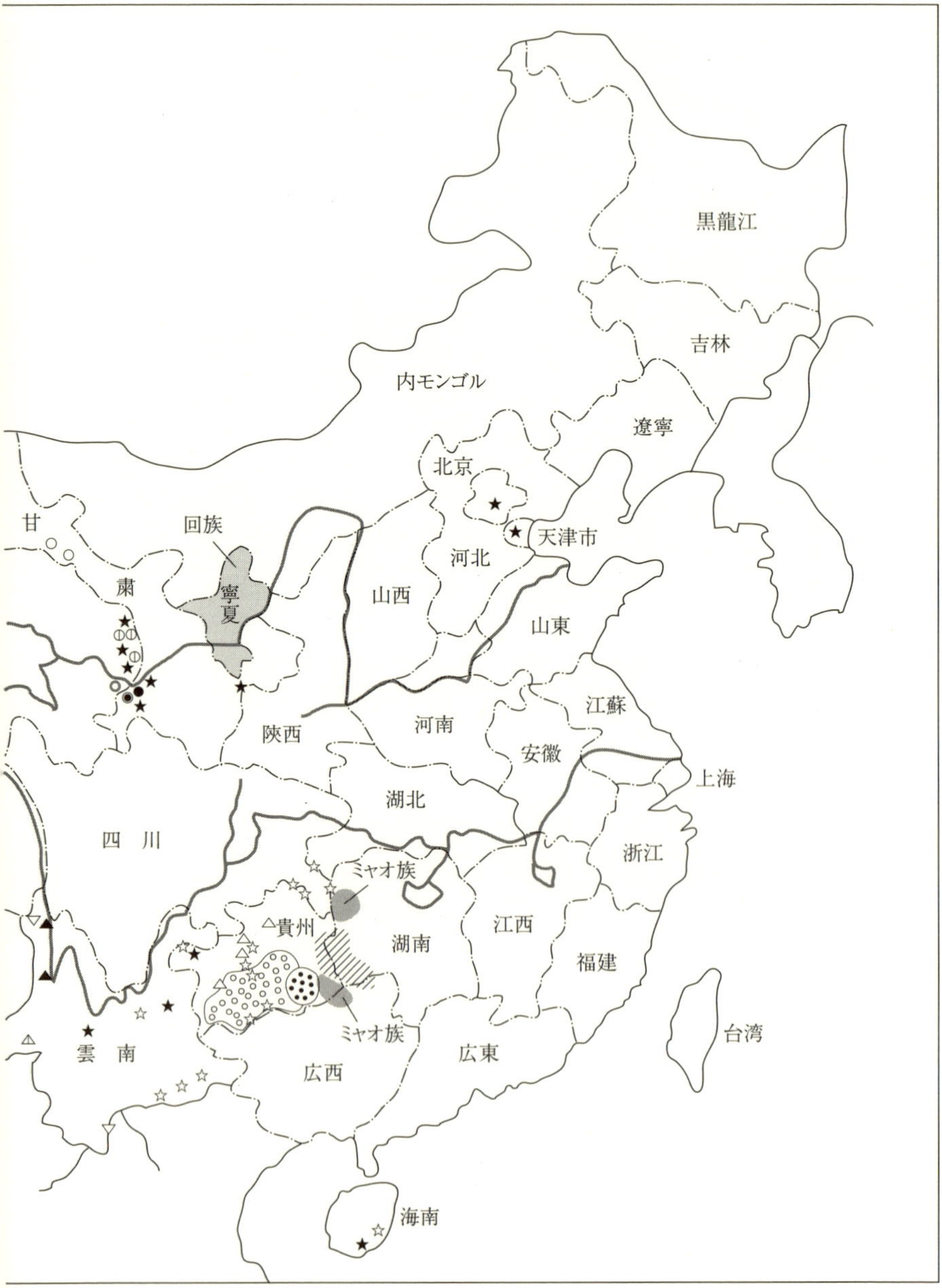
黒龍江
吉林
内モンゴル
遼寧
北京
天津市
河北
甘
粛
回族
寧夏
山西
山東
河南
江蘇
陝西
安徽
上海
湖北
四川
浙江
ミャオ族
貴州
湖南
江西
福建
ミャオ族
台湾
雲南
広西
広東
海南

地図

少数民族の居住地(その2)

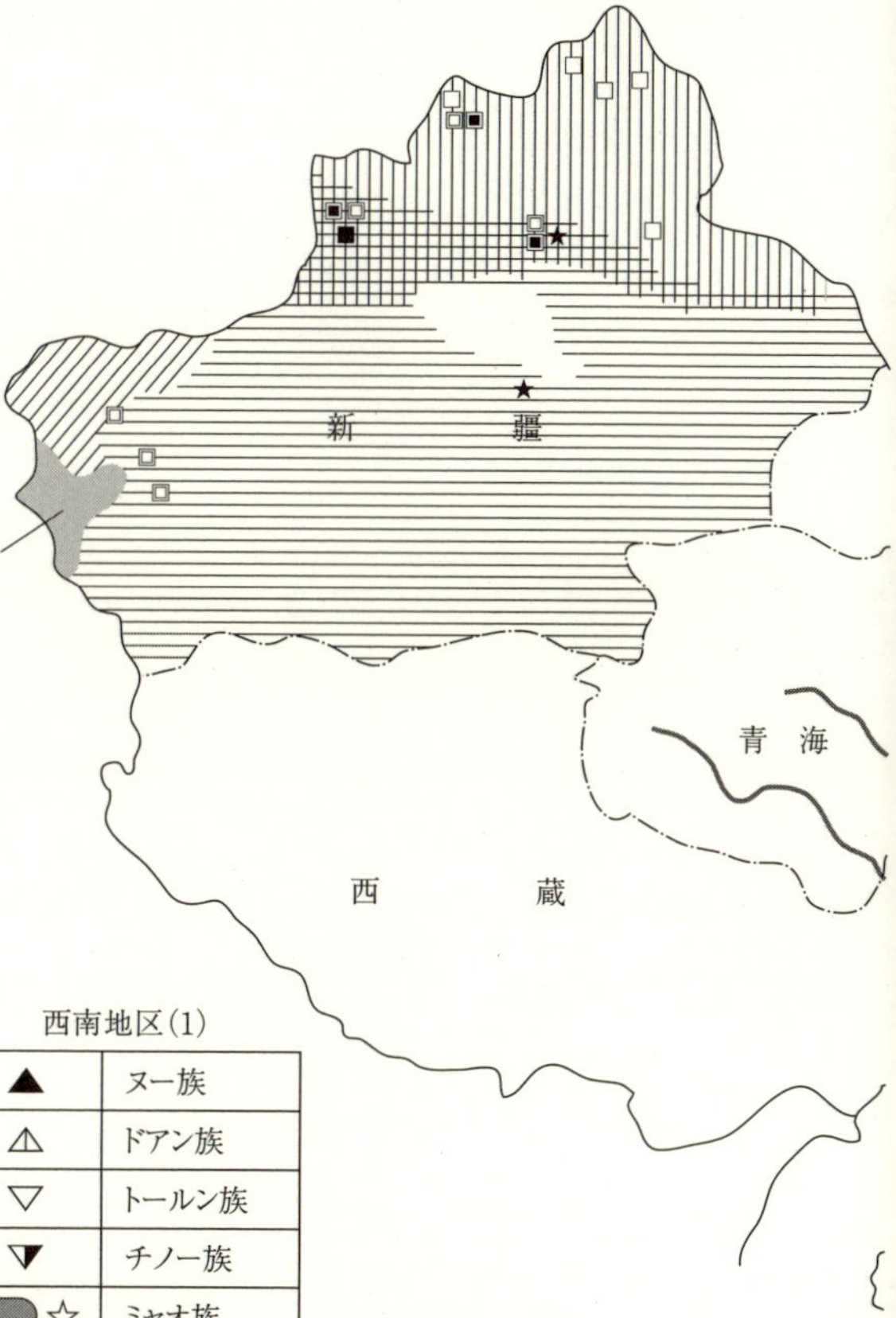

＊　　は当該民族のおおよその居住地域を示す。民族名は引き出し線で表記。

西北地区

★	回族
●	トンシャン族
⦶	トゥ族
◎	サラ族
◉	ボウナン族
○	ユーグ族
	ウイグル族
	カザフ族
	キルギス族
■	シボ族
	タジク族
⧈	ウズベク族
▣	オロス族
■	タタール族

西南地区(1)

▲	ヌー族
◬	ドアン族
▽	トールン族
⧩	チノー族
☆	ミャオ族
	プイ族
	トン族
	スイ族
△	コーラオ族

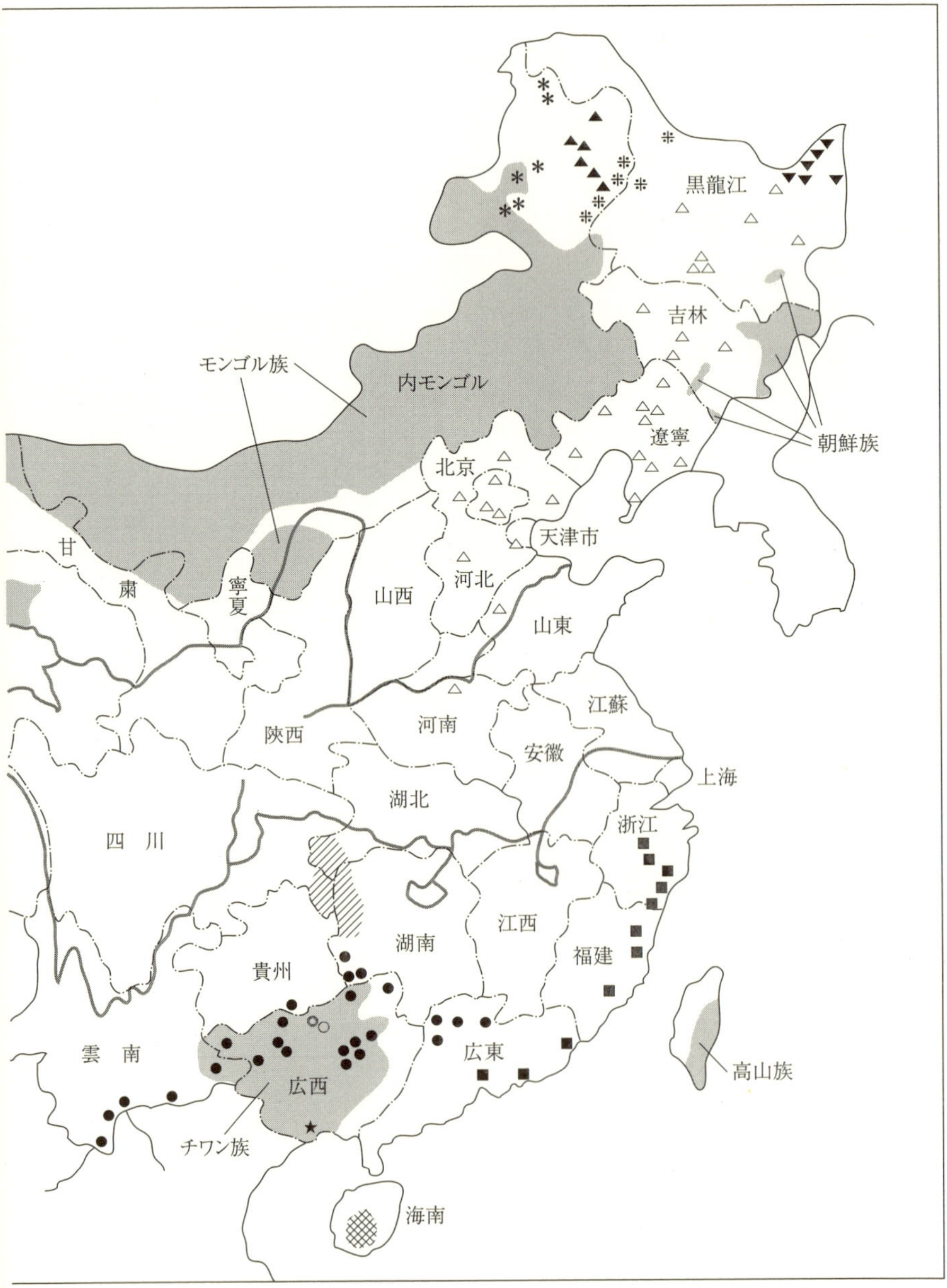
黒龍江
吉林
遼寧
朝鮮族
モンゴル族
内モンゴル
北京
天津市
甘
粛
寧
夏
山西
河北
山東
江蘇
陝西
河南
安徽
上海
湖北
四　川
浙江
湖南
江西
貴州
福建
雲　南
広東
広西
高山族
チワン族
海南

地図

少数民族の居住地(その1)

「少数民族の居住地」(1～4)はいずれも、厳汝嫻主編、江守五夫監訳『中国少数民族の婚姻と家族』(上中下、1996 年、第一書房)の付図を元に作成した。記して感謝申し上げる。

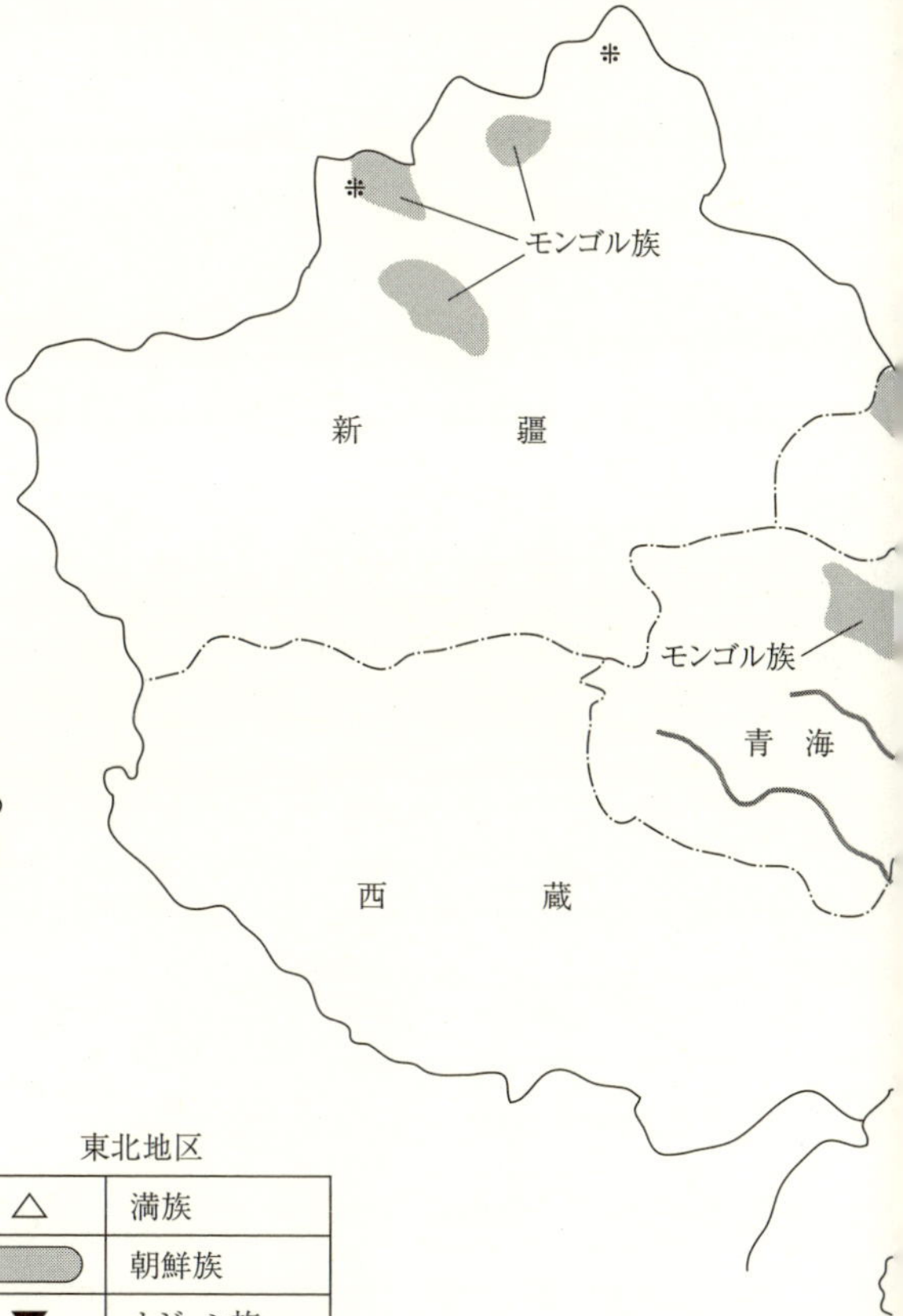

＊　は当該民族のおおよその居住地域を示す。民族名は引き出し線で表記。

中南·東南地区

	チワン族
●	ヤオ族
○	ムーラオ族
◎	マオナン族
★	キン族
////	トゥチャ族
▩	リー族
■	シェー族
	高山族

東北地区

△	満族
	朝鮮族
▼	ホジェン族
	モンゴル族
⁜	ダウォール族
＊	エヴェンキ族
▲	オロチョン族

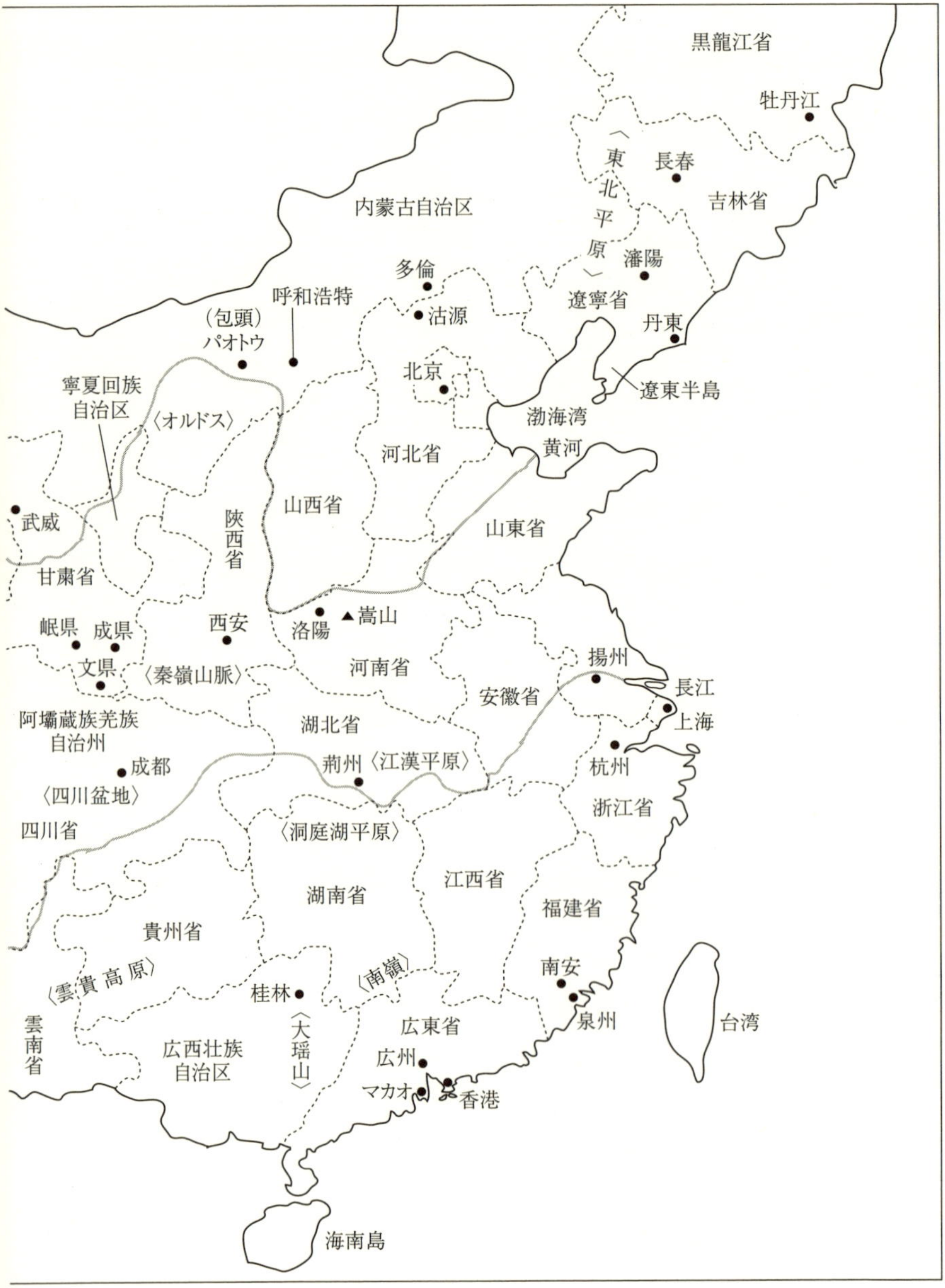

黒龍江省
牡丹江
〈東北平原〉
長春
吉林省
内蒙古自治区
瀋陽
多倫
遼寧省
呼和浩特
沽源
丹東
(包頭)
パオトウ
北京
遼東半島
寧夏回族
自治区
渤海湾
〈オルドス〉
黄河
河北省
山西省
武威
陝西省
山東省
甘粛省
洛陽
嵩山
岷県
成県
西安
揚州
文県
〈秦嶺山脈〉
河南省
長江
安徽省
上海
阿壩蔵族羌族
自治州
湖北省
杭州
成都
荊州
〈江漢平原〉
〈四川盆地〉
浙江省
四川省
〈洞庭湖平原〉
江西省
湖南省
福建省
貴州省
南安
〈雲貴 高 原〉
〈南嶺〉
桂林
泉州
台湾
雲南省
広西壮族
自治区
〈大瑤山〉
広東省
広州
マカオ
香港
海南島

地図

現在の中国

ウルムチ
トルファン
〈トルファン盆地〉
クチャ
カシュガル
〈タリム盆地〉
新疆ウイグル自治区
ホータン
エチナ
敦煌
嘉峪関
張掖
酒泉
青海省
〈チベット高原〉
(青蔵高原)
甘孜
長江
大理

ヤ・ラ・ワ

マ

ナ

ハ

タ

索　引

ア

カ

訳者紹介

西澤治彦（にしざわ　はるひこ）
1954年、広島県生まれ。筑波大学大学院博士課程単位取得退学。博士（文学）。
現在、武蔵大学教授。
共訳書に『東南中国の宗族組織』（弘文堂、1991年）、共編著に『アジア読本・中国』（河出書房新社、1995年）、『大地は生きている：中国風水の思想と実践』（てらいんく、2000年）、『中国文化人類学リーディングス』（風響社、2006年）、著書に『中国映画の文化人類学』（風響社、1999年）など。

塚田誠之（つかだ　しげゆき）
1952年、北海道生まれ。北海道大学大学院博士課程修了。博士（文学）。
現在、国立民族学博物館先端人類科学研究部教授。
著書に『壮族社会史研究：明清時代を中心として』（国立民族学博物館、2000年）、『壮族文化史研究：明代以降を中心として』（第一書房、2000年）など。

曽 士才（そう　しさい）
1953年、兵庫県生まれ。東京都立大学大学院博士課程単位取得退学。
現在、法政大学教授。
共編著書に『アジア読本・中国』（河出書房新社、1995年）、『大地は生きている：中国風水の思想と実践』（てらいんく、2000年）、『世界の先住民族：ファースト・ピープルズの現在 01 東アジア』（明石書店、2005年）など。

菊池秀明（きくち　ひであき）
1961年、神奈川県生まれ。東京大学大学院博士課程修了。博士（文学）。
中部大学国際関係学部講師、同助教授を経て、現在、国際基督教大学教授。
著書に『広西移民社会と太平天国』【本文編】【史料編】（風響社、1998年）、『太平天国にみる異文化受容』（山川出版社、2003年）、『ラストエンペラーと近代中国』中国の歴史10（講談社、2005年）など。

吉開将人（よしかい　まさと）
1967年、愛知県生まれ。東京大学大学院博士課程中途退学。博士（文学）。
東京大学東洋文化研究所助手を経て、現在、北海道大学文学研究科准教授。
論文に、「近代中国と東亜考古学」『岩波講座「帝国」日本の学知』3（岩波書店、2006年）、「歴史学者と"南支那"」『昭和・アジア主義の実像』（ミネルヴァ書房、2007年）など。

中華民族の多元一体構造

2008年6月10日　印刷
2008年6月18日　発行

編著者　費　孝　通

訳　者　西澤治彦・塚田誠之
曽　士　才・菊池秀明
吉開将人

発行者　石井　雅
発行所　株式会社　風響社
東京都北区田端 4-14-9（〒114-0014）
Tel 03(3828)9249　振替 00110-0-553554
印刷　（株）シナノ

ISBN978- 4-89489-118-0 C1039